Heiner Newe
Heiderose Thomsen-Newe

MIT DEM WOHNMOBIL NACH BAYERN

Teil 1: Der Nordosten

Die Anleitung für einen Erlebnisurlaub

DER WOHNMOBIL-VERLAG
D-36452 Kaltennordheim
OT Mittelsdorf

Die Deutsche Bibliothek – CIP-Einheitsaufnahme

Bibliografische Information der Deutschen Bibliothek

Die Deutsche Bibliothek verzeichnet diese Publikation in der Deutschen Nationalbibliografie.
Detaillierte bibliografische Daten sind im Internet über <http://dnb.ddb.de> abrufbar.

Titelbild: Altmühltal, Tour 14
Bild in vorderer Klappe: Stadtmauer Weißenburg, Tour 13

Karten: Heiner Newe, Stadtpläne unter Verwendung der Daten von © OpenStreetMap contributors
Fotos: Bildnachweis Seite 380

4. komplett überarbeitete und erweiterte Auflage - 2022

Druck:
Louis Hofmann
Druck- und Verlagshaus, 96242 Sonnefeld

Vertrieb:
GeoCenter GmbH, 70794 Filderstadt

Herausgeber:
WOMO-Verlag, OT Mittelsdorf, 36452 Kaltennordheim
GPS: N 50°36'38.2" E 10°07'55.6"

Fon: 0049 (0) 36946-20691
Fax: 0049 (0) 36946-20692
eMail: verlag@womo.de
Internet: www.womo.de

Autoren-eMail: newe@womo.de

Alle Angaben ohne Gewähr.

ISBN 978-3-86903-314-3

Jede Tour und jeder Stellplatz sind von uns meist mehrfach überprüft worden, wir können jedoch inhaltliche Fehler nie ganz ausschließen. Bitte achten Sie selbst auf Hochwasser, Brandgefahr, Steinschlag und Erdrutsch!

Verlag und Autoren übernehmen keine Verantwortung für die Legalität der veröffentlichten Stellplätze und allen anderen Angaben. Unsere Haftung ist, soweit ein Schaden nicht an Leben, Körper oder Gesundheit eingetreten ist, ausgeschlossen, es sei denn, unsere Verantwortung beruht auf Vorsatz oder grober Fahrlässigkeit.

EINLADUNG

Mit der nunmehr vierten Auflage dieses Buches führen wir Sie erneut zu den Highlights in den Nordosten Bayerns. Diese Ausgabe wurde um 24 Seiten erweitert, um alle von uns ausgesuchten schönen und interessanten Reiseziele in der Fränkischen Schweiz, im Altmühltal, im Oberpfälzer und im Bayerischen Wald unterzubringen. Sehr viel Zeit haben wir damit verbracht, uns die Sehenswürdigkeiten dieser Region erneut anzuschauen, neue Fotos zu machen und alle aufgeführten Daten des Buches zu aktualisieren. Dafür waren etliche Kilometer unter die Räder zu nehmen. Die Reisen haben uns auch in den Randgebieten zu Orten geführt, die wir bislang im Buch nicht berücksichtigt hatten.

Damit nehmen wir Sie wieder mit in wenig bekannte Städte und Städtchen, die sich mit Stadtmauern, Tortürmen und tadellosem Fachwerk von ihrer romantischen Seite zeigen. Führen Sie zu märchenhaft und unberührt erscheinende Seen und Flusslandschaften, die kaum jemand kennt und suchen mit Ihnen einige der schönsten Schlösser, Burgen und Burgruinen auf. Wir führen Sie in fantastische Höhlen und zu Klangerlebnissen der besonderen Art. Wenn Sie mögen, wandern und radeln wir auch mit Ihnen auf den schönsten Strecken entlang der Flüsse und alten Kanäle. Einige Museen von überregionaler Bedeutung haben wir ebenfalls für Sie im Programm.

Auf unsere Tischkultur wurde aus dieser Region erheblich Einfluss genommen. Wussten Sie das? Täglich nutzen wir Teller und Gläser, die in dieser Region produziert wurden. Wir führen Sie in die Orte, die mit ihren Porzellanmanufakturen und ihrer Glaskunst den Nordosten Bayerns einen besonderen Glanz verliehen haben.

Wir zeigen Ihnen natürlich auch, was in dieser Region auf den Teller und in die Gläser kommt. Das ist nicht wenig, sehr schmackhaft und verblüffend preiswert. Hier werden die Teller nicht mit Speisen dekoriert, hier werden sie gefüllt!

Diese Region wird Ihnen gefallen. Wir haben uns bemüht, Sie ihnen "wohnmobilgerecht" aufzubereiten.

Einen schönen Urlaub wünscht das Autorenpaar
Heiner Newe und Heiderose Thomsen-Newe

Mödlareuth

Ein Bach wird nach dem Zweiten Weltkrieg zur Grenze und mit Mauer und Zaun gesichert. Ein besonderer Ort deutsch-deutscher Geschichte, der als Filmvorlage diente. Ab Seite 38.

Bayreuth

Auch wer kein Opernfan ist, wird an dieser Stadt Gefallen finden. Die vielen historischen Gebäude, der Schlosspark und vor allem die Eremitage faszinieren die Besucher. Ab Seite 65.

Bamberg

Reiter, Dom, Altstadt mit wunderschönem Rathaus auf einer Insel im Fluss. Dazu UNESCO-Welterbe und scheinbar unendlich viele Bierlokale. Die Stadt hat für jeden etwas. Ab Seite 109.

Bärnau

Mittelalterliche Bautechniken mit nachgebauten mittelalterlichen Werkzeugen stehen in diesem Geschichtspark im Vordergrund. Ein Living History Museum erster Güte. Ab Seite 141.

Nürnberg

Die sehr geschichtsträchtige alte Reichsstadt lädt zu einem mehrtägigen Aufenthalt ein. Hier wurde deutsche Geschichte geschrieben, nicht nur gute.
Ab Seite 196.

Dennenlohe

Faszinierender stiller See und ein nicht minder faszinierender Schlosspark direkt nebenan. Ideal für alle, die dem Trubel entfliehen wollen und Ruhe suchen.
Ab Seite 249.

Dinosaurierpark

Ein Gang durch die Erdgeschichte erwartet Sie im Dinosaurier-Park Altmühltal. Sauber präparierte Fossilien und nachgebildete Dinos bringen jeden zum Staunen.
Ab Seite 275.

Regensburg

Die mittelalterliche Brücke über die Donau ist eines der Wahrzeichen dieser UNESCO-Welterbestadt, die mit einem großen Schatz an historischen Gebäuden aufwarten kann. Ab Seite 303.

Nepal-Himalaya-Pavillon

Fernöstliche Architektur und Gartenanlagen gepaart mit meditativer Musik können Sie in dieser Parkanlage in Wiesent unweit der Donau erleben.
Ab Seite 327.

Passau

Die Drei-Flüsse-Stadt wurde oft von verheerenden Überflutungen heimgesucht. Ihren Reiz haben Dom und Altstadt dadurch nicht verloren. Ein außergewöhnlicher Ort. Ab Seite 362.

Inhaltsverzeichnis

Gebrauchsanweisung

Reisegebiet

Im Nordosten Bayerns bereisen wir die Fränkische Schweiz, das Altmühltal, den Oberpfälzer und den Bayerischen Wald. In diesen Regionen reiht sich ein Naturpark an den anderen. Der Nationalpark Bayerischer Wald hat dabei eine Ausnahmestellung.

Diese Gebiete sind in ihrer Struktur sehr unterschiedlich. In Mittel- und Oberfranken haben wir große bedeutende Städte wie Nürnberg oder Bamberg, aber auch ländlich strukturierte Gebiete wie die Fränkische Schweiz oder den Frankenwald. Die Oberpfalz, oft auch als das Armenhaus Bayerns bezeichnet, ist überwiegend ländlich geprägt. Hier finden Wohnmobilurlauber sehr schöne Plätze abseits des Massentourismus. Wir werden darauf eingehen. Im Bayerischen Wald ist das Zugpferd der Nationalpark. Er ist der erste Nationalpark Deutschlands und hat allein schon deshalb einen hohen Bekanntheitsgrad.

Das Wochenende oder ein verlängertes Wochenende ist für den Wohnmobilisten ein vielfach genutzter Zeitraum, um einen Kurzurlaub in heimischen Gefilden durchzuführen. Mit dieser Erkenntnis im Hinterkopf haben wir die 20 Touren dieses Buches angelegt.

Wir starten – fast ausnahmslos – eine Tour immer in unmittelbarer Nähe einer Autobahnabfahrt und lassen sie, ebenso fast ausnahmslos, an anderer Stelle in der Nähe einer Autobahnauffahrt enden. Wenn Sie nicht sehr weit von dieser Region entfernt leben, können Sie also nach Arbeitsende starten und müssen im Zielgebiet, nachdem Sie die Autobahn verlassen haben, nicht lange nach einem Stellplatz suchen. Ab dem darauffolgenden Tag haben Sie dann die Zeit und hoffentlich auch die Muße, die gewählte Tour abzufahren oder Touren miteinander zu kombinieren, denn in diesem Buch fahren Sie von einer Tour in die nächste. Einige Endpunkte sind wie Netzknoten und Sie können mehrere Richtungen auswählen.

Wie wir dieses Gebiet für das Buch erschlossen haben, stellen wir Ihnen jetzt mit kurzen und knappen Tourbeschreibungen vor. Um die einzelnen Touren gedanklich und räumlich besser einordnen zu können, schlagen Sie bitte die hintere Umschlagklappe auf. Dort sehen Sie eine Übersichtskarte, auf der alle Touren mit ihren Anfangs- und Endpunkten verzeichnet sind. Diese Karte wird Ihnen die Orientierung erleichtern.

Die **Tour 1** startet in Coburg und führt von dort durch den Frankenwald an die Saale und endet in Hof. Mehrere Festungen und Schlösser stehen in dieser Reise auf dem Besuchsprogramm und kurz vor Hof besuchen wir einen Ort an der bayerisch-thüringischen Grenze, der eine besondere deutsch-deutsche Geschichte hat.

Tour 2 führt von Hof über das Fichtelgebirge nach Bayreuth. Wir werden uns mit Porzellan beschäftigen, bemerkenswerte Felsformationen aufsuchen und zum Schluss in Bayreuth mit der Eremitage eine sehr außergewöhnliche Parkanlage besuchen.

Mit der **Tour 3** geht es von Bayreuth zurück durch die nördliche Fränkische Schweiz nach Coburg.

Die **Tour 4** startet ebenfalls in Bayreuth, führt uns aber durch den attraktivsten Teil der Fränkischen Schweiz nach Bamberg.

Die sehr kurze **Tour 5** führt von Bamberg zurück nach Coburg. Höhepunkt dieser Fahrt ist der Staffelberg, der heilige Berg der Franken.

Auch **Tour 6** beginnt in Bayreuth und endet in Weiden im nördlichen Oberpfälzer Wald.

Tour 7 ist als Rundtour durch das Stiftland angelegt und bringt uns mittelalterliche Geschichte, Klosterleben und Teichwirtschaft näher. Start und Ende ist Weiden. Dies ist auch in der **Tour 8** so, die durch den sehr ruhigen und abgelegenen Oberpfälzer Wald führt, der so manches Kleinod für uns bereithält.

Weiden nutzen wir auch als Startort für die **Tour 9**, die uns über die Fränkische Alb in den Veldensteiner Forst führt. Auf dieser Reise ist die mittelalterliche Stadt Amberg einer der Höhepunkte.

Die **Tour 10** ist ebenfalls kurz. Sie führt uns vom Veldensteiner Forst durch die südliche Fränkische Schweiz in die alte Reichsstadt Nürnberg, von der wir in der **Tour 11** über Erlangen nach Bamberg fahren.

Tour 12 widmet sich dem Fränkischen Seenland. Auf dieser Reise stellen wir die großen Seen vor, geben Ihnen aber auch Tipps zu den kleinen, verschwiegenen Seen, die es in dieser Region ebenfalls gibt. Diese Tour endet in der Stadt Treuchtlingen an der Altmühl, von der wir in der **Tour 13** über die Römerstadt Weißenburg wieder nach Nürnberg fahren und in der **Tour 14** durch das malerische Altmühltal nach Greding. Auf dieser Reise statten wir den Dinosauriern einen Besuch ab.

Die **Tour 15** führt uns von Greding über die Fränkische Alb nach Amberg, der mittelalterlichen Stadt, die wir schon in der Tour 9 besucht hatten. Greding ist ebenfalls der Startort für die

Tour 16, die der Altmühl flussabwärts folgt und über Kloster Weltenburg und Kelheim in Regensburg an der Donau endet.

In der **Tour 17** folgen wir lange dem malerischen Tal der Naab, kurven auch einmal zur Laber und fahren dann in das Oberpfälzer Seenland, das einen Schwerpunkt in diesem Kapitel bildet. Beendet wird die Reise wieder in Amberg.

Die letzten drei Touren dieses Buches widmen sich dem Bayerischen Wald. In der **Tour 18** geht es durch den nördlichen Teil. Hier überraschen uns ein fernöstlicher Garten, ein überdimensionaler Drache und sehr viel Glas. **Tour 19** geht durch den mittleren Bayerischen Wald, in dem der Nationalpark einen Schwerpunkt bildet. **Tour 20** führt schließlich durch den südlichen Bayerischen Wald. Nach dem Besuch von Passau, dem südlichsten Punkt in diesem Werk, geht es durch den Vorderen Bayerischen Wald durch reizvolle Wanderlandschaften in die Knödelstadt Deggendorf. Dort endet dieses Buch. In Deggendorf haben Sie Anschluss an die A3 und an A92 und können über diese Autobahnen die Heimreise antreten.

Zum Aufbau des Buches

Kommen wir nun zum Aufbau des Buches. Jedes Kapitel jeder Tour beginnt mit einer Karte auf der linken Seite. In diesen Karten ist der Verlauf der Route mit einer roten Linie gekennzeichnet. Rote Pfeile geben die Fahrtrichtungen an. Neben diesen roten Linien sind in den Karten natürlich die Ortsnamen, Sehenswürdigkeiten und Symbole enthalten, die in der Zeichenerklärung auf der hinteren Umschlagklappe erläutert werden. In einem leichteren Rot sind auch die benachbarten Touren auf den Karten zu sehen. Das soll Ihnen die individuelle Reiseplanung erleichtern. Tipp: Machen Sie sich vertraut mit den Symbolen und den Farben der Stellplätze, das erleichtert die Orientierung in den Karten erheblich.

Die Stell- und Campingplätze sind in den Karten durchnummeriert. Die Beschreibungen der Stell- und Campingplätze im Text nehmen diese Nummern wieder auf.

WOMO-Stellplätze

Die Stellplatzkästen sind orange-gelblich eingefärbt. Wir unterscheiden dabei zwischen den offiziellen und den nicht offiziellen Plätzen. Offiziell ist ein Stellplatz immer dann, wenn ein WOMO-Schild am Parkplatz zu sehen ist. Er muss keinerlei wohnmobilspezifische Einrichtungen haben. Die anderen, nicht offiziellen Stellplätze sind in der Regel Parkplatzareale, auf denen wir mit einem Wohnmobil stehen bleiben können.

Das sind die Parkplätze, die einfach nur mit einem weißen P auf blauen Grund markiert sind.

Die Stellplatzbeschreibungen erfolgen immer nach demselben Schema. Zunächst werden die GPS-Koordinaten genannt, dann folgt die Adresse. Da nicht jeder Stellplatz eine genaue Postadresse hat, müssen Sie damit rechnen, wenn Sie in ihr Navi die Adresse eingegeben haben, dass Sie nur näherungsweise zu dem Platz geführt werden. Eine zielgenaue Führung erreichen Sie nur mit den geografischen Koordinaten. Aber auch diese kann problematisch sein, wenn Sie kein spezielles für Wohnmobile eingerichtetes Navigationsgerät benutzen. Deshalb achten Sie bitte auch auf die Beschreibung der Zufahrt, die am Ende einer Stellplatzbeschreibung aufgeführt ist. Diese berücksichtigen Straßenbreiten, Durchfahrtshöhen und Gewichtsbeschränkungen, auf die ihr Navi unter Umständen keine Rücksicht nimmt. Nicht immer ist der kürzeste Weg auch der beste. **Tipp:** Über die Homepage des Verlages können Sie die GPS-Koordinaten dieses Buches als GPX-Datei herunterladen und anschließend auf Ihr Navi kopieren. Damit ersparen Sie sich das lästige Abtippen der Koordinaten oder der Adresse.

Wichtig: Allein die durchnummerierten Stellplätze eignen sich für Übernachtungen. Alle anderen Koordinatenangaben weisen nur auf Besucherparkplätze hin. Eine Übernachtung ist dort nicht möglich oder gar untersagt.

Zurück zu den Stellplatzkästen. Nach den GPS-Koordinaten und der Adresse folgt die Angabe, wie viele Wohnmobile maximal auf dem Stellplatz geparkt werden können. Wir geben ebenfalls an, wie lang das Fahrzeug maximal sein kann. Bei dieser Angabe ist nicht davon auszugehen, dass alle Stellflächen des Platzes die maximale Länge zulassen. Soweit wir es in Erfahrung bringen konnten, haben wir auch vermerkt, wie lange Sie auf diesen Stellplätzen verweilen dürfen.

In den Beschreibungen führen wir auch auf, welche Ausstattungsmerkmale die Anlagen haben. Wir beschreiben, wie der Untergrund des Stellplatzes beschaffen ist, sagen, ob Sie Keile benötigen, um ihr Fahrzeug waagerecht zu stellen, führen auf, ob Sie Wasser tanken können, ob Sie entsorgen können und ob eine Stromversorgung möglich ist. Wenn es sich um einen hochmodernen neuzeitlichen Stellplatz handelt, der in Servicegebäuden Waschmaschine, Wäschetrockner oder einige andere Serviceeinrichtungen anbietet, so führen wir diese ebenfalls auf. Wir gehen auch auf die Umgebungsgeräusche der Stellplätze ein. Wir sagen Ihnen, ob Sie in der Nacht mit Ruhe rechnen können oder ob es wahrscheinlich laut sein wird. Natürlich haben wir nicht auf allen Stellplätzen übernachtet, die wir beschrieben haben. Wir trauen uns aber aufgrund unserer langjährigen Erfahrung zu, die Lage einigermaßen richtig einschätzen zu können. Natürlich sagen wir Ihnen auch, ob der Stellplatz schattig ist oder nicht. Ist er schattig, so müssen Sie mit eingeschränktem Satellitenempfang rechnen. Die Entfernung von den Stellplätzen zu den jeweiligen Sehenswürdigkeiten der Stadt oder der Region ist in der Regel immer angegeben.

Wir nennen Ihnen alle Preise, die auf den Stellplätzen für die angebotenen Leistungen bezahlt werden müssen. In Deutschland ist es allgemein sehr sinnvoll, eine größere Menge an Münzen, insbesondere 50-Cent und 1-Euro-Münzen mitzuführen. Kartenzahlung für die Stellplatzgebühr, für die Wasserentnahme oder für die Entsorgung ist immer noch die Ausnahme. Wir haben die Preise so angegeben, wie wir sie im Jahre 2021 vor Ort vorgefunden haben.

Gern wird immer wieder in den Verkaufsprospekten von Wohnmobilen das Fahrzeug am Meeresstrand oder am Seeufer mit freundlich und glücklich dreinblickenden Menschen gezeigt. Auch im Verlag galt und gilt immer noch das "freie Stehen" als das Nonplusultra des Wohnmobilurlaubs. Das ist im Nordosten Bayerns auch kein Problem. Sie werden an vielerlei Orten Wanderparkplätze finden, die dies möglich machen. Nur sind nicht alle optimal geeignet, was an einer vorbeiführenden verkehrsreichen und damit lauten Straße oder einer Hanglage liegen kann. Respektieren Sie bitte, dass eine Übernachtung in den Grenzen des Nationalparks Bayerischer Wald auf den Wanderparkplätzen grundsätzlich verboten ist.

WOMO-Badeplätze

Die WOMO-Badeplätze erscheinen in blauer Farbe. Auch hier unterscheiden wir zwischen offiziellen und inoffiziellen Plätzen. Stellplätze an Thermen oder Freibädern werden von uns nicht als Badeplätze definiert. In blauer Farbe erscheinen nur die Stellplätze an Badeseen und Flussbadestränden. Die Beschreibungen folgen dem Schema der gelb-orangenen Kästen.

WOMO-Wander- und Picknickplätze

Dies trifft auch für die Wanderparkplätze zu, die in grüner Farbe erscheinen und für die Picknickplätze, die violett dargestellt sind. Hier ist zumeist davon auszugehen, dass eine Infrastruktur für Wohnmobile nicht vorhanden ist. Meistens sind es aber gute und vor allem kostenlose Übernachtungsplätze abseits der Durchgangsstraßen, wenn die Einsamkeit nicht stört.

WOMO-Campingplätze

Campingplätze, die in einem hellen Grün erscheinen, nehmen in diesem Buch einen breiten Raum ein. Die Ausstattungsmerkmale dieser Plätze sind in den Beschreibungen aufgeführt. Dies soll Ihnen die Wahl erleichtern, den für Sie passenden Ort zu finden. Wir haben aus Platzgründen nicht alle Campingplätze aufnehmen können. Aufgenommen haben wir nur die, die wir uns auch angeschaut haben. Nicht von allen zeigen wir ein Foto. Hier sind wir etwas zurückhaltender, weil wir nicht Personen ungefragt in diesem Buch abbilden möchten. Dort, wo ein aussagekräftiges Bild aus größerer Distanz möglich war, haben wir es berücksichtigt. Um Ihnen den Buchungsvorgang zu erleichtern, sind sowohl die Homepage als auch die Telefonnummer und E-Mail-Adresse des jeweiligen Campingplatzes aufgeführt.

WOMO-Gasthöfe/Bauernhöfe

Bleiben zum Schluss noch die Gasthöfe, die eine Übernachtung auf ihren Gästeparkplätzen zulassen. Fast immer werden diese Plätze kostenlos angeboten und es versteht sich eigentlich von selbst, dass dies mit der Einkehr in den jeweiligen Gasthof verbunden ist. Eine sehr gute Gelegenheit, die regionale Küche und die regionalen Biere kennenzulernen.

Sehenswürdigkeiten

Nicht alle Sehenswürdigkeiten haben wir ausführlich beschrieben. Vielfach haben wir es dabei belassen, sie nur stichwortartig aufzuführen. Wenn wir uns aber einer Sehenswürdigkeit ausführlicher gewidmet haben, so haben wir die Webseiten mit in den Text integriert. Wir gehen davon aus, dass heute jeder mit einem Smartphone unterwegs ist und sich deshalb schnell über die aktuellen Öffnungszeiten und Eintrittspreise informieren kann. Die ausführlichen Beschreibungen erscheinen in einem hellgelben Kasten.

Wanderungen und Radtouren

Etwas ausführlicher dargestellte Wanderungen und Radtouren erscheinen in einem grünen Kasten. Nicht immer verweisen wir dabei auf eine Wanderkarte. Häufig ist die Beschilderung vor Ort so gut, dass man auch ohne eine Wanderkarte zurechtkommt. Für die Orientierung vor Ort nutzen wir unser Smartphone und Google Maps. Damit kommt man in der Regel sehr gut aus. Wir verweisen vielfach auf Internetadressen, von denen Sie gpx-Daten für Ihr Wandernavigerät herunterladen können. Oft helfen auch schon die ebenfalls im Downloadbereich angebotenen Karten und Beschreibungen, die Ihnen eine Orientierung auf Ihren Wanderungen erleichtern.

Restaurants

Einen Gourmetführer haben wir nicht geschrieben. Eine Übersicht zu den Restaurantqualitäten unseres Reisegebietes können wir nicht liefern, dafür haben wir zu wenige aufgesucht. Wir erwähnen nur die Restaurants, die wir in guter Erinnerung haben und in denen wir auch selbst zugegen gewesen sind. Negative Restaurantkritiken werden Sie in diesem Buch nicht finden, das überlassen wir anderen. Für die Auswahl eines Restaurants gibt es mittlerweile sehr viele Tools und Bewertungsportale, die Sie online abrufen können.

Radarkontrollen

In unserem Buch über Baden-Württemberg haben wir vor der höchsten Blitzerdichte in Deutschland gewarnt. Mit der Intensität wie in Baden-Württemberg wird in Bayern nicht kontrolliert. Gleichwohl gibt es auch hier eine große Zahl fest installierter Radarstationen, vorzugsweise an Ortsein- und ausgängen.

Landkarten und Navigation

Wir gehen davon aus, dass heute kaum mehr ein Wohnmobilfahrer ohne Navigationssystem unterwegs ist. Mit den GPS-Angaben und den Beschreibungen sowie den Tourenkarten in diesem Buch könnten Sie die Reise direkt starten. Auf die zeichnerische Qualität und Lagegenauigkeit der Tourenkarten in diesem Buch legen wir besonders großen Wert. Ich habe fast mein gesamtes Berufsleben damit verbracht, Autoreisebücher und Atlanten zu erstellen.

Alle Karten sind genordet, wo dies nicht der Fall ist, zeigt ein Nordpfeil die Himmelsrichtung an. Die Kilometerleiste dient der Abschätzung der zu fahrenden Distanzen. Alle 20 Übersichtskarten haben denselben Maßstab. Für die optimale Orientierung in den Städten haben wir Stadtpläne eingefügt, um die Beschreibungen in den Texten besser nachvollziehen zu können.

Es fehlt allerdings der Überblick über das gesamte Reisegebiet, deshalb halten wir es für sinnvoll, eine Reisekarte mitzuführen. Im Shop des Verlages finden Sie eine Auswahl an Landkarten. Sie erscheinen uns nach wie vor notwendig, insbesondere dann, wenn Vollsperrungen dazu führen, dass ein anderer Weg gewählt werden muss. Natürlich berücksichtigen die neuen Navigationssysteme auch Vollsperrungen auf

Bundes- und Landesstraßen sowie Autobahnen und schwenken automatisch auf neue Routen um. Dies funktioniert jedoch nicht immer, besonders dann nicht, wenn es sich um kurzfristige Sperrungen handelt oder die Straßen zur untersten Kategorie gehören.

Dieselfahrverbote

Über den Sinn oder Unsinn der Fahrverbote lässt sich trefflich streiten, nur werden wir das in diesem Buch nicht tun. Dafür gibt es genug Foren, in denen ein reger Austausch stattfindet. Dort, wo wir in der Wahl des Weges durch die Fahrverbote auf einzelnen Straßen oder gar flächenhaft eingeschränkt werden, weisen wir in den Stadtplänen oder Karten darauf hin und zeigen Alternativen auf. Ohne grüne Plakette dürfen Sie vielfach in keinen Ort mehr hinein.

Aktualität und Resonanz der Leser

Ein gedrucktes Buch verliert im Laufe der Zeit seine Aktualität. Stellplätze kommen hinzu oder werden geschlossen, die Preise und Öffnungszeiten verändern sich, Straßen werden verlegt oder in Ihrer Nummerierung geändert. Sobald wir von wesentlichen Veränderungen in unserem Reisegebiet erfahren, teilen wir dies in dem Forum des WOMO-Verlages mit. Schauen Sie hier www.forum.womoverlag.de nach, bevor Sie sich mit diesem Buch auf die Reise begeben, ob es zwischenzeitlich Veränderungen oder Aktualisierungen zu diesem Buch gegeben hat.

Sollten Ihnen bei der Nutzung dieses Buches Fehler auffallen oder sollten Sie feststellen, dass getroffene Aussagen in diesem Buch nicht mehr aktuell sind, so teilen Sie uns das bitte mit. Am liebsten ist uns eine E-Mail, die Sie an diese Adresse senden können: newe@womo.de.

Erstaunlicherweise bekommen wir von unseren Lesern recht wenig Resonanz. Nicht gemeckert ist gelobt genug, sagt der Schwabe. Ob diese Sichtweise so zutrifft, wissen wir nicht. Hinweise auf Fehler in unseren Büchern sind sehr selten. Das ist natürlich schön, noch schöner ist es, wenn ein positives Feedback kommt, so wie sie bei unserem Buch über die französischen Alpen in den Amazon-Rezensionen zu lesen sind.

Wie auch immer, trauen Sie sich uns eine kurze Notiz zu schreiben, und teilen Sie uns mit, wie Sie mit diesem Buch zurechtgekommen sind, ob Veränderungen vorgenommen werden sollten oder was Sie besser machen würden. Wir werden es für die nächste Auflage berücksichtigen.

Für Ihre Mühe danken wir, wollen es nun mit dieser Gebrauchsanweisung belassen und endlich die Reise starten.

Band 9:
Mit dem Wohnmobil
nach Thüringen
10 km
N
THÜRINGEN
Naturpark
Frankenwald
COBURG
HOF
Neuhaus am Rennweg
Spechtsbrunn
Lauscha
Tettau
Steinach
Mengersgereuth-Hämmern
Sonneberg
Oberlind
Neustadt bei Coburg
Neuhaus-Schiernitz
Rödental
Schloss Rosenau
Fürth am Berg
Burggrub
Mitwitz
Wasserschloss
Veste Coburg
Ahorn
Ebersdorf bei Coburg
Sonnefeld
Kronach
Veste Rosenberg
Flößermuseum
Marktrodach
Lucky Stable Ranch
Stockheim
Pressig
Rothenkirchen
Förtschendorf
Windheim
Steinbach am Wald
Ludwigsstadt
Lauenstein
Thüringer Warte
Burg Lauenstein
Lehesten
Reichenbach
Teuschnitz
Tschirn
Nordhalben
Köideltalsperre
Ködelblick
Rodach
Kronach
678 m Radspitze
Presseck
Mühlenweg
Steinach-klamm
Wüstenselbitz
Grafengehaig
Wurzbach
Bad Lobenstein
Ebersdorf
Saalburg
Bleilochstausee
Saale
Tanna
Gefell
Blankenstein
Rudolphstein
Hirschberg
Deutsch-Deutsches Museum
Mödlareuth
Töpen
Moschwitz
Lichtenberg
Frankenwaldsee
Blechschmidtenhammer
Höllental
Hölle
Marxgrün
Bad Steben
Geroldsgrün
Naila
Selbitz
Schwarzenbach a.W.
Döbra
Döbraberg 795 m
Schauenstein
Helmbrechts
Konradsreuth
Untreusee
Oberkotzau
Theresienstein
Schwarzenbach a.d.Saale
Förmitz-speicher
Münchberg
Weißdorf
Tour 5
Tour 2
001
002
003
004
005
006
007
008
009
010
011
012
013
014
015
016
017
018
019
020
021
030
031
032
B4
B15
B85
B89
B90
B173
B289
B303
B2
St2198
St2200
St2207
9
72
73

TOUR 1 (ca. 250 km)

Coburg – Rödental – Mitwitz – Kronach – Lauenstein – Schwarzenbach am Wald – Naila – Bad Steben – Lichtenberg – Rudolphstein – Mödlareuth – Hof

Stellplätze:	Coburg, Mitwitz, Kronach, Lauenstein, Ködeltalsperre, Schwarzenbach am Wald, Naila, Hölle, Bad Steben, Mödlareuth, Hof.
Campingplätze:	Lichtenberg.
Ver-/Entsorgung:	Coburg, Kronach, Schwarzenbach am Wald, Naila, Bad Steben, Hof.
Besichtigungen:	Coburg (Altstadt und Veste), Schloss Rosenau mit Parkanlage, Mitwitz (Wasserschloss), Kronach (Altstadt und Burg), Burg Lauenstein, Bad Steben (Kurpark), Lichtenberg (Burgruine), Mödlareuth (Deutsch-Deutsches Museum), Hof (Theresienstein).
Wandern/Radtour:	Parkanlage Schloss Rosenau, zur Thüringer Warte in Lauenstein, rund um die Ködeltalsperre, Schwarzenbach (Döbraberg), Hölle (Höllental).
Baden/Wellness:	Coburg (Freibad), Naila (Freibad), Bad Steben (Therme), Hof (Untreusee).

Die erste Tour in diesem Buch führt im äußersten Nordosten Bayerns entlang der Grenze zu Thüringen von Coburg durch den Frankenwald nach Hof an der Saale. Auf dieser Reise werden wir mehrere Burgen und Schlösser aufsuchen und einen Blick in die deutsch-deutsche Geschichte werfen, die an der Grenze zur ehemaligen DDR in einem kleinen Ort besonders eindrücklich präsentiert wird. Dieser Weiler bildete die Vorlage für eine mehrteilige Serie, die das Schicksal der Menschen in einem geteilten Dorf filmisch in Szene gesetzt hat.

Waldreich ist diese Mittelgebirgslandschaft mit tiefen, zum Teil parallel verlaufenden Tälern. Es geht auf der Fahrt mehrfach rauf und runter. Wenngleich die absoluten Höhen nicht beträchtlich erscheinen mögen, so sind die Steigungs- sowie Gefällstrecken sehr beachtlich und außerdem kurvenreich. Auf Zwischenstopps in dieser Region werden wir einige Waldspaziergänge und Wanderungen unternehmen, Ihnen mitteilen, wo Sie eine ruhige Nacht verbringen können und uns ganz nebenbei auch noch mit der Waldwirtschaft vergangener Jahrhunderte beschäftigen.

Wir beginnen mit **Coburg**, der schönen alten Residenzstadt der Herzöge von Sachsen-Coburg. Über die A73 ist die Stadt gut an das Autobahnnetz angeschlossen. Um die Stadt zu besichtigen, stehen insgesamt drei Stellplatzareale zur Verfügung. Eines im Zentrum, eines an einem Freizeitbad und ein Areal bei der Veste. Wir stellen Sie nacheinander kurz vor.

(001) Offizieller WOMO-Stellplatz: Coburg – Großparkplatz Ketschenanger

GPS: N50°15'11.6" E10°57'48.8"; Ketschenanger, 96450 Coburg.
Max. Womos: 9, maximale Länge 12 m, max. Aufenthalt 2 Tage.

Ausstattung: Keine wohnmobilspezifischen Ausstattungsmerkmale. Eine Ver- und Entsorgungsanlage befindet sich an der Aral-Tankstelle in der Bamberger Straße, etwa 500 Meter vom Stellplatz entfernt.
Beschreibung: Großer asphaltierter Platz am Rande des Großparkplatzes Ketschenanger. Eng beieinanderliegende Stellflächen. Obwohl er mitten in der Stadt liegt, erweist er sich in der Nacht doch als erstaunlich ruhig. Ideal ist der Standort, um die Innenstadt mit ihrem nahezu quadratischen Marktplatz zu besichtigen. Nur ca. 600 Meter sind dafür vom Stellplatz durch das Ketschentor und über die Ketschengasse zurückzulegen. Auch wenn nur 9 Stellplätze offiziell ausgewiesen sind, bietet die Größe des Platzes bei Bedarf auch wesentlich mehr Fahrzeugen Raum.
Preise: 2,50 € für 24 Stunden.
Zufahrt: Über die Bamberger und Schützenstraße dem Parkleitsystem mit der Beschriftung „Anger" folgen.

(002) Offizieller WOMO-Stellplatz: Coburg – Vesteblick

GPS: N50°16'13.0" E10°58'31.5"; Badweg, 96450 Coburg.
max. Womos: 21, maximale Länge >10 m.
Ausstattung: Wasserver- und Abwasserentsorgung mit Bodeneinlass, Kassettenentleerung, Stromanschlüsse, Behälter für die Müllentsorgung.

Die Ein – und Ausfahrt wird von einem Kamerasystem mit Nummernschilderkennung überwacht. Ganzjährig geöffnet.
Beschreibung: Fein geschotterte 5x10 Meter große Flächen in unmittelbarer Nähe des Freizeitbades AQUARIA, nachts sehr ruhig. An der Info-Theke im Schwimmbad erfolgen auch die Anmeldung und die Bezahlung. Die Nutzung der Duschen, der Toiletten und des WLAN im Bad sind im Preis enthalten.
Preise: 12,00 € für ein Fahrzeug. Entsorgung kostenlos, 100 Liter Frischwasser kosten 1,00 €, Strom 0,60 € pro kWh.
Zufahrt: Über die Rosenauer Straße den Hinweisen zum Freizeitbad folgen.

(003) Offizieller WOMO-Stellplatz: Coburg – Veste

GPS: N50°15'47.6" E10°59'23.8";
Zur Brandensteinsebene, 96450 Coburg.
Max. WOMOs: 5.
Ausstattung: Keine wohnmobilspezifischen Ausstattungsmerkmale.

Beschreibung: Mit Rasengittersteinen ausgelegter Parkplatz auf der Brandensteiner Ebene, abseits der Stadt, ruhig. 10 Minuten Fußweg bis zur Veste. Der nahe gelegene Flugplatz verursacht kaum Lärm.
Preise: 2,00 € für 24h.
Zufahrt: Fahrzeuge mit mehr als 7 Metern Länge sollten über die Seidmannsdorfer Straße nach Seidmannsdorf fahren, von dort nach Löbelstein und dann der Wegweisung zur Veste folgen. Kleinere Fahrzeuge, können den Parkplatz der Veste über die Festungsstraße erreichen, so wie es auf dem Stadtplan verzeichnet ist.

Für eine bessere Orientierung haben wir auf den folgen zwei Seiten einen Stadtplan eingefügt. In ihm finden Sie alle Stellplätze verzeichnet und Sie können anhand der grün gepunkteten Linie unserem kleinen Rundgang leichter folgen. Anfang und Ende des Spazierganges, der zu den sehenswertesten Gebäuden der Stadt führt, ist der Großparkplatz Ketschenanger. Restaurants bleiben bei unserem Rundgang allerdings unberücksichtigt. Sie werden in der Altstadt rund um den Marktplatz sicher eines finden, das Ihren kulinarischen Vorlieben entspricht. Die Auswahl

Coburg, Marktplatz mit Prinz-Albert-Denkmal und dem Stadthaus.

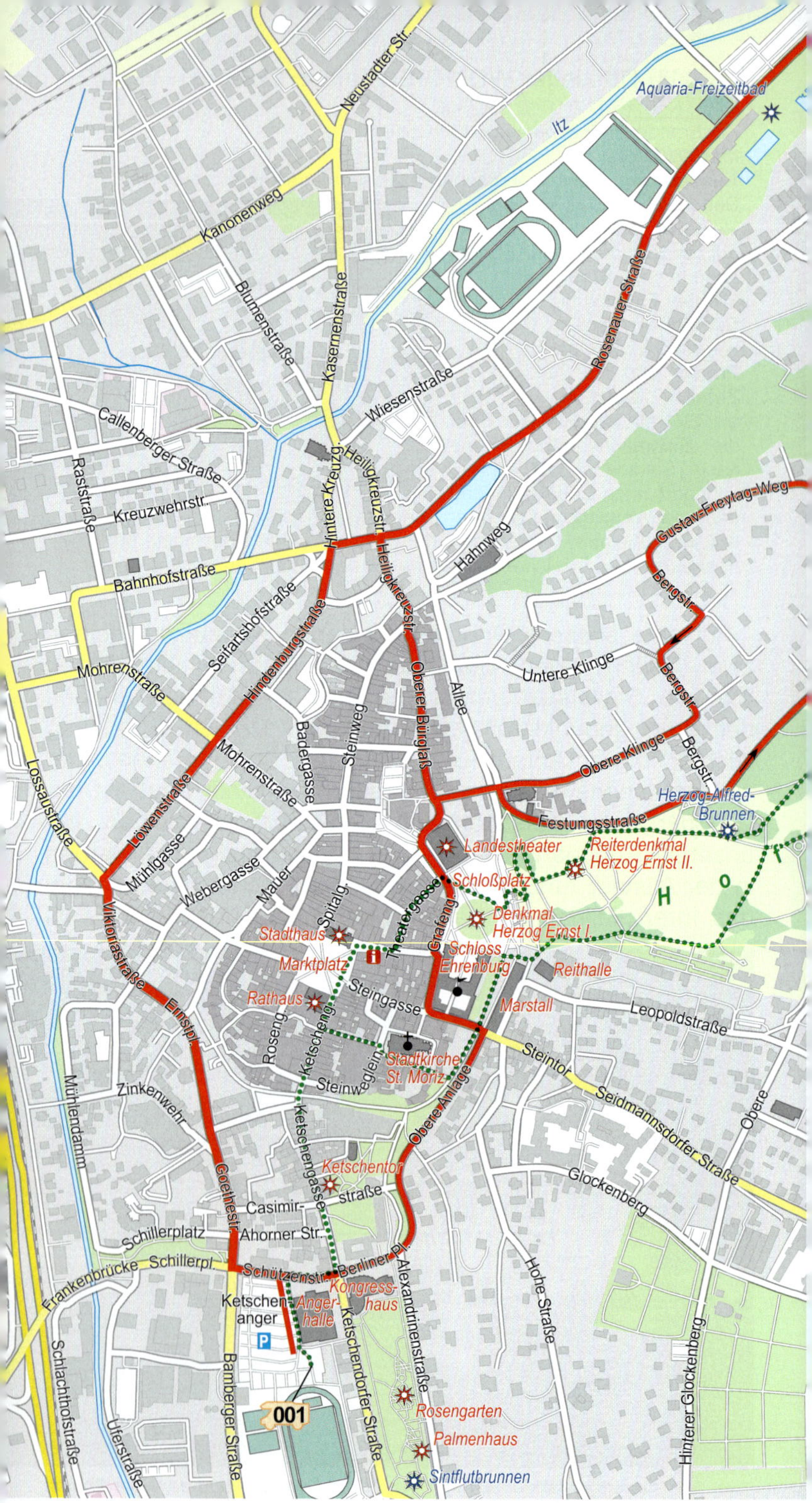
Aquaria-Freizeitbad
Itz
Neustadter Str.
Kanonenweg
Blumenstraße
Kasernenstraße
Rosenauer Straße
Wiesenstraße
Callenberger Straße
Raststraße
Kreuzwehrstr.
Hintere Kreuzg.
Heiligkreuzstr.
Hahnweg
Gustav-Freytag-Weg
Bahnhofstraße
Seifartshofstraße
Hindenburgstraße
Bergstr.
Mohrenstraße
Untere Klinge
Allee
Obere Bürglaß
Steinweg
Badergasse
Obere Klinge
Lossaustraße
Löwenstraße
Mühlgasse
Webergasse
Mauer
Festungsstraße
Herzog-Alfred-Brunnen
Landestheater
Reiterdenkmal Herzog Ernst II.
Schloßplatz
H O
Viktoriastraße
Spitalg.
Theatergasse
Denkmal Herzog Ernst I.
Stadthaus
Grafeng.
Schloss Ehrenburg
Marktplatz
Reithalle
Rathaus
Steingasse
Marstall
Leopoldstraße
Ernstpl.
Roseng.
Ketscheng.
Stadtkirche St. Moriz
Steintor
Steinweglein
Steinweg
Mühlendamm
Zinkenwehr
Obere Anlage
Seidmannsdorfer Straße
Obere
Ketschengasse
Ketschentor
Goethestr.
Glockenberg
Casimir- straße
Schillerplatz
Ahorner Str.
Frankenbrücke
Schillerpl.
Schützenstr.
Berliner Pl.
Kongress-haus
Ketschen-anger
Anger-halle
Alexandrinenstraße
Hohe Straße
Hinterer Glockenberg
Schlachthofstraße
Bamberger Straße
Ketschendorfer Straße
001
Rosengarten
Palmenhaus
Uferstraße
Sintflutbrunnen

Coburg

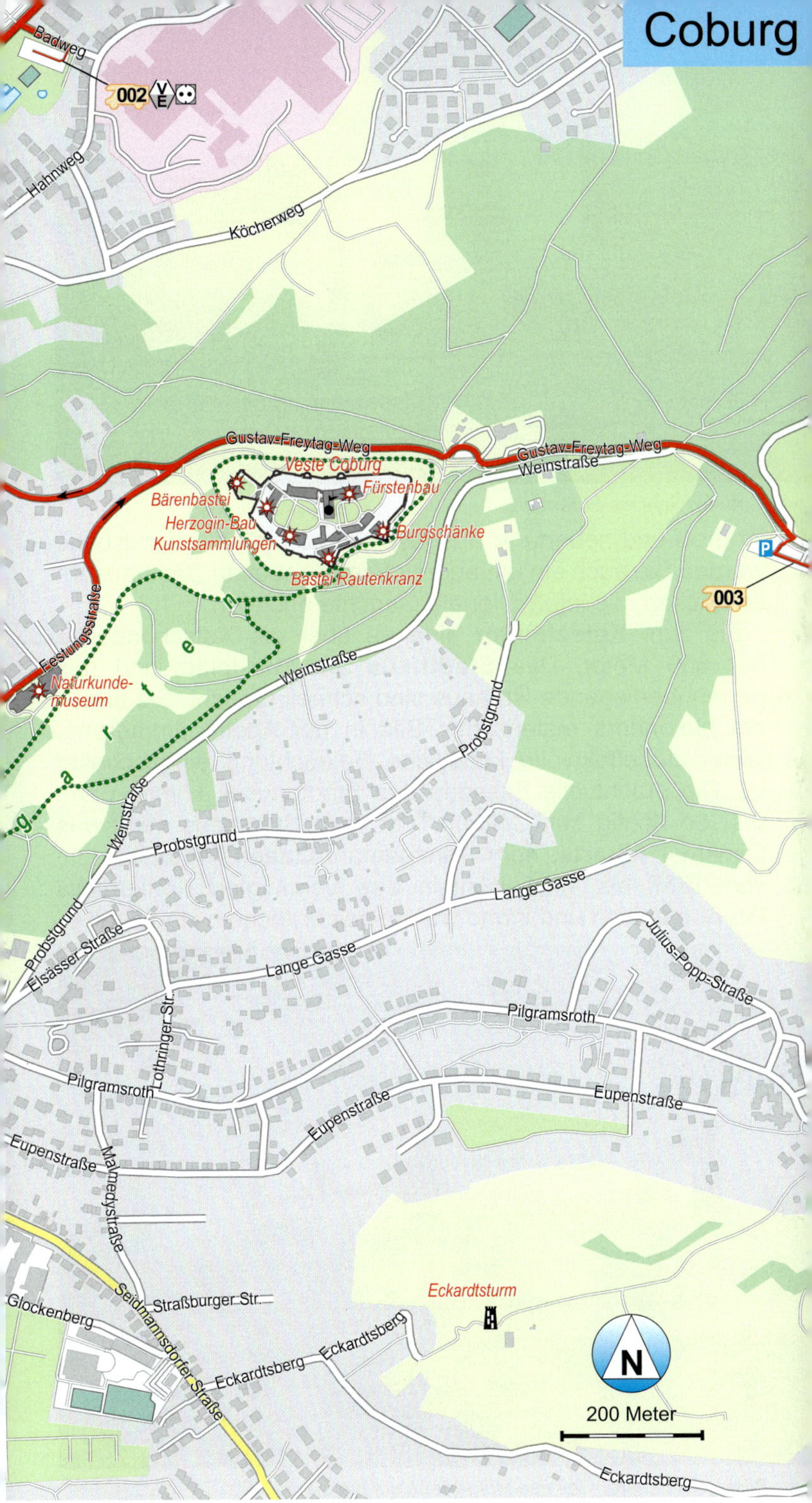

Badweg
002
Hahnweg
Köcherweg
Gustav-Freytag-Weg
Veste Coburg
Fürstenbau
Bärenbastei
Herzogin-Bau
Kunstsammlungen
Burgschänke
Bastei Rautenkranz
Weinstraße
003
Festungsstraße
Naturkunde-museum
Weinstraße
Probstgrund
Hofgarten
Probstgrund
Probstgrund
Lange Gasse
Elsässer Straße
Lange Gasse
Julius-Popp-Straße
Pilgramsroth
Lothringer Str.
Pilgramsroth
Eupenstraße
Eupenstraße
Eupenstraße
Malmedystraße
Eckardtsturm
Glockenberg
Straßburger Str.
Seidmannsdorfer Straße
Eckardtsberg
Eckardtsberg
Eckardtsberg
N
200 Meter

Coburg, Schloss Ehrenburg.

ist groß und neben der ausgezeichneten fränkischen Küche werden Sie auch ein umfangreiches Angebot an Gasthäusern entdecken, die internationale Gerichte anbieten.

Bis zum **Ketschentor** sind es über die Ketschengasse nur 600 Meter. Das **Stadthaus** am Marktplatz und das gegenüberliegende Rathaus sind schnell erreicht. Sie bieten ein besonders malerisches Bild in der Abenddämmerung, wenn die effektvolle künstliche Beleuchtung eingeschaltet ist. Die prachtvolle Fassade des Stadthauses kommt dann erst so richtig zur Geltung. Vor dem Stadthaus steht das Denkmal **Alberts**, dem Prinzgemahl **Queen Victorias**, die von 1837 bis 1901 Königin des Vereinigten Königreichs Großbritannien und Irland war. In seiner rechten Hand hält er

Blick vom hinteren Teil des Hofgartens auf die Veste.

den Plan des Crystal Palace, dem Hauptgebäude der ersten Weltausstellung, die von Mai bis Oktober 1851 in London stattfand. Albert hatte großen Einfluss auf seine Gemahlin und wirkte damit im erheblichen Masse an dem wirtschaftlichen Aufstieg Großbritanniens in dieser Zeit mit. Nur 200 Meter vom Marktplatz entfernt erscheint das in englischer Neugotik errichtete **Schloss Ehrenburg** und das im klassizistischen Stil errichtete Landestheater mit dem dazwischen liegenden Schlossplatz ebenso reizvoll wie das Ensemble mit Stadthaus, Albert-Denkmal und Rathaus mit den umliegenden Häusern. Schloss Ehrenburg kann im Rahmen einer Führung besichtigt werden. Hier erfahren Sie mehr über Prinz Albert und welche verwandtschaftlichen Beziehungen die Heiratspolitik des Hauses Sachsen-Coburg in Europa hervorgebracht hat. Wenn Sie darüber hinaus barocke Pracht und höfischen Glanz mögen, können Sie auf dieser Seite www.schloesser-coburg.de die Öffnungszeiten und die Eintrittspreise nachlesen. Es ist auch zu überlegen, eine Kombikarte zu lösen, mit der Sie die gleich noch folgenden Schlösser, Museen und Ausstellungen besuchen können. Das werden Sie aber nicht alles an einem Tag absolvieren können.

Vom Schlossplatz führen über einen Terrassenbau Wege in den großen **Hofgarten**. Diese schöne Anlage endet am Fuße des Festungsberges. Von hier aus geht es auf markierten Fußwegen weiter hoch zur **Veste**.

Veste Coburg

Die Veste ist eine der größten Burganlagen Deutschlands. Sie thront auf einem Dolomitfelsen 167 Meter oberhalb der Stadt. Mit ihrem dreifach gestaffelten Befestigungsring aus Türmen, Wehrmauern und Bastionen prägt sie das Landschaftsbild des Coburger Umlands und hat der Veste den Beinamen **„Fränkische Krone“** eingebracht. Es ist eine sehr gepflegte Burganlage, die hier zu einem ausgiebigen Besuch einlädt. Um die Anlage mit ihren Gebäuden, Räumlichkeiten und Ausstellungen zu besichtigen, sollte man mindestens einen halben Tag einplanen. Die Kunstsammlungen in der Veste sind sehr umfangreich. Neben vielen Gemälden und Skulpturen (u.a. von Lucas Cranach d.Ä. und Lucas Cranach d.J.) gibt es eine historische Glassammlung, die über 1000 Jahre Entwicklung der Glasherstellung präsentiert, ein Kupferstichkabinett, eine sehr große Waffensammlung mit ca. 10000 Exponaten, eine Ausstellung mit Kutschen und Schlitten sowie mehr als 20.000 Münzen und Medaillen.

Im Innenhof der Veste Coburg.

Schloss Rosenau, das nächste Ziel auf unserer Reise ist umgeben von einem etwa 36 Hektar großen Landschaftspark, den **Herzog Ernst I.** in der ersten Hälfte des 19. Jahrhunderts im Stile eines englischen Landschaftsgartens anlegen ließ. Um die Anlage zu erreichen, fahren wir über Coburg in Richtung Sonneberg und folgen in Rödental den Richtungshinweisen zum Schloss Rosenau. Der Parkplatz, den Sie mit diesen Koordinaten anfahren können [GPS: N50°17'45.5" E11°01'17.3"], ist gebührenpflichtig und maximal kastenwagentauglich. Ausgewachsene Wohnmobile können diesen Platz nicht ansteuern. Das verbietet schon die beschränkte Tonnage auf der Zufahrt dorthin.

Jagdschloss Rosenau mit Brunnen.

Der Schwanenteich im Schlosspark Rosenau.

Der weitläufige Park ist frei zugänglich und durch die zahlreichen Wege bequem zu begehen. Die im klassizistischen Stil erbaute Orangerie dient heute als Veranstaltungsort, das ehemalige Teehaus als Restaurant. In einem Neubau am Rande des Parkplatzes ist das **Europäische Museum für Modernes Glas** untergebracht.

Hauptattraktion ist aber immer noch das Jagdschloss mit seiner neugotischen Spitzbogenarchitektur, das nach dem Willen des Bauherrn in einem romantisch-mittelalterlichen Bild erscheinen sollte. Die Innenräume sind prachtvoll ausgestattet, sie können im Rahmen einer Führung besichtigt werden. Zweifellos wurde mit diesem Park und dem Schloss zu Beginn des 19. Jh. eine schöne Sommerresidenz geschaffen. Verständlich, dass Queen Victoria, die

Tochter der Victoria von Sachsen-Coburg-Saalfeld, bei ihren Besuchen von diesem Anwesen geschwärmt und sich gern hier aufgehalten hat. Die Öffnungszeiten und die Eintrittspreise finden Sie wie beim Schloss Ehrenburg auf dieser Seite www.schloesser-coburg.

Das Wasserschloss in Mitwitz.

Nach einem Spaziergang um den Schwanenteich fahren wir durch eine flachhügelige Landschaft in Richtung Kronach weiter. Nach ca. 20 Kilometern erreichen wir **Mitwitz**, wo uns das nächste Schloss erwartet. Wir stellen unser Fahrzeug auf dem Parkplatz [**004:** N50°14'51.9" E11°12'24.9"] in unmittelbarer Nähe des Schlosses ab. Zu Fuß passieren wir den Schlossgraben und haben nach wenigen Metern das Eingangstor zur Anlage erreicht.

Fast fühlen wir uns nach Westfalen versetzt, aber wir sind hier nicht im Münsterland mit seinen vielen Wasserschlössern, sondern in Franken. Das Schloss im Stile der Renaissance ist das Wahrzeichen des Ortes. Es wurde Ende des 16. Jahrhunderts erbaut und ist das bedeutendste Wasserschloss Frankens.

Die Innenräume können nur mit einer Führung besichtigt werden und das auch lediglich an den Wochenenden von Mai bis Oktober. Die genauen Öffnungszeiten und Eintrittspreise entnehmen Sie bitte dieser Seite www.schloss-mitwitz.de. Auch dieses Schloss verfügt über eine Parkanlage, jedoch ist sie nicht so weitläufig und einfacher strukturiert als der am Jagdschloss Rosenau.

Auf der B303 geht es weiter nach Kronach, dort steuern wir den Stellplatz Hammermühle an. Nur zwei Kilometer entfernt liegt die Lucky Stable Ranch. Für den Pferde- und Tierfreund hat dieser Hof vielerlei im Angebot.

(005) Offizieller WOMO-Stellplatz: Kronach – Hammermühle

GPS: N50°13'52.5" E11°19'41.4"; Am Sand, 96317 Kronach.
Max. WOMOs: 15, maximale Länge 12 m.

Ausstattung: Wasserver- und Abwasserentsorgung, Kassettenentleerung, Behälter für die Müllentsorgung, ganzjährig geöffnet.
Beschreibung: Einfacher asphaltierter Platz am Ortsrand an der Rodach, relativ ruhig. Die Altstadt ist 1,2 km entfernt, die Festung rund 2 km.
Preise: Einen Parkschein gibt es für 5,00 € am Parkscheinautomaten, Frischwasser kostet 1,00 €, Strom 0,50 € pro kWh.
Zufahrt: Von der Weißenbrunner Straße am südlichen Ortsrand der Wohnmobilbeschilderung folgen.

(006) Offizieller WOMO-Bauernhof-Stellplatz: Kronach – Lucky Stable Ranch

GPS: N50°13'04.1" E11° 20'31.5"; Mostrach 1, 96317 Kronach. .
Max. WOMOs: 5, maximale Länge 8 m.
Ausstattung: Wasserver- und Abwasserentsorgung, Kassettenentleerung, Behälter für die Müllentsorgung, ganzjährig geöffnet.

Beschreibung: Asphaltierter Platz direkt auf dem Reiterhof, relativ ruhig. Typische Duftnote eines Pferdehofes. Zahlreiche Pferde und Ponys sind für den Reitunterricht von kleinen und großen Anfängern und erfahrenen Reitern vorhanden. Wer reiten möchte, sollte sich anmelden und reservieren.
Preise: 8,00 € pro Tag für ein Fahrzeug mit 2 Personen. Strom, Frischwasser und Entsorgung ist im Preis enthalten. Jede weitere Person 1,50 €. Kinder unter 10 Jahren zahlen nichts. Bei längerem Aufenthalt gibt es einen Rabatt. Die Preise für den Reitunterricht richten sich nach Zeit und Dauer.
Zufahrt: Von der Hammermühle 2 km bergauf fahren. Der Weg dorthin ist steil (14% Steigung) und schmal.
Reservierung/Kontakt: Tel.: 09261/2366
E-Mail: info@lucky-stable-ranch.de, Web: www.lucky-stable-ranch.de.

Wir bleiben an der Hammermühle und erkunden von hier aus zu Fuß die Stadt. Sie können auch hochfahren. Im hinteren Bereich der Festung sind breite Parkplätze im Wallgraben angelegt. Jedoch müssen Sie sich durch die enge Altstadt quälen, das ist mit einem großen Fahrzeug nicht einfach.

Blick von der Festung Rosenberg auf die Stadt Kronach.

Der Haupteingang zur Festung.

Stolz ist man in Kronach darauf, die Geburtsstadt **Lucas Cranach d. Ä.** zu sein und mindestens ebenso stolz ist man auf die **Festung Rosenberg**, die über die Stadt wacht. Dieses altehrwürdige Gemäuer vereinigt Baustile, die vom Mittelalter bis zum Spätbarock reichen. Immer wieder wurde die Festungsanlage in den vergangenen Epochen an die wechselnden Erfordernisse einer Verteidigungsanlage angepasst und verändert. Eingenommen wurde die Burg nie. Selbst die heftigen Angriffe der Schweden während des Dreißigjährigen Krieges überstand sie unbeschadet.

Der Zugang zur Festung führt durch ein frühbarockes Tor, das nach Plänen des italienischstämmigen Baumeisters **Antonio Petrini** errichtet wurde. Petrini gilt als der Vater des fränkischen Barock. Nach seinen Plänen wurde auch Schloss Seehof in Memmelsdorf (siehe Seite 116) gebaut.

Heute beherbergt die Festung die **Fränkische Galerie** mit Exponaten von Lucas Cranach d. Ä., Tilman Riemenschneider, Veit Stoß und anderen. Hier werden die Tafelbilder, Klappaltäre und Holzskulpturen dieser Meister präsentiert. Die Festung dient auch als Spielort für die jährlich stattfindenden **Rosenberg-Festspiele**, die auf einer Freilichtbühne innerhalb des Burggeländes aufgeführt werden. Hier werden Klassiker der Weltliteratur gezeigt sowie Komödien und Stücke für Kinder.

Kronach, Johannesbrunnen.

Kronach überstand den Zweiten Weltkrieg nahezu unbeschadet. Die historischen Gebäude in der Altstadt unterhalb der Burg bilden ein romantisches Ensemble aus Fachwerk, Sandstein, Toren, Türmen, verspielten Erkern und Brunnen. Es lohnt sich von der Stadtpfarrkirche Sankt Johannes der Lucas-Cranach-Straße zu folgen und zur Festung hochzugehen, um den Blick über die Häuserdächer schweifen zu lassen. Für den Rückweg ist die parallel verlaufende Amtsgerichtsstraße ebenso interessant. Einkehrmöglichkeiten gibt es entlang der Straßen mehr als genug. Als störend empfanden wir allerdings den Autoverkehr, der sich an den Straßenlokalen vorbeizwängt. Oben auf der Burg wartet fernab des Autoverkehrs ein Biergarten in der **Bastion Marie** auf Gäste. Hier lassen sich mit Blick auf die Altstadt original Kronacher Bratwürste genießen. Sie schmecken herzhaft und gut, wir haben sie gern probiert. Dazu gibt es das Mariechen, ein speziell gebrautes Bier, das nur hier ausgeschenkt wird.

Nachdem wir die fantastische Aussicht über Kronach und sein Umland sowie unser Abendbrot haben genießen können, beenden wir unseren Aufenthalt auf der Burg und gehen wieder hinunter zum Wohnmobil.

Marktrodach, Flößermuseum.

Dass der Frankenwald stark bewaldet ist, hatten wir schon zu Beginn dieses Kapitels erwähnt. Die Waldwirtschaft war und ist ein bedeutender Faktor dieser Region. Der Holzeinschlag und der Holztransport vergangener Jahrhunderte werden in dem **Flößermuseum** in Unterrodach, einem Teilort von **Marktrodach** gezeigt. Es ist in einem ehemaligen Floßherrenhaus untergebracht. Bis nach Amsterdam wurden die Stämme über die Rodach, den Main und den Rhein geflößt. Die ganze Geschichte dazu wird in diesem Museum erzählt. Sie finden es am Kirchplatz, direkt neben der Brücke über die Rodach. Über die Öffnungszeiten, Eintrittspreise und Veranstaltungen informiert diese Seite https://floessermuseum-unterrodach.byseum.de. Leider sind die Parkmöglichkeiten an dieser Stelle nur sehr bescheiden.

Wer in Marktrodach angekommen ist, hat es nicht mehr weit bis zu Ködeltalsperre. Diese werden wir uns auch noch anschauen, doch machen wir dazu einen großen Umweg über Ludwigsstadt-Lauenstein, das im nördlichsten Zipfel des Frankenwaldes liegt, dort, wo es in das Thüringische Schiefergebirge übergeht. Zwei Ziele werden wir hier oben anfahren, die Thüringer Warte und die Burg Lauenstein.

Beginnen wir mit der **Thüringer Warte**.

Der Turm ist fast 27 Meter hoch und steht in unmittelbarer Nähe der Grenze zu Thüringen. Er wurde 1963 fertiggestellt. Für lange Zeit bot er eine Möglichkeit, nach "drüben" zu schauen, als die Grenze unpassierbar war. Prominenten Besuch hat dieser Turm gehabt. So waren unter anderem Heinrich Lübke sowie Herbert Wehner hier und Rainer Barzel, Bundesminister für gesamtdeutsche Fragen, hielt die Festrede zur Eröffnung dieses Aussichtsturmes. Heute ist der Turm ein wenig in Vergessenheit geraten

Die Thüringer Warte.

Wanderparkplatz an der Thüringer Warte.

und prominenten Besuch bekommt er nicht mehr. Die Aussicht von der Plattform ist aber weiterhin fantastisch und der ehemalige Grenzverlauf ist auch noch deutlich erkennbar. Heute verläuft hier das sogenannte **"Grüne Band"**. Aus den ehemaligen Kolonnenwegen der DDR-Grenzschutzanlagen wurden teilweise Wander- und Radwege.

Der Wanderparkplatz an der Thüringer Warte lässt sich mit diesen Koordinaten [**007:** N50°31'03.1" E11°21'21.2"] erreichen. Es ist eine schmale, kurvenreiche Straße, die weitgehend im Einbahnverkehr angelegt ist. Rund 240 Meter Höhenunterschied werden auf einer Strecke von fünf Kilometern dabei überwunden. Oben angekommen stehen Sie in himmlischer Ruhe, können ohne Ende wandern und von dem wenige Meter entfernten Aussichtspunkt von einer Sitzbank den Blick über das Tal und auf die Burg Lauenstein schweifen lassen. Hinweisen wollen wir auf die Sage der **"Weißen Frau"**, die auf **Burg Lauenstein** herumspuken soll. Die Geschichte

Burg Lauenstein.

dieser Frau ist ein Kapitel auf dem fast fünf Kilometer langen **Märchenpfad Lauenstein**, der unter anderem an diesem Wanderparkplatz vorbeiführt und bei der Burg Lauenstein beginnt, zu der wir jetzt fahren. Dort bekommen Sie auch einen Flyer, der alle Stationen des Märchenpfades erläutert.

Den Parkplatz der Burg erreichen Sie mit diesen Koordinaten [**008:** N50°30'48.3" E11°22'03.0"]. Er ist als Großparkplatz ausgeschildert. Von diesem Platz ist es nur ein kurzer, aber sehr steiler Anstieg hinauf auf die Burg, die sich im Besitz des Freistaates Bayern befindet. Auf der Seite der Schlösserverwaltung www.schloesser.bayern.de, finden Sie unter "Ludwigsstadt" die Öffnungszeiten und Eintrittspreise. Die Innenräume der Burg können nur im Rahmen einer Führung besichtigt werden. Zu sehen sind in über 20 Räumen Rüstungen, Waffen, Möbel, Gemälde, Wand- und Deckenmalereien die aufwendig restauriert wurden und einen Blick in das mittelalterliche Burgleben gestatten.

Schiefertafeln sind heute beliebte Dekorationselemente in Gaststätten und Küchen, die sich schnell beschriften lassen. Früher gehörten sie zur Grundausstattung eines Schülers, auf dem oft schrill quietschend die ersten Buchstaben versucht wurden. In der Größe entsprachen sie einem heute handelsüblichen Tablet, auf dem auch gewischt und geschrieben wird. Welch ein Wandel! Wie Schiefer gewonnen wird, was im Laufe der Zeit alles mit ihm gemacht wurde und heute noch verwendet wird, können Sie im **Deutschen Schiefertafelmuseum** in **Ludwigsstadt** entdecken. Sie finden das Museum in der Lauensteiner Straße 44 auf dem Weg zur **Ködeltalsperre**, zu der wir jetzt fahren.

Es geht rauf und runter auf dem Weg zu der Talsperre bis wir den großen asphaltierten Parkplatz **P3** am Rande des Gewässers mit diesen Koordinaten [**009:** N50°19'56.2" E11°29'54.0"] erreichen. Es ist ein Platz der bei jeder Witterung angefahren werden kann und hat den Vorteil ein Gasthaus mit Biergarten in unmittelbarer Nähe zu haben (200 Meter).

Nur der See ist nicht in Sichtweite. Um zu ihm zu gelangen, ist ein kleiner Fußmarsch vonnöten. Baden können Sie in dem See nicht. Es ist ein Trinkwasserspeicher. Er lässt sich aber bequem umrunden. Inliner schätzen diesen asphaltierten Weg. Spaziergänger müssen aufpassen nicht mit ihnen zu kollidieren.

Die Ködeltalsperre.

An den Parkplätzen finden Sie Schilder, die auf andere Plätze rund um den See hinweisen. Der P6 hat es uns mit der Beschreibung angetan, versprach sie doch eine schöne Aussicht auf die Talsperre. Den Weg hätten wir uns sparen können, von schöner Aussicht auf den See keine Spur. Der P2 (Mauthaus) ist relativ eng und laut, da ist der P3 für eine ruhige Übernachtung doch die beste Wahl.

Am nächsten Morgen fahren wir weiter nach **Schwarzenbach am Wald**. Das Städtchen offeriert ein breites Angebot an gut ausgebauten Wanderwegen. Wenn das Womo auf dem

(010) Offizieller WOMO-Stellplatz: Schwarzenbach am Wald – Döbraberg

GPS: N50°16'54.9" E11°37'31.5";
Schützenstraße 30, 95131 Schwarzenbach am Wald
Max. WOMOs: 6, maximale Länge 9 m

Ausstattung: Wasserver- und Abwasserentsorgung, Kassettenentleerung, Stromanschlüssen, Behälter für die Müllentsorgung, ganzjährig geöffnet.
Beschreibung: Gut befestigte Stellflächen mit einer leichten Neigung am Ortsrand von Schwarzenbach, relativ ruhig.
Preise: Gebührenfrei, Frischwasser + Kassettenentleerung (mit Münzeinwurf) jeweils 1,00 €. Strom, verbrauchsabhängig mit 1,00 €- Münzen zahlbar.
Zufahrt: Von der Hauptstraße in der Ortsmitte sind es 300 Meter bis zum Platz, der Weg dorthin ist ausgeschildert.

offiziellen Stellplatz oder auf dem Wanderparkplatz in Döbraberg **[011:** N50°16'34.4" E11°39'19.2"] abgestellt ist, kann direkt losgegangen werden, z.B. auf den Stadtwaldrundweg mit Brunnen und Sitzgelegenheiten, den Skulpturenweg mit lebensgroßen Holzfiguren, den Panoramawanderweg oder den Geoweg. Insgesamt sind 18 Rundwanderwege angelegt. Hier kreuzen sich auch einige Hauptwanderrouten. Der Wasserscheidenweg verläuft über den **Döbraberg**, der mit 795 Metern die höchste Erhebung des Frankenwaldes ist. Er folgt der europäischen Hauptwasserscheide, die die Zuflüsse zu Nordsee und Atlantik auf der einen Seite und dem Mittel- bzw. Schwarzen Meer auf der anderen Seite trennt. Große Hinweistafeln am Wanderparkplatz zeigen an, dass dieses Gebiet im Winter auch für den Ski-Langlauf bei entsprechender Schneelage interessant

Wanderparkplatz am Döbraberg.

Döbraberg mit Radarstation.

ist. Etliche Loipen sind auf wetterfesten Tafeln ausgewiesen. Nicht zuletzt finden Mountainbiker hier mehrere gut ausgeschilderte Strecken in verschiedenen Schwierigkeitsstufen.

Wie ein überdimensionaler Fußball scheint eine Kugel über den Baumwipfeln am Döbraberg zu liegen. Hinter der Kugel verbirgt sich eine Radarstation, die vor dem Fall der Mauer große Bedeutung für die militärische Luftraumüberwachung der NATO hatte. Die Grenze zu Thüringen und damit zur ehemaligen DDR ist nur wenig mehr als 10 Kilometer entfernt. Der Berg war somit als Horchposten ein idealer Standort. Erklimmt man den 18 Meter hohen **Prinz-Luitpold-Turm**, den Aussichtsturm unweit der Kugel, so hat man einen weitreichenden Blick nach Thüringen und Sachsen hinein. Die Höhenzüge des Thüringer Waldes und des Erzgebirges sind an klaren Tagen gut zu sehen. Blickt man nach Süden ist auch das Fichtelgebirge leicht zu erkennen.

Naila ist der nächste Ort auf unserer Route. Wir könnten auch hingehen, denn ein Wanderweg entlang des Flüsschens Culmitz führt direkt vom Döbraberg zum Bahnhof von Naila. Womit wir schon beim Thema "Wandern" wären. In dem Ort gibt es nichts, was man unbedingt gesehen haben müsste. Aber mit zwei offiziellen Stellplätzen, einen am Bahnhof und

(012) Offizieller WOMO-Stellplatz: Naila – Bahnhof

GPS: N50°19'50.3" E11°42'40.6";
Christian-Schlicht-Straße, 95119 Naila.

Max. WOMOs: 5, maximale Länge 9 m.

Ausstattung: Wasserver- und Abwasserentsorgung, Kassettenentleerung, Behälter für die Müllentsorgung, ganzjährig geöffnet.

Beschreibung: Befestigte, in zwei Reihen angelegte Stellflächen entlang der Gleise in unmittelbarer Nähe des Bahnhofes. Relativ ruhig, da es in der Nacht keinen Bahnverkehr gibt.

Preise: Platz + Kassettenentleerung gebührenfrei, Frischwasser (mit Münzeinwurf) 1,00 €. In der Frostperiode ist eine Frischwasserversorgung nicht möglich.

Zufahrt: In der Ortsmitte von Naila den Hinweisschildern zum Bahnhof folgen.

einen am Freibad [**013:** N50°19'48.8" E11°41'58.5"] in der Badstraße, ist er ein angenehmer Standort für die Versorgung und ein guter Ausgangsort für Wanderungen und Radtouren.

Die Bahnstrecke Hof - Bad Steben, die immer noch in Betrieb ist und mehrmals täglich befahren wird, kann für die Planung von Wandertouren nach Bad Steben oder in das Höllental sehr nützlich sein. An mehreren Haltepunkten kann man unterwegs aus- oder zusteigen und somit die Wanderung abkürzen oder den Rückweg zum Womo planen.

Wir fahren weiter nicht in die, aber nach **Hölle**, einem kleinen Örtchen am Eingang des Höllentales. Der verschwiegene Wanderparkplatz **[014:** N50°22'07.0" E11°41'27.1"] eignet sich in hervorragender Weise als Startpunkt für Wanderungen in das **Höllental**, das seinen Namen der Sage nach einer schaurigen Begegnung des Teufels mit einem Köhler verdankt. Durch das vier Kilometer lange Tal, das von der Selbitz durchflossen wird, führte einst eine Eisenbahnstrecke, die unter Eisenbahnfreunden als **Höllentalbahn** bekannt ist. Die Strecke verlor jedoch durch die deutsche Teilung nach dem Zweiten Weltkrieg weitgehend ihre Funktion, wurde zu Beginn der Siebzigerjahre aufgegeben und in den Folgejahren demontiert. Eine alte Dampflok und einige Waggons am Informationszentrum in **Blechschmidtenhammer** erinnern an den Betrieb dieser Eisenbahnlinie. Eine originalgetreue Nachbildung dieser Bahn ist im Gebäude des Informationszentrums zu besichtigen. Eine Bogenbrücke im Tal ist das sichtbarste Zeichen dieser aufgegebenen Eisenbahnlinie, die von dem Wanderweg unterquert wird.

Wanderparkplatz Höllental.

Parkplatz Blechschmidtenhammer.

Der Hirschsprung im Höllental.

Womit wir wieder auf die Wanderungen im Höllental zurückgekommen wären. Mehrere Möglichkeiten stehen dazu offen, die auf Wandertafeln am Eingang gezeigt werden. Wer neben der Bewegung etwas über das Wasser im Höllental erfahren will, der nimmt den **Wasserpfad**. Er ist ein leicht begehbarer Waldweg, der nicht mehr als zwei Stunden Gehzeit erfordert. Als besondere Attraktion steigt an Sonntagen in den Sommermonaten eine 36 Meter hohe Fontäne an dem kleinen Wasserkraftwerk empor. Anspruchsvoller dagegen ist der Geologische Lehrpfad, der an dem **Besucherbergwerk Friedrich-Wilhelm-Stollen** vorbeiführt. Wahrzeichen des Höllentales ist der **Hirschsprung**, eine lebensgroße Skulptur dieses imposanten Waldbewohners in der Nähe eines Aussichtspunktes. Die Wanderung durch das Höllental können Sie genauso gut vom Informationszentrum Blechschmidtenhammer starten, dessen Parkplatz Sie mit diesen Koordinaten [**017:** N50°23'35.3" E11°41'19.5"] erreichen.

Diese Platzangabe ist ein kleiner Vorgriff in unserer Routenführung, denn zunächst fahren wir nach **Bad Steben** weiter, wo Spaziergänge in dem schönen weitläufigen Park mit hohen Bäumen in einem verzweigtem Wegenetz auf dem Programm stehen. Mit der **Terrainkur** wurden spezielle Wanderwege für die Kurgäste angelegt.

Drei Heilwasserquellen gibt es in dem Kurort. Die **Tempelquelle**, die radonhaltiges Nass hervorbringt, die **Wiesenquelle**, aus der kohlensäurehaltiges Wasser sprudelt und die **Max-Marien-Quelle**, aus der ebenfalls kohlensäurehaltige Flüssigkeit zutage tritt.

Schon seit dem Mittelalter sind die Quellen bekannt, doch wurden sie lange Zeit nicht für therapeutische Zwecke genutzt. Der Bergbau hatte die bedeutendere Traditi-

Im Kurpark von Bad Steben.

Das Kurhaus in Bad Steben mit der Wandelhalle.

on. Quellen belegen, dass dieser schon seit dem 8. Jahrhundert von den damals hier ansässigen Kelten betrieben wurde. Zu Beginn der Industrialisierung stand der Bergbau in Steben vor neuen Herausforderungen. In wissenschaftlichen Untersuchungen führte der damals noch junge Universalgelehrte **Alexander von Humboldt**, der einige Jahre in Bad Steben wirkte, die Vorkommen und Qualität der Erze auf. Gold und Silber waren auch darunter, was seine Auftraggeber zunächst euphorisch werden ließ. Der industrielle Abbau der Erze währte jedoch nicht lang. Mitte des 19. Jahrhunderts wurde er bereits aufgegeben. Die Lagerstätten waren nicht so ergiebig wie erhofft, es machte deshalb keinen Sinn, ihn weiter zu betreiben. Humboldts Wohnhaus in der Nähe des Kurhauses, ein **Geologisch-bergbaukundlicher-Lehrpfad** und das Besucherbergwerk Friedrich-Wilhelm-Stollen erinnern an diese Zeit.

Der Aufstieg als Kurstadt begann Anfang des 19. Jahrhunderts. 1832 bekam Steben den Titel **"Königlich Bayerisches Staatsbad"**. In der Folgezeit wurden viele der auch heute noch vorhandenen Gebäude der Kuranlagen im klassizistischen Stil errichtet und der Kurpark angelegt. Um die Jahrhundertwende vor dem Ersten Weltkrieg erlebte das Staatsbad einen ersten großen Boom.

Heute dient das Staatsbad nicht nur dem Kurbetrieb, sondern fungiert auch als modern eingerichtete Therme mit diversen Wellness- und Fitness-Angeboten. Auf über 8.500m² bietet die Anlage des Staatsbades vielfältige Wasserwelten, ein großzügiges Saunaland, einem Wellness-Dome sowie vieles andere mehr und das alles in der Nähe dieses Stellplatzes.

(015) Offizieller WOMO-Stellplatz: Bad Steben

GPS: N50°21'46.1" E11°37'56.4"; Steinbacher Straße 18, 95138 Bad Steben.
Max. WOMOs: 24, maximale Länge 12 m.
Ausstattung: Wasserver- und Abwasserentsorgung mit Bodeneinlass, Kassettenentleerung, Brötchenlieferservice, Gasflaschen Tauschservice, Behälter für die Müllentsorgung, ganzjährig geöffnet.

Beschreibung: Asphaltierter/gepflasterter Platz am Ortsrand direkt neben der Therme und dem Kurpark, sehr ruhig. Die Ver- und Entsorgungsanlage liegt im vorderen Bereich des Stellplatzes und kann bequem angefahren werden.
Preise: Einen Parkschein gibt es für 11,80 € an der Kasse der Therme für ein Fahrzeug mit 2 Personen incl. Kurtaxe. Frischwasser (mit Münzeinwurf) 1,00 €. Strom (mit Münzeinwurf) 0,60 € pro kWh. Die Entsorgung ist kostenlos.
Zufahrt: Der Platz liegt direkt an der Steinbacher Straße.

Was hat Bad Steben noch zu bieten? Die Lutherkirche im Ort fällt besonders auf. Sie wurde Anfang des 20. Jahrhunderts mit Jugendstilelementen erbaut und wirkt mit ihrer verwinkelten Architektur und durch die Ausmauerung der Ecken mit großen Diabassteinen fast wie eine Burg.

Bergfried der Burgruine Lichtenberg.

Dann gibt es noch die **Bayerische Spielbank**, ein modernes Gebäude, in der Sie mit American Roulette, Blackjack oder im Automatenspiel ihre Urlaubskasse auffüllen oder verspielen können.

Wir fahren weiter nach **Lichtenberg**. Der malerische Ort mit seinem beträchtlich aufragenden Burgturm liegt auf einem 564 Meter hohen Bergkegel über dem Lohbach, einem Nebenfluss der Selbitz. Von der einst prächtigen Burg ist nur dieser Bergfried erhalten, der heute als Aussichtsturm dient. Vom Burggelände hat man einen phantastischen Blick in den Thüringer Wald und hinunter in die Tallandschaften des Höllentales mit der Selbitz und der Moschwitz, dem Grenzfluss zu Thüringen.

Südlich des Ortes befindet sich der **Frankenwaldsee**. Der See liegt ruhig und abgeschieden zwischen Wäldern und Feldern und lädt zum Baden, Wandern und Radeln ein. Er ist nicht sehr groß und lässt sich leicht umrunden. Der Parkplatz am See ist eben und geräumig. Große Verbotsschilder weisen darauf hin, dass Wohnmobile über Nacht nicht erwünscht sind. Wer am See verbleiben möchte, muss den wenige Meter entfernten Campingplatz nutzen.

(016) WOMO-Campingplatz: Frankenwaldsee

GPS: N50°22'25.2" E11°40'11.6"; Seestraße 161a, 95192 Lichtenberg.
Max. WOMOs: >10, maximale Länge 12 m.
Ausstattung: Große, ganzjährig geöffnete Anlage mit 70-100 Quadratmetern pro Parzelle. Alle Stellflächen sind an die Strom- und Wasserversorgung angeschlossen. In einem beheizten Gebäude befinden sich die sanitären Anlagen sowie eine Waschmaschine und ein Wäschetrockner, ein Restaurant gibt es nicht. Gasflaschentausch auf dem Platz möglich.
Beschreibung: Idyllische, ruhige Lage direkt am Frankenwaldsee, der erfrischende Bademöglichkeiten bietet. Die Sanitäranlagen sind zwar alt, aber gepflegt. Ein Campingplatz in einer Urform ohne modernen Schnickschnack.
Preise: Für ein Fahrzeug mit 2 Personen 22.20 € pro Tag, Strom 2,50 €, Waschmaschine und Trockner jeweils 2,00 €, Hund 2,60 €.
Zufahrt: Von Lichtenberg in Richtung Naila fahren und der Beschilderung zum Campingplatz folgen.
Reservierung/Kontakt: Tel.: 09288/6870
E-Mail: info@hoellental-camping.de, Web: http://hoellental-camping.de.

Die weitere Fahrt geht nach Blechschmidtenhammer. Auf die Gegebenheiten an diesem Ort hatten wir schon auf Seite 34 hingewiesen, deshalb reisen wir gleich weiter auf der **Panorama- und Saaletalstraße** in östliche Richtung. Tief unten im Tal windet sich der Grenzfluss Saale malerisch gen Thüringen. Ein besonderer Grenzfluss wird uns in **Mödlareuth,** unserem nächsten Ziel beschäftigen. Wir parken auf der thüringischen Seite des 50-Seelen-Ortes direkt neben einem T-34 Kampfpanzer aus der Sowjetzeit [**018:** N50°24'51.1" E11°52'48.5"]. Wir befinden uns damit auf dem Besucherparkplatz am **Deutsch-Deutschen Museum Mödlareuth**, das in die Geschichte als **"Little Berlin"** einging.

Beobachtungsturm in Mödlareuth.

Der Tannbach in Mödlareuth.

Schon vor dem Weltkrieg war das Dorf geteilt, nur hat es niemanden gestört. Der **Tannbach** trennt den Ort in einen thüringischen und einen bayerischen Teil. Auf das dörfliche und gesellschaftliche Leben hatte dies jedoch keinen Einfluss. Über den Bach konnte man bequem rüberhüpfen. Die Schule lag im thüringischen Teil des Ortes, die Kirche im bayerischen. Die Grenze hatte eine Verwaltungsfunktion, mehr nicht. Dies änderte sich nach dem Ende des Zweiten Weltkrieges, als die Aufteilung Deutschlands in die vier Besatzungszonen festgelegt wurde. Da sich die Siegermächte bei der Grenzziehung fast ausschließlich an den inneren Landesgrenzen des Deutschen Reiches von 1937 orientierten, wurde der Tannbach zur Demarkationslinie. Das Dorf wurde geteilt und gehörte damit bis zum Fall der Mauer den zwei völlig unterschiedlichen politischen Systemen an. Der **"Eiserne Vorhang"** senkte sich auch an diesem kleinen Ort am Ende der Welt. In Szene gesetzt ist diese Geschichte mit all ihren menschlichen Tragödien in dem sehenswerten ZDF-Mehrteiler **Tannbach – Schicksal eines Dorfes**.

Nach dem Fall der Mauer entschloss man sich in Mödlareuth Teile der alten Grenzanlagen stehen zu lassen und ein Museum zur Teilung Deutschlands zu errichten. Alle Etappen des Mauerbaus und der damit verbundenen Begleiterscheinungen sind eingehend dokumentiert. Wer eindrücklich über die deutsche Nachkriegsgeschichte informiert werden will, dem können wir den Besuch dieses Museums nur empfehlen, das sich auf der bayerischen Seite des Dorfes befindet.

Nach der Lehrstunde in deutscher Geschichte fahren wir weiter nach **Hof**. Die Stadt liegt, von einigen Hügeln umgeben im Tal der Sächsischen Saale. Dort angekommen, schauen wir uns zunächst nach den Stellplätzen um. Der Platz am Cleanpark **[020:** N50°19'37.7" E11°53'35.2"] ist als Ver- und Entsorgungsstation nützlich und gut zu erreichen, als Übernachtungsplatz scheidet er aus, auch wenn es offiziell möglich ist. Er ist klein, liegt direkt an der viel befahrenen Hofecker Straße, ist sehr laut und befindet sich abseits des Zentrums. Gut eignen sich dagegen die Plätze am Theresienstein **[019:** N50°19'46.1" E11°55'07.7"] in der Alten Plauener Straße gegenüber dem Friedhof und am Untreusee, den wir auf der folgenden Seite vorstellen. Zunächst schauen wir uns den Park und die Gärten am Theresienstein an. In der Nacht ist der Platz am Theresienstein erstaunlich ruhig. Nur am Morgen, wenn der Berufsverkehr einsetzt, wird es etwas lauter.

Stellplatz am Theresienstein.

Theresienstein

Er ist der älteste Bürgerpark in Deutschland. Zu Beginn als klassischer Landschaftsgarten angelegt, existiert er seit 1819. Er wurde mehrfach erweitert und umgestaltet und ist mit seinem alten Baumbestand, den Blumenanlagen und Pavillons, den Skulpturen, den kleinen Seen, dem Aussichtsturm und der künstlich angelegten Ruine auf dem Labyrinthberg ganz sicher eine der schönsten Garten- und Parkanlagen Deutschlands. Angegliedert ist ein Botanischer und ein kleiner Zoologischer Garten. Die mittlerweile auf 70 Hektar angewachsene Parkanlage liegt oberhalb der Stadt. Von hier hat man einen weiten Blick über Hof und das Saaletal. Den besten Ausblick

gewährt der 16 Meter hohe Turm auf dem Labyrinth-Berg. Nur 70 Stufen müssen dazu hochgestiegen werden. Die Ruine zu Füßen des Turms ist künstlich angelegt. Sie soll die Illusion einer verfallenen mittelalterlichen Burg erzeugen. In ihr wurde der Torbogen des 1743 abgebrannten Hofer Schlosses integriert. Wahrzeichen des Parks ist aber das Wirtschaftsgebäude mit Konzertsaal, Veranstaltungsräumen, Restaurant und Biergarten. Es sieht fast aus wie ein Schlösschen, ist aber keines. Es wurde 1902 im Jugendstil errichtet und ist zweifellos eines der schönsten Gebäude in Hof. Benannt wurde der Park nach der Königin Therese Charlotte, die Frau Ludwigs I. von Bayern, als sie 1836 Hof besuchte.

Nachdem wir den Park und die Gärten am Theresienstein ausgiebig erkundet haben, wollen wir uns nun dem Stadtzentrum zuwenden und gehen vom Theresienstein in die Altstadt hinunter. Bis zum Rathaus, das in der Ludwigstraße steht, sind es zu Fuß nur rund 900 Meter. Wir wählen dazu den Weg, der an die Saale hinunterführt. Schnell gelangen wir zum Maxplatz, auf dem mittwochs und samstags der Hofer Wochenmarkt stattfindet. Nur wenige Meter weiter ist bereits die Michaeliskirche zu sehen und von dort sind es wiederum nur wenige Meter bis zur breiten Ludwigstraße. Schlichte Eleganz des Biedermeier-Stils prägt die Architektur der Häuser. Diese Straße ist nach wie vor die Hauptverkehrsachse, die mitten durch den historischen Stadtkern führt und sie ist die Haupteinkaufsstraße. Ab dem Oberen Tor (ein Tor gibt es nicht mehr, der Platz heißt nur noch so) wird die Straße zu einer Fußgängerzone mit dem klassischen Repertoire einer Innenstadtflaniermeile mit Läden, Straßencafes und was sonst noch so dazugehört. Wir gehen noch bis zur Marienkirche, die

Hof, Rathaus in der Ludwigstraße.

Der Untreusee, ein Surf- und Segelrevier sowie ein beliebter Badeplatz.

sich am Ende des Fußgängerbereiches befindet, und kehren dann um. Auf dem Rückweg zum WOMO kaufen wir bei einem Wärschtlamo, einem traditionellem Hofer Würstchenverkäufer, "Gnagger" mit Brötchen und Senf und verzehren sie sogleich.

Vom Parkplatz am Theresienstein bis zum Untreusee sind es sieben Kilometer.

(021) Offizieller WOMO-Badeplatz: Hof – Untreusee

GPS: N50°17'00.6" E11°55'07.9"; Untreusee 4, 95032 Hof.
Max. WOMOs: 10, maximale Länge 12 m, max. Aufenthalt 4 Tage.
Ausstattung: Stromanschlüsse, ganzjährig geöffnet.
Beschreibung: Mit Sträuchern parzellierte geschotterte Stellflächen 400 Meter vom Untreusee entfernt. Bis zum Restaurant am Bootshafen sind es 800 Meter, sehr ruhig.
Preise: 5,60 € max. pro Tag, per Handyapp mit stundengenauer Abrechnung zu zahlen.
Zufahrt: Der Platz liegt am Ende der Straße Schaumberggrund.

Der ca. 60 Hektar große Untreusee wurde als Wasserrückhaltebecken angelegt, hat aber auch eine enorme Freizeitfunktion. Es ist ein von Besuchern stark frequentiertes Areal. Man kann hier segeln, surfen und baden. Es gibt darüber hinaus ein Labyrinth sowie einen Kletterpark, und wer seinen Vierbeiner dabei hat, findet hier auch einen Hundestrand. Auf einem sechs Kilometer langen Weg lässt sich der See mit dem Rad oder zu Fuß bequem umrunden. Viele Jogger, Skater, Radler sowie Spaziergänger sind hier unterwegs und im Restaurant am Ufer schauen die Gäste dem Treiben auf dem See zu und genießen dabei die italienische Küche des Hauses.

SACHSEN
Band 72: Mit dem Wohnmobil nach Sachsen
10 km
Band 44: Mit dem Wohnmobil nach Tschechien
TSCHECHIEN
Aš (Asch)
Gefell
Deutsch-Deutsches Museum
Mödlareuth
Töpen
Hirschberg
Tour 1
Saale
Theresienstein
HOF
Selbitz
Untreusee
Oberkotzau
Konradsreuth
Rehau
Schauenstein
Schwarzenbach a.d. Saale
Schönwald
Porzellanikon
Selb
Gr. Kornberg 827 m
Wunsiedler Weiher
Naturpark
Förmitzspeicher
Helmbrechts
Weißdorf
Förmitz
Kirchenlamitz
Eger
Thierstein
Münchberg
Wüstenselbitz
Sparneck
799 m
Epprechtstein
Granitlabyrinth
Marktleuthen
Oberfränkisches Bauernhofmuseum
Großlosnitz
877 m
Kleinlosnitz
Zell
Gr. Waldstein
Röslau
Weißenstadt
Saalequelle
Weißenstädter See
Stammbach
Wunsiedel
Katharinenberg
Greifvogelpark
Gefrees
Egerquelle
Bad Alexandersbad
Schneeberg △1053 m
Bischofsgrün
Tröstau
Weißmainquelle
Felsenlabyrinth Luisenburg
Fichtelsee
Schiefe Ebene
1023 m
Ochsenkopf
Kösseine 945 m
Himmelkron
Bad Berneck i.F.
Fichtelberg
Besucherbergwerk Gleißinger Fels
Besucherbergwerk
Ebnath
Neusorg
Warmensteinach
Goldkronach
Fichtelgebirge
Tour 3
Wallfahrtskirche
Weidenberg
Immenreuth
Kulmain
731 m
Armesberg
Waldeck
Eremitage
Kirchenpingarten
Kemnath
Festspielhaus
Lohengrin Therme
Göppmannsbühl
641 m
Altes und Neues Schloss
Tauritzmühle
Tour 4
BAYREUTH
Speichersdorf
Seybothenreuth
Tour 6
Kastl
Eckersdorf
Gesees
Rauher Kulm 682 m
Neustadt am Kulm
Hummeltal
Roter Main
Seidwitz
018
019
020
021
022
023
024
025
026
027
028
029
030
031
032
033
034
035
036
037
038
039
040
041
042
043
044
045
046
060
084
085
086
087
088
WC
W
72
93
9
70
B2
B15
B173
B289
B303
B22
B85
303

TOUR 2 (ca. 225 km)

Oberkotzau – Rehau – Selb – Thierstein – Marktleuthen – Kirchenlamitz – Schwarzenbach an der Saale – Münchberg – Weißenstadt – Wunsiedel – Bad Alexandersbad – Fichtelberg – Bischofsgrün – Bad Berneck im Fichtelgebirge – Goldkronach – Bayreuth

Stellplätze:	Oberkotzau, Rehau, Selb, Thierstein, Marktleuthen, Kirchenlamitz, Schwarzenbach an der Saale, Münchberg, Weißenstadt, Wunsiedel, Bad Alexandersbad, Fichtelberg, Bischofsgrün, Bad Berneck im Fichtelgebirge, Goldkronach, Bayreuth.
Campingplätze:	Weißenstadt, Fichtelberg.
Besichtigungen:	Oberkotzau (Fernwehpark), Selb (Porzellanikon), Münchberg (Oberfränkisches Bauernhofmuseum), Wunsiedel (Greifvogelpark), Bad Alexandersbad (Luisenburg), Fichtelberg (Deutsches Fahrzeugmuseum, Besucherbergwerk Gleißinger Fels) Ochsenkopf, Bad Berneck i.F., Goldkronach (Besucherbergwerk), Bayreuth (Altstadt, Hofgarten, Opernhaus, Eremitage).
Wandern/Radtour:	Thierstein (Kaiserweg), Kirchenlamitz (Steinbruchweg), Großer Waldstein, Weißenstädter See (Weg der Poesie), Bad Alexandersbad (Luisenburg), Goldkronach (Humboldtweg).
Baden/Wellness:	Rehau (Freibad), Förmitzspeicher, Münchberg (Freibad), Weißenstadt (See und Therme), Fichtelberg (Fichtelsee), Bayreuth (Lohengrin Therme).

Diese Tour führt uns von Hof gen Süden. Wir durchqueren dabei das Fichtelgebirge, das mit dem Schneeberg und dem Ochsenkopf, die beide über 1000 Meter Höhe aufragen, die höchsten Berge Frankens aufzuweisen hat. Markante, außergewöhnliche Felsformationen sind in dieser hufeisenförmig angelegten und stark bewaldeten Gebirgslandschaft zu bewundern. Vier bedeutende Flüsse (Main, Eger, Naab und Saale) haben ihre Quellen in diesem Gebirge und fließen in alle Himmelsrichtungen. Mehrere Seen in dieser Landschaft laden zu Aufenthalten ein. Einige sind natürlichen Ursprungs, andere wurden als Hochwasserschutz angelegt. Zu einem Teil können sie als Freizeitgewässer zum baden, segeln und surfen genutzt werden, zum Teil stehen die Uferbereich unter Naturschutz und bieten Vögeln und anderen Tieren Brut- und Rückzugsräume.

Sautreiberbrunnen in Oberkotzau.

Vom Untreusee bis nach **Oberkotzau** sind es nur vier Kilometer. Eine neue Park- und Freizeitanlage mit einem Wohnmobilstellplatz ist auf dem ehemaligen Betriebsgelände eines Textilunternehmens errichtet worden. Es wird von dem renaturierten Bach Schwesnitz durchflossen. Der **Fernweh-Park**, der ehemals in Hof seinen Platz hatte, ist hierher umgezogen und wurde neu gestaltet.

Oberkotzau ist eine der ältesten Siedlungen in dieser Region. Dass die Landwirtschaft und der Viehhandel in diesem Ort

(022) Offizieller WOMO-Stellplatz: Oberkotzau – Summa-Park

GPS: N50°15'49.0" E11°56'18.4"; Fabrikstraße, 95145 Oberkotzau.
Max. WOMOs: 9, maximale Länge 12 m, max. Aufenthalt 5 Tage.
Ausstattung: Wasserver- und Abwasserentsorgung, Kassettenentleerung, Stromanschlüsse, Behälter für die Müllentsorgung. Im Servicegebäude gibt es Dusche, WC, Waschmaschine und einen Trockner. Der Platz ist ganzjährig geöffnet.

Beschreibung: Gepflasterter Platz am Ortsrand direkt an der Schwesnitz, sehr ruhig. Die Ver- und Entsorgung kann sehr gut angefahren werden, auch ohne den Stellplatz zu nutzen.
Preise: Einen Parkschein gibt es am Kassenautomaten für 12,00 €. Er enthält einen Barcode mit dem sich die Tür zum Servicegebäude öffnen lässt. Die Nutzung der Dusche und des WCs ist im Preis inbegriffen. Waschmaschine und Trockner wollen am Münzautomaten gefüttert werden, 100 Liter Frischwasser (mit Münzeinwurf) kosten 1,00 €. Die Stromversorgung ist im Preis enthalten.
Zufahrt: Der Platz liegt direkt an der Fabrikstraße, 400 Meter von der Ortsmitte entfernt.

eine große Rolle gespielt haben, lässt der Marktbrunnen erahnen. Großen wirtschaftlichen Aufschwung brachte die Eisenbahn in der Mitte des 19. Jh., die auch zu der Entwicklung der

Schilder im Fernweh-Park Oberkotzau.

Textilindustrie beigetragen hat. Nach dem Niedergang dieses Industriezweiges im letzten Jahrhundert verwahrlosten jedoch die Betriebsstätten. Die Stadt kaufte das Gelände auf, lies die Gebäude abreißen, um Platz zu machen für den **Summa- und Fernweh-Park**. Am Ende dieser Anlage bekam der Fernweh-Park seinen neuen Standort. Hier finden Sie Ortstafeln aus allen Ecken der Welt und noch einiges andere mehr. Es ist für uns ein schöner Standort, von dem man auch mit dem Fahrrad den Saaleradweg sehr gut hinauf und hinunterfahren kann. In der Stadt gibt es darüber hinaus einige nette Restaurants.

Wenn Sie hier keinen freien Platz finden, dann folgen Sie unserer Routenführung und fahren nach **Rehau**. Dort gibt es diesen Stellplatz.

(023) Offizieller WOMO-Stellplatz: Rehau

GPS: N50°14'25.1" E12°01'24.5"; Birkenstraße 21, 95111 Rehau.
Max. WOMOs: 12, maximale Länge 12 m, max. Aufenthalt unbegrenzt.
Ausstattung: Frischwasserversorgung, Abwasserentsorgung mit Bodeneinlass, Kassettenentleerung, Stromanschlüsse, Behälter für die Müllentsorgung. Der Platz ist ganzjährig geöffnet.

Beschreibung: Große zumeist schattenlose, geschotterte Stellflächen in der Nähe des Freibades. Die B289 führt direkt am Platz vorbei, deshalb ist mit einer Geräuschbelastung auch in der Nacht zu rechnen. Es gibt gute Einkaufsmöglichkeiten in unmittelbarer Umgebung.
Preise: 7,00 € für ein Fahrzeug, Frischwasser 0,50 € (40 Liter), Strom 0,50 € pro kWh. Abwasserentsorgung und Entleerung der Bordtoilette ist kostenfrei.
Zufahrt: In Rehau angekommen auf der B289 bleiben, im ersten Kreisverkehr die erste Ausfahrt nehmen und nach 600 Metern links abbiegen.

Nun gibt es in Rehau keine Sehenswürdigkeiten, die unbedingt angeschaut werden müssen, deshalb fahren wir weiter nach **Selb**, der Stadt des Porzellans. Rosenthal, Hutschenreuther und Villeroy & Boch haben hier ihre Standorte. Die Hinweise auf Werksverkäufe der renommierten und der weniger bekannten Marken sind überall in der Stadt zu sehen. Ob man hier auch tatsächlich das "Schnäppchen" machen kann, um den heimischen Geschirrschrank aufzufüllen, haben wir nicht versucht herauszufinden.

Auf dem Weg in die Innenstadt kommen wir am **Porzellanikon** vorbei, das Sie in der Werner-Schürer-Straße mit diesen Koordinaten [**024:** N50°11'17.0" E12°06'56.5"] finden.

Brennofen der Rosenthal AG.

Porzellanikon

Es ist ein Museum der Superlative, das hier in einer stillgelegten Fabrik der Rosenthal AG eingerichtet wurde. Auf 8000 Quadratmetern Ausstellungsfläche erfahren Sie alles über die Entwicklung und die Herstellung dieses zerbrechlichen Materials. Es wirft einen Blick in die Arbeits- und Sozialgeschichte im Zusammenhang mit der Porzellanherstellung, es zeigt die technischen Abläufe von der Rohstoffverarbeitung bis zur Fertigung des gebrauchsfähigen Porzellans und es präsentiert darüber hinaus eine Auswahl der Produkte aus der mehr als 125-jährigen Firmengeschichte.

Auf die Zusammenarbeit mit namhaften Künstlern und Designern, die für die Gestaltung der Kollektionen von großer Bedeutung sind oder waren, wird in besonderer Weise eingegangen. Highlights der Dauerausstellung sind Porzellane des 18. Jahrhunderts, dessen Wert und Relevanz in der Repräsentations- und Tafelkultur thematisiert werden. .

Auch die technische Keramik kommt nicht zu kurz. Erstaunlich, wozu Porzellan und Keramik sonst noch Verwendung finden. Hitzeschilder für Space Shuttle sind ein Beispiel aus der Raumfahrt, Knie- oder Knöchelgelenke ein Beispiel aus der Medizin und Bremsscheiben eines aus der Fahrzeugtechnik. Die Vielfalt und Bedeutung der technischen Keramik ist verblüffend hoch. Kurzum, ein lohnenswerter Besuch. In der Zweigstelle des Porzellanikons in Hohenberg an der Eger wird in einem modernen Bau neben der ehemaligen Direktorenvilla des Familienunternehmens C. M. Hutschenreuther über 10.000 Exponate aus den Porzellanwerkstätten gezeigt.

Über die Öffnungszeiten und Eintrittspreise informiert diese Seite www.porzellanikon.org.

Vom Porzellanikon geht es weiter in die Innenstadt. Dort finden wir diesen Stellplatz vor.

(025) Offizieller WOMO-Stellplatz: Selb

GPS: N50°10'10.4" E12°07'28.8"; Papiermühlweg 2, 95100 Selb.
Max. WOMOs: 10, maximale Länge 8 m, max. Aufenthalt 5 Tage.
Ausstattung: Wasserver- und Abwasserentsorgung mit Bodeneinlass, Kassettenentleerung, Stromanschlüsse, Behälter für die Müllentsorgung. Im Servicegebäude gibt es Dusche und WC. Der Platz ist ganzjährig geöffnet.

Beschreibung: Asphaltierter Platz in der Stadtmitte mit gepflasterten Stellflächen, nicht ruhig. Die Ver- und Entsorgungsanlage befindet sich im Vorfeld der Stellflächen und kann auch gut angefahren werden, ohne den Stellplatz zu nutzen.
Preise: Parkgebühr für ein Fahrzeug 6,00 €, Frischwasser 0,50 €, Strom 0,50 € pro kWh, Entsorgung kostenlos.
Zufahrt: Über die Ringstraße fahren, bis die größte Kaffeekanne der Welt sichtbar wird, dort links in die Weißenbacher Straße abbiegen, bis zum Kreisverkehr weiterchauffieren und die erste Ausfahrt nehmen.

Es gibt einen weiteren Stellplatz, der im Gegensatz zu dem in der Innenstadt sehr ruhig ist. Er befindet sich hinter dem Eisstadion im Selber Forst und ist gebührenfrei. Sie finden ihn mit diesen Koordinaten [**026:** N50°09'21.8" E12°08'04.5"]. Von hier ist es nicht weit bis zum **Wunsiedler Weiher**, einem romantischer See mitten im Wald. Wer seine Kenntnisse über Waldwirtschaft und der Verwendung des Holzes auffrischen möchte, kann den Spaziergang zu dem Weiher mit dem Walderlebnispfad **"Kuselwusel"** kombinieren.

Der Wunsiedler Weiher im Selber Forst.

Die Stadt ist mit rund 17000 Einwohnern nicht besonders groß. Die Sehenswürdigkeiten sind nicht so zahlreich und haben zumeist mit Porzellan zu tun. Man sieht Porzellan als Wandbilder an Häusern, als Straßenschilder oder als sonstige dekorative Schmuckelemente. Im Porzellangässchen können Sie sogar auf 55.000 Fliesen wandeln, die an dieser Stelle kunstvoll in einem Mosaik verlegt sind. Der Brunnen vor der Andreaskirche, der aus 45000 Porzellanplättchen zusammengesetzt wurde, zählt zu den wichtigsten Sehenswürdigkeiten der Stadt. Wenn Sie einen kurzen Rundgang machen möchten,

Porzellanbrunnen vor der Andreaskirche.

so können Sie der Route folgen, den die Stadt für ihre Besucher angelegt hat. Sie ist mit einem Milchkännchen markiert. Zu den einzelnen Positionen des Rundganges finden Sie auf dieser Seite www.selb.de ein Pdf, in dem alles erläutert wird. Wir können das an dieser Stelle nicht wiedergeben, das ist zu umfangreich.

Nach dem Besuch der Porzellanstadt fahren wir weiter auf die Selb-Wunsiedler-Hochfläche und kommen nach zwölf Kilometern in **Thierstein** an. In Sichtweite der Burg befindet sich dieser Stellplatz.

(027) Offizieller WOMO-Stellplatz: Thierstein

GPS: N50°06'21.7" E12°06'17.4"; Hirtweg, 95199 Thierstein.
Max. WOMOs: 15, maximale Länge 12 m, max. Aufenthalt 2 Tage. Bei Bedarf kann auf eine benachbarte Wiese mit 20 weiteren Stellflächen ausgewichen werden.
Ausstattung: Wasserver- und Abwasserentsorgung, Kassettenentleerung, Stromanschlüsse, Behälter für die Müllentsorgung, WLAN. Im Servicegebäude gibt es eine Waschmaschine, einen Trockner und ein Mietbad. Der Platz ist ganzjährig geöffnet.
Beschreibung: Geschotterte Stellflächen am Ortsrand, sehr ruhig. Schöne Fernsicht.
Preise: Einen Parkschein gibt es am Kassenautomaten für 6,00 €, Mietbad 6,00 €. Ver- und Entsorgung sowie Strom sind kostenlos.
Zufahrt: Von der Hauptstraße in der Mitte des Ortes in den Hirtweg abbiegen, 200 Meter.

Thierstein, Burgruine und Kirche.

Die Ruine der einstigen Veste aus dem 14. Jahrhundert kann besichtigt werden. Sie wird auch für Veranstaltungen genutzt. Thierstein ist ein idealer Ort, um Wanderungen oder Radtouren entlang der Eger zu unternehmen, wie Sie folgenden Beschreibung entnehmen können.

Von Thierstein an die Eger

Vom Stellplatz geht es auf gut markierten Wegen hinunter an die Eger ins Wellertal. Die Route führt an Gut Blumenthal und dem ehemaligen Gästehaus der Hutschenreuther AG vorbei. Auf dem **Kaiserweg**, der hier Teil des Egerradweges ist, geht es entlang einiger Felsformationen an den Hängen und mächtigen Felsblöcken im Fluss zum Wasserkraftwerk Hirschsprung. Es geht weiter die Eger hinunter bis nach Neuhaus und von dort an der Burgruine vorbei wieder nach Thierstein zurück. So ganz nebenbei kann man sich auf den Schautafeln über die Bedeutung und Funktionsweise der Wasserkraftwerke, die zur Versorgung der Selber Porzellanindustrie mit Elektrizität errichtet wurden, informieren. Darüber hinaus werden auf Schautafeln Kulturlandschaftselemente, historische Nutzungsformen, geologische Besonderheiten und andere Themen behandelt. Der Kaiserweg ist in der Tat ein empfehlenswerter, sehr schöner landschafts- und kulturhistorischer Wanderweg durch das Egertal.

Die Eger beim Kraftwerk Hirschsprung.

Weiter geht die Fahrt mit dem WOMO nach **Marktleuthen**. Der Stellplatz dieses Ortes ist bei den Wohnmobilisten sehr beliebt, obwohl es hier relativ eng zugeht. Offiziell ist dieser Platz mit allen Serviceleistungen gebührenfrei, um eine Spende wird allerdings gebeten. Eine Haltung, die sich für die Gemeinde offensichtlich auszahlt, denn niemand verlässt den Platz, ohne einen guten Obolus in der Spendenkasse zu hinterlassen und niemand verursacht irgendeine Sauerei, wie uns der Objektmanager erzählt hat.

(028) Offizieller WOMO-Stellplatz: Marktleuthen

GPS: N50°07'46.9" E11°59'43.2"; Pestilenzsteig 1, 95168 Marktleuthen.
Max. WOMOs: 14, maximale Länge 8 m, max. Aufenthalt 7 Tage.
Ausstattung: Wasserver- und Abwasserentsorgung, Kassettenentleerung, Stromanschlüssen, Behälter für die Müllentsorgung, WLAN. Im Sanitärgebäude gibt es Dusche und WC, sie können täglich zwischen 8:00 und 20:00 Uhr genutzt werden. Der Platz ist ganzjährig geöffnet.
Beschreibung: In einer Sackgasse am Ortsrand direkt an der Eger, sehr ruhig.
Preise: Offiziell ist alles kostenlos. Eine Spende wird erbeten.
Zufahrt: Vom Kreisverkehr in Richtung Röslau fahren, dann gleich nach 80 Metern in die unscheinbare Einfahrt links abbiegen.

Auch von Marktleuthen lassen sich viele Wanderungen und Radtouren unternehmen. Hinweise und Empfehlungen dazu bekommen Sie von dem sehr freundlichen Objektmanager des Platzes.

Den Egerradweg kann man von hieraus übrigens gut bis zur Quelle in der Nähe von Weißenstadt und/oder bis zur Grenze zu Tschechien hinter Hohenberg a.d.Eger befahren.

Zum nächsten Ort: Nur wenige Kilometer sind es von Markteuthen nach **Kirchenlamitz**. Auch hier gibt es einen Stellplatz [**029:** N50°08'55.6" E11°56'31.3"], er liegt direkt hinter einem Lebensmitteldiscounter, der sich am Ortsrand in der Weißenstädter Straße 79 befindet. Er ist kostenlos.

Unweit dieses Platzes befindet sich die **Burgruine Epprechtstein**. Ihr zu Füßen liegen Granitsteinbrüche, die über einen Wanderweg erkundet werden können. Vom Wanderparkplatz Buchhaus an der Straße nach Weißenstadt [GPS: N50°08'25.6" E11°55'41.0"] lässt sich dieser etwa vier Kilometer lange Weg noch leichter erreichen.

Kirchenlamitz, Rathaus und Michaeliskirche.

Kirchenlamitz, Granitlabyrinth.

Der Abbau des Baumaterials wurde schon Mitte des letzten Jahrhunderts eingestellt. Entlang der Strecke vermitteln Schautafeln einen Eindruck über die harte körperliche Arbeit im Steinbruch. Der Weg führt auch an der genannten Burgruine vorbei. Als Abschluss wartet, wenn man die Straße überquert hat, ein **Labyrinth** aus mächtigen Granitblöcken mit einem Obelisken im Zentrum. „Das Ziel muss man früher kennen als den Weg"; so wird Jean Paul auf dem Obelisken zitiert. Wie wahr, das trifft auch für unsere Reise zu. Jean Paul, der deutsche Schriftsteller und Bewunderer der französischen Aufklärung, wird uns noch einige Male auf dieser Reise begegnen. Wir lesen weiterhin einige Merksätze auf dem Obelisken von anderen Geistesgrößen wie z. B. von C.G. Jung: "Der schnellste Weg zum Ziel: Der Umweg".

Der Förmitzspeicher, nur wenige Meter vom Wanderparkplatz entfernt.

Wir setzen unsere Route auch mit einem Umweg fort und dieser führt uns nach **Schwarzenbach an der Saale**. Der Stellplatz [**030:** N50°13'23.4" E11°55'58.5"] in der Fleischgasse ist mit zwei "normalen" Wohnmobilen schon überbelegt, damit fällt das Rangieren in der engen Gasse schwer. Der Vollständigkeit halber wollen wir ihn aber nicht unberücksichtigt lassen, denn hier gibt es eine Ver- und Entsorgungsstation, die Sie sicher gern nutzen wollen, wenn Sie sich mehrere Tage auf dem lauschig-ruhigen und kostenlosen Stellplatz am Förmitzspeicher aufgehalten haben, den Sie mit diesen Koordinaten [**031:** N50°11'19.4" E11°54'44.8"] am Südostrand des Speichers in der Nähe des Segelclubs finden. Drei Tage dürfen Sie an dieser Stelle verbleiben. Bis zum Ufer sind es 200 Meter.

Stellplatz in Schwarzenbach a.d.S.

Der rund 110 Hektar große Speichersee wurde als Rückhaltebecken für die Wasserwirtschaft angelegt. Touristisch ist er wenig erschlossen. Am sehr kleinen Bootshafen liegen nur wenige Segel-

Absolut ruhig gelegen ist der Stellplatz am Ostufer des Förmitzspeichers in Schwarzenbach an der Saale.

jollen und die Zahl der Badegäste ist bescheiden. Wer Ruhe und Abgeschiedenheit sucht, wird diesen Ort genießen können, der weit davon entfernt ist, so belebt zu sein wie der Weißenstädter See, den wir in dieser Tour auch noch aufsuchen werden oder gar die Wasserlandschaft im Fränkischen Seenland, die wir ab der Seite 52 beschreiben.

Vom Förmitzspeicher bis nach **Münchberg** ist es nicht weit. Die Stadt weist keine außergewöhnlichen Attraktionen auf. Der Ort ist mit seinem gut ausgestatteten Stellplatz für uns vor allem eine empfehlenswerte Zwischenstation für Wohnmobilisten, die auf der A9 unterwegs sind, die nur wenige Kilometer entfernt ist.

(032) Offizieller WOMO-Stellplatz: Münchberg

GPS: N50°12'00.2" E11°47'44.9"; Schützenstraße 26, 95213 Münchberg.
Max. WOMOs: 9, maximale Länge 12 m, max. Aufenthalt 7 Tage.

Ausstattung: Frischwasserversorgung, Abwasserentsorgung mit Bodeneinlass, Kassettenentleerung, Stromanschlüsse, Behälter für die Müllentsorgung. Der Platz ist ganzjährig geöffnet.
Beschreibung: Große Stellflächen auf Betonpflastersteinen am Ortsrand in der Nähe des Freibades. Die Ver- und Entsorgungsanlge ist großzügig angelegt und lässt sich bequem anfahren auch ohne den Stellplatz für eine Übernachtung zu nutzen.
Preise: 7,50 € für ein Fahrzeug für einen Tag, für 7 Tage 40,00 €. Frischwasser, Entsorgung und Strom ist im Preis enthalten.
Zufahrt: In Münchberg Richtung Konradsreuth/Hof fahren und dann den Hinweisen zum Freibad folgen.

Wir halten uns hier nicht lange auf und fahren gleich weiter in das **Oberfränkische Bauernhofmuseum**. Es befindet sich in **Kleinlosnitz**. Dort ist es am Ortseingang mit diesen Koordinaten [GPS: N50°09'21.3" E11°47'21.2"] zu finden. Auf dem kleinen Parkplatz darf man zwar übernachten, wenn man das mag, das Gelände hat jedoch ein starkes Gefälle und erscheint uns deshalb nicht geeignet. Da ist dieser kostenlose Platz [**033:** N50°08'03.1" E11°48'47.5"] in **Zell** eine sehr viel bessere Alternative, der darüber hinaus eine Ver- und Entsorgungsstation sowie Stromanschlüsse hat. Er ist nur vier Kilometer vom Museum entfernt.

Das Freilichtmuseum ist sehr klein, kein Vergleich mit den großen Bauernhofmuseen, die wir in Neusath siehe Seite 322, Finsterau siehe Seite 355 oder Tittling siehe Seite 365 besucht haben. Es gibt in diesem Museum nur zwei Höfe, den Dietel- und den Wirtschaftshof, die jeweils mehrere Gebäude umfassen. Das Besondere daran: Sie stehen an ihrer Originalposition und sind im Original erhalten. Nur das Handwerkerhaus hinter dem Eingangsgebäude wurde aus einem andern Ort hierher gebracht und neu aufgesetzt. Der **Dietelhof** ist ein mit Stroh gedeckter Vierseithof aus dem 18. Jahrhundert. Vom Eingangstor bis zur rauchgeschwärzten Küche, dem Kachelofen sowie der gesamten Inneneinrichtung ist alles im Originalzustand. Es wirkt so, als wären die Bauersleute nur mal gerade eben weggegangen. Bis 1968 war es noch bewohnt.

Handwerkerhaus im Oberfränkischen Bauernhofmuseum.

Die Küche des Dietelhofes.

Das Eingangsgebäude des Museums wurde neu errichtet. Hier gibt es wechselnde Ausstellungen zum Thema der bäuerlichen Kultur und Erläuterungen zu den Gebäuden. Über die Öffnungszeiten und Eintrittspreise informiert diese Seite www.kleinlosnitz.de.

Der weitere Weg mit dem WOMO führt uns zum 877 Meter hohen **Großen Waldstein**. Neben diesem Felsenungetüm, das die klassischen Formen der in dieser Region weit verbreiteten Wollsackverwitterung zeigt, steht das **Waldsteinhaus** [**034:** N50°07'45.7" E11°51'03.3"]. Ein wunderbarer Ausgangspunkt, um die nähere Umgebung zu erkunden. Die Quelle der Sächsischen Saale, die am Westhang aus einem alten Bergwerksstollen entspringt, ist in etwas mehr als einer halben Stunde erreicht. Der Weg führt am "Bärenfang" vorbei. Ein einzigartiges Gebäude, das tatsächlich als Fangfalle für Bären diente. Der Rückweg dauert etwas länger,

Der Teufelstisch am Großen Waldstein.

Felslandschaft des Großen Waldsteins.

denn der Höhenunterschied von 170 Metern fordert seinen zeitlichen Tribut. Um die Felsformationen und Ruinen des Großen Waldsteins zu umrunden, benötigt man eine Stunde. Über Steinstufen geht es am **Teufelstisch** vorbei und an den Ruinen des Roten Schlosses, bis der Aussichtsfelsen **Schüssel** erreicht ist. Von hier reicht der Blick über Weißenstadt, den Weißenstädter See bis zum Ochsenkopf und dem Schneeberg. Bevor wir die Reise fortsetzen, gehen wir noch in den gut besuchten Biergarten des Waldsteinhauses dessen Angebot Sie auf dieser Seite http://waldsteinhaus.de nachlesen können.

Bis zum **Weißenstädter See** müssen wir nur noch fünf Kilometer zurücklegen. Der Stausee wurde in den Siebzi-

Freizeitvergnügen auf dem Weißenstädter See.

gerjahren angelegt. Hauptzufluss ist die Eger, die am Nordwesthang des Schneeberges entspringt. Der See ist etwa 50 Hektar groß und kann auf dem vier Kilometer langen Uferweg bequem umrundet werden. 14 Stelen aus unterschiedlichen Gesteinsarten des Fichtelgebirges säumen diesen Weg. Auf ihnen sind Worte aus dem Stundenbuch des bolivianisch-schweizerischen Schriftstellers **Eugen Gomringer** graviert und sollen zur Meditation einladen. Ansonsten: Baden, segeln, surfen, skaten, radeln kann man auch. Der See bietet viele Möglichkeiten. Für den Aufenthalt stehen ein Campingplatz und ein Stellplatz an der Therme zur Verfügung.

(035) WOMO-Campingplatz: Weißenstadt

GPS: N50°06'29.5" E11°52'38.9"; Badstraße 91, 95163 Weißenstadt.
Max. WOMOs: 180, maximale Länge 12 m.
Ausstattung: Wasserver- und Abwasserentsorgung, Kassettenentleerung, Stromanschlüsse, Behälter für die Müllentsorgung, Restaurant, WLAN. Im Servicegebäude gibt es Duschen, WCs, Waschmaschinen und Trockner. Der Platz ist ganzjährig geöffnet.
Beschreibung: Befestigte schattige und sonnige Rasenplätze in unmittelbarer Nähe des Sees, 800 Meter bis zum Kurzentrum, sehr ruhig. Mittwochs ist Ruhetag, dann kann nicht angereist werden.
Preise: 13,00 € für ein Fahrzeug mit 2 Personen pro Tag vor der Schranke. Strom 0,60 € kWh, Waschmaschine 3,50 €, Trockner 2,50 €. Die Preise für die Nutzung des Campinggeländes entnehmen Sie bitte der Webseite. Sie sind nach Größe des Fahrzeuges gestaffelt.
Zufahrt: In Weißenstadt der ausreichend vorhandenen Beschilderung zum Campingplatz folgen.
Reservierung/Kontakt: Tel.: 09253/288 oder 0170/2362572
E-Mail: kontakt@camping-weissenstadt.de,
Web: https://camping-weissenstadt.de.

(036) Offizieller WOMO-Stellplatz: Weißenstadt – Siebenquell

GPS: N50°05'39.3" E11°52'22.3"; Thermenallee 1, 95163 Weißenstadt.
Max. WOMOs: 15, maximale Länge 9 m.
Ausstattung: Frischwasserversorgung, Abwasserentsorgung mit Bodeneinlass, Kassettenentleerung, Stromanschlüsse, Behälter für die Müllentsorgung, WLAN. Auf Wunsch Frühstück und Abendessen im Restaurant der Therme. Der Platz ist ganzjährig geöffnet.

Beschreibung: 9 x 4,5 Meter große schattenlose Stellflächen hinter der Therme. Bis zum See sind es rund 500 Meter, die Innenstadt ist 1,5 Kilometer entfernt.
Preise: 12,00 € für ein Fahrzeug plus 3,00 € pro Person ab 6 Jahren, Kurtaxe 1,50 €. Anmeldung und Bezahlung erfolgt an der Rezeption des Hotels. Hier ist eine Kaution in Höhe von 20,00 € für den ausgehändigten Schlüssel zu hinterlegen, ohne den der Platz nicht angefahren werden kann. Strom sowie Ver- und Entsorgung ist im Preis enthalten.
Zufahrt: Der Beschilderung zur Therme folgen.

In den Kuranlagen am See ist man auf Therapieanwendungen mit Radon spezialisiert, hat aber auch klassische Wellnessanwendungen im Angebot. Eine Übersicht dazu finden Sie hier www.siebenquell.com.

Vom See aus ist die denkmalgeschützte Altstadt bequem zu erreichen. Vom Ufer bis zum Marktplatz dieses ehemaligen Ackerbürgerstädtchens sind es nur knapp 400 Meter. Im Grundriss der Stadt sind die alten Wallanlagen gut erkennbar. Im Stadtbild selbst sind die Stadtmauern nur noch bruchstückhaft zu sehen. Eine städtebauliche Besonderheit sind die Scheunen aus gemauerten und zum Teil verputzten Natursteinen. Sie wurden nach dem verheerenden Feuer in der Altstadt von 1823 sicherheitshalber außerhalb der Stadtmauer errichtet und dominieren noch heute das Straßenbild am Altstadtrand.

Und wieder ziehen wir weiter, durchqueren mit dem WOMO eine hügelige Landschaft und erreichen nach 15 Kilometern **Wunsiedel**. Dort angekommen stellen wir das Fahrzeug auf dem Stellplatz ab, der nur etwa 500 Meter vom Zentrum entfernt ist und besuchen die Innenstadt.

(037) Offizieller WOMO-Stellplatz: Wunsiedel

GPS: N50°02'11.6" E11°59'37.1"; Rot-Kreuz-Straße, 95632 Wunsiedel.
Max. WOMOs: 6, maximale Länge 10 m, max. Aufenthalt 5 Tage.
Ausstattung: Wasserver- und Abwasserentsorgung, Kassettenentleerung, Stromanschlüsse, Behälter für die Müllentsorgung, ganzjährig geöffnet.
Beschreibung: Einfacher befestigter Platz am Ortsrand, zwischen einem Gewerbegebiet und Schrebergärten. Nachts angenehm ruhig. Die Wasserversorgung ist in den Wintermonaten von November bis März abgestellt.
Preise: 5,00 € für ein Fahrzeug mit 2 Personen. Kassettenentleerung, Abwasserentsorgung, Strom und Frischwasser ist kostenlos.

Von der Ludwigstraße gehen wir in die Feldstraße nach rechts, dann noch 100 Meter weiter bis zur Kemnather Straße und sehen linker Hand bereits das Wahrzeichen der Stadt, den **Koppetentorturm** aus dem 15. Jahrhundert. Wir durchschreiten das Tor, gehen bis zur Theresienstraße und erreichen den Marktplatz.

Zum **Fichtelgebirgsmuseum**, das zu den besten Regionalmuseen Bayerns zählt und rund um den **Spitalhof** liegt, sind es nur noch 200 Meter. Die Ausstellungen zur Natur-, Kultur- und Regionalgeschichte sind sehr umfassend. Wer sich für **Jean Paul**, dem deutschen Schriftsteller und berühmtesten Sohn der Stadt interessiert, der findet hier in diesem Museum eine umfangreiche Dokumentation über sein Leben und seine Werke.

Etwas außerhalb der Stadt liegt der **Katharinenberg**. Den nur für kleinere Fahrzeuge geeigneten Parkplatz finden Sie mit diesen Koordinaten [GPS: N50°02'06.5" E12°00'46.9"].

Hier befindet sich das älteste Bauwerk der Stadt, die Ruine der **Wallfahrtskirche Sankt Katharina**. Sie verfiel nach einer wechselvollen Geschichte bereits früh und wurde im 19. Jahrhundert im Zeitalter der Romantik zu einem integralen Bestandteil eines Landschafts- und Bürgerparks, die in dieser Epoche gerade in Mode kamen und an vielen Orten eingerichtet wurden. Der Turm wurde rekonstruiert, das Kirchenschiff blieb mit Mauerresten, offenen Fenstern und Toren eine Ruine und wurde lediglich gegen den weiteren Verfall geschützt. Ein äußerst reizvolles Fotomotiv.

Der Koppetentorturm in Wunsiedel.

Torbogen in der Ruine St. Katharina.

Neben der Ruine und der umliegenden Parkanlage, die mit ihrem sehr alten und artenreichen Bestand aus Laubbäumen ein wunderschönes Naturdenkmal ist, wurde 2007 ein **Greifvogelpark** eröffnet. Neben den Flugvorführungen, die von April bis Oktober dargeboten werden, können in begehbaren Volieren über 50 verschiedene Greifvögel bestaunt werden. In einem Medienraum werden darüber hinaus Filme über die Beizjagd und die Falknerei gezeigt.

Das nächste Ziel auf unserer Reise durch das Fichtelgebirge ist das Mineral- und Moorheilbad **Bad Alexandersbad**. Beschaulich klein ist der Ort am Waldrand. Uns fallen die vielen Einrichtungen auf, die sich dem Lebensabend des Menschen widmen. **Schloss Alexandersbad**, ein schlichtes, im Stil des Frühklassizismus errichtetes Gebäude, ist eigentlich kein ehemaliger Feudalsitz. Markgraf Alexander ließ es als Badehaus mit Hotelfunktion zur Unterbringung der Kurgäste am Ende des 18. Jahrhunderts erbauen. Hinter der Anlage führt ein schmaler Weg durch eine kleine Parkanlage zur Heilquelle. Alles ist sehr übersichtlich, die Pfade nicht lang. Kurz gefasst: Ein kleiner und ruhiger Kurort, der sich u. a. auf Mooranwendungen spezialisiert hat.

Von Bad Alexandersbad bis zum **Felsenlabyrinth Luisenburg** ist es nur ein Katzensprung. Dort angekommen erwartet uns ein stark gefüllter gebührenpflichtiger Wanderparkplatz [GPS: N50°00'48.6" E11°59'27.9"]. Auf dem Fußweg zum Eingangsbereich treffen wir auf eine muntere Schar von Besuchern. Die mit den Kindern an der Hand gehen ins Freilichttheater, die anderen ins Felsenlabyrinth. Das Theater bietet Platz für 1800 Besucher und hat ein anspruchsvolles und abwechslungsreiches Programm sowohl für die Kleinen wie für Erwachsene. Neben Theateraufführungen finden Musikveranstaltungen statt. Dabei treten nicht nur Laienschauspieler auf, sondern auch sehr bekannte Größen aus TV und Kinofilm.

Von der Luisenburg lohnt außerdem eine Wanderung zur **Kösseine**, die nur vier Kilometer entfernt ist. Vom Aussichtsturm auf dem 945 Meter hohen Gipfel hat man bei guter Fernsicht einen Blick bis zum Bayerischen Wald. Im Kösseinehaus neben dem Turm gibt es eine Stärkung, bevor der Weg fortgesetzt wird und es wieder zum Parkplatz zurückgeht.

Die künstlich angelegte Ruine in der Luisenburg.

Felsenlabyrinth

Es ist ein wildes Durcheinander, was die Natur hier angerichtet hat. Granitblökke liegen kreuz und quer, große und kleine liegen aufgeschichtet oder verkantet zueinander, versperren den Weg oder lassen mit schmalen Spalten nur einen engen Durchschlupf zu. Steile Treppen wurden angelegt, um die voluminösesten dieser Gesteinsklötze überhaupt erklimmen zu können. Manche Steine liegen gefährlich nah am Rand ihrer Unterlage und man gewinnt den Eindruck, die geringste Erschütterung würde ausreichen, um sie hinabstürzen zu lassen. Aber keine Angst, die Blöcke verharren in ihrer Position.

Das Felsenlabyrinth hat schon den Dichterfürsten Johann Wolfgang von Goethe fasziniert und einen Deutungsversuch zur Entstehung dieses Labyrinths formulieren lassen. Wollsackverwitterung nennen die Geographen den Prozess, der zur Bildung solcher Felslandschaften führt und bevorzugt bei grobkristallinen Gesteinen wie Granit auftritt. Bei fortschreitender Verwitterung bilden sich typisch rundlichen Formen aus. Dieses Naturphänomen finden wir in dieser Region noch an vielen anderen Orten, nur nicht in dieser Mächtig- und Häufigkeit. Die Wege sind gut markiert, aber nicht immer leicht begehbar. Wer wie wir Hunde dabei hat, sollte es sich reiflich überlegen, sie hierher mitzunehmen. Die zum Teil scharfkantigen Gitterstufen der Treppen sind für die Pfoten kleinerer und mittlerer Fellnasen nur schwer begehbar. Wir haben unsere Hunde an verschiedenen Stellen tragen müssen.

Ein Garagenfund im AMF-Museum.

Nach so viel frischer Luft geht es weiter nach **Fichtelberg**. Wir schnuppern ins **AMF-Museum** hinein, das sich am Nagler Weg befindet. Hier riecht es ganz anders, nämlich nach Benzin und Öl, nicht penetrant, aber doch sehr deutlich. Über 500 Oldtimer, Motorräder, Feuerwehrfahrzeuge und Traktoren der älteren und jüngeren Automobilgeschichte sind in den Hallen ausgestellt. Ein alter VW-Bus als Campingmobil erinnert an den Beginn der Womo-Zeit. Auch ausgediente Militärflugzeuge sind zu sehen, überwiegend russischer Bauart. Der asphaltierte Parkplatz am Museum **[038:** N49°59'51.6" E11°51'19.1"] kann als Übernachtungsplatz genutzt werden. Voraussetzung ist allerdings der Besuch des Museums. Eine Ver- und Entsorgungseinrichtung gibt es an diesem Ort nicht. Zum Abendessen lockt dafür das Restaurant Museo, das sich neben dem Museum befindet. Hier können Sie neben einer überdimensionalen Doppelkolben-Dampfmaschine dinieren. Ein außergewöhnliches Restauranterlebnis für die Freunde, die sowohl von alten technischen Geräten wie von einem guten Essen fasziniert sind. Öffnungszeiten, Eintrittspreise und weitere Informationen zu dem Museum können Sie auf dieser Seite www.amf-museum.de nachlesen.

Oldtimer im AMF-Museum.

Wer das Ambiente eines schönen Campingplatzes vorzieht, muss nicht lange suchen sondern nur drei Kilometer weiterfahren, um hierher zu kommen.

(039) WOMO-Campingplatz: Fichtelsee

GPS: N50°00'59.7" E11°51'19.4"; Fichtelseestr. 30, 95868 Fichtelberg.
Max. WOMOs: 98, maximale Länge 10 m.

Ausstattung: Frischwasserversorgung, Abwasserentsorgung, Kassettenentleerung, Stromanschlüsse, Behälter für die Müllentsorgung, Restaurant, WLAN. Servicegebäude mit Dusche, WC, Waschmaschine und Trockner, Brötchenservice. Der Platz ist ganzjährig geöffnet.
Beschreibung: Befestigte Rasenplätze und geschotterte Stellflächen in unmittelbarer Nähe des Sees, Komfortplätze mit Wasser- und Abwasseranschluss wählbar, insgesamt sehr ruhige und angenehme Atmosphäre. Einige Restaurants in fußläufiger Entfernung.
Preise: Zwischen 22,50 € und 27,50 für ein Fahrzeug mit 2 Personen pro Tag. Strom wird verbrauchsabhängig mit 0,60 € pro kWh abgerechnet. Für den Hund müssen 2,70 € gezahlt werden.
Zufahrt: Von der B303 kommend in die Fichtelseestr. abbiegen und 1,5 km bis zur Platzeinfahrt weiterfahren.
Reservierung/Kontakt: Tel.: 09272/801
E-Mail: info@camping-fichtelsee.de, Web: www.camping-fichtelsee.de.

Idyllisch: Der Fichtelsee am Fuße des Ochsenkopfs.

Wir stellen das WOMO auf dem kleinen gebührenpflichtigen Parkareal vor dem Campingplatz in der Nähe des Sees ab und gehen zum Ufer hinunter. Der aufgestaute See ist offensichtlich ein beliebtes Reiseziel. Das große Gasthaus am Ostufer ist gut besucht, Kinder fahren Tretboot, baden oder tummeln sich auf der Liegewiese. Wer den See umrunden will, kann dies auf den angelegten Wegen bequem tun. Je weiter wir uns vom Gasthaus entfernen, umso ruhiger und idyllischer wird es. Wanderwege gehen in alle Richtungen. Bis zum Ochsenkopf und zum Schneeberg, den beiden höchsten Gipfeln des Fichtelgebirges, ist es nicht weit. Mehrere Tage könnten wir hier mit Wanderungen verbringen und es würde sicher nicht langweilig werden. Zusätzliche Abwechslung bietet das **Besucherbergwerk Gleißinger Fels**, ein mittelalterliches Silbereisen- und Goldbergwerk, das im Rahmen einer Führung besichtigt werden kann. Eintrittspreise, Öffnungszeiten und weitere Informationen über das Bergwerk finden Sie hier www.besucherbergwerk-fichtelberg.de.

Gut besucht ist der **Ochsenkopf**. Einen Parkplatz finden Sie hier [GPS: N50°00'48.9" E11°48'29.1"] am Südhang. Das Freizeitangebot rund um diesen 1023 Meter hohen Berg ist vielfältiger Natur. Beginnen wir damit, dass man den Gipfel nicht besteigen muss, sondern mit Seilschwebebahnen, eine von der Südseite, eine von der Nordseite, bequem erreichen kann. Eine Sommerrodelbahn und einen Outdoorpark finden wir am Nordhang, Mountainbiketrails am Südhang. Wanderwege gibt es in Hülle und Fülle. Um die gesamte Vielfalt der Tourismusregion rund um den Ochsenkopf auch nur annähernd erleben zu können, benötigt man schon mindestens ein verlängertes Wochenende, wenn nicht eine ganze Woche. Da ist der bereits genannte Campingplatz eine gute Ausgangsbasis für

Wander- und Radtouren aber auch der Stellplatz in **Bischofsgrün** kommt dafür in Betracht. Der kleine heilklimatische Kurort an der Nordseite des Ochsenkopfs hat sich als "Kräuterdorf" einen Namen gemacht. Kräuterwanderungen werden über die örtliche Tourist-Info angeboten, wo auch die Stellplatzgebühren und Kurbeiträge für diesen Platz zu entrichten sind.

(040) Offizieller WOMO-Stellplatz: Bischofsgrün

GPS: N50°03'13.4" E11°47'34.5"; Rangenweg, 95493 Bischofsgrün.
Max. WOMOs: 6, maximale Länge 10 m, max. Aufenthalt 3 Tage.

Ausstattung: Frischwasserversorgung, Abwasserentsorgung mit Bodeneinlass, Kassettenentleerung, Stromanschlüsse, Behälter für die Müllentsorgung, ganzjährig geöffnet.
Beschreibung: Gepflasterter Platz in einer Sackgasse neben der Kirche Mariä Himmelfahrt. Sehr ruhig, wenn man vom Glockengeläut absieht.
Preise: 5,00 € für ein Fahrzeug plus 1,50 € Kurbeitrag pro Person und Tag. Zu entrichten sind diese Beträge in der Kur- und Tourist Information in der Jägerstraße 9. 40 Liter Frischwasser kosten 1,00 €. Für den Bezug von Strom sind für 12 Stunden ebenfalls 1,00 € zu zahlen.
Zufahrt: Ab der Ortsmitte der Womo-Beschilderung folgen.

Hervorzuheben in diesem Ort sind auch der Outdoorpark Oxenkopf mit Hochseilgarten, die DevalKartBahn, der Alpine Coaster mit einer rund einen Kilometer langen Abfahrt sowie die Skipisten am Nordhang des Ochsenkopfes für die Wintertouristen.

Zum nächsten Ort: In **Bad Berneck** gibt es diesen Stellplatz, der ideal gelegen ist, um den Kurort zu besuchen.

(041) Offizieller WOMO-Stellplatz: Bad Berneck i.F.

GPS: N50°02'29.6" E11°39'57.3"; Klang 10, 95460 Bad Berneck i.F.
Max. WOMOs: 4, maximale Länge 12 m, max. Aufenthalt 5 Tage.
Ausstattung: Frischwasserversorgung, Abwasserentsorgung mit Bodeneinlass, Kassettenentleerung, Stromanschlüsse, Behälter für die Müllentsorgung, ganzjährig geöffnet.

Beschreibung: Sehr einfacher schattenloser Asphaltplatz in einer Sackgasse südlich des Weißen Mains, sehr ruhig.
Preise: Gebührenfrei. Frischwasser (mit Münzeinwurf) kostet 1,00 €, Stromversorgung für 8 Stunden ebenfalls 1,00 €.
Zufahrt: Von der B303 in Richtung Bayreuth fahren und hinter der Mainbrücke gleich links abbiegen.

Bad Berneck i.F.: Kolonnaden im Kurpark.

Zu Fuß geht es vom Stellplatz den Weißen Main aufwärts, der auf einer Fußgängerbrücke überquert werden kann. Unter der Bundesstraße führt der Weg hindurch und hinter einem Haus der Diakonie wird einer der wenigen **dendrologischen Gärten** Deutschlands erreicht. Im Umfeld des alten Bergwerks "Beständiges Glück" stehen einige zum Teil mehr als 100 Jahre alte Bäume und Exoten aus aller Welt. Mit Schautafeln und QR-Codes wird über die Pflanzen und die Geschichte der kleinen Anlage informiert. Entlang der Ölschnitz ist die Ortsmitte schnell erreicht. Von hier aus hat man eine wunderbare Sicht auf den Schlossturm oberhalb der Stadt, der auch erwandert werden kann. Von oben hat man einen schönen Blick auf die Kleinstadt.

Der frei zugängliche **Kurpark** ist nur wenige Meter vom Zentrum entfernt. Der Park glänzt mit einer farbenfrohen Bepflanzung und einer Kneippanlage. Die **Kolonnaden** erinnern in malerischer Weise an die Bäderarchitektur längst vergangener Zeiten.

Der nächste Ort auf unserer Reise ist **Goldkronach**. Auch hier gibt es einen einfachen Stellplatz.

(042) Offizieller WOMO-Stellplatz: Goldkronach

GPS: N50°00'45.0" E11°40'57.2"; Schulstraße, 95497 Goldkronach.
Max. WOMOs: 6, maximale Länge 12 m.
Ausstattung: Frischwasserversorgung, Abwasserentsorgung, Kassettenentleerung, Stromanschlüsse, Behälter für die Müllentsorgung. Ganzjährig geöffnet.
Beschreibung: Einfacher schattenloser Platz auf Asphalt und Schotter am Ortsrand neben Tennisplätzen und Ackerflächen, sehr ruhig. Bei der Tennisanlage gibt es eine Pizzeria.
Preise: Gebührenfrei, um eine Spende in Höhe von 5,00 € wird gebeten. Frischwasser (mit Münzeinwurf) kostet 1,00 €, Strom 1,00 € für 8 Stunden.
Zufahrt: Vom Marktplatz in die Peuntgasse fahren, nach 300 m rechts abbiegen.

Der Name des Ortes lässt vermuten, dass er irgendetwas mit dem begehrten Edelmetall zu tun hat. In der Tat lässt sich im **Goldbergbau-Museum** die Geschichte der Gewinnung dieses Edelmetalles studieren. Es befindet sich in der Bayreuther Straße 21, 500 Meter vom Stellplatz entfernt.

Goldene Aussicht in Goldkronach.

Wie in Bad Steben (siehe Seite 36) war auch in Goldkronach **Alexander von Humboldt** tätig. Als junger Bergbeamter in preußischen Diensten ließ er eine bereits stillgelegte Zeche wieder aktivieren, was den Niedergang des Bergbaus jedoch nicht verhinderte. Ein Lehrpfad, der seinen Namen trägt, führt an 40 Bergbaustationen vorbei und liegt auf dem Goldberg. Um das **Besucherbergwerk Schmutzlerzeche** zu besuchen (nur sonntags geöffnet), kann man von der Ortsmitte den Goldberg hinaufgehen, aber auch hochfahren (ausgeschildert). Der Parkplatz [**043:** N50°00'37.1" E11°42'21.0"] am Bergwerk ist ausreichend groß und auch vollkommen unproblematisch für eine Übernachtung mit der Goldenen Aussicht in der Nähe.

Wir verlassen Goldkronach und streben dem letzten Ziel dieser Tour zu. Bis nach **Bayreuth** sind es rund elf Kilometer. Wir stellen zunächst den innenstadtnahen Stellplatz vor.

(044) Offizieller WOMO-Stellplatz: Bayreuth – Grünewaldstraße

GPS: N49°56'40.1" E11°35'36.3"; Grünewaldstraße 2B, 95448 Bayreuth.
Max. WOMOs: 20, maximale Länge 10 m.

Ausstattung: Frischwasserversorgung, Abwasserentsorgung, Kassettenentleerung, Behälter für die Müllentsorgung, ganzjährig geöffnet.
Beschreibung: Asphaltierter/gepflasteter Platz in Zentrumsnähe (1,5 km) am Roten Main, relativ ruhig.
Preise: Gebührenfrei. Frischwasser, Abwasserentsorgung und Kassettenentleerung jeweils 1,00 €.
Zufahrt: In Bayreuth angekommen im ersten Kreisverkehr die erste Ausfahrt nehmen, im zweiten die dritte. Damit geht es auf der B2 weiter. Die ist zwei Kilometer zu fahren, bevor es links ab in die Grünewaldstraße geht. Nach weiteren 500 Metern ist der Stellplatz erreicht, er befindet sich auf der linken Seite.

Der Stellplatz an der **Lohengrin Therme** ist rund sechs Kilometer vom Stadtzentrum entfernt und befindet sich östlich der Autobahn. Auf dem Stadtplan, den Sie auf folgenden Seiten sehen sind beide Stellplätze mit ihren Zufahrten verzeichnet.

(045) Offizieller WOMO-Stellplatz: Bayreuth – Lohengrin Therme

GPS: N49°56'31.9" E11°38'05.0"; Kurpromenade 5, 95448 Bayreuth.
Max. WOMOs: 20, maximale Länge 12 m.

Ausstattung: Wasserver- und Abwasserentsorgung, Kassettenentleerung, Stromanschlüsse, Behälter für die Müllentsorgung, Dusche in der Therme, ganzjährig geöffnet.
Beschreibung: Asphaltierter Platz mit gepflasterten Stellflächen in einer Sackgasse an der Therme, sehr ruhig. Grauwasserentsorgung nur mit einem Schlauch oder Eimer möglich.
Preise: Einen Parkschein gibt es an der Kasse der Therme für 10,00 €. Frischwasser kostet 1,00 € (50l), Strom 1,00 € (6h), Dusche in der Therme 1,50 €.
Zufahrt: Über die Seulbitzer Straße den Hinweisen zur Lohengrin Therme folgen, sehr gut ausgeschildert.

Zum Abschluss dieses Kapitels, werden wir uns nun der Innenstadt und der Eremitage widmen. Von der Therme sind beide mit dem Rad oder dem Bus gut zu erreichen. Um den Spaziergang für Sie nachvollziehbar zu machen, folgen Sie der grün gepunkteten Linie auf dem Stadtplan. Wir starten vom Stellplatz an der Grünewaldstraße.

Spaziergang durch Bayreuth

Vom Stellplatz geht es entlang des Roten Mains in Richtung Stadtmitte. Rund 1,5 Kilometer sind es bis zur **Schlosskirche**, die in unmittelbarer Nachbarschaft des **Alten Schlosses** steht. Markant ist der **Schlossturm**, ein Glockenturm, der sich auf den ersten Blick eigentlich gar nicht als Kirchturm zu erkennen gibt. Dieser achteckige Turm wurde Mitte des 17. Jahrhunderts erbaut. Dass man von der Aussichtsplattform einen schönen Rundblick hat glauben wir gern. Wer den Ausblick genießen will, muss sich allerdings einer Stadtführung anschließen, die das örtliche Tourismusbüro in der Opernstraße 22 anbietet. Wir haben darauf verzichtet und nach einem Blick in die Schlosskirche, dessen Kirchensaal im Stile des Bayreuther Rokoko glänzt, gehen wir weiter. Der Weg zum Alten Schloss ist kurz, hier residiert heute das Finanzamt, das macht einen Besuch wenig interessant. Weiter geht es über den Marktplatz, vorbei an der **Spitalkirche**, und kreuz und quer durch einige Gassen. In einem der zahlreichen Restaurants lassen wir uns nieder. Zur fränkischen Küche zählen viele Fleischgerichte, so darf es dann eine gebackene Schweineschul-

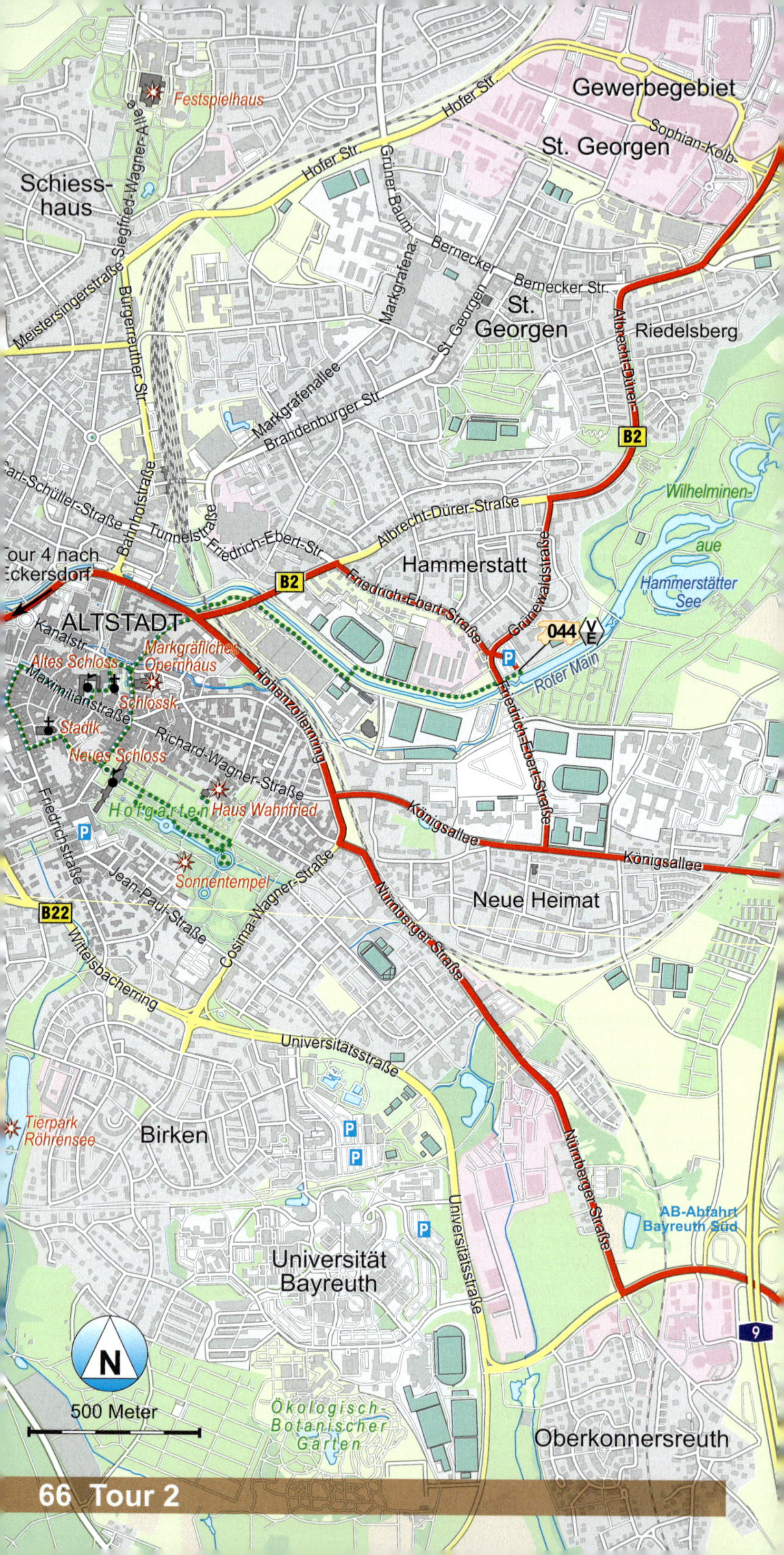
Festspielhaus
Gewerbegebiet
Hofer Str.
St. Georgen
Sophian-Kolb-
Schiesshaus
Siegfried-Wagner-Allee
Grüner Baum
Bernecker
Bernecker Str.
Meistersingerstraße
Bürgerreuther Str.
Markgrafena
St. Georgen
St. Georgen
Riedelsberg
Albrecht-Dürer-
Markgrafenallee
Brandenburger Str.
B2
Wilhelminen-
aue
Carl-Schüller-Straße
Bahnhofstraße
Tunnelstraße
Friedrich-Ebert-Str.
Albrecht-Dürer-Straße
Grünewaldstraße
Hammerstatt
Hammerstätter See
Tour 4 nach Eckersdorf
B2
Friedrich-Ebert-Straße
ALTSTADT
Kanalstr.
044
Altes Schloss
Markgräfliches Opernhaus
P
Roter Main
Maximilianstraße
Schlossk.
Hohenzollernring
Friedrich-Ebert-Straße
Stadtk.
Neues Schloss
Richard-Wagner-Straße
Hofgarten
Haus Wahnfried
Königsallee
Friedrichstraße
P
Königsallee
Sonnentempel
Jean-Paul-Straße
Cosima-Wagner-Straße
Neue Heimat
B22
Nürnberger Straße
Wittelsbacherring
Universitätsstraße
Tierpark Röhrensee
Birken
P
P
Nürnberger Straße
P
AB-Abfahrt Bayreuth Süd
Universität Bayreuth
Universitätsstraße
9
N
500 Meter
Ökologisch-Botanischer Garten
Oberkonnersreuth

AB-Abf. Bayreuth Nord
Bernecker Str.
Warmensteinacher Str.
Friedrichsthal
Rodersberg
9
Eremitagestraße
Golfclub
Roter Main
Untere Grotte
Brückenweiher
Altes Schloss Eremitage
Schlossgaststätte Eremitage
Neues Schloss Eremitage
St. Johannis
Eremitagestraße
Eremitagestraße
Eremitage
Königsallee
P
WC
V
E
045
Königsallee
Eremitenhofstraße
Eremitenhofstraße
Lohengrin Therme
Lindig
Seulbitzer Str.
Eremitenhof
Roter Main
Königsallee
Königsallee
Kemnather Str.
Colmdorf
Grünau
Aichig
Kemnather Str.
Eichelberg
B22
B22
Tour 6 nach Creußen
Meyernreuth

Das Neue Schloss beherbergt das Museum "Das Bayreuth der Markgräfin Wilhelmine" und das Museum "Bayreuther Fayencen".

ter sein, die hier **"Schäufela"** genannt wird. Als Beilage werden Klöße serviert und man trinkt dazu gern ein Bier, in diesem Fall ein Dampfbier. Das Essen ist schlicht, sehr gut und sehr preiswert. Das gilt übrigens für den ganzen fränkischen Raum, wie wir immer wieder festgestellt haben.

Nach dieser kleinen Stärkung geht es weiter zur Stadtkirche **Heilig Dreifaltigkeit**. Diese dreischiffige Basilika im spätgotischen Stil dient der Evangelischen Kirche als Gotteshaus. Mit Abschluss der sehr aufwendigen Restaurierungsarbeiten dieser Kirche aus dem frühen 17. Jahrhundert, rückte auch die Gruft der Markgrafen stärker in den Mittelpunkt. Sie befindet sich hinter dem Hauptaltar und ist frei zugänglich. Aus einem Vorraum der Gruft können die dicht gedrängt stehenden Särge von 26 Mitgliedern der markgräflichen Familie durch eine Glasscheibe betrachtet werden. Mit der installierten Videopräsentation können umfangreiche Informationen aus dem Leben und der Geschichte dieser Familie abgerufen werden.

Der Hofgarten, die grüne Lunge Bayreuths, ist heute frei zugänglich.

Der weitere Weg führt uns zum **Neuen Schloss**, das Mitte des 18. Jahrhunderts erbaut wurde. Das Spiegelscherbenkabinett, das Alte Musikzimmer mit Pastellbildnissen von Sängern, Schauspielern und Tänzern und das Palmenzimmer mit kostbarer Nussholzvertäfelung sind die besonderen Räume dieses Schlosses, in dem die Museen **"Das Bayreuth der Markgräfin Wilhelmine"** und **"Bayreuther Fayencen – Sammlung Rummel"** untergebracht sind. Durch das Hauptportal des Neuen Schlosses gelangt man nicht nur zu den genannten Museen sondern auch in den **Hofgarten**. Es ist eine beeindruckende Parkanlage, die zunächst im Stile des Barock angelegt wurde und dann, dem Zeitgeist folgend, später in einen englischen Landschaftspark umgewandelt wurde. Vollständig erfolgte die Umwandlung jedoch nicht. Man erkennt die Gestaltungsmerkmale des Barocks an den geraden Linien, der angelegten Kanäle, Gräben und Teiche sowie die geschwungenen Wege des englischen Landschaftsgartens, insbesondere im hinteren Teil des Hofgartens. War diese Gartenlandschaft früher nur für die markgräfliche Familie und deren Gäste zugänglich, so lädt sie heute die breite Öffentlichkeit zu einem Spaziergang ein. Ein romantischer und frischer Ort wie man auf dem Foto auf der gegenüberliegenden Seite sehen kann.

Das Haus Wahnfried am Rande des Hofgartens ist das ehemalige Wohnhaus Richard Wagners. Heute ist hier das Richard-Wagner-Museum untergebracht.

Am Rande des Hofgartens befindet sich das **Haus Wahnfried**, das ehemalige Wohnhaus **Richard Wagners**. An diesem Gebäude werden Wagnerfans nicht einfach nur vorbeigehen. Es dient heute als Museum und widmet sich in einer Dauerausstellung dem Leben und den Werken des Komponisten, der in Bayreuth nach wie vor allgegenwärtig ist. Der weitere Weg führt uns durch die **"Baille-Maille-Allee"**; ein Spiel, das auch hier gespielt wurde und dem wir uns auf der Seite 74 widmen werden. Nun geht es aus den Hofgarten wieder hinaus. Bis zum **Markgräflichen Opernhaus** ist es nicht weit. Der Innenausbau dieses Hauses wurde vom italienischen Baumeister Giuseppe Galli Bibiena ausgeführt. Ein außerordentlich prächtiges Barocktheater ist ihm hier gelungen. Es zählt heute immer noch zu den schönsten seiner Art in Europa und seit 2012 zum Welterbe der UNESCO. Dieses Ge-

Das Markgräfliche Opernhaus am Abend.

bäude muss man einfach einmal betreten haben, wenn man schon in Bayreuth ist. Damit beenden wir auch schon unseren Stadtbummel und kehren zum Parkplatz zurück nicht ohne darauf hinzuweisen, dass ein Besuch des frei zugänglichen **Tierparks Röhrensee**, der **Wilhelmine-naue**, eine frei zugängliche Parklandschaft, mit dem Hammerstätter See ebenso reizvoll ist. Dann wäre da noch der **Ökologisch-Botanische Garten** an der Universität zu nennen, in dem eine botanische Weltreise unternommen werden kann. Alle genannten Anlagen finden Sie auf dem Stadtplan verzeichnet.

Kleine Stadtgeschichte Bayreuths

Bei all den prachtvollen Gebäuden stellt sich die Frage wie und auf wessen Veranlassung sind sie entstanden?

Markgraf Christian ließ 1603 die Residenz von der **Plassenburg** oberhalb von Kulmbach nach Bayreuth verlegen. Die Infrastruktur der Stadt wurde verbessert, Wasserleitungen gebaut und Schulen errichtet. Der Ausbau zur Residenzstadt schritt zunächst nicht so recht voran. Der Dreißigjährige Krieg (1618-1648) wütete auch in Bayreuth. Nur langsam erholte sich die Stadt nach dem Ende des Krieges von den Verwüstungen und es sollte noch bis zur Regentschaft des Markgrafenpaares **Friedrich** und **Wilhelmine** dauern, bis die Stadt mit ihren repräsentativen Anlagen und Gebäuden zu einer glanzvollen Residenzstadt ausgebaut wurde.

Friederike Sophie Wilhelmine von Preußen war die älteste Tochter des "Soldatenkönigs" Friedrich Wilhelm I. und damit die Schwester Friedrichs des Großen. Sie war eine kunstliebende und musisch feinsinnige Frau, die die Oper liebte, sogar selbst eine schrieb.
Sie heiratete 1731 den **Markgrafen Friedrich von Brandenburg-Bayreuth**, dem Erbprinzen des Fürstentums Bayreuth. Es war eine arran-

gierte Hochzeit, das war zu dieser Zeit in den Königs- und Fürstenhäusern bekanntermaßen üblich. Heiratspolitik war Machtpolitik. Wilhelmine hätte auch den Prince of Wales heiraten müssen, wenn es ihr Vater gewollt hätte, auch das wurde wohl in Erwägung gezogen. Wäre es so gekommen, würde Bayreuth vermutlich anders aussehen. Aber so kam es nicht. Friedrich von Brandenburg-Bayreuth sollte es sein, ein Mann, der als aufgeklärter und gebildeter Markgraf galt und hohes Verständnis für Kunst und Wissenschaft mitbrachte. Mag die Ehe auch nicht immer glücklich gewesen sein, aber in ihren Ansichten für Kunst und Architektur scheinen sie sich prächtig verstanden zu haben. Innerhalb weniger Jahre wurden das Opernhaus gebaut, die Eremitage vollkommen umgestaltet und weitere bauliche Veränderungen und Ergänzungen in der Stadt vorgenommen, die heute den besonderen Charme dieser Stadt ausmachen.

Die Eremitage

Ein Besuch der Eremitage ist ein besonderes highlight. Die große Anlage ist weit davon entfernt der ursprünglichen Bedeutung des Wortes als "Einsiedelei" zu gelten. Die Orte der Kontemplation und der inneren Einkehr wurden im 16. und 17. Jahrhundert für die höfische Gartenkunst entdeckt und in eine ganz neue Form gebracht. Neben Schlossanlagen entstanden Grotten, künstliche Wasserfälle und Ruinen, Laubengänge, Seerosenteiche und Brunnenanlagen. All das finden Sie hier in einer sehr gelungenen Form wieder, wenn Sie der grün gepunkteten Linie auf der rechten Seite des Stadtplanes folgen. Das neue Schloss mit seinem großen Brunnen und dem Sonnentempel sind die prägenden Elemente der Eremitage. Den Parkplatz der Eremitage finden Sie an der Königsallee mit diesen Koordinaten: [N49°56'45.4" E11°37'10.3"]. Auf diesem Parkplatz ist eine Übernachtung nicht möglich.

Schloss und Sonnentempel mit Brunnen in der Eremitage Bayreuth.

COBURG
Schloss Callenberg
Schloss Ehrenburg
Veste Coburg
002
003
001
Schloss Tambach
Wildpark Tambach
Ahorn
B303
B4
Seßlach
Schloss Geyersberg
Großheirath
Itz
Untersiemau
Ebersdorf bei Coburg
73
Weidhausen bei Coburg
Sonnefeld
Mitwitz
Wasserschloss
004
Tour 1
Kronach
Veste Rosenberg
005
006
Lucky Stable Ranch
Marktrodach
678 m Radspitze
Weißenbrunn
Küps
Kirchleus
Rodach
Steinach
B173
Marktzeuln
Michelau i.Ofr.
59
Hochstadt a.M.
Strössendorf
B289
Burgkunstadt
058
Altenkunstadt
Lichtenfels
082
Basilika Vierzehnheiligen
Kloster Banz
Planetenweg
Tour 5
Unnersdorf
081
080
Bad Staffelstein
St2197
Romansthal
Staffelberg 539 m
Klosterlangheim
Lahm
Frauendorf
Schammendorf
Weismain
057
Weismain
Kleinziegenfelder Tal
55
Weihersmühle
Arnstein
056
Klinge (Kletterfelsen)
Wattendorf
Kleinziegenfeld
Stadelhofen
Naturpark
Fränkische Schweiz
Kleukheim
Stübig
Windischletten
Zapfendorf
Ebensfeld
Main
Monsterpark
Rattelsdorf
Breitengüßbach
Baunach
079
Haßberge
Naturpark
Ebern
B279
Gleußen
10 km
N
Band 95:
Mit dem Wohnmobil nach Bayern
Der Nordwesten mit der
Romantischen Straße
Scheßlitz
077
Giechburg
Straßgiech
70
Zeckendorf
078
Königsfeld
Treunitz
B22
Wiesentfels
Wiesent
Eichenhüll
Burg Zwernitz
Wonsees
Felsengarten Sanspareil
054
Hollfeld
Thurnau
053
Roter Main
Kulmbach
051
052
Plassenburg
Untersteinach
Stadtsteinach
B303
Naturpark
Frankenwald
Steinachklamm
Mühlenweg
U.-Steinach
50
Triebenreuth
049
Grafengehaig
Wüstenselbitz
Marktleugast
Kloster Marienweiher
B289
Stammbach
Bergbau-Museum
Kupferberg
Ludwigschorgast
048
Wirsberg
Neuenmarkt
Deutsches Dampflokomotivmuseum
047
Weißer Main
Baille-Maille-Allee
046
Himmelkron
Schiefe Ebene
Gefress
9
Bad Berneck i.F.
041
042
Goldkronach
043
Besucherbergwerk
B303
Neudrossenfeld
B85
Limmersdorf
Alladorf
BAYREUTH
Festspielhaus
060
Eckersdorf
Schl. Fantaisie
Altes und Neues Schloss
044
045
Eremitage
Lohengrin Therme
Tour 2
Tour 4
Tour 6
B22

TOUR 3 (ca. 185 km)

Himmelkron – Neuenmarkt – Wirsberg – Kupferberg – Marktleugast – Stadtsteinach – Kulmbach – Thurnau – Wonsees – Kleinziegenfeld – Weismain – Burgkunstadt – Lichtenfels – Coburg

Stellplätze:	Himmelkron, Neuenmarkt, Wirsberg, Stadtsteinach, Kulmbach, Thurnau, Wonsees, Weismain, Burgkunstadt, Coburg.
Campingplätze:	Stadtsteinach, Kleinziegenfeld, Lichtenfels.
Besichtigungen:	Himmelkron (Baille-Maille-Allee), Neuenmarkt (Deutsches Dampflokmuseum), Kupferberg (Bergbau-Museum), Marktleugast (Wallfahrtskirche), Kulmbach (Altstadt und Plassenburg, Kulmbacher Mönchshof mit Bayerischen Brauereimuseum, Bayerischem Bäckereimuseum und Deutschem Gewürzmuseum), Wonsees (Felsengarten Sanspareil, Burgkunstadt (Altstadt).
Wandern/Radwandern:	Wirsberg (entlang der Schorgast), Kupferberg (Bergbauwanderweg), Stadtsteinach (Steinachklamm), Kleinziegenfelder Tal.
Baden/Wellness:	Wirsberg (Freibad).

Diese Tour führt uns von Bayreuth zurück nach Coburg. Retour zu der Stadt, mit der wir dieses Buch begonnen haben. Zunächst geht es auf dieser Reise in den südlichen Frankwald, danach in den Norden der Fränkischen Schweiz. Der Oberlauf des Mains trennt diese beiden großen Landschaften. Wir werden den Fluss auf unserer Fahrt mehrfach überqueren. Neben der reizvollen Naturlandschaft mit tiefen Tälern und einigen hochaufragenden Felsen, die zum Wandern und Radfahren einladen, werden wir bei einigen interessante Museen vorbeischauen, bedeutende Burgen aufsuchen und uns mit regionalen Besonderheiten des Handwerks befassen, die außergewöhnliche Produkte anzubieten haben. In Kulmbach, der Bierstadt, wo sich Roter und Weißer Main zu einem Fluss vereinen, kommen wir nicht umhin, uns mit dem beliebten Gerstensaft zu beschäftigen.

Beginnen wollen wir mit **Himmelkron**, dort ist eine interessante Lindenallee zu besichtigen, die einem nahezu in Vergessenheit geratenem herrschaftlichen Ballspiel diente. Wir erreichen den Ort über die Autobahn und stellen unser WOMO auf dem Parkplatz [**046:** N50°03'42.3" E11°35'25.2"] in der Nähe des Klosters ab, in dem heute eine pädagogisch-soziale Einrichtung untergebracht ist. Der sehenswerte

Kreuzgang und das Stiftskirchenmuseum im Kloster stehen Besuchern in den Sommermonaten nur sonntags nachmittags für drei Stunden offen.

Vor Jahren hatten wir das Glück, während eines Besuches in Himmelkron einem kleinen Festakt für ein neues Kunstwerk beizuwohnen. Zugegen waren auch die jungen Hofdamen, die das Mailspiel mit großer Freude dem staunenden Publikum vorführten. Bei einem erneuten Besuch haben wir festgestellt, dass die Zahl der Kunstwerke zugenommen hat und die Bäume ordentlich an Stammumfang und Höhe zugelegt haben.

Die ca. 800 Meter lange Lindenallee "Baille-Maille" in Himmelkron.

Hofdamen beim Mailspiel.

Baille-Maille-Allee

Kloster Himmelkron wurde von Zisterzienserinnen im 13. Jahrhundert gegründet. Nachdem es im Zuge der Reformation zur Aufhebung des Klosters kam, wurde es im 16. Jahrhundert Sommerresidenz der Bayreuther Markgrafen. Sie ließen den Vorlieben der damaligen Epoche folgend, einige bauliche Veränderungen am Kloster vornehmen, um unter anderem für das höfische Freizeitvergnügen dem großen Vorbild Versailles nachzueifern. Aus dieser Zeit rührt auch die erste Lindenallee, die Markgraf Christian Ernst im 17. Jahrhundert in unmittelbarer Nähe des Klosters anpflanzen ließ. Sie bestand allerdings nur bis zum Ende des 18. Jahrhunderts und war Ort für das Ballspiel **"Baille-Maille"** oder kurz Mailspiel, so eine Art Vorläufer des Krokket. Im Spiel geht es darum, Holzkugeln im Wettlauf durch kleine, in den Boden gesteckte Bögen zu schlagen. Ein Wettkampf, der ab dem ausgehenden Mittelalter unter Adels- und Patrizierfamilien sehr beliebt war. Alleen dieser Art gab es zu dieser Zeit an vielen Orten in Europa. Im Hofgarten von Bayreuth haben wir schon eine gesehen. Die Allee in Himmelkron galt als eine der schönsten in Deutschland. Dennoch fiel sie der Axt zum Opfer und geriet dann lange Zeit in Vergessenheit. Erst Ende der Achtzigerjahre des letzten

Jahrhunderts wurde die Lindenallee durch einen Förderkreis wieder zum Leben erweckt, Bäume angepflanzt und der Name **"Baille-Maille-Allee"** reaktiviert. Ergänzt wurde die Allee ab dem Jahre 2004 mit einigen Skulpturen, die überwiegend im vorderen Drittel der Anlage zu finden sind. Eine mittelalterliche Brücke über den noch jungen Weißen Main bildet den Abschluss dieser Allee.

Auf der weiteren Fahrt nach Neuenmarkt überqueren wir die **"Schiefe Ebene"**; eine Eisenbahnrampe aus der Dampflokzeit. Sie wurde zwischen 1844 und 1848 gebaut und ist eine ingenieurtechnische Meisterleistung dieser Epoche. Auf einer Strecke von etwa sieben Kilometern überwindet sie zwischen Neuenmarkt und Marktschorgast 158 Höhenmeter bei einer nahezu gleichbleibenden Steigung. Eine Nachbildung dieses Streckenabschnitts ist im **Deutschen Dampflokomotivmuseum** in **Neuenmarkt** zu sehen.

Lokomotiven im Außengelände.

Dieses Museum müssen wir uns anschauen. Es ist nicht schwer zu finden, viele Hinweisschilder weisen den Weg zu dieser Einrichtung, wenn die Gegend um Neuenmarkt erreicht ist. Verbrannte Kohle, ein Geruch, den wir noch aus Kindheitstagen kennen, zieht in die Nase, nachdem wir das WOMO auf dem Parkplatz **[047:** N50°05'35.8" E11°34'58.2"] abgestellt und verlassen haben. Wer hart im Nehmen ist und Lärm nicht stört, kann hier auch übernachten. Es raucht und dampft, eine Lok wird offenbar angeheizt, als wir uns dem Gelände nähern. Das Museum nutzt das ehemalige Bahnbetriebswerk des Bahnhofs Neuenmarkt-Wirsberg. Es besteht aus einem Ringlokschuppen mit einem Außenbereich und ist seit 1977 für die Öffentlichkeit zugänglich.

Ausgestellt sind etwa 30 Lokomotiven und allerlei Gerätschaften, die für den Betrieb dieser Lokomotiven notwendig waren und auch noch sind. Von großen und schweren Ungetümen über kleinere und mittlere Loks bis hin zu den kleinsten Lokomotiven für Industriebahnen reicht die Ausstellungspalette. Das Museum bietet ein Programm für Dampflokfahrten an, die aber in der Regel auf den Rundkurs im Museumsgelände beschränkt sind. Über die "Schiefe Ebene" fährt als Museumsbahn ein Schienenbus. Ein Lehrpfad wurde entlang der Strecke eingerichtet. Auch an die Modellbahnfreunde ist gedacht worden. Sie sind zum "Ausprobieren" eingeladen und können ein große H0-Anlage bewundern.

Über die Öffnungszeiten und Eintrittspreise informiert diese Seite www.dampflokmuseum.de. Hier bekommen Sie auch sehr viel weitere Details über das Museum mitgeteilt.

Wir fahren zum Nachbarort **Wirsberg** weiter. Das geht ganz fix, es sind nur drei Kilometer. Wir kreuzen die B303 und sind schon in dem rund 2000 Einwohner zählenden Marktflecken. Wir überqueren in der Ortsmitte die schöne alte Bogenbrücke über die Schorgast, biegen danach sofort rechts ab und stellen das WOMO auf den äußerst ruhigen Stellplatz an der Schorgast ab.

(048) Offizieller WOMO-Stellplatz:
Wirsberg – Waldschwimmbad

GPS: N50°06'28.1" E11°36'49.9"; Schorgasttal 34, 95339 Wirsberg.

Max. WOMOs: >4, maximale Länge 10 m, max. Aufenthalt 2 Tage.
Ausstattung: Vier Stromanschlüsse, WC (Mai-Oktober), Behälter für die Müllentsorgung, ganzjährig geöffnet.
Beschreibung: In einer Sackgasse am Waldschwimmbad, Ortsrand. Ideal um Tisch und Stühle rauszuholen und eine ruhige Nacht zu verbringen.
Preise: Gebührenfrei, Strom (Münzeinwurf) 1,00 € für 8h.
Zufahrt: Von der Ortsmitte sofort nach der Schorgastbrücke rechts abbiegen und dem Straßenverlauf noch etwa 500 Meter folgen.

Bis zum Freibad sind es nur noch wenige Meter. Es ist trotz großer Rutsche keines dieser modernen Freizeit-Spaßbäder, sondern eines der älteren und einfacheren Art aus den Achtzigerjahren. Ein leicht begehbarer Weg geht am Freibad vorbei. Mit einer unproblematischen Steigung führt er entlang der rauschenden Schorgast bergan. Ein kleiner Park mit Rhododendron-Sträuchern wird durchquert und eine Wassertretstelle lädt zum Kneippen ein. Der Wanderweg ist auch gleichzei-

Die Steinerne Brücke von 1711 führt über die Schorgast.

tig ein geologischer Lehrpfad. Auf nummerierten Hinweistafeln wird auf die verschiedenen Gesteinsarten am Weg hingewiesen. Für geologische Laien vermutlich mit schwer verständlichen Begriffen. Es ist ein angenehmer Spazierweg, den man je nach Lust und Laune über eine längere Strecke ausdehnen kann, vor allem wenn der vierbeinige Begleiter dabei ist. Nicht nur die Ruhe dieses Ortes ist eine Empfehlung, Wirsberg zu besuchen. Auch wer seinen Gaumen ein wenig verwöhnen möchte, wird diesen Ort gern aufsuchen, denn das **Gourmetrestaurant Alexander Herrmann**, das im Posthotel untergebracht ist, lockt mit zwei Michelinsternen und kulinarischen Köstlichkeiten. Es ist nur 500 Meter vom Stellplatz entfernt. Sie fahren daran vorbei, wenn Sie die oben auf dem Foto sichtbare Steinerne Brücke überqueren. Hier https://herrmanns-posthotel.de erfahren Sie mehr über das Restaurant, können einen Blick in die Speisekarte werfen und einen Tisch reservieren. Das wir uns dabei im gehobenen Preissegment bewegen versteht sich von selbst.

Wanderweg entlang der Schorgast.

So feine Mahlzeiten konnten sich die Bergleute unseres nächsten Reisezieles in **Kupferberg** nicht leisten. Bis zur Mitte des letzten Jahrhunderts schufteten sie unter Tage und kratzten in mühevoller Arbeit Kupfer aus dem Berg. Der Ort ist nur fünf Kilometer entfernt und der Parkplatz des Bergbaumuseums [GPS: N50°08'09.0" E11°34'52.7"] finden Sie gleich am Ortseingang auf der linken Seite. **Besucherbergwerk St.-Veit-Zeche** ist der offizielle Name dieser Anlage.

Das Museum des Besucherbergwerks.

Im Stollen des Besucherbergwerks.

Unten im Ort, schräg gegenüber der mächtigen Kirche befand sich das frühere Bergbau-Museum der Stadt. Es wirkte mit seinem engen nachgebauten Stollen etwas romantisierend. Heute ist man näher an der Realität und hat Teile der Originalstollen des stillgelegten Bergwerks in die Museumswelt integriert. Aus Gründen der Sicherheit wurden die Wege die in das Bergwerk hinunterführen mit armierten Beton ausgekleidet. Laut wird es, wenn der Pressluftbohrer in Gang kommt und ein Aspekt der früheren Arbeit in dem immer 12° Celsius kühlen Ort demonstriert wird. Der Stollen ist mit 200 Metern zwar nicht besonders lang, aber sehr eindrücklich ist die Grube allemal und die Erläuterungen bei der Führung umfassend. Ausstellungsstücke im Museumsgebäude vertiefen den Einblick in diese harte Arbeitswelt. Ein 15 Kilometer langer Bergbaurundwanderweg mit 24 Stationen führt zu verschiedenen Stolleneingängen und anderen Relikten dieses Erzbergbaus und vertieft die neu gewonnenen Kenntnisse in dieser Bergbaulandschaft. Über die Öffnungszeiten und Eintrittspreise des Museums informiert diese Seite www.bergbau-kupferberg.de.

Kupferberg hat heute noch etwa 1000 Einwohner. In seiner Blütezeit waren es mehr als 3000. Der Rückgang der Bevölkerung hängt mit der Aufgabe des Kupferbergbaus zusammen, der im 18. Jahrhundert noch große Bedeutung hatte. Die immer wiederkehrenden Abbauprobleme machten ihn jedoch zunehmend unwirtschaftlicher, bis er 1940 vollends eingestellt wurde.

Wir fahren weiter über **Marktleugast** in das ruhige Steinachtal. Auf das **Kloster** in **Marienweiher**, einem Teilort von Marktleugast, wollen wir an dieser Stelle nur hinweisen. Wir haben die sehenswerte Kirche für die Auflage dieses Buches nicht erneut besucht.

Die Zufahrt zu dem Wanderparkplatz erfolgt auf schmalen Straßen. Für Fahrzeuge mit mehr als sieben Metern Länge wird es an manchen Ausweichstellen eng, wenn ein Traktor entgegenkommt. Der Wanderparkplatz, der mit diesen Koordinaten **[049:** N50°11'06.8" E11°34'23.3"] zu erreichen ist, liegt ganz verschwiegen unten im Tal am Großen Rehbach, der sich in der Nähe mit dem Schlackenmühlbach zur **Unteren Steinach** vereinigt, die wiederum der Schorgast zufließt.

Wanderparkplatz am Großen Rehbach.

Von dem Parkplatz lässt sich eine Wanderung auf dem **Mühlenweg** unternehmen. Ein Rundweg, für den man etwa fünf Stunden Gehzeit einkalkulieren sollte. Wer allerdings Mühlen mit klappernden Mühlrädern entlang rauschender Bäche erwartet, wird enttäuscht sein. Der Wanderweg lebt von der Abwechslung zwischen Feld, Wald und Wiese, Tal und Hügellandschaft und dem Bach. Die alten Mühlen sind oder wirken teilweise verlassen und sind durch bauliche Veränderungen in den vergangenen Jahrzehnten als Mühle nicht immer erkennbar. Hauptattraktion ist die **Stein-**

Die Steinachklamm gehört zu Bayerns schönsten Geotopen.

achklamm, die zu Bayerns schönsten Geotopen zählen soll. Einen Vergleich mit der Breitach- oder Starzlachklamm, die wir in unserem Allgäubuch beschrieben haben, hält sie allerdings nicht stand. So spektakulär ist sie nicht. Durch die Steinachklamm können Sie bequem mit dem Rad fahren und auf dem Forstweg entlang des Flusses bis nach **Stadtsteinach** vordringen. Auf dem Weg dorthin kommen Sie an der Waldschänke vorbei, ein ruhiges Gasthaus mit leckerem Essen und frischem Bier. Hier können Sie sich stärken, um noch die eine oder andere Wanderung auf die Höhen zu unternehmen. Forstmeistersprung, Steinachfelsen und die Burgruine Nordeck wollen entdeckt werden. Wenn das für Sie zu einem längeren Aufenthalt führt, so können Sie diesen Campingplatz anfahren.

(050) WOMO-Campingplatz: Stadtsteinach

GPS: N50°09'37.7" E11°30'57.3"; Badstraße 5, 95346 Stadtsteinach.
Max. WOMOs: >20, maximale Länge 12 m.
Ausstattung: Frischwasserversorgung, Abwasserentsorgung mit Bodeneinlass, Kassettenentleerung, Stromanschlüsse, Behälter für die Müllentsorgung, WLAN, Brötchenservice, Bistro. Im Servicegebäude gibt es Duschen, WCs und Waschmaschinen. Der Platz ist vom 15. März bis zum 15. November geöffnet.
Beschreibung: Überwiegend sonnige Rasenplätze. Sehr ruhig. Freibad nur wenige Meter entfernt.
Preise: Erwachsene Person saisonabhängig 6,10 € oder 6,50 €, Kinder 4-15 Jahre zwischen 4,00 € und 5,50 €, Hund 3,50 €, Wohnmobil je nach Platzgröße und Saison zwischen 7,70 € und 10,90 €, Strom pauschal 2,50 € pro Tag, Frischwasser pauschal pro Tag 1,00 €. Entsorgung 3,00 €, Waschmaschine 3,00 € pro Waschgang.
Zufahrt: Von Triebenreuth kommend die Umgehungsstraße von Stadtsteinach queren und durch das Gewerbegebiet fahren und dabei den Hinweisen zum Freibad/Campingplatz folgen.
Reservierung/Kontakt: Tel.: 09225/800394 oder 0151/20837917
E-Mail: info@camping-stadtsteinach.de, Web: www.camping-stadtsteinach.de.

Wir fahren weiter nach **Kulmbach**, der heimlichen Bierhauptstadt des Frankenlandes, wie es heißt. Mit dem Bier können wir auch gleich beginnen.

Neben dem ehemaligen Werksgelände befindet sich das Mönchshof Bräuhaus mit Außenterrasse und Biergarten.

Das **Bayerische Brauereimuseum** im **Kulmbacher Mönchshof** befindet sich unweit des Ortseinganges auf der rechten Seite, wenn Sie so wie wir auf der B289 aus Untersteinach kommen. Neben diesem Museum ist an dieser Stelle das **Bayerische Bäckereimuseum**, das **Deutsche Gewürzmuseum** sowie ein Museumspädagogisches Zentrum. Hier erfährt man also alles über die Bierbraukunst, unser tägliches Brot und die Gewürze. Natürlich lässt sich auch Bier verkosten und praktischerweise kann man sein Fahrzeug neben dem Biergarten abstellen [**051:** N50°06'50.4" E11°28'05.7"].

In der Brauereigaststätte des **Mönchshof-Bräuhauses** bekommen Sie neben dem süffigen Bier auch etwas handfestes auf den Teller serviert, ofenfrische Schäuferla in Mönchshof Biersoße zum Beispiel.

Auf der anderen Seite der Bundesstraße, nahezu in Sichtweite befindet sich der offizielle Stellplatz von Kulmbach. Genau genommen sind es eigentlich zwei, die nur wenige Meter voneinander entfernt sind.

(052) Offizieller WOMO-Stellplatz: Kulmbach – Schwedensteg

GPS: N50°06'39.9" E11°27'42.7"; Schwedensteg, 95326 Kulmbach.

Max. WOMOs: 60, maximale Länge 12 m, max. Aufenthalt 3 Tage.

Ausstattung: Wasserver- und Abwasserentsorgung, Kassettenentleerung, Stromanschlüsse, Behälter für die Müllentsorgung, ganzjährig geöffnet.

Beschreibung: Unterhalb der Plassenburg, zentrumsnah, ein Platz mit Bäumen und Buschwerk zur Straße abgetrennt und deshalb relativ ruhig. Der andere, neuere Platz (unteres Foto) ist näher an der Straße und damit lauter. Hier befindet sich die sehr bequem anzufahrende Ver- und Entsorgungsanlage, die Sie auch dann nutzen können, wenn Sie nicht über Nacht bleiben möchten.

Preise: Kostenlos, Spende in Höhe von 3,00 € erbeten. Frischwasser 1,00 €, Strom 0,50 € pro kWh.

Zufahrt: Von der Mönchshof-Brauerei die Berliner Brücke überqueren, dann links halten.

Von diesem Stellplatz starten wir nun unseren kurzen Stadtrundgang.

Stadtrundgang Kulmbach

Vom Stellplatz sind es durch den kleinen Mainpark und die Fischergasse nur 500 Meter bis ins Zentrum. Wir kommen dabei am Weißen Turm vorbei, der als Teil der Stadtmauer zur alten Stadtbefestigung gehört. Neun Stationen umfasst die Wegweisung der Stadt zu ihren Hauptsehenswürdigkeiten. Sie finden diese auf einer Karte an der

Das Rathaus in Kulmbach hat eine wohlproportionierte Rokokofassade.

Markplatz mit Luitpoldbrunnen und der Plassenburg im Hintergrund.

Stadthalle in der Nähe der Touristinformation verzeichnet, die hier unübersehbar aufgestellt ist.

Wenige Meter weiter, nachdem wir an der Spitalkirche vorbeigegangen sind, stehen wir schon auf dem Marktplatz mit dem Luitpoldbrunnen und sehen am Ende des Platzes das Rathaus mit seiner schönen Rokokofassade. Die Straßenlokale in der Spitalgasse sind gut besucht, natürlich wird Kulmbacher Bier ausgeschenkt, was sonst? Alles andere wäre überraschend. Hoch über der Stadt wacht seit dem 12. Jahrhundert die **Plassenburg**.

Die spätgotische Hallenkirche St. Petri und der Langheimer Amtshof mit seiner barocken Giebelfassade sowie der Rote Turm, der über Treppen zu erreichen ist, gehören zum Besichtigungsprogramm. Der Langheimer Amtshof wurde als klösterliche Amtskanzlei errichtet. Von hier aus wurden die Ländereien des Zisterzienser-Klosters Langheim bis zu Beginn des 19. Jahrhunderts verwaltet. Heute ist in diesem Gebäude die Akademie für Neue Medien und eine Berufsfachschule untergebracht. Nicht weit davon steht der fünfgeschossige Rote Turm mit markantem Fachwerk im obersten Geschoss. Er war, wie der Weiße Turm, ein Teil der ehemaligen Stadtbefestigung, von der ansonsten nicht mehr viel zu sehen ist.

Über Treppen und Wege geht es dann weiter hinauf zur Burg. Oben angekommen, gibt ein breites Portal den Weg in den Kasernenhof der Anlage frei. Als Meisterwerk der deutschen Renaissance gilt der zweite Hof der Burg, der nicht umsonst der **"Schöne Hof"** genannt wird. Es ist

Meisterwerk der Renaissance, der Schöne Hof in der Plassenburg.

ein Arkadenhof mit dichtem Reliefdekor, der für Open-Air-Konzerte und andere Veranstaltungen genutzt wird. Neben dem **Deutschen Zinnfigurenmuseum** mit rund 300.000 Einzelfiguren, sind auf der Burg noch das **Landschaftsmuseum Obermain**, das **Armeemuseum Friedrich der Große** und das **Museum "Hohenzollern in Franken"** untergebracht. Von der Plassenburg hat man übrigens auch einen sehr schönen Blick auf Kulmbach und in das Kulmbacher Land.

Als nächsten Ort auf unserer Reise haben wir **Thurnau** auf dem Programm. Rund 15 Kilometer legen wir zurück und stellen unser WOMO nahe der Ortsmitte auf dem Stellplatz an der Jägerstraße ab.

(053) Offizieller WOMO-Stellplatz: Thurnau – Jägerstraße

GPS: N50°01'39.3" E11°23'48.3"; Jägerstraße, 95145 95349 Thurnau.
Max. WOMOs: 8, maximale Länge 12 m.
Ausstattung: Frischwasserver- und Abwasserentsorgung mit Bodeneinlass, Kassettenentleerung, Stromanschlüsse, Behälter für die Müllentsorgung, ganzjährig geöffnet.
Beschreibung: Befestigter Platz in Ortsrandlage mit Tischen und Bänken. Das Gelände wird bei Bedarf auch als Festplatz genutzt. Sehr ruhig.
Preise: 5,00 € für ein Fahrzeug mit 2 Personen. Es gibt 4 Zahlstellen 1. Rathaus Thurnau, Oberer Markt 28, Töpfermuseum Thurnau, Kirchplatz 12, Töpferei Renner, Eckersdorfer Weg 1, Töpferei Schnauder, Am Damm 2. Frischwasser (mit Münzeinwurf) kostet 1,00 €, Strom 3,00 € für 24 h.
Zufahrt: Wenn Sie so wie wir aus Kulmbach anreisen, finden Sie den Platz gleich am Ortseingang auf der linken Seite.

Der historische Ortskern bietet mit dem Marktplatz, dem Schloss und der Kirche St. Laurentius ein augenfällig schönes Ensemble. Kirche und **Schloss** sind mit einer überdachten hölzernen Brücke verbunden, die der adligen Herrschaft einen direkten Zugang zur Patronatsloge in der Kirche gewährte. Die mächtige und weitläufige Schlossanlage, die zu den größten in Franken gehört, wird heute von der Universität

Thurnau, Schloss mit dem Turm der Laurentiuskirche im Hintergrund.

Bayreuth genutzt und dient gleichzeitig als Veranstaltungsort und als Hotel. Neben dem Schloss befindet sich ein Teich, der von einem Spazierweg umschlossen ist. Immer wieder eröffnet dieser Weg einen Blick auf den mittelalterlichen Ortskern.

Im Töpfereimuseum Thurnau.

Das **Töpferhandwerk** hat in Thurnau eine lange Tradition. Sieben Töpfereien bieten ihre Produkte in höchster handwerklicher Kunst an. Die Vielfalt der Erzeugnisse ist groß. Von klassisch geformten Vasen, Kannen und Geschirr bis hin zu Brunnenanlagen für den Garten, individuell gestalteten Fliesen für das heimische Bad oder Grabsteine für Tiere ist alles zu haben. Wenn Sie eine ganz individuelle Keramik hergestellt haben wollen, werden Sie, da sind wir sicher hier eine Töpferei finden, die genau Ihre Vorstellungen umsetzt, soweit dies technisch machbar ist.

Einen ersten Überblick zur Töpferkunst in Thurnau bietet das Töpfereimuseum in der Nähe der Laurentiuskirche. Hier erfahren Sie auch, wie und worauf sich die Töpfereien des Ortes im Einzelnen spezialisiert haben.

Tipp: Frühjahrskirchweih (14 Tage nach Ostern), Sommerkirchweih (Ende Juli oder Anfang August) und Herbstkirchweih (Zweites oder drittes Wochenende im Oktober) sind feststehende Termine für Töpfermärkte in Thurnau. Alle ortsansässigen Firmen bieten auf diesen Veranstaltungen ihre Produkte in historischem Ambiente rund um Schloss und Marktplatz an.

Sanspareil ist ein barocker Landschaftsgarten, den Markgräfin Wilhelmine von Bayreuth, die Schwester Friederichs des Großen, im 18. Jh. errichten ließ. Er ist nur acht Kilometer von Thurnau entfernt und unser nächstes Etappenziel. Wir parken neben der Anlage [**054:** N49°58'56.4" E11°19'09.2"]. Der Landschaftspark ist ganzjährig geöffnet und frei zugänglich. Die vorhandenen bizarren Felsformationen in dem dicht zugewachsenen Buchenwald dienten als Kulisse für allerlei Statuen und Gebäude, die im Laufe der Zeit verwitterten oder verkauft wurden. Das **Ruinentheater** (es ist nicht verfallen, sondern wurde wie in der Eremitage in Bayreuth als künstliche Ruine gebaut), der **Morgenländische Bau** und der **Küchenbau** sind jedoch erhalten geblieben. Im Letzteren ist jetzt praktischerweise ein Café untergebracht. Neben diesem Landschaftsgarten "ohnegleichen" (frz. sans pareil wie er von einer Hofdame genannt worden sein soll), liegt die über 850 Jahre alte **Burg Zwernitz**. Spätmittelalterliche Waffen sowie Mobiliar des 16. bis 18. Jahrhunderts sind hier ausgestellt und können besichtigt werden. Die Öffnungszeiten und Eintrittspreise erfahren Sie über diese Seite www.bayreuth-wilhelmine.de.

Das Ruinentheater im Felsengarten Sanspareil.

Eine der Felsformationen in Sanspareil.

Burg Zwernitz in Sanspareil.

Wir fahren weiter über den Ort Hollfeld in das Tal der oberen Wiesent. Es ist eine reizvolle Unternehmung, die unter anderem an das im Privatbesitz befindliche Schloss Wiesentfels vorbeiführt. Über Treunitz und Eichenhüll geht es aus der Senke heraus hoch auf den Sattel bei Stadelhofen, um dann sogleich hinunter in das malerische Kleinziegenfelder Tal zu fahren, das bei Motorradfahrern, Radlern, Wanderern und Kletterkünstlern gleichermaßen beliebt ist.

In Kleinziegenfeld am oberen Ende des Tales bietet ein ruhig gelegener Campingplatz in unmittelbarer Nähe der **Weismainquelle** (nicht zu verwechseln mit der Quelle des Weißen Mains im Fichtelgebirge) seine Dienste an. Sie erreichen ihn mit diesen Koordinaten **[055:** N49°58'56.4" E11°19'09.2"] im Schloßweg. Anfragen und Reservierungen können Sie über diese Seite http://camping-kleinziegenfeld.de erledigen.

Wer mit einem kleinen Fahrzeug unterwegs ist und gleichzeitig auch noch Klettersport betreibt, wird dieses Plätzchen **[056:** N50°01'30.9" E11°11'45.1"] in der Nähe der **Klinge**, einem beliebten Kletterfelsen, ideal finden. Auf dem Weg dorthin grüßt die **Radfahrerstatue Claudius** von einem Felssporn hoch oben über dem Tal mit einer Fahne die unten vorbeiziehenden Besucher.

Offene Wacholderhänge und Felsformationen bei Kleinziegenfeld.

Fachwerkhaus mit Stadtbrunnen und Ritter aus Sandstein in der Ortsmitte von Weismain.

Die beeindruckendsten Felsformationen und die malerischen offenen Wachholderhänge in den Nebentälern befinden sich hauptsächlich im oberen Bereich des Kleinziegenfelder Tales. In diesem Gebiet gibt es zahlreiche kleine Wanderparkplätze, die für normale Wohnmobile zumeist nicht gut zu nutzen sind. So werden Sie nicht umhinkönnen, wenn Sie diese zauberhafte Landschaft durchstreifen möchten, entweder den Campingplatz anzufahren oder den kleinen Stellplatz in **Weismain** aufzusuchen. Es ist ein charmantes, mittelalterliches Städtchen. Dahin fahren wir jetzt.

(057) Offizieller WOMO-Stellplatz: Weismain

GPS: N50°05'11.4" E11°14'19.1"; Giechkröttendorfer Str. 2, 96260 Weismain.
Max. WOMOs: 6, maximale Länge 7 m.
Ausstattung: Wasserver- und Abwasserentsorgung, Kassettenentleerung, Stromanschlüsse, Behälter für die Müllentsorgung, ganzjährig geöffnet.
Beschreibung: Asphaltierte/gepflasterte Plätze am Bauhof, unruhig durch Fahrzeugverkehr und sehr eng. 200 Meter von der Ortsmitte entfernt.
Preise: Gebührenfrei, Strom 0,50 € pro kWh (Münzautomat). Frischwasserver- und Abwasserentsorgung sowie Kassettenentleerung kostenlos.
Zufahrt: In die Ortsmitte fahren, am Marktplatz links in die Burgkunstädter Straße abbiegen, dann in die dritte Straße links abbiegen.

Neben einigen Fachwerkhäusern und dem Rathaus fallen die Stadtpfarrkirche und die Reste der Stadtmauer mit dem **Oberen Tor** besonders auf. Straßencafés und Restaurants säumen den Markt und wie so oft für Oberfranken üblich, werden hier die Bierspezialitäten der lokalen Brauerei angeboten. Als Standort für die Erkundung des Kleinziegenfelder Tales eignet sich der Ort sehr gut.

In **Burgkunstadt** mündet der Weismain in den Main. Die Stadt, deren Namen durch das große Versandunternehmen Baur bekannt ist, zeigt rund um den Marktplatz ein schö-

Oberes Tor in Weismain.

(058) Offizieller WOMO-Stellplatz: Burgkunstadt

GPS: N50°08'22.7" E11°14'58.8"; Alter Postweg, 96224 Burgkunstadt.
Max. WOMOs: 5, maximale Länge 10 m, max. Aufenthalt 2 Tage.
Ausstattung: Keine. Ver- und Entsorgung an der Agip-Tankstelle an der B289, in Sichtweite des Stellplatzes.
GPS: N50°08'12.8" E11°15'01.4".
Beschreibung: Befestigter Platz, fast in der Ortsmitte, etwas versteckt liegend, ruhig.
Preise: Gebührenfrei.
Zufahrt: Von der B289 in die Bahnhofstraße fahren, dann gleich rechts dem Alten Postweg folgen.

Fachwerkensemble am Marktplatz.

nes Fachwerkensemble. Er liegt auf einer Anhöhe, auf der einst eine Burg stand. Reste davon sind noch am Rathaus zu sehen, das mit seinem Fachwerk einen besonders schönen Anblick bietet.

Burgkunstadt war über mehr als 100 Jahre die **"Schuhstadt am Obermain"**. Das Deutsche Schustermuseum am Marktplatz erinnert an diese handwerkliche Tätigkeit, die in der Blütezeit zu einer Produktion von 12.000 Paar Schuhe pro Tag führte. Das ist Geschichte. Heute werden keine Schuhe mehr in dieser Stadt hergestellt.

Handwerklich geschickt geht es auch in **Lichtenfels** zu. Hier sind es die Korbflechter, die diesen Ort als **"Korbmacherstadt"** berühmt gemacht haben. Wenn auch die Blütezeit der Korbindustrie vorbei ist, so bieten zahlreiche Firmen und Geschäfte immer noch ihre Dienste und Produkte rund um dieses Flechtwerk an. Für Urlauber organisiert die Tourist-Information auch Flechtkurse. Wer sich näher mit der Geschichte dieses Handwerks befassen möchte, dem sei das **Deutsche Korbmuseum** in der Bismarckstraße empfohlen, das sich in der drei Kilometer entfernten Nachbargemeinde **Michelau i.Ofr.** befindet.

Die Altstadt von Lichtenfels besteht aus einem kleinen pittoresken Kern mit dem historischen Rathaus im Zentrum. Mittelalterliche Tore und Türme begrenzen das malerische Ensemble. Markant ist der Turm der Pfarrkirche aus dem 14./15. Jahrhundert. Innerhalb der Stadt zu parken ist kein Problem. Einen Stellplatz gibt es nicht. Wer sich hier länger aufhalten möchte, der sollte den schönen Campingplatz nutzen, der 18 speziell für Wohnmobile angelegte Stellflächen mit Blick auf den Main eingerichtet hat.

Der Marktplatz in Lichtenfels.

(059) WOMO-Campingplatz: Lichtenfels – Maincamping
GPS: N50 09'22.1" E11°05'10.6"; Krößwehrstraße 52, 96215 Lichtenfels.
Max. WOMOs: 18, maximale Länge 12 m.
Ausstattung: Wasserver- und Abwasserentsorgung, Kassettenentleerung, Stromanschlüsse, Behälter für die Müllentsorgung, Brötchenservice, Restaurant, WLAN, Bademöglichkeit im See. Im Servicegebäude gibt es Dusche, WC, Waschmaschine und einen Trockner. Geöffnet von April bis Oktober.
Beschreibung: Feste Rasenplätze am Ende einer Sackgasse direkt am Main, sehr ruhig.
Preise: 18,00 für ein Fahrzeug mit 2 Personen, Strom pauschal 4,00 €, Frischwasserver- und Abwasserentsorgung ist im Preis enthalten.
Zufahrt: Vom Zentrum über die Kronacher Straße kurz vor der Auffahrt auf die B173 links abbiegen, die nächste Möglichkeit wieder links und die Bahnlinie überqueren, dann geradeaus auf der Krößwehrstraße noch 500 Meter.
Reservierung/Kontakt: Tel.: 09571/795860
E-Mail: info@maincamping.de, Web: www.maincamping.de.

Von diesem Platz lässt sich auch der 14 Kilometer lange Erlebnisrundwanderweg **"Pfad der Flechtkultur"** beschreiten, der aus Informationstafeln, Stelen und Felssteinen, einem "Weidenlabyrinth", vielfältig geflochtenen Elementen, Stadtmöbel am Marktplatz und am Bahnhof sowie Flechtkunstgebilde vor der Schule für Korbflechterei besteht.

Lichtenfelser Korbmarkt
Er findet alljährlich am dritten Wochenende im September statt. Es ist eine Mischung aus Altstadtfest und Spezialmarkt für Produkte aus diesem "Flechtwerk". Vom einfachsten klassischen Einkaufskorb bis zu den ausgefallensten Designermöbeln ist dabei alles vertreten. Natürlich kommt das leibliche Wohl nicht zu kurz. Im Biergarten am "Säumarkt" und am Marktplatz Rast werden typisch fränkische Bratwürste, goldbraun Gegrilltes oder deftige Braten mit Klößen angeboten. Für kühle Erfrischungen sorgen dabei gleich mehrere heimische Brauereien!
Über die Termine und das Veranstaltungsprogramm informiert diese Seite www.korbmarkt.de.

BAYREUTH
BAMBERG
Forchheim
Pegnitz
Pottenstein
Gößweinstein
Waischenfeld
Hollfeld
Aufseß
Heiligenstadt
Streitberg
Ebermannstadt
Muggendorf
Scheßlitz
Memmelsdorf
Hirschaid
Creußen
Eckersdorf
Fränkische Schweiz
Naturpark
Schloss Fantaisie
Burg Rabenstein
Burg Unteraufseß
Schloss Greifenstein
Ruine Streitburg
Ruine Neideck
Sophienhöhle
Teufelshöhle
Binghöhle
Skywalk
Felsenbad
Wiesent
Wiesenttal
Roter Main
Main-Donau-Kanal
Regnitz
Festspielhaus
Eremitage
Altes und Neues Schloss
Altes Rathaus
Dom
Levi-Strauss-Museum
Walberla 514 m
Platte 614 m
10 km
Band 95: Mit dem Wohnmobil nach Bayern Der Nordwesten mit der Romantischen Straße

TOUR 4 (ca. 170 km)

Eckersdorf – Obernsees – Waischenfeld – Tüchersfeld – Rabenstein – Pottenstein – Gößweinstein – Wiesenttal – Streitberg – Aufseß – Heiligenstadt – Bamberg

Stellplätze:	Eckersdorf, Obernsees, Waischenfeld, Pottenstein, Gößweinstein, Streitberg, Aufseß, Heiligenstadt, Bamberg.
Campingplätze:	Waischenfeld, Pottenstein, Bamberg.
Besichtigungen:	Eckersdorf (Schloss und Park Fantaisie), Waischenfeld (Burg), Tüchersfeld (Fränkische Schweiz-Museum), Rabenstein (Burg, Greifvogel- und Eulenpark, Sophienhöhle), Pottenstein (Burg, Skywalk, Teufelshöhle), Gößweinstein (Wallfahrtskirche und Burg), Streitberg (Binghöhle), Heiligenstadt (Burg Greifenstein), Bamberg (Altstadt, Dom).
Wandern/Radwandern:	Hohenmirsberger Platte, rund um Pottenstein, Wiesenttal, Hexenlochmühle.
Baden/Wellness:	Obernsees (Therme), Pottenstein (Felsenbad), Bamberg (Bambados)

Wir verlassen Bayreuth (siehe Seite 65) über die B22 in Richtung Bamberg. Nach etwa sieben Kilometern sind wir in **Eckersdorf-Donndorf** und schauen uns das **Schloss Fantaisie** mit seiner großen Parkanlage an. Der asphaltierte Parkplatz [**060:** N49°55'59.6" E11°31'00.3"] liegt ein wenig versteckt am Rande der großflächigen bewaldeten Anlage und ist für eine Übernachtung ein angenehmer und ruhiger Ort.

Laubengang im Schlosspark Fantaisie.

Markgraf Friedrich von Bayreuth ließ Ende des 18. Jahrhunderts das Schloss errichten. Seine Tochter und die Nachfahren der Herzogsfamilie schufen dann Rokoko- sowie Landschaftsgärten und ergänzten später im Stile des Historismus die Anlagen mit Weinbergterrassen, Skulpturen und exotischen Bäumen. Nach einer langen Phase des Niedergangs und des drohenden Verfalls glänzt die große und frei zugängliche Parkanlage nun nach mühevollen Instandsetzungsarbeiten als **Gartenkunst-Museum Schloss Fantaisie**.

Im oberen Teil der Anlage befinden sich das Schloss, ein Labyrinth, ein Nutzgarten und etliche Skulpturen. Im unteren Teil sind ein Weiher mit Fischerhäuschen und mehrere Felsen zu sehen. Ein weitverzweigtes Wegenetz führt durch den Park, der nahtlos in den angrenzenden Wald übergeht. Für lange Spaziergänge ein außerordentlich schönes Areal. In diesen Park dürfen Sie auch Ihren Hund mitnehmen.

Die nächste Station auf unserer Reise ist **Obernsees**. Hier gibt es eine große, familiengerecht eingerichtete Therme mit einigen Innen- und Außenbecken, einer Rutsche, einer "Kinderspieloase"; und einem "Saunaparadies". Das gesamte Angebot, die Öffnungszeiten und die Eintrittspreise finden Sie auf dieser Seite www.therme-obernsees.de. Direkt neben der Therme liegt dieser Stellplatz.

(061) Offizieller WOMO-Stellplatz: Therme Obernsees

GPS: N49°54'55.4" E11°22'44.6"; An der Therme 1, 95490 Mistelgau.
Max. WOMOs: 40, maximale Länge 12 m.

Ausstattung: Wasserver- und Abwasserentsorgung mit Bodeneinlass, Kassettenentleerung, Stromanschlüsse, Behälter für die Müllentsorgung, Brötchenservice, Dusche, WC, Waschmaschine, Trockner, E-Bike-Verleih. Ganzjährig geöffnet.
Beschreibung: Gut ausgebauter Platz direkt neben der Therme. Mit der Anmeldung an der Kasse erhalten Sie gegen Pfand einen Chip, der uneingeschränkten Zugang zu den Duschen, den Toiletten sowie zur Waschmaschine und dem Trockner gewährt. Diesen Chip benötigen Sie auch für die Leerung Ihrer WC-Kassette. Abwasserentsorgung ist ohne ihn möglich, die Frischwasserversorgung auch.
Preise: Fahrzeug 12,00 €, Frischwasser 1,00 €, Strom 2,00 € (24h), Hund 1,50 €. Waschmaschine und Trockner jeweils 2,00 € pro Nutzung.
Zufahrt: Auf der St2186 aus Richtung Bayreuth kurz hinter Obernsees auf der rechten Seite.

Nach dem Besuch der Therme setzen wir die Reise fort und steuern als nächstes Ziel den rund 3000 Einwohner zählenden Luftkurort **Waischenfeld** an.

Wahrzeichen der Stadt ist der **"Steinerne Beutel"**; ein nicht begehbarer Turm, der einst Bestandteil der Burg war. Der Burgberg gewährt einen schönen Blick auf Waischenfeld und hinunter in das Tal der Wiesent. In der Burg befindet sich ein Restaurant, im Burghof ein ansprechender Biergarten. Der Parkplatz [**062:** N49°50'40.7" E11°20'29.5"] darf für Übernachtungen genutzt werden. Ein wichtiger Hinweis: Fahren Sie nicht von der Ortsmitte zur Burg hoch, die Straße ist eng, kurvig und weniger als drei Meter breit. Nehmen Sie den

Blick vom Aussichtspunkt auf den Steinernen Beutel und ins Wiesenttal.

Weg, der nördlich vom Campingplatz zur Burg führt, dann erreichen Sie diese ohne Komplikationen und Schrammen. Die Abzweigung befindet sich gleich am Ortseingang hinter dem Betriebsgebäude eines Fuhrunternehmens, das an den großen Garagentoren leicht zu erkennen ist.

Parkplatz der Burg Waischenfeld.

Wenn Sie nicht abgebogen sind, kommen Sie wenige Meter weiter zu diesem Campingplatz.

(063) WOMO-Campingplatz: Waischenfeld

GPS: N49°51'02.3" E11°20'29.0"; Hauptstraße 54, 91344 Waischenfeld
Max. WOMOs: > 20, maximale Länge 9 m.
Ausstattung: Wasserver- und Abwasserentsorgung mit Bodeneinlass, Kassettenentleerung, Stromanschlüsse, Behälter für die Müllentsorgung, Restaurant, Frühstücks- und Brötchenservice, Angebot für Fliegenfischer. Dusche, WC, Waschmaschine und Trockner.
Beschreibung: Großes Wiesengelände direkt an der Wiesent. Über eine Fußgängerbrücke geht es auf die andere Seite des Flusses ins Freibad. Gäste des Campingplatzes zahlen keinen Eintritt.
Preise: Erwachsene Person 6,80 €, Kinder 4-17 Jahre zwischen 4,30 € und 4,80 €, Hund 2,80 €, Wohnmobil 6,30 €, Strom 0,50 € pro kWh, Kurtaxe 1,00 €, WLAN pro Tag 4,95 €, pro Woche 19,95 €.
Zufahrt: An der St2191 am nördlichen Ortsrand von Waischenfeld.
Reservierung/Kontakt: Tel.: 09202/359
E-Mail: info@campingplatz-waischenfeld.de,
Web: https://campingplatz-waischenfeld.de.

Ob Sie sich im Fliegenfischen üben, mit dem Kanu auf der Wiesent paddeln, die Fränkische Schweiz mit dem Rad er-

Tüchersfeld mit dem Fränkische-Schweiz-Museum unterhalb der Kalkfelsen.

kunden oder einfach nur relaxen wollen. Dieser ruhige Standort bietet alle Möglichkeiten. Das trifft auch für den nächsten Campingplatz zu, den wir im Tal der Püttlach vorfinden, nachdem wir **Behringersmühle** und **Tüchersfeld** passiert haben.

Die hoch aufragenden Kalkfelsen mit den Fachwerkhäusern in Tüchersfeld sind ein beliebtes Fotomotiv dieses kleinen Felsendorfes im Püttlachtal. Der Ort ist schnell durchschritten und erkundet, für das **Fränkische-Schweiz-Museum** muss man sich etwas mehr Zeit nehmen. Die Ausstellungen zur Erdgeschichte, zur Archäologie und zur Landwirtschaft sind sehr umfangreich. Diese Seite https://fraenkische-schweiz-museum.de gibt Ihnen Informationen über die Öffnungszeiten und Eintrittspreise. Wenn Sie mögen, können Sie auf der Seite einen kleinen virtuellen Rundgang durch das Museum absolvieren. Parken können Sie hier mit einem Wohnmobil nicht. Aber von dem Campingplatz Bärenschlucht können Sie mit einer kleinen Wanderung von drei Kilometern Länge durch das Püttlachtal zum Museum gelangen.

Wir sind im Herzen der Fränkischen Schweiz. Felsen, Felsvorsprünge und tief eingeschnittene Täler prägen das Relief. Poetisch betrachtet eine malerische Landschaft, die jeden in den Bann zieht. Verständlich, dass dieses Gebiet touristisch sehr stark erschlossen ist. Betrachtet man das Relief von oben, sehen wir eine plateauähnliche Landschaft, die von Flussläufen durchzogen ist. Sehr gut erkennbar ist dies von der Burg Gößweinstein, zu der wir im Verlauf dieser Tour auch noch kommen werden. Wie mag dieses markante Relief mit den vielen Höhlen wohl entstanden sein? Diesem Thema widmet sich der **Geotopweg Pottenstein**, der über 20 Stationen und 24 Kilometern Länge durch das Zentrum der

Fränkischen Schweiz führt. Für eine Wanderung auf dem Geotopweg ist der bereits genannte Campingplatz auch ein guter Standort. Höchste Zeit, ihn vorzustellen.

(064) WOMO-Campingplatz: Bärenschlucht

GPS: N49°46'41.4" E11°23'07.6"; Bärenschlucht 1, 91278 Pottenstein.
Max. WOMOs: 180, maximale Länge 12 m.
Ausstattung: Frischwasserversorgung, Abwasserentsorgung mit Bodeneinlass, Kassettenentleerung, Stromanschlüsse, Behälter für die Müllentsorgung, WLAN, Shop, Restaurant. Im Servicegebäude gibt es Duschen, WCs, Waschmaschinen und Trockner. Der Platz ist ganzjährig geöffnet.
Beschreibung: Große sonnige, teilweise auch schattige Rasenplätze im Püttlachtal in einer malerischen ruhigen Umgebung mit Angelteich. Tüchersfeld ist 3 km entfernt, Pottenstein ebenfalls, nur in der entgegengesetzten Richtung.

Preise: Person ab 15 Jahre 5,40 €, Kinder 4-14 Jahre 3,20 €, Hund 2,00 €, Wohnmobil 5,40 €, Strom 2,00 € pro kWh, Müllgebühr 0,90 €.
Zufahrt: Über die B470 zwischen Tüchersfeld und Pottenstein.
Reservierung/Kontakt: Tel.: 09243/206
E-Mail: info@baerenschlucht-camping.de,
Web: www.baerenschlucht-camping.de.

Bis nach **Pottenstein**, dem sicher bekanntesten Ort der Fränkischen Schweiz, ist es nur noch ein kleiner Hüpfer, wie Sie ja schon wissen. Die Mischung aus Naturerlebnis mit den Felsformationen, der **Teufelshöhle**, den Kletterfelsen und Wanderwegen, der Burg, den **Sommerrodelbahnen** und dem **Felsenbad** lockte bislang schon viele Besucher an. Nun wurde das Angebot erweitert. Ein **Skywalk** wurde an den Hang über dem Weihersbach gebaut. Er ist 130 Meter lang und an seinem Ende stehen Sie 65 Meter über dem Talgrund und haben freie Sicht auf die Burg, das Tal, das Felsenbad und die **Himmelsleiter**, einem Aussichtsturm auf der gegenüberliegenden

Der Skywalk. Die neueste Attraktion in Pottenstein.

Seite des Tales. Wir wären ja gern auf den Skywalk gegangen, aber zwei Stunden Wartezeit waren uns dann doch zu lang. Wir hätten uns die Zeit mit einer Fahrt auf einer der beiden Rodelbahnen, dem **Frankenbob** oder dem **Frankenrodel** oder mit dem **Hexenbesen** vertreiben können. Doch auch hier gab es lange Warteschlangen. **"Erlebnisfelsen Pottenstein"** ist der offizielle Name dieser Anlage, die oben auf der Ebene an der Straße nach Gößweinstein angelegt wurde. Nicht nur Individualtouristen suchen diesen Ort auf, auch viele Reisebusse bringen ihre Fahrgäste hierher. Über die Öffnungszeiten, die Eintrittspreise und weitere Spielgeräte informiert diese Seite www.erlebnisfelsen-pottenstein.de.

Da wir gerade oben auf der Höhe sind, stellen wir doch auch kurz den Stellplatz vor, denn er liegt in Sichtweite.

(065) Offizieller WOMO-Stellplatz: Pottenstein

GPS: N49°45'47.1" E11°24'30.0"; Am Langen Berg, 91278 Pottenstein.
Max. WOMOs: 25, maximale Länge 10 m.

Ausstattung: Wasserver- und Abwasserentsorgung mit Bodeneinlass, Kassettenentleerung, Stromanschlüsse, Müllentsorgung, ganzjährig geöffnet.
Beschreibung: Befestigter Platz am Ende eines Gewerbegebietes oberhalb von Pottenstein, in der Nähe des Erlebnisfelsens. Bis in die Stadt hinunter sind es rund 1000 Meter.
Preise: 10,00 € pro Fahrzeug, zahlbar mit EC- VISA- oder Mastercard. Kassettenentleerung und Frischwasser jeweils 1,00 € (Münzeinwurf). Abwasser kostenlos, Strom 1,00 € pro kWh.
Zufahrt: Über die St2685 in Richtung Gößweinstein fahren und der Beschilderung zum Stellplatz folgen.

Der große Parkplatz vor der **Teufelshöhle** ist nicht mehr so stark frequentiert, wie in früheren Zeiten. Höhlenbesuch oder Tretbootfahren auf dem nah gelegenen **Schöngrundsee** haben an Attraktivität verloren. Hier herrscht kein dichtes Gedränge.

Die Führung in der Teufelshöhle beginnt mit dem Teufelsloch. Die Erläuterungen erfolgen teilweise vom Band. Nacheinander betreten wir die Räume. 45 Minuten dauert die Führung und über 400 Stufen sind zu nehmen, um die 12.000-15.000 Jahre alten Stalagmiten und Stalaktiten in ihren unterschiedlichen Formen zu bewundern. Die schönsten unter ihnen bekamen Namen wie Barbarossabart oder Papstkrone. Auch das Skelett eines Höhlenbären kann betrachtet werden. Bären zogen sich offensichtlich gern in diesem neun Grad frischen Hohlraum zum Winterschlaf zurück. Es wurden Reste von über 80 Tieren in dieser Höhle gefunden. Es ist ein kurzweiliger Besuch. Lichteffekte und eine Untermalung mit Musik machen die Besichtigung dieser Höhle zusätzlich attraktiv.

Pottenstein, Teufelshöhle.

Pottenstein, Schöngrundsee.

Pottenstein, Felsenbad.

Der Talstation der Rodelbahn gegenüber liegt das **Felsenbad**, das aus den Zwanzigerjahren des letzten Jahrhunderts stammt. Das Naturbad mit Uferbepflanzung und Felskulisse wurde nach einer Phase des Zerfalls vollständig saniert und ist nun schon seit zwei Jahrzehnten wieder in Betrieb.

Dort, wo der Weiherbach in die Püttlach fließt und vor Urzeiten der markante Felssporn entstand, wurde schon vor rund

Burg Pottenstein liegt auf einem markanten Felsen.

1000 Jahren ein Vorläufer der heutigen Burg errichtet. Wie bei den meisten Burgen in der Fränkischen Schweiz wechselten sich Aufbau und Zerstörung im Laufe der Jahrhunderte stetig ab. Über 700 Jahre gehörte das Bollwerk dem Bistum Bamberg, dann eine kurze Zeit dem Königreich Bayern. Seit 1878 ist sie in Privatbesitz, wurde in den folgenden Jahrzehnten renoviert und ist auch heute noch bewohnt. Das Museum der Burg zeigt vor- und frühgeschichtliche Objekte sowie eine Ausstellung zur Geschichte der Heiligen Elisabeth von Thüringen.

Wir verlassen das trubelige Pottenstein und fahren auf die **Hohenmirsberger Platte**. Die Hochebene mit dem Aussichtsturm befindet sich auf 614 Metern Höhe. Sie erreichen den Parkplatz mit diesen Koordinaten [**066:** N49°48'51.4" E11°26'44.8"].

Es ist ein schöner, hinter Büschen versteckter Ort, auf dem in der Nacht, wenn die Fossilienklopfer neben dem Turm das Gelände verlassen haben, Ruhe einkehrt.

Dieser Platz ist auch eine Station auf dem Geotopweg Pottenstein. Auf Tafeln wird die komplexe Geologie dieses Raumes erklärt. Nach der Lektüre werden Sie verstehen, warum Sie hier auf einem ehemaligen Meeresboden wandern. Und wenn Sie mögen, dann können auch Sie für ein kleines Eintrittsgeld auf den Fossilienklopfplatz gehen und nach versteinerten Meeresbewohnern des Jurameeres suchen.

Auf der Hohenmirsberger Platte.

Leider dürfen Sie auf dem folgenden Platz an der Burg Rabenstein nicht über Nacht stehen bleiben. Zu schön wäre es, an diesem Ort [GPS: N49°49'29.6" E11°22'08.0"] neben einem Biergarten, einer Falknerei, einer Burg mit Restaurant und der nahen Sophienhöhle zu nächtigen. Wenn Sie alle genannten Programmpunkte abarbeiten wollen, sind Sie mindestens einen Tag beschäftigt.

Burg Rabenstein kann nur im Rahmen einer Führung besichtigt werden. Ein Teil der Burg wird als Hotel genutzt, ein Teil als Restaurant, das ein sehr angenehmes Ambiente zeigt. Hier werden Sie zu moderaten Preisen mit fränkischen Gerichten kulinarisch verwöhnt. Noch preiswerter und einfacher geht es im Biergarten zwischen dem Parkplatz und dem alten Bollwerk.

Bei der Besichtigung der Burg wird die 800-jährige Geschichte dieses Felsennestes eingehend erläutert. Sie wurde im 13. Jahrhundert erbaut, im Laufe der Zeit mehrfach zerstört, wieder aufgebaut, verändert und ergänzt, bis dann die in den Siebzigerjahren des letzten Jahrhunderts eingeleiteten Renovierungs- und Instandsetzungsarbeiten ihr Ende fanden.

Der Eingangsbereich der Burg Rabenstein.

Die **Falknerei** neben der Burg hat in ihrem Eulen- und Greifvogelpark über 80 Vögel. Bis zu 12 werden täglich (außer montags) um 15.00 Uhr bei Flugvorführungen präsentiert. Wie es bei diesen Vorführungen üblich ist, zischen die großen Vögel auch ganz knapp über die Köpfe der Besucher hinweg.

Enge Gänge verbinden die drei großen Räume der **Sophienhöhle**, die als eine der schönsten Schauhöhlen Deutschlands gilt. Sie ist tagsüber nur mit einer Führung zu besichtigen, die

Der Millionär in der Sophienhöhle bei "Sophie at night".

etwa eine dreiviertel Stunde dauert. Frei bewegen kann man sich in der Höhle während der Multimedia-Aufführung **"Sophie at night"**; einer Lichtinszenierung mit vielen Effekten die mit Musik untermalt wird. Dann kommen "Elefantenohr"; "Bienenkorb" und "Millionär" wie drei der größten Stalaktiten bzw. Stalagmiten getauft wurden, besonders gut zur Geltung. Diese Veranstaltung findet von April bis Oktober an Samstagen zwischen 18:00 und 20:00 Uhr statt.

Burg, Falknerei und Höhle sind von hoher Attraktivität und deshalb natürlich auch stark frequentiert, damit sollten Sie vor allem an den Wochenenden rechnen.

Die Öffnungszeiten und Eintrittspreise aller genannten Punkte finden Sie auf dieser Seite www.burg-rabenstein.de. Hier können Sie auch Reservierungen vornehmen.

Burg Rabenstein hoch über dem Tal des Ailsbaches.

Wir setzen die Reise fort. Nächstes Ziel ist **Gößweinstein**. Dazu fahren wir hinunter in das Tal des Ailsbaches. Doch bevor wir ganz hinab chauffieren, halten wir einmal kurz auf diesem Rastplatz [GPS: N49°49'42.4" E11°22'42.5"] auf der rechten Seite der Straße an und werfen noch einen Blick in die Tiefe des Tales und auf die Burg Rabenstein, so wie Sie es auf dem Foto unten links sehen können.

Wir folgen dem Verlauf der Talstraße, erreichen Behringersmühle, orientieren uns dort Richtung Pottenstein, um wenige Meter später rechts nach Gößweinstein abzubiegen. Nun geht es wieder den Berg hinauf und wir steuern in dem rund 4000 Einwohner zählenden Städtchen diesen gebührenpflichtigen Parkplatz an [**067:** N49°46'05.7" E11°20'02.7"], der sich im unteren Bereich, dort wo das Gelände einigermaßen eben ist, auch für eine Übernachtung eignet.

Die Burg Gößweinstein liegt hoch über dem gleichnamigen Ort.

Hier stehen wir in Sichtweite der im neugotischen Stil umgewandelten **Burg Gößweinstein**, von dessen Turm wir unseren Blick weit über die Fränkische Schweiz schweifen lassen können.

Die Räumlichkeiten sind schnell angeschaut. Hinweistafeln an den Wänden erzählen ein wenig über die Geschichte dieser Burg, die urkundlich erstmals 1076 erwähnt wurde.

Die Wallfahrtsbasilika.

Die von Balthasar Neumann in der ersten Hälfte des 18. Jahrhunderts gestaltete **Wallfahrtsbasilika** ist sehr beeindruckend. Sie ist wie die Klosterkirche Marienweiher eine "basilica minor". Die kühle Stille dieser mit schönen Stuckverzierungen gestalteten hellen Barockkirche ist schon faszinierend.

Wer mag, kann sich von einem Nachtwächter in fränkischer Mundart durch Gößweinstein führen lassen. Er erzählt Ihnen auch mehr über die Basilika und über die Burg. Die Termine finden Sie hier www.ferienzentrum-goessweinstein.de.

Dort können Sie auch nachlesen, was die Gemeinde für ihre Feriengäste sonst noch alles anzubieten hat, ein Bierdiplom zum Beispiel. Das hört sich nett an, aber wir werden uns dem Gerstensaft nicht hier, sondern etwas später auf dem Bierwanderweg in Aufseß widmen.

Nun geht es hinunter ins Wiesenttal. Hier haben wir für die Freunde von Museumseisenbahnen gleich ein besonders Schmankerl. Die **Dampfbahn Fränkische Schweiz**, die älteste Museumsbahn in Franken, verkehrt vom 1. Mai bis Ende Oktober jeweils an allen Sonn- und Feiertagen mit ihren Museumszügen im Wiesenttal zwischen Behringersmühle und Ebermannstadt. Details, Termine und Buchungsmöglichkeiten finden Sie hier www.dampfbahn.net. Bewundernswert, wie die Mitglieder des Vereins mit großem ehrenamtlichen Engagement diese alten Loks und Waggons pflegen, in Schuss halten und damit die Technik- sowie die Verkehrsgeschichte vergangener Jahrzehnte erlebbar machen.

Mit Volldampf durch das Wiesenttal.

Wir fahren nach **Streitberg** und stellen das WOMO am Bauhof ab **[068:** N49°48'26.9" E11°13'01.9"]. Einen Schönheitspreis gewinnt dieser Platz sicher nicht. Er bietet acht Fahrzeugen Platz und kostet nur vier Euro pro Tag.

Die Burgruine Neideck im malerischen Wiesenttal.

Zwei Burgruinen flankieren den Ort. Die **Ruine Neideck** im Süden und auf der anderen Seite der Wiesent die **Ruine Streitburg**. Es ist eine sehr schöne Auenlandschaft in der wir uns befinden, die auch wunderbar mit dem Rad zu durchfahren ist. Der Bahnhof an dem die Museumsbahn hält, ist in Sichtweite.

Tropfstein in der Binghöhle.

Die **Binghöhle**, die aus geschichtetem Kalkstein besteht und phantastische Tropfsteingebilde aufzuweisen hat, ist nur 500 Meter vom Stellplatz entfernt. Die Höhle rühmt sich eine der schönsten **Tropfsteingaleriehöhlen** Deutschlands zu sein. Ein Besuch lohnt sich unserer Meinung nach in jedem Fall. Die Öffnungszeiten und Eintrittspreise entnehmen Sie bitte dieser Seite www.binghoehle.de. Wanderwege erschließen darüber hinaus diesen Luftkurort, darunter ein **Geologischer Erlebnispfad** und der **"Promilleweg"**; der auf drei Kilometern Länge "hochprozentige" Stationen miteinander verbindet.

(069) WOMO-Stellplatz: Streitberg – Freibad

GPS: N49°48'29.3" E11°13'31.5"; Am Freibad 2-4, 91346 Wiesenttal.
Max. WOMOs: 4, maximale Länge 9 m.
Ausstattung: Biergarten, Ruderbootverleih. Der Platz ist ganzjährig geöffnet, das Freibad nur in der Sommersaison.
Beschreibung: Befestigter Platz ohne Versorgungseinrichtungen direkt neben dem Freibad zwischen der Wisent und einem Wald, sehr ruhig.
Preise: kostenlos.
Zufahrt: Von der B470 über die Dorfstraße zur Straße "Am Freibad" fahren.

Für eine ruhige Übernachtung empfiehlt sich eher der Parkplatz am Freibad. Es ist übrigens ein sehr idyllisches Bad, das den Charme aus seiner Entstehungszeit in den 30er-Jahren des letzten Jahrhunderts beibehalten hat und von der Gemeinde und einem Förderverein erhalten wird. Es ist durchaus besuchenswert. Neben dem Bad gibt es einen Kanuverleih für Ausflüge auf der Wiesent und einen reizvollen Biergarten. Und wenn wir damit schon beim Thema "Bier" sind, geht es damit auch gleich bei unserer nächsten Station weiter.

Aufseß rühmt sich "Die Rekordgemeinde mit der größten Brauereidichte weltweit" zu sein, pro Einwohner versteht sich. Eine clevere Marketingidee ist der 14 Kilometer lange **Brauereienweg**, der die vier Brauereien Reichold, Kathi-Bräu, Rothenbach und Stadter miteinander verbindet. Wer den Parcours erfolgreich absolviert, d.h. an allen Stationen ein Bier trinkt, der erhält zur Erinnerung eine Urkunde, die ihn als **"Fränkischen Ehrenbiertrinker der Weltmeisterbrauereien"** ausweist.

Nur zwei der vier Brauereien bieten Stellplätze für Wohnmobile an.

(070) Offizieller WOMO-Gasthof-Stellplatz: Hochstahl – Brauerei-Gasthof Reichold

GPS: N49°53'03.5" E11°15'59.8"; Hochstahl 24, 91347 Aufseß.
Max. WOMOs: 38, maximale Länge 10 m.

Ausstattung: Wasserver- und Abwasserentsorgung, Kassettenentleerung (nur mit biologisch abbaubaren Zusätzen), Stromanschlüsse, Behälter für die Müllentsorgung, Dusche und WC. Der Platz ist ganzjährig geöffnet. Das Restaurant ist geschlossen. Es gibt nur noch Kaffee, Kuchen, einen Frühstücksservice sowie eine Selbstbedienung bei Getränken.
Beschreibung: Geräumige hauptsächlich geschotterte Plätze mit Grünstreifen für Tisch und Stühle. Ortsrand, zwischen Gasthof und Ackerflächen, sehr ruhig.
Preise: 8,00 € für ein Fahrzeug mit 2 Personen. Entsorgung kostenlos, Strom 2,00 €, Frischwasser 1,00 €, Frühstück im Gasthof 9,00 €.
Zufahrt: In Hochstahl von der Staatsstraße 2188 in Richtung Tiefenlesau/ Hollfeld fahren, dann links der Beschilderung zum Stellplatz folgen.

(071) WOMO-Gasthof-Stellplatz: Aufseß – Brauerei-Gasthof Rothenbach

GPS: N49°53'02.8" E11°13'34.8"; Im Tal 70, 91347 Aufseß.
Max. WOMOs: >5, maximale Länge 12 m.

Ausstattung: Keine Versorgungseinrichtungen, Stromanschluss auf Nachfrage, ganzjährig geöffnet.
Beschreibung: Geschotterter Parkplatz neben dem Brauereigastof, ruhig. Reizvoll ist eine Brauereiführung mit Bierprobe und kräftigem Vesper.
Preise: Kostenlos.
Zufahrt: In der Ortsmitte von Aufseß von der St 2188 in Richtung Heiligenstadt nach rechts in Richtung Sachsendorf/Hollfeld abbiegen, dann sind es noch 500 Meter bis zum Parkplatz auf der linken Seite.

Oberfranken, das Land der Brauereien

Kein anderer Landstrich auf der Welt hat eine so hohe Brauereidichte wie Oberfranken. Während andernorts schon lange das "Brauereisterben" eingesetzt hat und Großkonzerne den Markt bestimmen, kämpfen die kleinen und mittelständischen Brauereien dieser Region bislang erfolgreich um ihre Marktanteile. Oberfranken ist ein Paradies für Biertrinker. Bier brauen hat hier eine lange Tradition. Deshalb wird diese Region auch gern **"Bierfranken"** genannt. Das Gegenstück dazu ist **"Weinfranken"**. Damit sind die Weinanbaugebiete Unterfrankens gemeint, die von Bamberg bis Aschaffenburg reichen. Wir haben diese Region in unserem WOMO-Buch über den Nordwesten Bayerns beschrieben.

Zurück zum Bier: Schon im 10. Jahrhundert brauten Mönche in den Klöstern Oberfrankens den Gerstensaft als flüssige Fastenspeise. Heute stehen die Ordensmänner nicht mehr am Sudkessel, das erledigen die vielen mittelständischen und kleine Unternehmen, die ihr Vertriebsgebiet fast ausnahmslos nur in dieser Region haben. Die kleinsten Brauereien produzieren dabei ausschließlich für den Ausschank in der eigenen Gaststätte. Diese Gasthausbrauereien sind in der Fränkischen Schweiz besonders stark verbreitet. Jedes Bier hat seine eigene Note, sein unverkennbares Aroma, seinen spezifischen Geschmack. Jeder Braumeister setzt seinen eigenen Akzent. In der Summe kommt dabei eine enorme Geschmacksvielfalt heraus. Deshalb schmeckt das **"Seidla"** die fränkische Bezeichnung für einen Krug oder ein Glas mit einem halben Liter Bier von Gasthaus zu Gasthaus auch immer ein wenig anders und immer gut!

Zum Ehrenbiertrinker haben wir es nicht geschafft, aber einige Proben haben wir natürlich mitgenommen. Wer nicht den ganzen Brauereienweg gehen mag, der kann von Hochstahl die etwa zwei Kilometer bis nach Heckenhof oder die etwa vier Kilometer bis nach Aufseß gehen. Ein besonderes Flair hat der Biergarten der Kathi-Bräu in Heckenhof. Er ist offensichtlich ein beliebter Bikertreff.

Schloss Unteraufseß.

Neben all den Brauereien müssen wir noch erwähnen, dass es zwei Schlösser in Aufseß gibt. Das **Schloss Unteraufseß** kann besichtigt werden, das **Schloss Oberaufseß**, das etwa zwei Kilometer weiter nördlich an der Straße nach Hollfeld liegt, allerdings nicht. In Unteraufseß werden der Ahnensaal, der Damensalon, die Familienkapelle und weitere Räumlichkeiten gezeigt. Der Komplex gehört zu den ältesten Schlössern in Oberfranken, es wurde erstmals 1114 urkundlich erwähnt.

Führungen: Vom 1. April bis 31. Oktober täglich um 11:00 und 14:00 Uhr. Eintritt: Erwachsene 4,00 €, Kinder unter 12 Jahren 2,50 €.

Mit einem Schloss geht es auch auf unserer nächsten Station weiter. Dazu fahren wir nach **Heiligenstadt**. Von Aufseß sind es auf der St2188 nur drei Kilometer, bis wir an die Abzweigung nach **Schloss Greifenstein** gelangen. Nach einer kurzen Strecke durch einen Wald umrunden wir einen kleinen Tempel und treffen auf eine alte Lindenallee, die vor dem Burgtor endet [**072:** N49°52'27.3" E11°10'23.3"]. Der Parkplatz ist klein und schattig, die Burgklause direkt neben dem Parkstreifen wurde vor geraumer Zeit geschlossen. Damit ist dieser Wanderparkplatz noch ruhiger, als er ohnehin schon war. Ein Besuchermagnet ist das Schloss nicht. Eigentlich erstaunlich. Wir haben den Besuch dieser gepflegten Anlage in angenehmer Erinnerung.

Schloss Greifenstein

Das Schloss befindet sich seit 1691 im Besitz der Stauffenbergs, der Familie des Hitlerattentäters und wird auch heute noch von einem Neffen des bekannten Widerstandskämpfers bewohnt.

Die Ursprünge des Schlosses gehen auf das Jahr 1172 zurück. Zunächst als Burg erbaut, wird sie 1525 im Bauernkrieg zerstört. 1691 kaufte Sebastian Schenk von Stauffenberg, Fürstbischof von Bamberg die Ruine und lässt sie zu einem Jagdschloss umbauen. Während der Naziherrschaft wurden nach dem misslungenen Hitlerattentat durch Claus Schenk von Stauffenberg alle Familienmitglieder in Sippenhaft genommen, das Schloss beschlagnahmt. Auf Anweisung Himmlers sollte das Schloss gesprengt werden, was jedoch durch den Widerstand des lokalen Polizeichefs verhindert werden konnte.

Der Innenhof von Schloss Greifenstein.

Ausführlich bekommen Sie während einer Führung die Geschichte des Schlosses erklärt, die Waffenkammern gezeigt und die Waffen aus den unterschiedlichen Epochen in ihren Funktionsweisen erläutert. Die Innenräume mit ihren wertvollen Intarsienschränken, Wappen, Geschirr und Büchern sind sehr beeindruckend. Die Geweihsammlung im langen Flur dokumentiert die Jagdleidenschaft der Stauffenbergs. Eine Besonderheit ist der Brunnen im Innenhof, der eine Bauzeit von 14 Jahren benötigte. 93 Meter senkrecht in die Tiefe musste durch

hartes Kalkgestein gebuddelt werden und dies im 17. Jahrhundert ohne moderne technische Hilfsmittel, eine echte Knochenarbeit. Eine hörbare Vorstellung der Tiefe bekommen Sie, wenn ein wenig Wasser in den Brunnen geschüttet wird. Sie werden verblüfft sein, wie lange es dauert, bis Sie es unten plätschern hören.
Von Mai bis Oktober kann das Schloss täglich besichtigt werden. Die Führungen finden vormittags von 9:00 bis 12:00 Uhr und nachmittags von 13:30 bis 17:30 Uhr statt. Eintritt: 6,00 € für Personen ab 16 Jahren, Kinder 5-15 Jahre 2,50 €.

Schloss Greifenstein, Brücke über den Burggraben und Eingangsportal.

Das Schloss und die angrenzenden Stallgebäude dienten als Filmkulisse für den Film "Die Erntehelferin" mit Christine Neubauer, August Schmölzer, Götz Otto und anderen bekannten Schauspielern. Wer den Film gesehen hat, wird während der Schlossbesichtigung sehr vieles wiedererkennen.

Wir kommen zum Abschluss dieser Tour. 25 Kilometer liegen noch vor uns, bevor wir **Bamberg** erreichen und dort diese Reise beenden.

Es gibt zwei offizielle Stellplätze und einen Campingplatz im Ortsteil Bug, die wir auf den folgenden Seiten vorstellen. Für einen Besuch der Stadt empfehlen wir den Stellplatz am Heinrichsdamm. Er befindet sich neben einem P&R-Platz von dem Stadtbusse zum ZOB an den Rand der Innenstadt fahren. Von dort sind es dann noch ca. 600 Meter, um z.B. zu dem schönen alten Rathaus zu gelangen. Oder Sie gehen den gesamten Weg zu Fuß. Das ist ein rund 1,5 Kilometer langer kurzweiliger Spaziergang bis zum Rathaus. Wir empfehlen dazu folgenden Weg, den Sie auch auf dem Stadtplan auf der nächsten Seite mit einer grün gepunkteten Linie markiert finden: Überqueren Sie den Heinrichsdamm und gehen

Sie die Sodenstraße der Länge nach durch, bis Sie das Parkgelände am Hainbad erreicht haben, das sind rund 600 Meter. Dann gelangen Sie entlang des linken Rednitzarms durch Grünanlagen, gehen an der alten Schleuse des Ludwig-Donau-Main-Kanals vorbei und gelangen über den Mühlwörth zur Mühlbrücke. Wenn Sie die Mühlbrücke überquert haben,

Tipp: Wenn die Stellplätze in Bamberg alle belegt sind, bietet sich Baunach als Alternative an. Der Ort liegt nur zwölf Kilometer entfernt und ist mit der Bahn oder dem Fahrrad sehr gut zu erreichen. Wir haben den Platz auf der Seite 118 beschrieben.

(073) Offizieller WOMO-Stellplatz: Bamberg – Bambados

GPS: N49°54'03.7" E10°55'32.6"; Pödeldorfer Str. 174, 96050 Bamberg.
Max. WOMOs: 23, maximale Länge 10 m.
Ausstattung: Wasserver- und Abwasserentsorgung, Kassettenentleerung, Stromanschlüsse, ganzjährig geöffnet.

Beschreibung: Neu angelegte Stellflächen die bis Mai 2022 fertiggestellt werden. Sie befinden sich direkt neben dem Hallen- und Freizeitbad Bambados. Das Foto ist noch von dem vorhergehenden Parkplatz. Entfernung bis zur Stadtmitte (Altes Rathaus) 3,5 Kilometer.
Preise: Bei Drucklegung nicht bekannt. Nach telefonischer Auskunft bei den Stadtwerken, werden vermutlich dieselben Preise gelten wie am Heinrichsdamm.
Zufahrt: Am Ortseingang von Bamberg an der ersten großen Ampelkreuzung rechts abbiegen und nach einem Kilometer erneut rechts abbiegen.

(074) Offizieller WOMO-Stellplatz: Bamberg – Heinrichsdamm

GPS: N49°53'10.4" E10°54'10.1"; Heinrichsdamm 33, 96047 Bamberg.
Max. WOMOs: 25, maximale Länge 10 m, max. Aufenthalt 3 Tage.
Ausstattung: Wasserver- und Abwasserentsorgung, Kassettenentleerung, Stromanschlüsse, Behälter für die Müllentsorgung, ganzjährig geöffnet.

Beschreibung: Enge Platzverhältnisse, Innenstadtlage, zwischen einer Hauptverkehrsstraße und der Regnitz/Main-Donau-Kanal, nicht ruhig.
Preise: Einen Parkschein gibt es am Kassenautomaten für 15,00 €. 100 l Frischwasser (mit Münzeinwurf) kosten 1,00 €. Strom 0,50 pro kWh (mit Münzeinwurf).
Zufahrt: Am Ortseingang von Bamberg an der ersten großen Ampelkreuzung links abbiegen, dann auf die B22 in Richtung Innenstadt fahren und hinter der Brücke über den Main-Donau-Kanal rechts abdrehen.

(075) WOMO-Campingplatz: Bamberg – Bug

GPS: N49°51'40.3" E10°55'00.5"; Am Campingplatz 1, 96049 Bamberg.
Max. WOMOs: >20, maximale Länge 12 m.
Ausstattung: Wasserver- und Abwasserentsorgung, Kassettenentleerung, Stromanschlüsse, Brötchenservice, Behälter für die Müllentsorgung, Gasflaschentausch, WLAN. In den beiden Servicegebäuden gibt es Duschen, WCs, Waschmaschinen und Trockner. Der Platz ist ganzjährig geöffnet. Sehr gutes Restaurant mit fränkischen Spezialitäten.
Beschreibung: Ausgezeichneter, sauberer Platz direkt an der Regnitz mit großen überwiegend schattigen Rasenstellflächen, sehr ruhig.
Preise: Saisonal gestaffelt, Personen ab 14 Jahren zwischen 6,50 € und 8,50 € , Kinder 4,00 € oder 4,50 €, Hund 3,00 €, Wohnmobil je nach Größe und Saison zwischen 8,00 € und 17,00 €, Strom 3,00 pro Tag. Plätze am Wasser sind etwas teurer und nur für längere Zeit buchbar.
Zufahrt: Am Ortseingang von Bamberg an der ersten großen Ampelkreuzung links abbiegen, dann auf die B22 in Richtung Innenstadt fahren, die Brücke über den Main-Donau-Kanal überqueren, 700 Meter weiter auch die Brücke über die Regnitz. Danach die zweite Abfahrt nehmen, in den Stadtteil Bug fahren und den Hinweisschildern zum Campingplatz folgen.
Reservierung/Kontakt: Tel.: 0951/56320, Web: www.campinginsel.de.

kommen Sie an der ältesten Gaststätte Bambergs vorbei. In der Brauerei-Gaststätte **Klosterbräu** können Sie gleich ein "Schwärzla"; ein "Braunbier" oder eines der vielen anderen Biere, die hier angeboten werden probieren, bei gutem Wetter auch im schönen Biergarten an der Regnitz oder unter Sonnenschirmen vor dem Haus.

Da sind wir schon wieder beim Thema Bier, das unter den Einheimischen als das fünfte Element neben Feuer, Wasser, Luft und Erde gilt.

UNESCO-Weltkulturerbe Bamberg

Wie Rom, so ist auch Bamberg auf sieben Hügeln erbaut. Die ursprüngliche Dreigliederung der Stadt ist auch heute noch sehr gut erkennbar. In der Oberstadt rund um den Dom befindet sich das geistliche Zentrum, unten an der Regnitz die bürgerliche Inselstadt, die heute mit ihren malerischen Gassen und zahlreichen Lokalen ein Touristenmagnet darstellt und zuletzt die Gärtnerstadt am rechten Ufer der Regnitz. Um sich einiges davon anzuschauen, ist Fußarbeit nötig. Wir machen einen kleinen Stadtbummel, dessen Verlauf Sie anhand der grün gepunkteten Linie auf dem Stadtplan verfolgen können. Das sind rund fünf Kilometer. Wenn Sie den Hin- und Rückweg zum Stellplatz Heinrichsdamm dazurechnen, dann sind es etwas mehr als acht Kilometer.

Alte Schleuse am Ludwig-Donau-Main-Kanal.

Wir beginnen am **Alten Rathaus**, das auf einer künstlich geschaffenen Insel in der Regnitz steht. Es

Bamberg

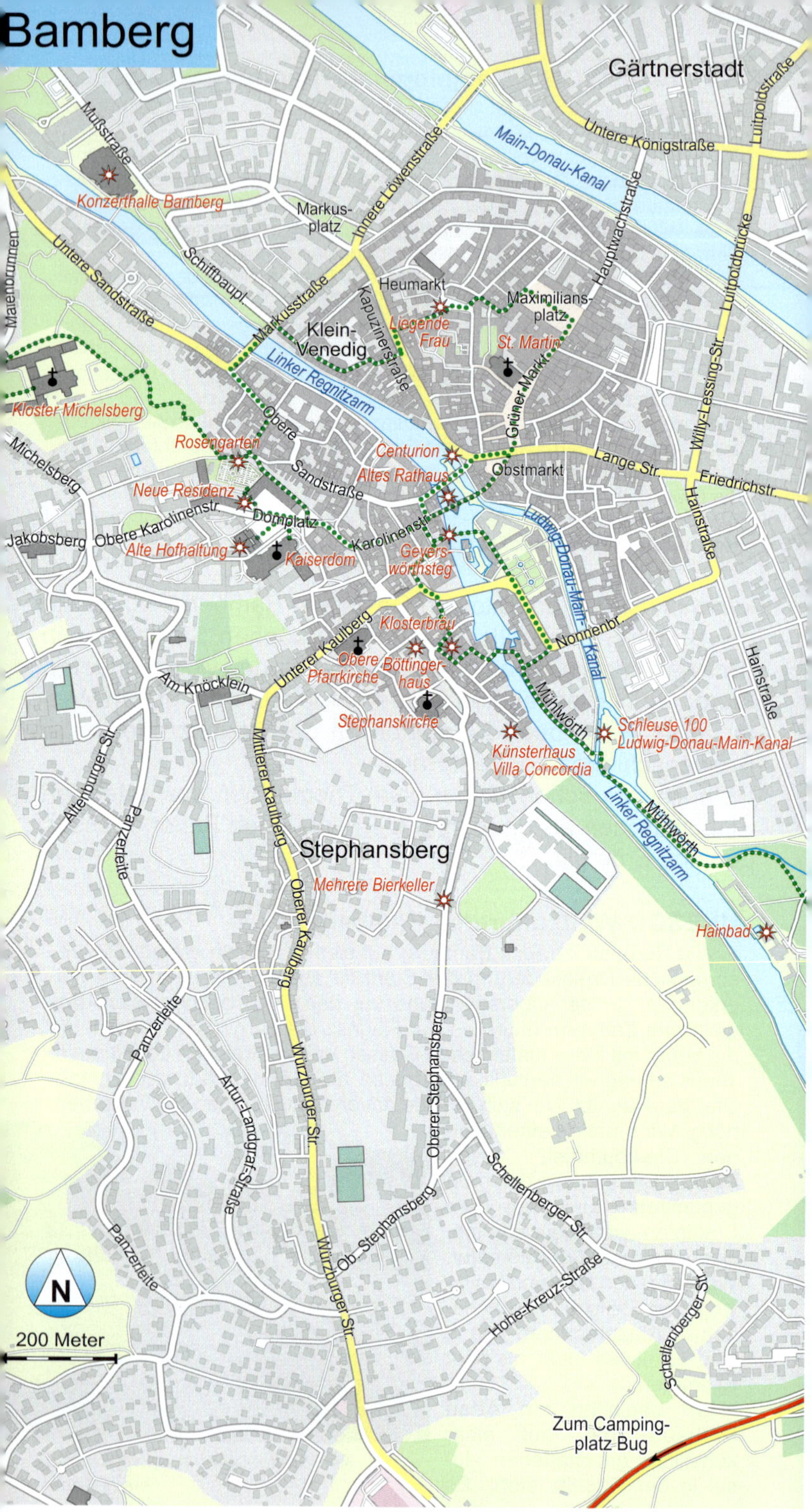

Gärtnerstadt
Main-Donau-Kanal
Untere Königstraße
Luitpoldstraße
Luitpoldbrücke
Hauptwachstraße
Innere Löwenstraße
Mußstraße
Konzerthalle Bamberg
Markus-
platz
Schiffbaupl.
Untere Sandstraße
Maienbrunnen
Markusstraße
Kapuzinerstraße
Heumarkt
Maximilians-
platz
Liegende
Frau
St. Martin
Klein-
Venedig
Linker Regnitzarm
Grüner Markt
Willy-Lessing-Str.
Kloster Michelsberg
Michelsberg
Rosengarten
Obere
Sandstraße
Centurion
Altes Rathaus
Obstmarkt
Lange Str.
Friedrichstr.
Neue Residenz
Domplatz
Karolinenstr.
Obere Karolinenstr.
Jakobsberg
Alte Hofhaltung
Kaiserdom
Geyers-
wörthsteg
Ludwig-Donau-Main-Kanal
Hainstraße
Klosterbräu
Nonnenbr.
Unterer Kaulberg
Obere
Pfarrkirche
Böttinger-
haus
Am Knöcklein
Stephanskirche
Mühlwörth
Schleuse 100
Ludwig-Donau-Main-Kanal
Künsterhaus
Villa Concordia
Altenburger Str.
Panzerleite
Mittlerer Kaulberg
Stephansberg
Mehrere Bierkeller
Oberer Kaulberg
Hainbad
Würzburger Str.
Oberer Stephansberg
Artur-Landgraf-Straße
Schellenberger Str.
Ob. Stephansberg
Hohe-Kreuz-Straße
Schellenberger St.
N
200 Meter
Zum Camping-
platz Bug

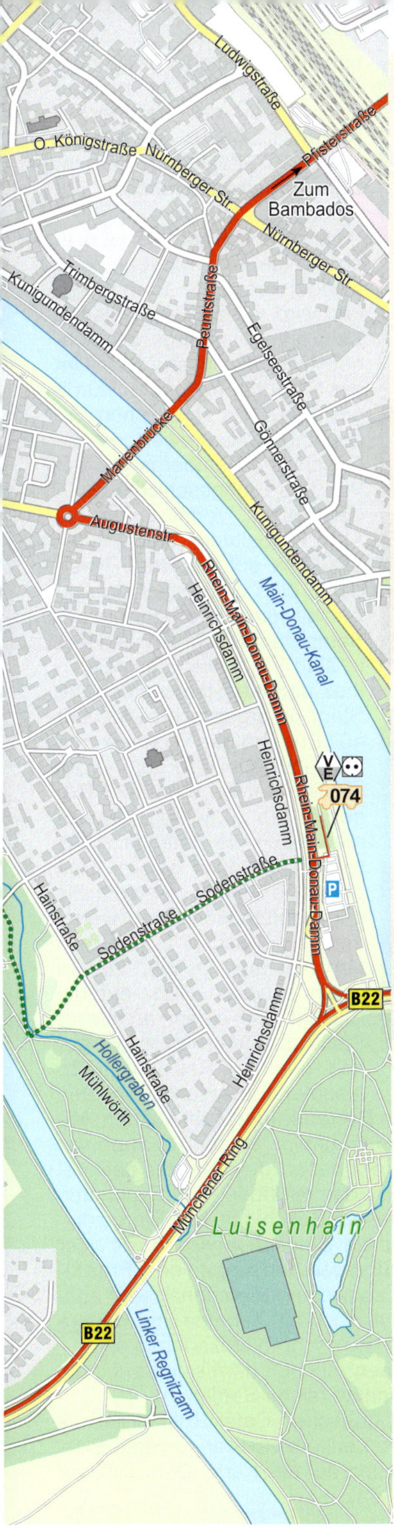

wurde zwischen 1461 und 1467 erbaut und im 18. Jahrhundert mit Fassadenmalereien verziert. Der wie angeklebt wirkende Fachwerkvorbau nennt sich Rottmeisterhäuschen und diente den Anführern der Wachmannschaften als Unterkunft. Im Erdgeschoß befindet sich eine Dauerausstellung mit Porzellan und Fayencen. Das **Alte Rathaus** ist ein beliebtes Fotomotiv und das Wahrzeichen Bambergs.

Ob bei Tag oder bei Nacht, die Straßencafés und Restaurants sind in Bamberg stets gut besucht.

Vom Alten Rathaus geht es über die Karolinenstraße bergan auf den **Domplatz**. Der Platz ist umgeben vom **Kaiserdom**, der **Neuen Residenz** und der **Alten Hofhaltung**. Der **Kaiserdom** ist baugeschichtlich betrachtet eine Mischung aus später Romanik und früher Gotik. Am sinnvollsten lässt er sich mit einer Führung besichtigen, diese werden unter der Woche (Mo.-Fr.) um 14.00 Uhr und 15.00 Uhr angeboten. An den Wochenenden soll der Dom den Gottesdiensten und der Stille vor-

Das Alte Rathaus.

Klein-Venedig, historische Fischerhäuser entlang der Regnitz.

behalten bleiben. Besonders sehenswert sind im Inneren des Domes der **Bamberger Reiter**, die Chöre, das **Kaisergrab**, die Altäre und das einzige **Papstgrab** nördlich der Alpen.

Die **Alte Hofhaltung** ist eine ehemalige geschlossene, vollständig erhaltene Burganlage und wird vielfach auch als die Keimzelle Bambergs bezeichnet. Das Historische Museum der Stadt hat hier einen würdigen Platz. Mit zahlreichen Exponaten dokumentiert es die Geschichte Bambergs von der Vor- und Frühgeschichte bis in die Neuzeit. Verlässt man die Alte Hofhaltung wieder, fällt der Blick auf die **Neue Residenz**, eine große, vierflügelige Anlage, die lange Zeit Sitz der Bamberger Bischöfe war. Heute sind in ihr die Staatsbibliothek und die Staatsgalerie der Stadt untergebracht. Die über 40 Prunkräume können nur im Rahmen einer Führung besichtigt werden. Um zum **Rosengarten** zu gelangen, muss man durch die Hofeinfahrt der Neuen Residenz gehen. Eine prächtige Anlage mit mehr als 4500 duftenden Rosen wartet darauf betrachtet zu werden. Von hier aus hat man zudem einen schönen Blick auf die Altstadt, die einem an dieser Stelle zu Füßen liegt. Wir gehen nun die Residenzstraße hinunter und anschließend den Benediktinerweg hinauf zur ehemaligen **Benediktinerabtei** auf dem **Michaelsberg**. Es fungiert heute als Seniorenheim. In den Räumen der ehemaligen Brauerei Michaelsberg direkt neben dem Kloster befindet sich das **Fränkische Brauereimuseum**, das mit über 1300 Exponaten aus dem gesamten Bereich der Brauerei die Geschichte des Bieres dieser Region zeigt. Alles was man über die Braukunst wissen will oder muss, findet man hier. In einem mehrstündigen Seminar an der **"Fränkischen Bierakademie"** kann man sich sogar zum Bierconnaisseur ausbilden lassen. Wo gibt es das sonst auf der Welt. Termine und weitere Infos finden Sie auf dieser Seite www.fraenkische-bierakademie.de.

Wer Bier in urigen Biergärten genießen möchte, dem seien auch die Bierkeller auf dem Stephansberg empfohlen (siehe Stadtplan).

Auf dem Michaelsberg ist auch ein hübsches Café/ Restaurant mit einer großen Gartenterrasse zu finden. Leckere Kuchen, diverse Biersorten und fränkische Spezialitäten stehen auf der Karte. Den Blick auf die Altstadt und den Dom gibt es gratis dazu.

Der Kaiserdom in Bamberg, rechts daneben die Alte Hofhaltung.

Frisch gestärkt führt uns nun der Weg wieder hinunter. Über die Elisabethenstraße und die Untere Sandstraße gelangen wir zur Regnitz, genauer zum linken Regnitzarm. Von der Brücke der Markusstraße haben wir einen malerischen Blick auf die historischen Fischerhäuser aus dem 17. Jahrhundert die an dem Fluss stehen. Die vielen großen Holzbalkone dienten den Fischern zum Aufhängen und Trocknen ihrer Netze. Heute bildet diese Häuserzeile eine prächtige Kulisse für das alljährlich im August stattfindende Fischerstechen. Dieses Spektakel findet während der **"Sandkerwa"** statt, einem der größten Volksfeste Bayerns.

Der Bamberger Reiter.

Auf dem Heumarkt betrachten wir die **"Liegende Frau mit Frucht"** eine sehr korpulent ausgefallene Bronzefigur einer Dame des kolumbianischen Künstlers Fernando Botero. Es ist die erste Plastik des **Bamberger Skulpturenweges**. Weiter geht es über den Maxplatz mit seinem täglichen Obst- und Gemüsemarkt, vorbei an den Statuen der Stadtheiligen Heinrich II. und Kunigunde sowie den im hochbarocken Palaisstil errichteten neuen Rathaus zum Grünen Markt. Hier kommen wir an der Martinskirche mit ihrem wuchtigen Barockstil vorbei, passieren den Gabelbrunnen, haben mit dem Kranen an der Unteren Brücke unseren Ausgangspunkt wieder erreicht und es geht zu Fuß zurück zum Stellplatz am Heinrichsdamm. Wir wollen es an dieser Stelle mit der Beschreibung Bambergs bewenden lassen, wohl wissend, dass es unvollständig ist und wir auch ein ganzes Buch hätten füllen können. Sie werden in dieser Stadt noch sehr viel mehr entdecken und es wird Ihnen sicher gefallen.

Ein Tipp zum Abschluss: Wie wäre es mit einer Gondelfahrt auf dem Alten Kanal und dem linken Regnitzarm? So lernen Sie die Stadt von seiner romantischen Seite kennen. Sich eine halbe Stunde durch Bamberg fahren zu lassen kostet 60,00 €. Gestartet wird am Bootshaus am Hainbad oder an der Oberen Brücke. Abfahrtstermin und Ort können Sie telefonisch vereinbaren: 0951/1206327.

Band 95:
Mit dem Wohnmobil nach Bayern
Der Nordwesten mit der
Romantischen Straße
10 km
N
Bad Rodach
ThermeNatur
Neustadt bei Coburg
Sonneberg
Schloss Rosenau
Rödental
Fürth am Berg
Tour 1
Schloss Callenberg
Terrassentherme
Bad Colberg
COBURG
Veste Coburg
Schloss Ehrenburg
Mitwitz
Wasserschloss
Ahorn
Ebersdorf bei Coburg
Schloss Tambach
Wildpark Tambach
Sonnefeld
Schloss Wasmuthhausen
Seßlach
Untersiemau
Weidhausen bei Coburg
Schloss Geyersberg
Großheirath
Michelau i.Ofr.
Marktzeuln
Tour 3
Planetenweg
Lichtenfels
Kloster Banz
Hochstadt a.M.
Strössendorf
Unnersdorf
Ruine Rotenhan
Gleußen
Basilika Vierzehnheiligen
Schloss Gereuth
Romansthal
Schloss Eyrichshof
Ebern
Klosterlangheim
Bad Staffelstein
Staffelberg 539 m
Naturpark
Lahm
Frauendorf
Schammendorf
Schloss Rentweinsdorf
Rentweinsdorf
Ebensfeld
Weihersmühle
Arnstein
Wattendorf
Kleukheim
Klinge (Kletterfelsen)
Kleinziegenfeld
Main
Zapfendorf
Rattelsdorf
Haßberge
Monsterpark
Windischletten
Stübig
Tour 3
Naturpark
Baunach
Scheßlitz
Treunitz
Zeckendorf
Wiesentfels
Vogelfreistätte Graureiherkolonie
Breitengüßbach
Straßgiech
Giechburg
Gügelkirche
Königsfeld
Hallstadt
Memmelsdorf
Schloss Seehof
Main
Tiefenellern
Viereth
Altes Rathaus
Litzendorf
Fränkische Schweiz
Bischberg
Dom
Tour 4
Schloss Greifenstein
BAMBERG
Teuchatz
Burggrub
Heiligenstadt
Walsdorf
Leesten
Stegaurach
Main-Donau-Kanal
Strullendorf
Unterleinleiter
Pettstadt
Seigendorf
Frensdorf
Hirschaid
Burgebrach
Buttenheim
Drugendorf
Levi-Strauss-Museum
Weigoldshofen
Regnitz
Tour 11
Ebermannstadt
Traisdorf
Eggolsheim
Pommersfelden
Schloss Weißenstein
Hallerndorf
Aischgrund
Willersdorf
Kellerwald
Kirchehrenbach
Aisch
Walberla 514 m
Forchheim

TOUR 5 (ca. 115 km)

Bamberg – Memmelsdorf – Scheßlitz – Baunach – Bad Staffelstein – Coburg

Stellplätze:	Memmelsdorf, Scheßlitz, Baunach, Bad Staffelstein, Coburg.
Campingplätze:	Keine.
Besichtigungen:	Memmelsdorf (Schloss), Scheßlitz (Altstadt, Giechburg), Bad Staffelstein (Kloster Banz, Wallfahrtskirche Vierzehnheiligen).
Wandern:	Scheßlitz (Wald- und Wiesenlehrpfad), Baunach (Naturerlebnisweg Südsee), Bad Staffelstein (Staffelberg, Planetenweg von Kloster Banz nach Untersiemau).
Baden/Wellness:	Bad Staffelstein (Therme und Ostsee am Freizeitbad AquaRiese).

Diese Tour ist zwar sehr kurz, hat aber zwischen den beiden sehr bemerkenswerten Städten Bamberg und Coburg eine ganze Reihe besonderer Sehenswürdigkeiten aufzuweisen.

Wir verlassen Bamberg in nordöstliche Richtung und erreichen nach sechs Kilometern **Memmelsdorf**. **Schloss Seehof**, die Hauptsehenswürdigkeit des Ortes, sehen wir rechter Hand am Ortseingang. Schräg gegenüber auf der linken Seite der Kreisstraße befindet sich ein Parkplatz, an dessen Rand dieser Stellplatz zu finden ist.

(076) Offizieller WOMO-Stellplatz: Memmelsdorf – Seehofblick

GPS: N49°55'43.4" E10°57'09.2"; 96117 Memmelsdorf.
Max. WOMOs: 5, maximale Länge 10 m.
Ausstattung: Wasserver- und Abwasserentsorgung mit Bodeneinlass, Kassettenentleerung, Stromanschlüsse, Behälter für die Müllentsorgung. Der Platz ist ganzjährig geöffnet, die Wasserversorgung nur von April bis Oktober gewährleistet.
Beschreibung: Mit Pflastersteinen ausgelegte Stellflächen in Ortsrandlage in Sichtweite des Schlosses. Fußweg dorthin 300 Meter.
Preise: 10,00 € pro Fahrzeug, einzuwerfen in einen Spendenstein neben der Versorgungssäule. Entsorgung kostenlos, 100 l Frischwasser (mit Münzeinwurf) kosten 1,00 €. Strom 1,00 € für 8h (ebenfalls Münzeinwurf).
Zufahrt: Von der St2190 in Richtung Scheßlitz am Schloss Seehof in Richtung Pödelsdorf abbiegen, nach ca. 1 km links abbiegen, der Pödeldorfer Straße folgen, nach 350 Metern ist die Einfahrt des Platzes auf der linken Seite erreicht.

Das Haupttor des Schlosses ist zu Fuß schnell erreicht. Hier befindet sich die prächtige Orangerie, die einst als Gewächshaus und als Überwinterungsort für die Kübelpflanzen

Schloss Seehof in Memmelsdorf.

Das Haupttor zum Schloss Seehof.

Jupiter im Kampf mit den Giganten. Skulptur von Adam Ferdinand Tietz.

des barocken Lustgartens diente. Die Außenanlagen und der Innenhof des Schlosses sind frei zugänglich. Das Gebäude wird heute zum größten Teil vom Bayerischen Landesamt für Denkmalpflege genutzt. Die ehemaligen fürstbischöflichen Appartements sowie der **Weiße Saal** mit dem Deckengemälde von **Giuseppe Appiani** sind im Rahmen einer Führung zu besichtigen. Das Gemälde gilt als Meisterwerk des Rokoko in Franken. Der Rokokogarten ist in seiner ursprünglichen Pracht nicht mehr vorhanden. Nur die Grundstruktur der Anlage ist erkennbar und die allein lässt schon vermuten, dass es ein hochherrschaftlicher und sehr gepflegter Garten gewesen sein muss. Bezeugt wird dies auch durch die wiederhergestellte Kaskade mit ihren Wasserspielen und den vielen Skulpturen, die auf **Adam Ferdinand Tietz** zurückgehen. Repliken finden Sie im Garten, Originale in der Orangerie. Um die 200 sollen sich in dieser Anlage befunden haben. Da das Schloss unter der Obhut der Bayerischen Schlösserverwaltung steht, finden Sie die Öffnungszeiten und Eintrittspreise auf dieser Seite www.schloesser.bayern.de.

Auch in Memmelsdorf können Sie ihren Bierdurst stillen. Der Brauereigasthof Drei Kronen bietet eine gute fränkische Küche und Biere aus der eigenen Brauerei an. Der Braubetrieb kann besichtigt werden. Weitere Infos dazu gibt es hier: www.drei-kronen.de. Ein ähnliches Angebot finden Sie im Hotel Brauerei Gasthof Höhn. Siehe hier: https://hotel-gasthof-hoehn.de. Beide Häuser liegen nebeneinander in der Hauptstraße des Städtchens, rund 600 Meter vom Stellplatz entfernt.

Die Giechburg oberhalb von Scheßlitz.

Kulinarisch geht es gleich weiter, nur diesmal mit einer phantastischen Aussicht. Wir fahren zunächst nach **Scheßlitz**. Drei Kilometer von diesem Ort entfernt und 230 Meter höher liegt auf einem Felskegel die **Giechburg**. Den Wanderparkplatz am Fuße der Burg finden Sie mit diesen Koordinaten [**077:** N49°57'34.3" E11°03'09.0"]. Die restlichen 800 Meter zu der alten Festung müssen zu Fuß gegangen werden. Nach Bewältigung der 120 Meter Höhenunterschied auf dieser kurzen Strecke schmeckt das Mittagessen gleich doppelt gut. Der Burggasthof hat keine Abendgastronomie, schlecht für das Abendessen, top für die absolute abendliche und nächtliche Ruhe auf dem Wanderparkplatz.

Die Gügelkirche.

Ein wenig weiter östlich steht auf einem steilen Fels die Wallfahrtskirche St. Pankratius auf 515 Metern Höhe. **Gügelkirche** wird sie im Volksmund genannt. Vom Parkplatz [**078:** N49°57'07.7" E11°03'42.2"] führt ein Wald- und Wiesenlehrpfad, der auch gleichzeitig ein Kunst- und Waldlehrpfad ist, zur Giechburg. Wenn Sie die Waldeinsamkeit lieben und von niemandem gestört werden wollen, dann fahren Sie hierher. Hierhin verirren sich nur wenige Kirchenbesucher.

Über 200 Meter tiefer schauen wir uns das historisch-markante Ortsbild der Stadt Scheßlitz an. Alte Bürgerhäuser prägen das Bild. Besonders hervorzuheben ist das **Dillighaus**. Dieses ehemalige Zunfthaus der Mälzer und Brauer fällt mit einem reich geschnitzten Holzbilderfries und einem kleinen, in der Mitte des Hauses angeordneten Erker auf.

Nächstes Ziel auf dieser kurzen Reise nach Coburg ist **Baunach**, ein kleines Städtchen am Main. Viel zu sehen gibt es hier nicht. Wer den Mühlensteg aus Lärchenholz vom Stellplatz kommend überquert, erreicht den Marktplatz mit einigen historischen Fachwerkhäusern und der Pfarrkirche. Gleich drei Restaurants bieten Ihre Dienste an diesem Platz an.

(079) Offizieller WOMO-Stellplatz: Baunach – Altstadtparkplatz

GPS: N49°59'15.1" E10°51'15.8"; Bahnhofstraße 12, 96148 Baunach.
max. WOMOs: 12, maximale Länge 10 m, max. Aufenthalt 2 Tage.

Ausstattung: Wasserver- und Abwasserentsorgung, Kassettenentleerung, Stromanschlüsse, Behälter für die Müllentsorgung, ganzjährig geöffnet.
Beschreibung: Mit Schotterrasen befestigte Stellflächen am Ortsrand neben dem Sportplatz und der Baunach, sehr ruhig. Entfernung zur Stadtmitte 400 Meter. Diese Anlage ist eine angenehme Alternative zu den Stellplätzen in Bamberg, die oft überfüllt sind. Mit dem Fahrrad sind es auf den gut ausgeschilderten Radwegen nur 12 km. Die im Stundentakt fahrende Bahn benötigt 12 Minuten. Der Bahnhof ist nur 200 Meter vom Stellplatz entfernt.
Preise: Kostenlos, Frischwasser, Abwasser sowie Strom (8 Std.) jeweils 1,00 €.
Zufahrt: Am Ortseingang gleich nach der Überquerung der Eisenbahnlinie links abbiegen.

Zum einem Spaziergang lädt der zwei Kilometer lange **"Naturerlebnisweg Südsee"** ein, der sich unweit des Stellplatzes befindet. Es ist ein Rundweg, der um einen renaturierten Baggersee führt.

Wenn Ihnen danach ist, Ihre Fähigkeiten als Baggerfahrer zu testen, so können Sie das im **Monsterpark** tun. Nicht nur Erwachsene, auch Kinder dürfen hier ran. Das ist ganz sicher etwas, womit man Jugendliche begeistern kann. Schauen Sie doch einfach mal auf diese Seite www.monsterpark.de. Sie finden den Park in **Rattelsdorf** mit diesen Koordinaten [GPS: N50°00'42.0" E10°53'36.9"].

Wir fahren weiter nach **Bad Staffelstein**, der Stadt **Adam Rieses** am Fuße des Staffelberges.

(080) Offizieller WOMO-Stellplatz: Bad Staffelstein – Obermain Therme

GPS: N50°06'30.1" E10°59'18.6"; Am Kurpark 1, 96231 Bad Staffelstein.
max. WOMOs: 27, maximale Länge 12 m, max. Aufenthalt 4 Tage.

Ausstattung: Wasserver- und Abwasserentsorgung, Kassettenentleerung, Stromanschlüsse, Behälter für die Müllentsorgung, WLAN, Brötchenservice, ganzjährig geöffnet.
Beschreibung: Asphaltierter Platz direkt neben der Therme und dem Kurpark, relativ ruhig. Die Stadtmitte ist ein Kilometer entfernt.
Preise: 12,00 € für ein Fahrzeug mit 2 Personen. Anmeldung und Bezahlung erfolgt an der Kasse der Therme. Die Entsorgung ist kostenlos, Frischwasser kostet 0,70 €, Strom 0,70 € pro kWh.
Zufahrt: Der Beschilderung zur Therme folgen.

(081) Offizieller WOMO-Badeplatz: Bad Staffelstein – AquaRiese

GPS: N50°06'46.3" E10°59'07.0"; Seestraße, 96231 Bad Staffelstein.
max. WOMOs: >10, maximale Länge 14 m.

Ausstattung: Wasserver- und Abwasserentsorgung, Kassettenentleerung, Behälter für die Müllentsorgung, ganzjährig geöffnet.
Beschreibung: Geschotterter Platz vor dem Campingplatz in unmittelbarer Nähe des Badesees. Entfernung bis zur Stadtmitte 2 Kilometer.
Preise: 11,00 € für ein Fahrzeug mit 2 Personen. Anmeldung und Bezahlung erfolgt an der Kasse des Bades. Die Entsorgung ist kostenlos, Strom 0,70 € pro kWh.
Zufahrt: In Richtung Kloster Banz fahren und vor der Brücke über den Main links abbiegen.

Der Ortskern von **Bad Staffelstein** zeigt viele Fachwerkhäuser. Besonders markant ist das Rathaus aus dem 17. Jahrhundert mit einem großen Stuckrelief über dem Haupteingang und einer Sonnenuhr am zweiten Obergeschoss. Vor dem Rathaus befindet sich der Stadtbrunnen mit einer Statue des Hl. Nepomuk. Das älteste Gebäude der Stadt ist die Stadtpfarrkirche St. Kilian. Es ist ein schlichtes Bauwerk mit einer barocken Innenausstattung. Der Stadtturm zeigt eine gotische Form und ist das noch deutlich sichtbare Zeichen der ehemaligen Stadtbefestigung.

Mit einem Badesee, einem Freibad, dem Sport & Spaßbad **AquaRiese** und der **Obermain Therme** offeriert Bad Staffelstein ein breites Spektrum an Bade- und Wellnesseinrichtungen. Die Obermain Therme rühmt sich Bayerns stärkste und wärmste Thermalsole zu haben. In 1600 Metern Tiefe wird die Heilquelle angezapft und in 16 Innen- und Außenbecken geleitet. Dazu kommen mehrere Saunen und einige andere Wellnessangebote. Vom Stellplatz bis zum Eingang der Therme sind es zu Fuß durch den Kurpark nur 600 Meter.

Die markanten Felsen des Staffelberges sind schon aus großer Entfernung erkennbar. Bereits vor Jahrtausenden war die Hochfläche dieses Zeugenberges der Fränkischen Alb bewohnt, darauf weisen Spuren hin, die bis in die Steinzeit zurückreichen. Die Kelten hatten hier ein Oppidum errichtet, die Rekonstruktion einer keltischen Schutzmauer am Rande des Plateaus erinnert daran. Für das 4. und 5. Jahrhundert wird vermutet, dass an dieser Stelle eine germanische Burganlage gestanden hat. Sichtbar ist davon aber nichts.

Zu Fuß kann der **Staffelberg** über einen zwei Kilometer langen Wanderweg der in Bad Staffelstein am Friedhof beginnt, erreicht werden [GPS: N50°05'59.7" E11°00'21.2"]. Der Höhenunterschied beträgt 265 Meter. Von dem kleinen Parkplatz [GPS: N50°05'54.2" E11°01'55.1"] am Rande des Dorfes **Romansthal** sind es lediglich 110 Meter Höhenunterschied und die Distanz ist deutlich kürzer. Dieser Parkplatz ist allerdings nur für kleinere Fahrzeuge geeignet. Welchen Weg Sie auch wählen, es lohnt sich in jedem Fall. Oben angekommen sehen Sie zunächst ein Kirchlein und daneben die Staffelbergklause mit einem Biergarten. Wenn Sie an den

Felsrand des Plateaus gehen, haben Sie einen wunderbaren Blick über das Maintal. Ihnen zu Füßen liegt Bad Staffelstein, in der Ferne ist das Kloster Banz zu sehen und ein wenig abseits, die Wallfahrtskirche **Vierzehnheiligen**.

Um zu dieser Kirche zu gelangen, fahren wir Richtung Lichtenfels. Einen sehr großen Parkplatz finden wir mit diesen Koordinaten [**082:** N50°07'12.1" E11°02'58.4"]. Der Platz eignet sich gut für eine Übernachtung. Am Abend wird es hier am Waldrand still und einsam. Bis zur Kirche mit der prachtvollen Barockfassade sind es 500 Meter. Die nach den Plänen von Balthasar Neumann errichtete Basilika ist schon seit dem Ende des 19. Jahrhunderts eine "Basilica minor". Der Gnadenaltar mit den Vierzehn Nothelfern, denen diese Kirche geweiht ist, steht frei im Raum des Kirchenschiffes. Etwas ungewöhnlich, aber die Beschaffenheit des Baugeländes ließ eine Position in der Vierung der Basilika nicht zu. Barock und Rokoko sind in dieser Kirche stilvoll vereint. Viele namhafte Künstler des 18. Jahrhunderts gestalteten den Innenraum mit Skulpturen, Gemälden und Verzierungen unter Verwendung von Gold und Marmor prachtvoll aus.

Wir fahren zurück Richtung Bad Staffelstein, nehmen, nachdem wir die Autobahn überquert haben, im darauf folgenden Kreisverkehr die erste Ausfahrt und erreichen nach etwa drei Kilometern die Abzweigung zum **Kloster Banz**. Es geht bergauf und nach einem weiteren Kilometer stellen wir unser WOMO auf dem großen Parkplatz ab [GPS: N50°08'01.9" E10°59'59.8"].

Blick vom Staffelberg auf Bad Staffelstein.

Das Rathaus von Bad Staffelstein.

Wallfahrtskirche Vierzehnheiligen.

Wer den Innenhof des Klosters betritt, gewinnt den Eindruck, eine Schlossanlage vor sich zu haben. Breite Auf- und Abfahrten führen um einen Brunnen zum Haupteingang, hinter dem sich Seminarräume mit feinster Tagungstechnik sowie eine Übernachtungskapazität mit 190 Betten der CSU-nahen Hans-Seidel-Stiftung verbergen.

Die Klosterkirche befindet sich hinter dem großen Innenhof am Hang des Banzberges. Die Fassade ist der Basilika Vierzehnheiligen in Größe und Form auf den ersten Blick sehr ähnlich. Bei genauerer Betrachtung lassen sich jedoch viele Unterschiede erkennen, denn sie ist älter und damit stärker im Barock verhaftet.

In der Klosteranlage gibt es ein Museum, das über die Klostergeschichte informiert. Für das Kloster, wie für die Kirche werden Führungen angeboten. Die Termine und Eintrittspreise können Sie hier nachlesen www.hss.de, wenn Sie auf Museum Banz klicken.

Nach dem Kirchenbesuch machen wir mal etwas ganz anderes. Wir begeben uns auf eine Reise durch unser Sonnensystem ohne dabei die Erde zu verlassen. Das geht auf dem **Planetenweg**, der zwischen dem Kloster und dem Ort Untersiemau angelegt wur-

Kloster Banz.

de. Wir nehmen dazu die Fahrräder, zu Fuß ist uns die Strecke von rund zehn Kilometern zu lang. Wir folgen dem blauen Hinweisschild »Planetenweg«. Als ersten Planeten sehen wir den Neptun, walnussgroß erscheint er im Maßstab 1:850 Millionen. Es geht weiter durch einen schönen Buchenwald. Die Wege lassen sich in dem hügeligen Gelände gut und leicht befahren. Eine etwas schlechtere, vom Regen ausgewaschene Gefällstrecke ist nur kurz. Es ist schon ganz schön weit bis zum Uranus, den wir ziemlich genau nach der Hälfte der Strecke zur Sonne erreicht haben. Nun geht es über Feldwege weiter. Als nächsten Planeten erreichen wir den Saturn und sehen bereits Untersiemau und am Horizont die Veste Coburg. Auf dem weiteren Weg verweilen wir ein wenig an dem Schloss, das sich romantisch verwachsen am Dorfteich wie ein Dornröschenschloss präsentiert, aber nicht besichtigt werden kann. Im Ort geht es weiter, wir überqueren die B289 bei der Brauerei Murmann und kommen in den Alten Coburger Weg. Nun geht es Schlag auf Schlag in kurzen Abständen sehen wir Mars, Erde, Venus und Merkur und kommen dann zur Sonne, die am Rande eines Neubaugebietes steht.

Der Planetenweg,Rad- und Wanderweg zwischen Kloster Banz und Untersiemau.

Nachdem wir zurückgekehrt sind, fahren wir nach Coburg weiter. Mit der Stadt haben wir dieses Buch begonnen. Sie finden Sie ab Seite 18 beschrieben.

BAYREUTH
Eckersdorf
Tour 4
Tour 2
Tour 7
Tour 8
Tour 9
Schloss Fantaisie
Festspielhaus
Eremitage
Altes und Neues Schloss
Lohengrin Therme
Creußen
Roter Main
Quelle Roter Main
Speichersdorf
Seidwitz
Kemnath
Kastl
Rauher Kulm 682 m
Neustadt am Kulm
Speinshart
Kloster
Eschenbach in der Oberpfalz
Naturfreibad
Großer Rußweiher
Holzweg
Pressath
Grafenwöhr
Parkstein
Vulkanmuseum
Weiden in der Oberpfalz
Altstadt
Thermenwelt
Stadtbad
Schätzlerbad
Neustadt an der Waldnaab
Wallfahrtskirche St. Felix
Waldnaab
Windischeschenbach
KTB Geo-Zentrum
Erbendorf
Steinwald
Platte 946 m
Ruine Weißenstein
Ruine Waldeck
Waldeck
Wallfahrtskirche
Armesberg 731 m
Tauritzmühle
Göppmannsbühl
Kulmain
Immenreuth
Kirchenpingarten
Weidenberg
Naturpark Fichtelgebirge
Naturpark Steinwald
Naturpark Nördlicher Oberpfälzer Wald
Fränkische Schweiz
Truppenübungsplatz
Bergbaumuseum Maffeischächte
Auerbach in der Opf.
Klosterkirche
Pegnitz
Altstadt
Michelfeld
Wildpark Hufeisen
Veldensteiner Forst
Manteler Forst
Vogelschutzgebiet
Mitterteich
Museum Mitterteich
Tirschenreuth
Fischhof
Falkenberg
NSG Waldnaabtal
Flossenbürg
KZ-Gedenkstätte
Mittelpunkt Mitteleuropas
Floß
Pleystein
Zottbachtal
Plößberg
Wiesau
Friedenfels
Frauenreuth
Neusorg
Ebnath
Schlammersdorf
Thurndorf
Kirchenthumbach
Lindenhardt
Schnabelwaid
Buchau
Haag
Gesees
Hummeltal
Seybothenreuth
Mistelgau
Glashütten
Hohenmirsberg
Bronn
Kaltenbrunn
Mantel
Letzau
Roggenstein
Waldthurn
Georgenberg
Liebenstein
Schwarzenbach
Großkonreuth
Wondreb
Hildweinsreuth
Johannisthal
Neuhaus
10 km
N

TOUR 6 (ca. 125 km)

Bayreuth – Creußen – Speichersdorf – Kemnath – Waldeck – Neustadt am Kulm – Speinshart – Eschenbach in der Oberpfalz – Parkstein – Weiden in der Oberpfalz

Stellplätze:	Creußen, Speichersdorf, Kemnath, Neustadt am Kulm, Eschenbach in der Oberpfalz, Parkstein, Weiden in der Oberpfalz.
Campingplätze:	Eschenbach in der Oberpfalz.
Besichtigungen:	Creußen (Ortskern), Kemnath (Altstadt), Waldeck (Burgruine), Speinshart (Klosterdorf), Eschenbach i.d.Opf. (Altstadt), Parkstein (Basaltkegel), Weiden (Altstadt).
Wandern/Radwandern:	Tauritzmühle, Geologischer Lehrpfad Kemnather Land, Neustadt am Kulm (Rauher Kulm), Eschenbach i.d.Opf. (Naturschutzgebiet Großer Russweiher, Holzweg).
Baden/Wellness:	Eschenbach i.d.Opf. (Naturfreibad), Weiden (Stadtbad, Thermenwelt, Schätzlerbad).

Bayreuth haben wir in der Tour 2 ab Seite 64 beschrieben. Deshalb gibt es an dieser Stelle keine weiteren Informationen über die Stadt, von der wir nun nach Weiden starten.

Vulkan- und Teichlandschaften werden auf dieser kurzen Tour in die Oberpfalz eine besondere Rolle spielen. Einige der erloschenen Vulkane wie der Rauhe Kulm lassen sich durch ihre Kegelform rasch als solche erkennen, andere fallen dagegen kaum auf. Doch bevor wir uns diesen Landschaften widmen, fahren wir nach **Creußen**. Die rund 5000 Einwohner zählende Stadt am Roten Main ist vor allem für ihre Steinzeugkrüge bekannt.

Die kleine Altstadt liegt auf steil aufragenden Sandsteinfelsen und ist von komplett erhaltenen mittelalterlichen Stadtmauer mit Toren und Türmen eingefasst. Die Pfarrkirche im Zentrum der Altstadt steht auf den Grundmauern einer zerstörten Burg.

Das **Krügemuseum**, das stilvoll in der **Torwächterstube** des Hinteren Tores und dem ehemaligen Scharfrichterhaus untergebracht ist, erinnert an die Herstellung der im 17. und 18. Jahrhundert nach einer speziellen Rezeptur hergestellten Steinzeugkrüge. Zusammen mit dem **Hungerturm**, der einst als Gefängnis diente, geht von diesem Ensemble eine starke mittelalterliche Wirkung aus, wie Sie auf dem folgenden Foto sehen können.

Creußen, Hinteres Tor und Hungerturm.

Über die Öffnungszeiten und Eintrittspreise des **Krügemuseums** informiert diese Seite www.kruegemuseum.de. Dort bekommen Sie auch weitere Informationen über die Herstellung und Geschichte dieser Gefäße.

Jedes Jahr am 2. Sonntag im Juli findet auf dem Marktplatz ein **Internationaler Töpfermarkt** statt. Hochwertige Keramikware von Meisterbetrieben aus ganz Europa kann an diesem Markttag erworben werden. Wer ihn besuchen möchte, sollte sich rechtzeitig auf diesem Stellplatz einquartieren.

(083) Offizieller WOMO-Gasthof-Stellplatz: Creußen – Im Gärtlein

GPS: N49°50'49.99" E11°37'7.44"; Im Gärtlein 3, 95473 Creußen.
Max. WOMOs: 10, maximale Länge 9 m.
Ausstattung: Frischwasserversorgung, Abwasserentsorgung, WC-Kassettenentleerung, Stromanschlüsse, Behälter für die Müllentsorgung, WLAN. Im Haus gibt es Dusche und WC. Der Platz ist ganzjährig geöffnet. Brötchen- und Frühstücksservice im Gasthof.
Beschreibung: Große sonnige, geschotterte Stellflächen zwischen dem Gasthof und einem Fußballplatz. Der Marktplatz ist 700 Meter entfernt.
Preise: Kostenlos. Ver- und Entsorgung 4,00 €, Strom 3,00 €.
Zufahrt: Am Ortseingang hinter einem Lebensmitteldiscounter rechts abbiegen.
Reservierung/Kontakt: Tel.: 09270/914 915
E-Mail: info@im-gaertlein.de, Web: www.im-gaertlein.de.

Auf der St2184 setzen wir unseren Weg fort, passieren Speichersdorf und fahren an die **Tauritzmühle**. Es ist ein besonderer Ort. Wer gern in einer schönen Auenlandschaft wandert oder Rad fährt, dabei noch etwas über Biber erfahren will, die sich hier in freier Natur in den Morgen- und Abendstunden über begehbare Stege beobachten lassen, der muss hierher fahren. Sie erreichen diesen idyllischen Ort am Tauritzbach mit diesen Koordinatenangaben **[084:** N49°53'19.6" E11°48'01.7"]. Unter der Woche ist die Mühle nur abends bewirtschaftet, an den Wochenenden ganztägig. Für die Nutzung dieses Platzes wird die Einkehr in den Gasthof erwartet. Wenn gerade etwas Besonderes im Angebot ist, so können Sie das auf dieser Seite https://tauritzmuehle.de nachlesen. Ver- und Entsorgungsmöglichkeiten und Stromanschlüsse gibt es nicht, nur Natur pur und neben dem Gasthof einen schönen Biergarten.

Tauritzmühle, Gasthof mit Biergarten.

Kemnath ist der nächste Ort auf unserer Reise. Wir stellen das WOMO auf den zentrumsnahen Stellplatz ab und erkunden das rund 5000 Einwohner zählende Städtchen.

(085) Offizieller WOMO-Stellplatz: Kemnath – Am Eisweiher

GPS: N49°52'19.41" E11°53'14.98"; Am Eisweiher 8, 95478 Kemnath.
Max. WOMOs: 5, maximale Länge 12 m, max. Aufenthalt 3 Tage.
Ausstattung: Frischwasserversorgung, Abwasserentsorgung mit Bodeneinlass, Kassettenentleerung, Stromanschlüsse, Behälter für die Müllentsorgung, ganzjährig geöffnet.
Beschreibung: Gepflasteter Platz, sehr ruhig. Innenstadtnah.
Preise: Gebührenfrei, Frischwasser (mit Münzeinwurf) kostet 1,00 €. Strom über Münzautomat 0,50 € pro kWh.
Zufahrt: Die Straße "Am Eisweiher" ist eine Nebenstraße der Schulstraße, die vom Zentrum in einem Bogen nach Norden führt.

Kemnath, Stadtplatz mit Pfarrkirche und Tordurchfahrt im Kirchturm.

Im Grundriss zeigt die Stadt eine ovale Form, die ihre mittelalterliche Entstehung mit Befestigungsanlagen widerspiegelt. Ein breit angelegter Stadtplatz geht in gerader Linie durch dieses Oval, schmale Gassen erschließen den alten Kern links und rechts des großen Platzes. Die **Pfarrkirche Mariä Himmelfahrt** bildet mit der Tordurchfahrt im Kirchturm den östlichen Abschluss dieser Fläche. In seiner Architektur auffallend ist das im Stil des Historismus erbaute Amtsgericht.

Karpfenzucht hat in Kemnath eine besondere Bedeutung, zahlreiche Teiche im Umland zeugen von der Fischwirtschaft, die Speisekarten der Restaurants übrigens auch. Der **GEO-Erlebnisweg Kemnather Land** führt an vielen dieser Weiher vorbei. Zwei Etappen rund um die **Burgruine Waldeck** und die Wallfahrtskirche auf dem **Armesberg** betrachten wir etwas näher.

Blick von der Ruine Waldeck ins Kemnather Land. In der Ferne ist der Basaltkegel des Rauhen Kulm zu sehen.

Wir stellen das WOMO auf dem kleinen Parkplatz unterhalb der Ruine ab **[086:** N49°51'34.0" E11°57'01.9"**]** und marschieren von hier aus los. Zunächst geht es zu den Überresten der Burg, die sich auf dem 641 Meter hohen Basaltkegel befindet. Sie ist eine der ältesten Burgen der Oberpfalz. Von ihr gibt es einen guten Blick hinunter ins Kemnather Land, das rund 200 Meter tiefer liegt. Erkennbar ist, wo die unterschiedlichen Gesteinsschichten sein müssen. Im Buntsandsteinbereich sehen wir keine Teiche, das Gestein ist zu wasserdurchlässig. Dort, wo aber die Keuperschichten mit ihren nachhaltig bodenabdichtenden Tonanteilen zutage treten, ist ein Band mit Weihern erkennbar. Noch höher als das Burgareal liegt der

Basaltkegel Armesberg, der eine Wallfahrtskirche trägt. Nach einer kleinen Fahrstrecke durch den Marktflecken Waldeck Richtung Godas und Erdenweis, stellen wir das WOMO auf den Parkplatz unterhalb dieses Gotteshauses neben einem Gasthof ab **[087:** N49°53'26.4" E11°56'51.0"]. Wir gehen zur Kirche hoch und müssen feststellen, dass die Aussicht durch die Bewaldung doch sehr eingeschränkt ist. Deshalb marschieren wir den Lehrpfad durch den Wald noch ein Stück hinunter bis nach Neusteinreuth. Oberhalb des Ortes hört die Bewaldung auf, vor uns liegt wieder das offene Kemnather Land mit seinen Teichen. Der Erlebnisweg ist insgesamt 22 Kilometer lang und hat 26 Stationen mit Informationstafeln. Er ist auch in Teiletappen begehbar. Eine Übersicht dazu liefert die Seite www.geopark-bayern.de. Dort müssen Sie allerdings ein wenig suchen, bis Sie das PDF über den Erlebnisweg gefunden haben.

Wer übrigens mehr über die Geologie und die Erdgeschichte dieses Raumes erfahren will, dem sei schon an dieser Stelle ein Besuch des Geo-Zentrums an der KTB (siehe Seite 157) empfohlen.

Wir kehren zum WOMO zurück und fahren an Kemnath vorbei Richtung Eschenbach weiter.

Der Basaltkegel des Rauhen Kulm.

Schon von Weitem sehen wir den Basaltkegel des Rauhen Kulm mit seinem 25 Meter hohen Aussichtsturm. Natürlich müssen wir diesem 682 Meter hohen Berg einen Besuch abstatten. Wir fahren den simplen Parkplatz, der sich in **Neustadt am Kulm** am Ortseingang neben dem Sportplatz befindet, an **[088:** N49°49'46.7" E11°50'15.5"]. Das Wandergebiet des Rauhen Kulm lässt sich von diesem Platz gut erreichen. Der Aussichtsturm auf dem Basaltkegel gewährt einen fantastischen Blick ins Umland, ähnlich der Sicht von der Ruine Waldeck. Das Foto wurde übrigens vom 563 Meter hohen **Kleinen Kulm** aufgenommen, der sich am westlichen Rand der Kleinstadt befindet.

"Als Baudenkmal von europäischem Rang zählt das **Klosterdorf Speinshart** zu den schönsten Dörfern Süddeutschlands", heißt es in der offiziellen Webpräsenz des Klosters. Ist das übertrieben? Wir parken auf dem Parkplatz vor dem Nordtor [GPS: N49°47'17.6" E11°49'17.1"]. In das Klosterdorf hineinfahren können Fahrzeuge über 2,5 Meter Höhe nur aus südlicher Richtung, da gibt es kein Tor mehr. Doch wir raten davon ab, dies zu tun. Die Zahl der Parkplätze innerhalb des Klosterdorfes ist sehr begrenzt und für Wohnmobile nicht geeignet. Es wäre so, als würden Sie direkt in ein Museumsdorf fahren. Eine geschlossene Bebauung umgibt eine kleine parkähnliche Gartenanlage. Die ehemaligen Wirtschaftsgebäude des Klosterhofes sind in eine private Nutzung überführt und zu Wohnungen umgebaut worden. Die Klosterkirche der Prämonstratenserabtei erstrahlt nach den aufwendigen Renovierungsarbeiten der letzten Jahre wieder in neuem Glanz. Die barocke Ausgestaltung wurde in prächtiger und detailreicher Form von italienischen Künstlern zu Beginn des 18. Jh. ausgeführt.

Barocke Pracht in der Kirche des Klosters Speinshart.

Heute wird die Kirche sowie der direkt danebenliegende Gasthof für Veranstaltungen genutzt. Im Gasthof gibt es auch leckere Fischgerichte. Die haben in Speinshart Tradition, schließlich ging die Entwicklung der Fischteiche bei **Eschenbach in der Oberpfalz** auf die Initiative der Mönche dieses Klosters zurück. Dies taten sie Anfang des 15. Jahrhunderts drei Kilometer südwestlich des Klosters. Was zu Beginn nur dazu gedacht war, die Speisekarte der Mönche zu füllen, bereichert heute nicht allein die Menükarten diverser Restaurants in der Umgebung. Auch Brutvögel, die in dem Naturschutzgebiet rund um den **Großen Rußweiher** ihre Nistplätze haben, freuen sich über das reichhaltige Nahrungsangebot. Man kann ihnen bei der Futtersuche zuschauen. Auf dem rund fünf Ki-

Teichlandschaft am Großen Rußweiher in Eschenbach i.d.Opf..

lometer langen Wanderweg sind vor allem Lachmöwen in großen Kolonien zu sehen und zu hören. Bis zu 4000 Brutpaare halten sich hier jährlich zwischen März und Juli auf. Vier Aussichtsplattformen sind eingerichtet, um die Vogelwelt aus der Nähe betrachten zu können. Parken können Sie auf dem Damm, der den Großen vom Kleinen Rußweiher trennt [GPS: N49°45'56.1" E11°47'32.9"].

Eschenbach ist ein sehr gepflegtes Städtchen. Entlang des Karls- und Marienplatzes gibt es einige Straßencafés, Eisdielen und Restaurants, die zum Verweilen einladen. Wochentags kann es allerdings auch ungemütlich laut werden, wenn auf dem angrenzenden Truppenübungsplatz für den Ernstfall geübt wird.

Eschenbach i.d.Opf., Blick auf den Marienplatz mit dem Rathausbrunnen.

Naturfreibad im Kleinen Rußweiher.

Unterhalb des Naturschutzgebietes liegt der lang gestreckte **Kleine Rußweiher**. Hier gibt es Ferienhäuser, ein Naturfreibad und auch den ganzjährig geöffneten Campingplatz und unweit davon den offiziellen Stellplatz der Stadt Eschenbach in der Oberpfalz.

(089) Offizieller WOMO-Stellplatz: Eschenbach in der Oberpfalz

GPS: N49°45'20.0" E11°49'03.4"; Sommerleitenweg, 92676 Eschenbach.
Max. WOMOs: 20, maximale Länge 12 m.
Ausstattung: Keine, ganzjährig geöffnet.

Beschreibung: Gepflasterter Platz mit Stellflächen auf Rasengittersteinen in Ortsrandlage an einer schmalen Straße zwischen Sportplätzen und dem Kleinen Rußweiher, ruhig. Entfernung zum Zentrum 1 km, bis zum Vogelschutzgebiet 4 km. Ver- und Entsorgung ist bei der Gaststätte Hexenhäusl in 800 Metern Entfernung am Kleinen Rußweiher möglich.
Preise: Kostenlos.
Zufahrt: Von Speinshart kommend die dritte Straße nach der Ortseinfahrt rechts abbiegen, nach einem Kilometer ist der Platz auf der rechten Seite erreicht.

Wer noch nie auf dem "Holzweg" war, der kann das am Ortsrand Richtung Pressath nachholen. Kurz hinter der Brücke über die Creußen geht es rechts ab zum **Holzweg** [**090:** N49°45'59.3" E11°51'57.9"]. Der Parkplatz liegt etwas abseits, der Lärm der Bundesstraße ist hier kaum zu hören. Der Weg ist nicht sehr lang. Nach einem Infopavillon kommt man zu einem begehbaren Vogelnisthaus. Einige Meter weiter kann man seine musikalischen Fähigkeiten an einem großen Dendrophon ausprobieren und im weiteren Verlauf des Weges noch so einiges mehr über Holz

Auf dem Holzweg, hören wie Holz klingt.

und die Ökologie des Waldes erfahren. Mit Barfußpfad, Floßweiher, Labyrinth, Kletterpyramide und Geisterwald ist es insgesamt ein kurzweiliger und abwechslungsreicher Waldspaziergang, den Sie an dieser Stelle unternehmen können.

Wem es hier in der Nacht zu ruhig oder unheimlich ist, der reist weiter nach **Parkstein**, dem nächsten Etappenziel.

Über die sehr gut ausgebaute B470 fahren wir Richtung Weiden und folgen mitten im Manteler Forst der Wegweisung zu diesem Ort. Wenige Kilometer später sehen wir vor uns den Basaltkegel des **Parksteins**. Aufgrund seiner gleichmäßigen Form und seiner steilen 38 Meter hohen Basaltwand ist es ein sehr außergewöhnliches Geotop. Die Wand zeigt dicht gepackte, gebogene und auskristallisierte Basaltsäulen, mit dem für den Basalt so typischen fünf- oder sechseckigen Querschnitt. Schwer vorstellbar, welche Kräfte gewirkt haben müssen, um diese Gesteinsmasse so emporzuheben und zu formen. Hier zeigen sich die Auswirkungen der durch Plattentektonik hervorgerufenen Formungsvorgänge. Das ist sozusagen Erdgeschichte zum Anfassen. Sie können direkt an der Basaltwand parken und dort auch über Nacht bleiben **[091:** N49°43'51.8" E12°04'11.9"]. Der relativ kleine Platz ist gleichzeitig allgemeiner Parkplatz für das angrenzende Restaurant und für die Besucher der Wallfahrtskirche hoch oben auf dem Basaltkegel. Der Parkraum ist damit sehr begrenzt. Versorgungseinrichtungen gibt es keine.

Basaltwand des Parksteins.

Rund um den Parkstein lässt es sich hervorragend wandern. Zehn leicht begehbare Wanderrouten hat die Gemeinde markiert.

Wenn Sie wissen wollen, wie der Vulkan entstanden ist und warum er so eigenartige Formen hervorgebracht hat, dann gehen Sie in das Museum **Vulkanerlebnis Parkstein**. Dort können Sie auch einen Vulkanausbruch erleben.

Weitere Informationen liefert diese Seite www.vulkanerlebnis-parkstein.de. Hier erfahren Sie auch die Öffnungszeiten und Eintrittspreise. Das Museum ist nur 300 Meter vom Parkplatz entfernt.

Von Parkstein ist es nicht mehr weit nach **Weiden in der Oberpfalz**. Rund zwölf Kilometer haben wir dafür noch zurückzulegen. Den offiziellen Stellplatz der Stadt finden Sie auf dem Parkplatz der Weidener Thermenwelt. Dort fahren wir als Erstes hin.

(092) Offizieller WOMO-Stellplatz: Weidener Thermenwelt

GPS: N49°41'12.4" E12°09'37.9";
Raiffeisenstraße 13, 92637 Weiden in der Oberpfalz.
Max. WOMOs: 6, maximale Länge 12 m, max. Aufenthalt 7 Tage.

Ausstattung: Frischwasserversorgung, Abwasserentsorgung mit Bodeneinlass, Kassettenentleerung, Stromanschlüsse, Behälter für die Müllentsorgung, ganzjährig geöffnet.
Beschreibung: Sonnige bis schattige Stellflächen auf Rasengittersteinen direkt neben der Therme. Züge auf der vorbeiführenden Eisenbahnlinie sind deutlich vernehmbar.
Preise: 15,00 € für ein Fahrzeug. Der Betrag ist an der Kasse der Thermenwelt zu zahlen zuzüglich 10 Euro Pfand für die Schlüssel zur Stromversorgung. Die Gebühr enthält den Thermeneintritt für eine Person für 3 Std. pro Tag und die Nutzung der Stromsäulen sowie den Zugang zur Frischwasserversorgung und der Entsorgung.
Zufahrt: Auf der Straße in Richtung Innenstadt den Hinweisschildern zur Therme folgen.

Wer nur die Stadt besuchen will, findet auf dem Parkplatz der Sparkasse Oberpfalz eine kostengünstige Alternative [GPS: N49°40'25.2" E12°09'19.7"], insbesondere sonntags. Auch der Parkplatz an der Max-Reger-Halle bietet sich an. Von beiden Plätzen lässt sich die Altstadt zwischen dem Unteren und dem Oberen Tor bequem zu Fuß erreichen, die mit zahlreichen Straßencafés und Restaurants Besucher einlädt. Sehr eindrucksvolle Renaissancefassaden schmücken die ehemaligen Ackerbürgerhäuser, in denen einst Handwerker wohnten und nebenbei noch Landwirtschaft betrieben. Zwischen den beiden Baumreihen, die den Platz schön auflockern und im Sommer Schatten spenden, verlief früher einmal der Rehmühlbach. Das schöne **Alte Rathaus** aus dem 16. Jahrhundert hat schon längst seine Funktion für die Verwaltung der Stadt eingebüßt. Heute dient es als Restaurant und Einkaufspassage. Dieses Kleinod trennt den Unteren vom Oberen Markt.

In unmittelbarer Nähe des Alten Rathauses steht die evangelische Barockkirche St. Michael, unweit davon das Obere Tor, das den Abschluss des Alten Marktes und damit auch der Altstadt bildet. Um die Stadtmauer zu betrachten, müssen wir die Altstadt verlassen und uns in die Grünanlagen am Südrand vorarbeiten. Hier ist sie am besten zu sehen.

Weiden, Unterer Markt, Renaissancefassaden und Mauermannbrunnen.

Zurück in die Altstadt: Am Nordrand ist die Kirche Sankt Josef sehr sehenswert. Der Baukörper im neuromanischen Stil wurde zu Beginn des 20. Jahrhunderts in nur wenigen Jahren erstellt. Die prächtige Bemalung des Innenraumes im Jugendstil dauerte dagegen länger als ein Jahrzehnt.

Weiden, Unteres Stadttor.

Für "Wasserratten" hat Weiden mit seinen Bädern viel zu bieten. In der Thermenwelt gibt es neben dem Wellness- und Saunabereich u.a. ein Erlebnisbad mit langer Rutsche, im Schätzlerbad u.a. ein großes Wellenfreibad und einen Naturbadeweiher. Das Stadtbad (Freibad) hat zwei kleine Becken, eine Kneippanlage und einen wunderschönen Biergarten.

Ohne auf **Max Reger** einzugehen, können wir diese Tour in Weiden nicht beenden. Dieser große und bekannte Komponist ist ein Sohn der Stadt. Ihm zu Ehren finden alljährlich die **Weidener Max-Reger-Tage** statt, ein abwechslungsreiches Klassik-Festival mit Weltklasse-Interpreten, Nachwuchskünstlern und begleitenden Vorträgen über den Pianisten.

TSCHECHIEN
10 km
Band 44: Mit dem Wohnmobil nach Tschechien
Naturpark Fichtelgebirge
Naturpark Steinwald
Stiftland
Naturpark Nördlicher Oberpfälzer Wald
Manteler Forst
Selb
Marktredwitz
Arzberg
Waldsassen
Mitterteich
Tirschenreuth
Bärnau
Mähring
Windischeschenbach
Neustadt an der Waldnaab
Weiden in der Oberpfalz
Flossenbürg
Vohenstrauß
Pleystein
Waidhaus
Cheb (Eger)
Františkovy Lázne (Franzensbad)
Tour 2
Tour 6
Tour 8
Tour 9

TOUR 7 (ca. 295 km)

Weiden – Flossenbürg – Bärnau – Neualbenreuth – Waldsassen – Arzberg – Marktredwitz – Mitterteich – Friedenfels – Falkenberg – Tirschenreuth – Windischeschenbach – Neustadt an der Waldnaab – Weiden

Stellplätze:	Weiden, Flossenbürg, Bärnau, Neualbenreuth, Waldsassen, Arzberg, Marktredwitz, Mitterteich, Friedenfels, Falkenberg, Tirschenreuth, Windischeschenbach, Neustadt an der Waldnaab.
Campingplätze:	Flossenbürg, Neualbenreuth, Neustadt an der Waldnaab.
Besichtigungen:	Flossenbürg (ehem. Konzentrationslager, Mittelpunkt Mitteleuropas), Bärnau (Geschichtspark Bärnau-Tachov), Waldsassen (Kloster, Wallfahrtskirche), Marktredwitz (Altstadt), Mitterteich (Porzellan-Museum), Tirschenreuth (Altstadt), Windischeschenbach (KTB Geo-Zentrum)
Wandern/Radwandern:	Neualbenreuth (Dyleň), Arzberg (Feisnitz-Stausee), Friedenfels (Steinwald), Falkenberg (Waldnaabtal), Tirschenreuth (Teichlandschaft).
Baden/Wellness:	Flossenbürg (Gaisweiher), Neualbenreuth (Sibyllenbad), Arzberg (Feisnitz-Stausee), Friedenfels (Freibad), Windischeschenbach (Freibad).

Wir starten unsere Tour durch das Stiftland und den Steinwald in Weiden in der Oberpfalz. Für die Beschreibung der Stadt Weiden verweisen wir auf die vorangegangenen Seiten 134-135.

Der Name **Stiftland** rührt noch aus der Zeit, als die Zisterzienser des Klosterstifts Waldsassen im 12. Jahrhundert das Land in Besitz nahmen, Wald rodeten, Wirtschaftshöfe anlegten, Landbau betrieben und die wirtschaftliche und kulturelle Entwicklung dieses Landstriches vorantrieben. Auch wenn die Bedeutung der Zisterzienser im Laufe der folgenden Jahrhunderte stark zurückging, so bleibt doch ihr kulturelles Erbe, das sich vor allem in außergewöhnlichen Sakral-Bauwerken zeigt, erhalten. Auf dieser Tour geht es aber nicht nur um Kirchen und Klöster, es geht auch um wunderbare Naturlandschaften und um die jüngere deutsche Geschichte. Mit Letzterem wollen wir beginnen.

Dass die Vergangenheit unserer Gesellschaft nicht nur schöne Seiten hat, ist sicher eine Plattitüde. Dem hässlichsten Abschnitt der deutschen Geschichte begegnen wir

Burgruine Flossenbürg.

in Flossenbürg. Auf dem Weg dorthin kommen wir zunächst durch **Floß**. Am Ortsausgang sehen wir einen kleinen jüdischen Friedhof, eine Erinnerung daran, dass es in diesem Ort einmal eine große jüdische Gemeinde gegeben hat. Nach einem kurzen Stopp fahren wir nach **Flossenbürg** weiter.

Die Burgruine oberhalb des Ortes ist ein sichtbares Zeichen dafür, dass diese Region im Mittelalter ein umkämpftes Gebiet war. 625 Burgen soll es einmal in der Oberpfalz gegeben haben, die meisten davon sind verschwunden. Die kleinen Befestigungsanlagen wie die in Flossenbürg, die der fortschreitenden Entwicklung der Kriegstechnik nicht mehr gewachsen waren, wurden zerstört, gebrandschatzt oder dem Verfall preisgegeben. Erst in jüngerer Zeit wurden die Burgen für touristische Zwecke gesichert, teilweise wieder aufgebaut oder zumindest so hergerichtet, dass sie gefahrlos besichtigt werden können, so auch diese.

Die Burgruine steht auf einem sogenannten Schalendom aus Granit. Die Qualität des Felsens führte im ausgehenden 19. Jahrhundert zu einer Blüte der Granitindustrie, die ihre Produkte aus diesem Gestein in alle Welt verkaufte. Granit wird auch heute noch abgebaut, nur wird der Burgberg jetzt verschont, denn er steht mittlerweile unter Naturschutz und zählt zu Bayerns schönsten Geotopen. Der **"Weg des Granits"** zeigt auf einem zwei Kilometer langen Weg mit Schautafeln und Ausstellungsstücken rund um den Burgberg alles zum Thema Granitabbau und Verarbeitung. Parken lässt es sich am besten auf dem Platz vor der Gedenkstätte des KZ Flossenbürg [**093:** N49°44'11.0" E12°21'15.9"].

KZ Gedenkstätte Flossenbürg

Flossenbürg wurde 1938 wegen der Granitvorkommen von der SS als Standort für ein Konzentrationslager ausgewählt. Hauptsächlich für das SS-eigene Unternehmen Deutsche Erd- und Steinwerke mussten die KZ-Häftlinge Baumaterialien herstellen, die für den Ausbau der Infrastruktur und den Ausbau der "Führerstädte"; wie z.B. Berlin oder Nürnberg benötigt wurden. Unter den menschenunwürdigsten Bedingungen schufteten hier Strafgefangene, politisch Verfolgte und Widerstandskämpfer. Sie wurden ausgebeutet, gequält und geschunden bis zum Tod. Mehr als 30.000 Menschen ließen hier ihr Leben. Darunter auch die "Verschwörer" **Dietrich Bonhoeffer** und **Wilhelm Canaris**, die als Widerstandskämpfer in diesem KZ erhängt wurden.

"Tal des Todes" Gedenkanlage im ehemaligen KZ Flossenbürg.

Ehemalige Kommandantur des KZ Flossenbürg.

Von den Gebäuden des Lagers sind nur noch wenige erhalten. In der ehemaligen Wäscherei befindet sich eine Ausstellung, die sich der Geschichte des Konzentrationslagers und seiner Außenlager widmet. Im Zentrum stehen dabei die Menschen, die aus ganz Europa hier verbracht wurden. Mit zahlreichen Objekten, Zitaten und Selbstzeugnissen der ehemaligen Häftlinge wird der Lageralltag, der Kampf ums Überleben sowie das massenhafte Sterben deutlich gemacht. Auf dem Gelände informieren Ausstellungstafeln über die damaligen Einrichtungen des Lagers. Im Tal des Todes erinnern Gedenktafeln an die Herkunftsländer und die Zahl der Toten. Die Pyramide in der Mitte des Tales enthält Asche und Gebeine der Verstorbenen.

Wenige Monate vor seinem Tod in Flossenbürg schrieb Dietrich Bonhoeffer das mittlerweile vielfach vertonte Gedicht "Von guten Mächten treu und still umgeben". Es ist gut, sich dies wieder einmal anzuhören oder zu lesen.

Wer sich mit diesem Kapitel der deutschen Geschichte an dieser Stelle konfrontiert sieht, wird es danach schwer haben, sich gleich wieder erfreulicheren Dingen zu widmen.

Flossenbürg hat zweifellos auch schöne Seiten. Eine davon ist zum Beipiel die Freizeitanlage nördlich des Ortes am **Gaisweiher**. Der neun Hektar große Weiher lädt mit seiner Badelandschaft, Liegewiese und Spielplatz zum Schwimmen und allerlei anderen Freizeitaktivitäten ein. Wer mit kleinen Kindern unterwegs ist, findet hier einen idealen Badeplatz. Neben dieser Freizeitlandschaft befindet sich ein Campingplatz, den wir jetzt vorstellen wollen.

(094) WOMO-Campingplatz: Flossenbürg – Gaisweiher

GPS: N49°44'40.5" E12°20'38.9"; Gaisweiher 1, 92696 Flossenbürg.
Max. WOMOs: >50, maximale Länge 10 m.

Ausstattung: Frischwasserversorgung an den Stellflächen, Abwasserentsorgung mit Bodeneinlass, Kassettenentleerung, Stromanschlüsse, Behälter für die Müllentsorgung, WLAN, Brötchenservice. Moderne Sanitärgebäude mit Duschen, WCs, Waschmaschinen und Trockner. Darüber hinaus gibt es ein Restaurant, eine Kegelbahn, e-bike-Verleih und einen Gasflaschentausch. Der Platz ist ganzjährig geöffnet.
Beschreibung: Große sonnige Rasenplätze in Hanglage zwischen dem Weiher und einem Waldgebiet. Sehr ruhig gelegen.
Preise: Personen ab 15 Jahren 7,60 €, Kinder 3-14 Jahre 3,90 €, Hund 3,30 €, Wohnmobil 9,50 €, Strom 0,50 € pro kWh.
Zufahrt: Von der Ortsmitte in Flossenbürg den Hinweisschildern zum Campingplatz folgen.
Reservierung/Kontakt: Tel.: 09603/644
E-Mail: camping@freizeit-gaisweiher.de, Web: www.freizeit-gaisweiher.de.

Der Mittelpunkt Mitteleuropas.

Einmal im Mittelpunkt stehen? Warum nicht! In Bayern tut man das gern! Wir folgen vom Campingplatz den Hinweisschildern zum Mittelpunkt Europas, genauer Mitteleuropas. Es ist nicht weit, nach zwei Kilometern über schmale Sträßchen haben wird den Weiler **Hildweinsreuth** erreicht und gewinnen eher den Eindruck „in the middle of nowhere“ zu sein, als am Mittelpunkt Mitteleuropas. Aber es ist kein Scherz. Im Auftrag des Bayerischen Rundfunks wurde vom Geografischen Institut in München die Bestimmung des Mittelpunktes Mitteleuropas vorgenommen und auf diesen Punkt festgelegt. Das haben wir doch schon immer gewusst, dass der Mittelpunkt Europas nur in Bayern liegen kann! 1985 wurde er mit einer Scheibe aus Flossenbürger Granit markiert und feierlich eingeweiht. Auf Hinweistafeln am Rande dieser Anlage wird darauf hingewiesen, dass die angewandte Methode zur Berechnung des Mittelpunktes nicht allgemein verbindlich sei und es auch durchaus noch andere Methoden gibt, die zu anderen Ergebnissen führen und auch ihre Berechtigung haben. Das ist ganz sicher so. So hat z.B. das militärgeografische Institut in Wien Ende des 18. Jahrhunderts den Tillenberg (Tschechisch: Dyleň) bei Neualbenreuth als Mittelpunkt Europas definiert. Tja, da ist man sich in Bayern also vielleicht doch nicht so ganz sicher der Mittelpunkt Mitteleuropas zu sein? Wie auch immer, es ist ein einsamer, sehr ruhiger und ebener Platz auf 718 Metern Höhe, der sich für eine Übernachtung durchaus eignet [**095:** N49°45'25.6" E12°21'43.0"]. Das ist in jedem Fall etwas!

Wir fahren nach **Bärnau** weiter, der ältesten Stadt des Stiftlandes. Die mittelalterliche Struktur des auf einem Hügel liegenden Städtchens ist noch gut erkennbar. Der Ort mit rund 3500 Einwohnern war ein Zentrum der Knopfproduktion. In Spitzenzeiten gab es in dieser Kleinstadt 32 Firmen, die diese kleinen, für die Kleidung doch so notwendigen Artikel in allen Variationen hergestellt haben. Auskunft über die Geschichte, die Tradition und die Herstellung gibt das **Deutsche Knopfmuseum** in der Tachauer Straße. Über die Ausstellungen, die Öffnungszeiten und Eintrittspreise informiert diese Seite www.deutsches-knopfmuseum.de.

Gar nicht zugeknöpft sind die Mitglieder des Vereins Via Carolina – Goldene Straße e. V., die ein außergewöhnliches Freilandmuseum geschaffen haben. Ganz im Gegenteil! Sie geben gern Auskunft über ihre Vorhaben, zeigen Ihnen mittelalterliche Baukunst und führen Sie durch die Geschichte dieser Region. Das schauen wir uns etwas näher an.

Geschichtspark Bärnau-Tachov

Auffallend ist zunächst der Name des Geschichtsparks. Bärnau ist klar, da sind wir. Aber Tachov? Liegt das nicht in Tschechien? So ist es. Die Stadt in Westböhmen ist rund 20 Kilometer von Bärnau entfernt. Reflektiert wird mit diesem Namen die gemeinsame Historie dieses Raumes, die im Mittelalter zu einem Herrschaftsbereich gehörte. Hervorzuheben ist, dass es sich in der Anlage nicht um einen Vergnügungspark a là "wir spielen mal ein wenig Mittelalter nach" handelt, sondern um einen historisch fundierten und auf Fakten basierten Park, der mit seinen Bauten und seinen Geschichten unter wissenschaftlicher Begleitung diese Zeit erzählt. Dabei darf es auch vergnüglich zugehen, es ist keine langweilige wissenschaftliche Abhandlung mit trockenen Informationstafeln.

Nachbildung einer Turmhügelburg aus dem frühen Hochmittelalter.

Die Baustelle der Reisestation.

Häuser eines Dorfes aus dem frühen Mittelalter.

In Bärnau spielt dabei die Zeit unter Karl IV. eine besondere Rolle. Er wurde 1346 römisch-deutscher König und ab 1355 auch römisch-deutscher Kaiser und gilt als einer der einflussreichsten und bedeutendsten Herrscher des Spätmittelalters. Wie hat er gelebt, wie hat er regiert, wie ist er gereist, wie hat er seine Herrschaft abgesichert? Auf all diese Fragen werden in Bärnau Antworten gesucht.

Ein Projekt dabei ist der Nachbau einer **Reisestation** des Kaisers, wie sie an diesem Ort auf halben Weg an der "Goldenen Straße" zwischen den Reichsstädten Nürnberg und Prag ausgesehen haben. Es ist eine authentische Rekonstruktion mit Palas, Fachwerkhäusern, Torhaus und Wehrmauer. Nachweislich gab es diese Art der Reisestationen mehrfach entlang dieses Handelsweges.

Nun wurde kein Handwerksunternehmen mit dem Bau dieser Station beauftragt, sondern es wird im Sinne der experimentellen Archäologie mit den Werkzeugen und Techniken gearbeitet, die in dieser Epoche zur Verfügung standen. Sie werden also keine Kreissäge kreischen hören. Die Hölzer werden mit Nachbildungen von Äxten bearbeitet, wie sie im Mittelalter zur Verfügung standen. Es sind keine Geräte aus dem Baumarkt. Auch der Steinmetz verrichtet seine Arbeit mit den Werkzeugen, die damals zur Verfügung standen. Immerhin hatten die Handwerker des Mittelalters schon einen Baukran, mit dem sie Lasten heben konnten. Eine drei Meter hohe Umfassungsmauer mit einer Länge von 41 und einer Breite von 32 Meter soll gebaut werden. Dafür muss Granit gebrochen, Mörtel hergestellt und verarbeitet werden. Alles mit den Originaltechniken. Das ist sehr viel Arbeit für das sechsköpfige Team aus deutschen und tschechischen Handwerksmeistern, die für dieses Bauvorhaben verantwortlich sind. Freiwillige Helfer sind jederzeit willkommen. Sie können dabei in speziellen Kursen, in modernen, neuzeitlichen Seminarräumen die mittelalterlichen Handwerkstechniken in der Theorie erlernen und anschließend in der Praxis auch gleich umsetzen. Es wird mit einer Bauzeit von 20 Jahren gerechnet. Dieses Projekt ist vergleichbar mit dem "Campus Galli" bei Meßkirch, den wir in unserem WOMO-Buch über Baden-Württemberg besucht haben.

Mittelalterlicher Kampf mit Schwert und Schild.

Beim Rundgang im Geschichtspark betreten Sie zunächst eine hochmittelalterliche Stadt, die allerdings nur wenige Gebäude zu verzeichnen hat, kommen dann an der Baustelle für die Reisestation vorbei, erreichen danach die Turmhügelburg und gelangen wenige Meter später in ein frühmittelalterliches Dorf.

Außerhalb des Geländes gibt es einen Grillplatz und mehrere Unterstände, die für Veranstaltungen genutzt werden. Darüber hinaus ein kleines Museum mit einer Dauerausstellung. Für das leibliche Wohl sorgt ein Restaurant, das unter anderem klassische böhmische Gerichte auf der Karte hat.

Das Veranstaltungsprogramm ist vielfältig. Neben der lebendig erzählten Geschichte über Handwerk, Landwirtschaft, Fischzucht und Gesundheitswesen werden an dieser Stelle auch Mittelaltermärkte abgehalten sowie die Kampftechniken mit Schwert und Schild gezeigt.

Weitergehende Information zu dem Park finden Sie auf dieser Seite www.geschichtspark.de. Hier können Sie auch die Öffnungszeiten und Eintrittspreise nachlesen sowie sich über die Veranstaltungen informieren.

Vor lauter Begeisterung über die Anlage haben wir ganz vergessen zu erwähnen, wo Sie parken können. Sie erreichen den Parkplatz vor dem Museumsgelände mit diesen Koordinaten [**096:** N49°48'31.9" E12°25'48.3"].

Wie wir erfahren haben, ist ein Wohnmobilstellplatz für acht Fahrzeuge geplant. Wann er fertiggestellt sein wird, ist noch offen.

Neben dem Geschichtspark und dem Knopfmuseum ist das neu geschaffene **Umweltareal im Grünen Band** von besonderem Interesse. Das Gebiet entlang des ehemalige Eisernen Vorhangs ist die längste Biotop-Kette Europas. Stacheldraht, Wachtürme und Minenfelder sorgten unbeabsichtigt dafür, dass sich die Natur weitgehend unberührt entwickeln konnte. Heute werden diese Naturlandschaften für Besucher zugänglich gemacht und mit Wander- und Radwegen erschlossen. Auch hier in Bärnau können Sie heute problemlos nach Tschechien hinüberwandern.

Das ist beim **Grenzlandturm**, der sich auf der Gemarkung der Gemeinde **Neualbenreuth** befindet, ebenfalls so. Früher wurden die 82 Stufen auf die Aussichtsplattform erklommen, um einmal zum **Tillenberg** rüberzuschauen, der die Mitte Europas markiert. Heute kann der **Dyleň**, wie er in tschechischer Sprache heißt, auch gleich besucht werden. Konnte bei unserem letzten Besuch der Parkplatz am Turm, den Sie mit diesen Koordinaten [GPS: N49°58'52.2" E12°27'47.2"] erreichen noch für Übernachtungen mit dem Wohnmobil genutzt werden, so ist das mittlerweile untersagt. Der Tillenberg lässt sich gut erreichen, nur nicht so bequem wie der Mittelpunkt Mitteleuropas in Hildweinsreuth (siehe Seite 140), denn hier geht es den Hang steil hinauf und zwar zu Fuß. Rund 400 Höhenmeter auf relativ kurzer Distanz können anstrengend sein. Von den österreichischen Landvermessern wurde dieser Punkt als Mitte Europas übrigens nur deshalb definiert, weil es sich bei dem 940 Meter hohen Berg einfach um den höchsten Punkt in der Umgebung handelt, von dem sich trigonometrische Messungen durchführen ließen.

Blick vom Grenzlandturm zum Tillenberg in Tschechien.

Wer in Neualbenreuth mit seinem weitverzweigten Netz gut markierter und auch grenzüberschreitender Wanderwege eine Weile verbleiben möchte, dem stehen zwei Möglichkeiten offen. Wir stellen sie kurz vor.

(097) WOMO-Campingplatz: Neualbenreuth – Platzermühle

GPS: N49°58'14.0" E12°26'40.7"; Platzermühle 2, 95698 Neualbenreuth.
Max. WOMOs: >20, maximale Länge 10 m.
Ausstattung: Frischwasserversorgung, Abwasserentsorgung mit Bodeneinlass, Kassettenentleerung, Stromanschlüsse, Behälter für die Müllentsorgung, WLAN, Brötchenservice, Restaurant, Gasflaschentausch. Im Sanitärgebäude gibt es Duschen, WCs, Waschmaschinen und Trockner. Der Platz ist ganzjährig geöffnet.
Beschreibung: Auf vier Ebenen angelegtes terrassiertes Gelände mit 100 bis 120 Quadratmeter großen halbschattigen Stellflächen auf Schotterrasen.

Jeder Platz ist mit Frischwasser- und Abwasserversorgung sowie Stromanschlüssen ausgestattet. Da der Campingplatz und der Stellplatz am Sibyllenbad von derselben Familie bewirtschaftet wird, kann zwischen diesen Orten ohne Neuanmeldung gewechselt werden.

Preise: Erwachsene Person 6,00 €, Kinder ab 6 Jahren 3,00 €, Wohnmobil 7,00 €, Strom 0,60 € pro kWh.
Zufahrt: Auf der St 2175 aus Mähring kommend kurz vor Neualbenreuth auf der rechten Seite. Nicht zu verfehlen.
Reservierung/Kontakt: Tel.: 09638/9122000
E-Mail: info@camping-sibyllenbad.de, Web: www.camping-sibyllenbad.de.

(098) Offizieller WOMO-Stellplatz: Neualbenreuth – Reisemobilhafen am Sibyllenbad

GPS: N49°58'56.6" E12°25'27.2"; Kurallee 1, 95698 Neualbenreuth
Max. WOMOs: 21, maximale Länge 12 m.
Ausstattung: Frischwasserversorgung, Abwasserentsorgung mit Bodeneinlass, Kassettenentleerung, Stromanschlüsse, Behälter für die Müllentsorgung, WC, WLAN, Brötchenservice. Der Platz ist ganzjährig geöffnet.
Beschreibung: Gepflasterte halbschattige Stellflächen in unmittelbarer Nähe der Therme, nah am Kurpark und einer Minigolfanlage. Anmeldebögen bekommen Sie an der Infotafel am Sanitärgebäude. Hier finden Sie auch weitere Informationen über die Bezahlung die abends am Fahrzeug kassiert wird und die Stromversorgung.

Preise: 16,00 € für ein WOMO mit 2 Personen, Strom 0,60 € pro kWh.
Zufahrt: Den Hinweisen zum Sibyllenbad folgen. Der Stellplatz befindet sich auf dem P3.

Wir verlassen das charmante Neualbenreuth und fahren nach **Waldsassen** weiter. Es sind nur zehn Kilometer, die wir zurückzulegen haben. Die zwei gebührenfreien Plätze auf dem P1 in der Joseph-Wiesnet-Straße erreichen wir mit diesen Koordinaten [**099:** N50°00'07.0" E12°18'09.0"]. Eine weitere Parkmöglichkeit für vier Wohnmobile gibt es auf dem als P2 ausgewiesenen Areal in der Schwanengasse [**100:** N50°00'18.4" E12°18'25.0"] nahe der Basilika. Hier sind Stromanschlüsse vorhanden und es ist eine Parkgebühr in Höhe von 5,00 € zu entrichten. Insgesamt stehen also nur sechs Plätze zur Verfügung. Wir drücken Ihnen die Daumen, mit einem "normalen" Wohnmobil eine freie Stellfläche zu finden. Mit einem Kastenwagen ist es im Ort einfacher.

Die Fassade der Basilika in Waldsassen.

Nun sind wir also im kulturellen Zentrum des Stiftlandes angekommen. Wir machen uns sogleich auf den Weg zur Basilika. Dass der Ort ein Touristenmagnet ist, merken wir schnell. Die Cafés in den Straßen sind voll, der Platz vor der Basilika ist stark belebt und große Gruppen formieren sich um ihre Reiseleiter für die nächsten Führungen.

Wir besorgen uns zunächst im Klosterladen die Eintrittskarten für die berühmte Klosterbibliothek. Die Wartezeit bis zur nächsten Führung nutzen wir, um die Basilika in Augenschein zu nehmen.

Die Basilika der Abtei Waldsassen

Sie gehört sicher zu den großartigsten Barockkirchen des süddeutschen Raumes. Die kunstvollen Stuckarbeiten schufen Meister des Hochbarocks aus Italien und Böhmen. Fast 25 Jahre (1681-1704) benötigten sie dafür. Beeindruckend in der hellen Basilika ist der Chor mit seinem prachtvollen und reich verzierten Chorgestühl. Die schmucke Orgel mit 103 Registern, die eine der größten in Europa ist, fällt besonders auf. Dann ist da noch die ehemalige Gruft für die Zisterziensermönche unter der Basilika, sie zählt zu den stattlichsten Grabkammern Deutschlands. Beide, Orgel und Gruft, können nur im Rahmen von Führungen besichtigt werden. Die außergewöhnliche Abtei Waldsassen bietet also viele Superlative, das absolute Highlight ist jedoch die Klosterbibliothek.

Chor, Chorgestühl und Altar der Basilika.

Die Geschichte dieser Abtei, die 1133 als erste der fünf bayerischen Zisterzienserabteien gegründet wurde, verlief sehr wechselhaft. Nach einer Blütezeit zu Beginn folgten bald Plünderungen und Zerstörungen, nach der Reformation sogar eine Aufhebung des Klosters. Die Rekatholisierung begann im 17. Jahrhundert. Im 18. Jahrhundert war das Kloster das geistig-kulturelle Zentrum des Stiftlandes, bevor es zu Beginn des 19. Jahrhunderts säkularisiert wurde. Teile des Gebäudes wurden in dieser Zeit zu einem Fabrikgebäude umfunktioniert. Erst im ausgehenden 19. Jh. wurde das Kloster wiederbelebt, diesmal durch Zisterzienserinnen. Seit 1969 ist auch diese Kirche durch Ernennung des Papstes eine "basilica minor".

Die Stiftsbibliothek der Abtei Waldsassen

Nicht die Bücher stehen im Mittelpunkt des Interesses, sondern der kunstvoll gestaltete Raum mit den fantastischen Holzschnitzarbeiten. Insbesondere die 10 lebensgroßen Tragefiguren, die die Empore stützen, geben zu allerlei phantasievollen Spekulationen und Interpretationen Anlass. Vermutlich sollen sie verschiedene Facetten des Hochmutes darstellen, wie Dummheit, Zorn, Eigenbrötelei, Spottlust, Prahlerei, Ignoranz, Arroganz, Eitelkeit, Neugierde und Heuchelei. Je länger man die Figuren betrachtet, umso mehr Details werden sichtbar. Hinzu kommen acht Porträtbüsten an der Decke, die bekannte Persönlichkeiten aus der Antike wie Sophokles, Cicero u.a. darstellen, vier große Deckenfresken, die die mystischen Erscheinungen des Zisterzienserheiligen Bernhard von Clairvaux zum Thema haben sowie einige andere Reliefs und Holzschnitzereien. Insgesamt ein äußerst faszinierender und sehr beeindruckender Raum.

Bevor wir nun zum nächsten Sakralgebäude weiterfahren, etwas ganz anderes zwischendurch: Glaubt man dem verstorbenen Gourmet Wolfram Siebeck und der Fürstin Gloria von Thurn und Taxis, dann kommen die besten Lebkuchen nicht aus Nürnberg, sondern aus Waldsassen. In **"Rosner's Gläserner Lebkuchenmanufaktur"** in der Egerer Straße 9 können Sie zuschauen, wie sie hergestellt werden und natürlich auch verkosten und kaufen.

Nun zum nächsten Ziel, die **Kappl**, eine Wallfahrtskirche in Münchenreuth. Wir fahren auf der B299 Richtung Cheb (Eger) und biegen sogleich kurz hinter dem Ortsende in die

Die Kappl, Wallfahrtskirche der Heiligsten Dreifaltigkeit.

St2178 nach Münchenreuth ab. In dem kleinen Ort geht es nach den ersten Häusern erneut links weg. Auf dieser Straße bleiben wir bis zum Ziel in etwas mehr als einem Kilometer Entfernung.

Der Parkplatz **[101:** N50°01'43.7" E12°16'35.3"] ist fast leer, es ist um ein Vielfaches ruhiger als in Waldsassen. Obwohl hier derselbe Baumeister (G. Dientzenhofer) zur nahezu gleichen Zeit wie in Waldsassen tätig war, ist die Architektur dieses Kirchengebäudes vollkommen anders. Die Zahl drei dominiert, es gibt drei Türme, drei Altäre und drei Deckengemälde. Alles auf einem Grundriss, der einem dreiblättrigen Kleeblatt gleichkommt. Eine sehr originelle architektonische Umsetzung der Dreifaltigkeit.

Die Geschichte dieses Wallfahrtsortes hängt mit der Entstehung des Klosters in Waldsassen zusammen. Laienbrüder des Klosters, die hier Vieh hüteten, brachten zum Gebet und zur Andacht ein Bild der Heiligsten Dreifaltigkeit an einem Baumstamm an, von dem dann, so die Überlieferung, sehr bald eine Wundertätigkeit ausging. Mehrere Kapellen wurden an diesem Ort in den Folgejahren gebaut, aber auch wieder zerstört, bis man sich entschloss, diese heute noch bestehende Kirche zu errichten.

Nach den anstrengenden Besichtigungen, die unsere ganze Aufmerksamkeit gefordert haben, ist jetzt Entspannung angesagt. Ein Spaziergang um einen See wäre nicht schlecht, schön wäre es auch, wenn man dies gleich mit einem Restaurantbesuch verknüpfen könnte. Warum nicht?

Nur zehn Kilometer sind es bis zum **Feisnitz-Stausee**. Der ursprünglich als Kühlwasserspeicher für das schon lang stillgelegte Braunkohlekraftwerk in Arzberg angelegte See ist heute ein Naherholungsgebiet mit einem Naturbadestrand.

Der Weg um das Gewässer ist etwa zwei Kilometer lang, leicht zu gehen und damit sehr angenehm für einen Abendspaziergang. Das Restaurant mit einer Terrasse liegt nur wenige Meter vom Ufer entfernt. Der Parkplatz am Gasthof darf für eine Übernachtung nicht genutzt werden, der Uferparkplatz am See aber schon **[102:** N50°01'56.5" E12°11'02.4"].

Feisnitz-Stausee bei Arzberg.

Wenn Sie lieber auf einem offiziellen Stellplatz übernachten möchten, so können Sie nach Arzberg fahren. Dort finden Sie mit diesen Angaben **[103:** N50°03'19.5" E12°11'21.4"] am Rathaus in der Friedrich-Ebert-Straße zwei Stellplätze mit Stromanschlüssen.

Von beiden Orten ist es nahezu gleich weit bis zur **Waldenfelswarte**, die sich auf dem 632 Meter hohen Kohlberg befindet. Die Warte misst 32 Meter in der Höhe und lässt den Besucher von der Aussichtsplattform kilometerweit in den Oberpfälzer Wald, in das Fichtelgebirge und nach Tschechien blicken.

Arzberg hat ansonsten wenig zu bieten, deshalb setzen wir unser WOMO wieder in Bewegung und fahren nach **Marktredwitz** weiter. Die Kleinstadt hat einen historischen Ortskern mit einigen sehenswerten Gebäuden, die von der Tourist-Information (nur samstags um 10 Uhr) auch gern in einem Rundgang präsentiert werden. Die Führung endet mit der Turmbesteigung der **St. Bartholomäus-Kirche**. Sie können den Rundgang auch lebendiger haben. An den bedeutenden Schauplätzen der Stadt erscheinen Personen aus der Vergangenheit. So treffen Sie in der Theresienkirche die österreichische Kaiserin, nach der die Kirche benannt wurde. An

Historisches Rathaus Marktredwitz.

einem anderen Ort berichten Johann Wolfgang von Goethe und der Fabrikant Fikentscher über die Versuche zur Farbenlehre. Mit der aufwendigen Kostümierung erscheinen sie ihrer Zeit entsprungen zu sein. Wann diese Führungen stattfinden, erfahren Sie bei der Touristinfo im historischen Rathaus. Dort beginnt auch der Rundgang.

Außergewöhnlich ist der **Marktredwitzer Krippenweg**, der seit einigen Jahren auf der Basis einer alten Tradition wieder gepflegt wird. Sehr große Krippen mit unzähligen Figuren bilden ganze Landschaften ab. Das Besondere dabei: Die Mehrzahl dieser Anlagen befindet sich in Privathäusern, die im Advent fremden Besuchern die Türe öffnen, um ihre Modelle zu präsentieren. Oft nehmen die Landschaftskrippen die Größe eines ganzen Zimmers ein, das ist einzigartig in Europa.

Um Marktredwitz anzuschauen, empfiehlt es sich, den Stellplatz der Stadt am Auenpark aufzusuchen.

(104) Offizieller WOMO-Stellplatz: Marktredwitz

GPS: N49°59'43.3" E12°04'54.3"; Von-Cramm-Weg 7, 95615 Marktredwitz.
Max. WOMOs: 12, maximale Länge 12 m, max. Aufenthalt 5 Tage.
Ausstattung: Frischwasserversorgung, Abwasserentsorgung mit Bodeneinlass, Kassettenentleerung, Stromanschlüsse, Behälter für die Müllentsorgung, WLAN, WC im Auenpark. Der Platz ist ganzjährig geöffnet.

Beschreibung: Sonnige und halbschattige ebene Stellflächen an einer Nebenstraße am Ortsrand direkt am Bach Kössein, der den Stellplatz vom Auenpark trennt. Sehr ruhig. Naturbad in 500 Metern Entfernung.
Preise: Kostenlos, Frischwasser 0,50 € und Strom 0,50 € pro kWh. Abwasserentsorgung und Entleerung der Bordtoilette ist kostenfrei.
Zufahrt: Über die Rößlermühlstraße im Süden der Stadt gut zu erreichen.

Weiter geht es: Von Marktredwitz fahren wir parallel zur Autobahn nach **Mitterteich**. Bevor wir jedoch die Innenstadt ansteuern, kurven wir am **Freizeithugl** in Großbüchlberg vorbei.

(105) Offizieller WOMO-Stellplatz: Panorama & Wellness-Campingplatz Großbüchlberg

GPS: N49°58'18.1" E12°13'27.9"; Großbüchlberg 32, 95666 Mitterteich.
Max. WOMOs: 30, maximale Länge 12 m.

Ausstattung: Frischwasserversorgung, Abwasserentsorgung mit Bodeneinlass, Kassettenentleerung, Stromanschlüsse, Behälter für die Müllentsorgung, WLAN, Brötchenservice, Restaurant. Im Servicegebäude gibt es Duschen, WCs, Waschmaschinen und Trockner. Der Platz ist ganzjährig geöffnet.
Beschreibung: Große sonnige Stellflächen auf Rasengittersteinen mit Panoramasicht über das Stiftland. Im Wellnessbereich gibt es ein Dampfbad, eine Sauna und einen Pool. Neben dem Platz befindet sich eine Minigolf- und pit-pat-Anlage sowie die Sommerrodelbahn Großbüchlberg mit einer 750 langen Abfahrt und 14 Kurven.
Preise: Auf dem Campingplatz 9,00 € für ein Fahrzeug, 9,00 € für Personen ab 16 Jahren, 2,00 € für den Hund, Strom 0,60 € pro kWh. Abwasserentsorgung und Entleerung der Bordtoilette ist für Campinggäste kostenfrei. Waschmaschinen und Trockner pro Nutzung 3,00 €. Für einen kleinen Platz vor der Schranke werden pauschal 15,00 € für ein Fahrzeug mit 2 Personen abgerechnet.
Zufahrt: Die Freizeitanlage ist sehr gut ausgeschildert und nicht zu verfehlen.
Reservierung/Kontakt: Tel.: 09633/400673
E-Mail: camping@freizeithugl.de, Web: www.freizeithugl.de.

Der Schmied von Mitterteich.

Neben einigen historischen Gebäuden wie dem Rathaus und der Stadtpfarrkirche haben der **Schmied von Mitterteich** und der Glasbläser Brunnen eine große künstlerische Bedeutung für die Stadt.

Über 100 Jahre wurde in Mitterteich Porzellan hergestellt. Mit dem Niedergang und dem herben Strukturwandel in der Herstellung des "weißen Goldes"; mussten namhafte Porzellanhersteller in der Oberpfalz aufgeben. So traf es auch die Firmen dieser Stadt. Um die Porzellanära nicht in Vergessenheit geraten zu lassen, wurde das **Museum Mitterteich** auf dem Gelände der alten Porzellanfabrik an der Tirschenreuther Straße eingerichtet. Parken können Sie direkt neben dem Museum [GPS: N49°56'46.7" E12°14'58.4"]. Originalgeräte aus der ehemaligen Fabrik sind kombiniert mit erklärenden Schautafeln, Vitrinen und vielem mehr. Wer in Mitterteich übernachten will, steht neben dem bereits beschriebenen Freizeithugl, der Parkplatz vor dem Freibad [**106:** N49°57'01.5" E12°13'30.7"] an der Straße nach Marktredwitz zur Verfügung.

Weiter geht es in den **Steinwald**. Von Mitterteich fahren wir über Wiesau nach **Friedenfels**. Der Ort eignet sich sehr gut als Ausgangspunkt für Radtouren oder Wanderungen in den Steinwald. Der offiziell ausgewiesene Stellplatz im Ortsteil Frauenreuth [**107:** N49°53'34.3" E12°05'08.7"], ist nichts anderes als ein kleiner, für Wohnmobile allerdings gebührenpflichtiger Wanderparkplatz.

Steinwald, Oberpfalzturm.

Der Platz an der Steinwaldhalle [**108:** N49°52'51.67" E12°6'10.22" bietet sich an, um in der Schloßschänke etwas zu essen und das Zoigl-Bier (was das ist, erklären wir später) der örtlichen Brauerei zu probieren. Einen weiteren gebührenpflichtigen und ganzjährig nutzbaren Stellplatz gibt es beim beheizten Freibad in der Badstraße [**109:** N49°53'12.32" E12°6'15.43" am Ortseingang. Die Parkgebühren sind bei der Touristinfo in der Gemmingenstraße 23 unweit der Steinwaldhalle zu zahlen. Eine Entsorgung ist beim Klärwerk in der Unterneumühle möglich. Wer nur wandern will, dem empfehlen wir den gebührenfreien Parkplatz in **Hohenhard** am Nordhang des Steinwalds an der Straße nach Marktredwitz, den Sie mit diesen Angaben finden [**110:** N49°55'31.0" E12°04'57.5"]. Das Wanderwegenetz im Steinwald ist mehr als 100 Kilometer lang, da ist für jeden Wanderfreund etwas dabei. Vom Wanderparkplatz in Hohenhard bis zur Ruine Weißenstein und

Steinwald, Ruine Weißenstein. Eine Anlage, die auf das 13. Jh. zurückgeht.

weiter zum Oberpfalzturm, der auf der Platte, dem höchsten Punkt des Steinwaldes (946 Meter), steht und zurück sind es auf leicht begehbaren Wegen circa acht Kilometer. Eine lohnenswerte Wanderung, wie wir meinen.

Waldnaab, unberührter Flusslauf mit zahlreichen Felsformationen.

Ebenso lohnenswert ist eine Wanderung oder auch Radtour südlich von **Falkenberg** durch das **Naturschutzgebiet Waldnaabtal**. Hier hat die Waldnaab ein enges Tal durch den Granit gesägt. Allerlei Felsformationen, Kaskaden und moosbewachsene Bäume machen die Wanderung in dieser ursprünglichen und naturbelassenen Landschaft sehr kurzweilig. Im Gasthaus Blockhütte etwa in der Mitte des Naturschutzgebietes lässt es sich darüber hinaus gut einkehren. Drei Wanderparkplätze stehen zur Verfügung: An der Hammermühle bei Falkenberg [**111:** N49°51'29.9" E12°12'45.0"], oberhalb des Gasthauses Blockhütte in der Nähe der Autobahn (man kann sie hören!) [**112:** N49°50'24.2" E12°10'50.3"] und in Johannisthal, nördlich von Windischeschenbach (gut ausgeschildert, aber sehr klein in unmittelbarer Nähe eines Exerzitienhauses) [**113:** N49°48'47.4" E12°09'56.7"].

Burg Falkenberg.

Wir fahren von der Hammermühle weiter und statten dem kleinen Ort Falkenberg mit seiner Burg noch einen Besuch ab. Als Schutz- und Trutzburg wurde sie erbaut und wie so viele der oberfränkischen Burgen im Laufe der Geschichte mehrfach zerstört und wieder aufgebaut. In der Blütezeit der Zisterzienser von Waldsassen war sie Sommerresidenz der Äbte. Nach umfangreichen Sanierungen dient die Burg heute als Veranstaltungs- und Tagungszentrum, als Hotel und als Museum. Auf dieser Seite www.burg-falkenberg.bayern lesen Sie mehr darüber und erfahren die Öffnungszeiten.

Nun geht es weiter in das **Land der 1000 Teiche**. Malerisch wirkt der lang gezogene Marktplatz im Zentrum der Kreisstadt **Tirschenreuth**. Rathaus, Kirche, Denkmäler und schmucke Bürgerhäuser säumen diesen schönen Platz. Der Ort gehörte zum Kloster Waldsassen, dessen Äbte die Teichwirtschaft einführten und damit die Fischwirtschaft begründeten. Sie ließen auch den Fischhof mit einer schönen Bogenbrücke

Der Fischhof in Tirschenreuth.

(114) Offizieller WOMO-Stellplatz: Tirschenreuth – Fischhofpark

GPS: N49°52'46.4" E12°20'42.2"; Am Fischhof, 95643 Tirschenreuth.
Max. WOMOs: 10, maximale Länge 12 m.

Ausstattung: Keine. Ver- und Entsorgung am ZOB möglich.
Beschreibung: Ebene geschotterte Fläche mit unmarkierten Stellflächen hinter dem Fischhof. Der Marktplatz ist bequem zu Fuß in 5 Minuten zu erreichen.
Preise: Kostenlos.
Zufahrt: Tirschenreuth in Richtung Mähring verlassen und hinter dem Freibad rechts abbiegen und den Hinweisschildern zum Amtsgericht folgen.

errichten, den sie als "Gutshof" für die Bewirtschaftung der Teiche nutzten. Heute ist hier das Amtsgericht untergebracht. Das Gelände des Fischhofparks wurde für die Landesgartenschau 2013 aufwendig restauriert und neu gestaltet. Ein Stellplatz direkt am Stadtteich, der sich bestens für eine ruhige Übernachtung eignet, ist eine Folge dieser Maßnahmen.

Für die Ver- und Entsorgung steht ein Münzautomat am ZOB zur Verfügung. Sie erreichen den Platz mit diesen Koordinaten [**115:** N49°52'36.3" E12°20'00.5"] . Die Entsorgung ist kostenlos. Darüber hinaus gibt es zwei markierte Stellplätze. Im Vergleich zum Fischhofpark ist es allerdings sehr laut.

Nicht nur die Stadt und der Fischhofpark sind reizvoll, auch ein Spaziergang durch die Teichlandschaft nördlich der Stadt hat einen besonderen Reiz. Entlang der Straße nach Mitterteich gibt es dazu mehrere kleine Wanderparkplätze.

Wir fahren nunmehr weiter nach **Windischeschenbach**, einem Ort, der von sich behauptet, die Hauptstadt des **Zoiglbieres** zu sein. Gleich vierzehn Zoiglstuben wechseln sich hier im Ausschank ab.

Zoiglbier

Der Zoigl ist ein untergäriges und ungefiltertes Bier, das im Kommunbrauhaus hergestellt wird. Nach dem Reinheitsgebot wird nur Hopfen, Malz, Wasser und Hefe verwendet. Nach Abschluss des Brauvorgangs, der mit einer Holzfeuerung betrieben wird, kommt die sogenannte Würze in ein offenes Kühlschiff, ruht über Nacht und kühlt dabei aus. Am folgenden Tag wird die Würze heimgefahren und in einen Gärbottich umgefüllt. Jetzt setzt der Zoiglwirt die Hefe zu, die den Zucker in Alkohol umwandelt. Nach rund zehn Tagen wird der Zoigl in Tanks umgefüllt und muss noch mehrere Wochen ruhen. Danach wird ausgeschenkt, ungefiltert und direkt vom Lagertank. Dazu wird eine Brotzeit serviert.

Jeder Wirt, jedes Gasthaus hat seine spezifische Rezeptur und seine eigene Art den Zoigl zu servieren. Wer gerade von den Wirtschaften ausschenken darf, bringt den Zoiglstern außen am Gasthof sichtbar an.

Da sich das Zoiglbier gut verkaufen lässt (es schmeckt und ist preiswert), wurde es vielfach kopiert. Echtes Zoiglbier bekommen Sie nur dort, wo auch das Zoigl-Logo mit dem Stern außen deutlich sichtbar angebracht ist.

Nun sollte man sicher nicht nur wegen des Bieres nach Windischeschenbach fahren. Dass man von hier aus eine sehr schöne Wanderung durch das Tal der Waldnaab machen

Der Stadtplatz von Windischeschenbach.

kann, hatten wir schon auf der Seite 153 erwähnt. Auf dem Campingplatz an der Schweinmühle kann man alles kombinieren. Der Weg in das bereits beschriebene Naturschutzgebiet ist nicht weit. Und nach der Rückkehr kann man es sich mit einem Zoiglbier und einer zünftigen Brotzeit in dem Gasthaus des Campingplatzes (mit Hausmetzgerei) richtig gemütlich machen.

(116) WOMO-Campingplatz: Schweinmühle

GPS: N49°49'10.9" E12°08'43.3";
Schweinmühle 1, 92670 Windischeschenbach.
Max. WOMOs: 130, maximale Länge 12 m.
Ausstattung: Frischwasserversorgung, Abwasserentsorgung mit Bodeneinlass, Kassettenentleerung, Stromanschlüsse, Behälter für die Müllentsorgung, WLAN, Brötchenservice, Streichelzoo, Zoiglwirtshaus & Biergarten. Im Servicegebäude gibt es Duschen, WCs, Waschmaschinen und Trockner. Der Platz ist von Mitte Mai bis Mitte Oktober geöffnet.
Beschreibung: Große sonnige, teilweise auch schattige Rasenplätze an der Fichtelnaab, einem Nebenfluss der Waldnaab, sehr ruhig und erholsam.
Preise: Person ab 14 Jahren 7,50 €, Kinder 2-13 Jahre 3,80 €, Hund 2,50 €, Wohnmobil 7,50 €, Strom pauschal 3,00 € pro Tag.
Zufahrt: Windischeschenbach nach Norden in Richtung Bernstein verlassen. Nach der Überquerung der Fichtelnaab der Beschilderung zum Campingplatz folgen.
Reservierung/Kontakt: Tel.: 09681/1359
E-Mail: info@schweinmuehle.de, Web: www.schweinmuehle.de.

Wer etwas über die Geschichte des Waldnaabtales erfahren will, der sollte die **Burg Neuhaus** östlich der Waldnaab aufsuchen, hier befindet sich das **Waldnaabtalmuseum**. Es ist allerdings nur sonn- und feiertags geöffnet. Ihr Fahrzeug können Sie kostenlos auf dem Schafferhof Parkplatz abstellen [**117:** N49°47'54.4" E12°09'57.8"]. Von dort ist es nicht weit zum Museum und auch nicht weit bis in die Innenstadt mit den Zoigl-Wirtschaften und den Restaurants.

Nächster Programmpunkt auf unserer Reise ist das **GEO-Zentrum an der KTB**. Der Bohrturm ist als Wegmarke schon von Weitem sichtbar. Eine Übernachtung auf dem von viel Grün umgebenen Parkplatz [**118:** N49°48'58.2" E12°07'05.9"] erscheint uns problemlos möglich zu sein.

Wer nach einem Ausflug in die Geowissenschaften eine Erfrischung braucht, kann zum Freibad weiterfahren. Hier lässt es sich sehr gut auf dem offiziellen Stellplatz übernachten [**119:** N49°47'26.9" E12°09'04.4"].

GEO-Zentrum KTB

KTB steht für Kontinentale Tiefbohrung. Bis zu einer Tiefe von 9101 Metern ist man in den Jahren zwischen 1990 und 1994 vorgedrungen. Wozu? Nach Öl wurde nicht gesucht, das ist sicher, also wozu dann? Gar nicht so einfach zu erklären. Das wollen wir an dieser Stelle auch besser nicht versuchen. Nur soviel: Da wir uns hier in der Kontaktzone zweier großer Kontinentalplatten befinden, sollte untersucht werden, was sich bei der Kollision an den Plattenrändern abgespielt hat. Die Bohrung diente also der geowissenschaftlichen Grundlagenforschung. Neben dem Bohrturm besteht seit einigen Jahren das Geo-Zentrum. Hier erfahren Sie, wie Vulkane entstehen, wie sich Gebirge bilden und warum es immer wieder diese schrecklichen Erdbeben gibt. Sie können im Erdbebensimulator auf einer „Rüttelplatte" auch einmal spüren, wie sich verschiedene Erdbebenstärken anfühlen. Wer also wissen will, woraus unser „Blauer Planet" besteht, was ihn zusammenhält und welche Dynamik er immer noch hat, der sollte das Geo-Zentrum unbedingt in seine Reiseplanung aufnehmen. Wer es ganz genau wissen will, lässt sich von einem Geologen durch die Anlage führen. Weitere Informationen gibt es hier www.geozentrum-ktb.de.

Wallfahrtskirche Sankt Felix in Neustadt an der Waldnaab.

Wir fahren nach **Neustadt an der Waldnaab** weiter. Das Alte und das Neue Schloss liegen dicht beieinander am Stadtplatz und werden heute als Bürogebäude für das Landratsamt genutzt. Einige schmucke giebelständige Häuser runden das Bild der Altstadt, die sich oberhalb eines steilen Ufers an der Waldnaab befindet, ab. Sehenswert ist die Wallfahrtskirche am Südrand der Stadt. Von den vielen Glashütten, die einst den Ort prägten, ist keine übrig geblieben. Der Strukturwandel in diesem Industriezweig hat auch diese Stadt nicht verschont. Ein kleines Museum neben der Stadtpfarrkirche erinnert an die Blütezeit der "Stadt des Bleikristalls", wie Neustadt sich immer noch nennt.

Wer übernachten will und/oder entsorgen muss, dem empfehlen wir den schönen Campingplatz im Norden von Neustadt **[120:** N49°44'13.4" E12°10'18.2"]. Wir kehren nach dem Besuch dieser Stadt nach Weiden zurück.

TOUR 8 (ca. 215 km)

Weiden – Vohenstrauß – Pleystein – Waidhaus – Eslarn – Schönsee – Treffelstein – Waldmünchen – Rötz – Neunburg vorm Wald – Winklarn – Oberviechtach – Tännesberg – Leuchtenberg

Stellplätze:	Vohenstrauß, Pleystein, Waidhaus, Eslarn, Schönsee, Treffelstein, Waldmünchen, Rötz, Neunburg vorm Wald, Winklarn, Oberviechtach, Tännesberg, Leuchtenberg.
Campingplätze:	Waldmünchen, Neunburg vorm Wald, Trausnitz.
Besichtigungen:	Pleystein (Kreuzbergkirche), Eslarn (Wildpark), Schönsee (Kurpark), Rötz (Handwerksmuseum), Neunburg vorm Wald (Altstadt, Burg), Oberviechtach (Eisenbarth-Museum), Lukahammer (Größter Bierkrug der Welt), Leuchtenberg (Burgruine).
Wandern/Radwandern:	Vohenstrauß (Bocklradweg), Winklarn (Kulzer Moos), Oberviechtach (Goldlehrpfad), Tännesberg (Geologischer Lehrpfad).
Baden/Wellness:	Eslarn (Naturbad Atzmannsee), Schönsee (Moorbad), Treffelstein (Silbersee), Waldmünchen (Perlsee), Rötz (Eixendorfer Stausee), Neunburg vorm Wald (Freibad), Oberviechtach (Freibad).

Wir starten unsere Tour durch den Oberpfälzer Wald in Weiden. Für die Beschreibung der Stadt verweisen wir auf die Seiten 134-135.

Wer die Ruhe und Beschaulichkeit liebt, dem wird diese Tour durch den Oberpfälzer Wald gefallen. Fernab von Hektik und großem Touristenrummel finden Sie in dieser Region noch Seen und Plätze, an denen Sie auch zur Hauptreisezeit fast ganz allein stehen. Glauben Sie nicht? Kommen Sie mit, wir zeigen Ihnen, wo Sie diese Plätze finden.

Zunächst geht es von Weiden nach **Vohenstrauß**. Der Ort in unmittelbarer Nähe der A6 ist schnell erreicht und ist für die Wohnmobilisten auf dem Weg nach Osteuropa ein beliebter Etappenort, liegt doch der hiesige Stellplatz nur wenige Kilometer von der Autobahn entfernt.

Der Grundriss der Stadt lässt eine mittelalterliche Entstehung erkennen. Die Zahl der Sehenswürdigkeiten ist überschaubar. Die **Friedrichsburg**, das Wahrzeichen des Ortes, wird heute für Ausstellungen genutzt, der Innenhof für Festveranstaltungen. Die Außenfassaden des schönen Renaissancegebäudes wurden aufwendig restauriert und können zu jeder Zeit besichtigt werden.

Die Friedrichsburg in Vohenstrauß.

(121) Offizieller WOMO-Stellplatz: Vohenstrauß – Stadthalle

GPS: N49°37'04.4" E12°20'42.0"; Neuwirtshauser Weg, 92648 Vohenstrauß.
Max. WOMOs: 8, maximale Länge 12 m, max. Aufenthalt 3 Tage.

Ausstattung: Wasserver- und Abwasserentsorgung, Kassettenentleerung, Stromanschlüsse, Behälter für die Müllentsorgung. Der Platz ist ganzjährig geöffnet, die Wasserversorgung in den Wintermonaten abgestellt.
Beschreibung: Befestigter Platz am Ortsrand neben der Stadthalle, 600 Meter bis zur Ortsmitte. Dusche und WC sind in einem Container untergebracht. Den Schlüssel dafür gibt es im Rathaus.
Preise: Für den Zugang zum Container und den Stromanschluss sind 10,00 € zu zahlen, alles andere ist kostenfrei.
Zufahrt: Von der Stadtmitte Richtung Autobahn fahren und hinter dem Schloss Friedrichsburg rechts abfahren.

Darüber hinaus laden das Heimatmuseum, das Edelstein- und das Blaufärbermuseum zu einem Besuch ein.

Wer die Räder dabei hat, kann von hier aus bequem den **Bocklweg**, den längsten Bahntrassen-Radweg Bayerns, fahren. Von Vohenstrauß geht es in die eine Richtung über Pleystein, Waidhaus und Eslarn bis an die tschechische Grenze (ca.31 km) oder in die andere Richtung über Floß nach Neustadt an der Waldnaab (ca.21 km).

Wir fahren nicht mit dem Rad, sondern mit unserem WOMO weiter in das rund 2500 Einwohner zählende Städtchen **Pleystein**. Auf dem Stellplatz am Rande des Ortes stellen wir unser Fahrzeug ab. Nur 500 Meter sind es über den Marktplatz bis zu der Treppe, die zum Kloster der Salesianer und der

(122) Offizieller WOMO-Stellplatz: Pleystein – Friedhof

GPS: N49°38'39.4" E12°24'19.2"; Galgenbergweg 5, 92714 Pleystein.
Max. WOMOs: 5, maximale Länge 12 m.

Ausstattung: Frischwasserver- und Abwasserentsorgung, WC, Behälter für die Müllentsorgung. Der Platz ist ganzjährig geöffnet, die Wasserversorgung in den Wintermonaten abgestellt.

Beschreibung: Fein geschotterter Platz am Stadtrand neben dem Friedhof.

Preise: Kostenlos.

Zufahrt: Über die Vohenstraußer Straße in Richtung Stadtmitte fahren und vor der scharfen Linkskurve rechts abbiegen.

Kreuzbergkirche führt. Beide befinden sich auf einem mächtigen Gesteinskoloss aus Rosenquarz. Der 38 Meter hohe und steil abfallende Felsen tritt an seiner Ostseite besonders schön zutage. Es ist der harte Kern eines Pegmatitstockes, der am Ende des Erdaltertums entstand. Eine Zeit lang wurde an diesem Hang Bergbau betrieben, sogar nach Gold wurde gesucht und ein Stollen in den Fels getrieben. All das wurde eingestellt, es stellte sich als unergiebig heraus. Der Fels darf nicht erklettert werden, denn er steht als Naturdenkmal unter Schutz.

Kreuzbergkirche in Pleystein.

Die Häuser und auch die beiden Kirchen der Stadt sind alle jüngeren Datums. Durch den Großbrand im Jahr 1901 erlebte der Ort eine Feuerkatastrophe. Die Kreuzbergkirche wurde im Stile des Neubarocks wieder errichtet, für die Stadtpfarrkirche, die ebenfalls den Flammen zum Opfer gefallen war, wurde eine neugotische Formensprache gewählt.

Die vielen Ortsnamen und Weiler entlang des Zottbachtales nördlich von Pleystein die einen »hammer« oder eine

»mühle« in ihrem Namen tragen, deuten auf eine handwerkliche Vergangenheit dieser Region hin. Ein Wanderführer macht uns den Glasschleiferweg, der diese Orte verbindet, schmackhaft und spricht von "besonderem Reiz" und "kulturgeschichtlichem Erlebnis". Wir verschieben jedoch die Wanderung auf einen späteren Zeitpunkt und fahren weiter.

In **Waidhaus** befindet sich die Grenzübergangsstelle nach Tschechien. Nachdem dieses Land dem Schengener Abkommen beigetreten ist, haben die Abfertigungsgebäude an der Bundesstraße ihre Bedeutung verloren. Ein kleines Museum, dass den "Eisernen Vorhang" zum Thema hat, wurde eingerichtet. Preiswert tanken ist hier möglich und Raucher können billiger als in Deutschland Tabakwaren einkaufen.

Zurück nach Waidhaus: Neben Wandern (es gibt einige markierte Wander- und Spazierwege) und Radeln (z.B. auf dem Bocklweg) bietet der Ort mit der Freizeitanlage "Bäckeröd" ein Freibad mit einem großen naturnahen Badesee an. In unmittelbarer Nähe davon liegt der Wohnmobilstellplatz neben einem Gehöft.

(123) Offizieller WOMO-Stellplatz: Waidhaus

GPS: N49°38'50.7" E12°30'06.8"; Frankenreuth 53, 92726 Waidhaus.
Max. WOMOs: 10, maximale Länge 10 m.
Ausstattung: Wasserver- und Abwasserentsorgung, Kassettenentleerung, Stromanschlüsse, Behälter für die Müllentsorgung, Grillstelle, Gemeinschaftsraum, Hofladen. Im Servicecontainer gibt es Dusche, WC und Waschmaschine. Der Platz ist von März bis Oktober geöffnet.

Beschreibung: Wiesengrundstück neben dem Trägerhof, sehr ruhig, 250 Meter von der Freizeitanlage "Bäckeröd" mit Freibad entfernt.
Preise: 10,00 € für ein Fahrzeug mit 2 Personen, Ver- und Entsorgung kostenlos, Strom 0,50 € kWh, Dusche 2,00 €, Waschmaschine 4,00 €.
Zufahrt: Durch Waidhaus ist es teilweise eng. Über die Staatsstraße zuerst nach Frankenreuth zu fahren und sich dann zum Stellplatz vorzuarbeiten ist die angenehmere Variante den Platz zu erreichen.

Wir fahren weiter nach **Eslarn**. Sehenswürdigkeiten gibt es hier keine aufzuzählen. Es ist ein ruhiger Erholungsort, der Naturliebhabern gefallen wird, die ungestört wandern wollen. Mit dem **Atzmannsee** verfügt der Ort über ein Naturbad. In unmittelbarer Nähe kann man problemlos und sehr ruhig übernachten [**124:** N49°34'43.1" E12°30'30.3"]. Nur wenige Meter sind es von diesem asphaltierten und kostenlosen Parkplatz bis zum See, an dessen Ufer sich auch ein kleines Lokal befindet, das einfache Gerichte und kühle Getränke anbietet. Zahlreiche Wanderwege führen durch die nähere Umgebung des Ortes. Der Wallenstein-Tilly-Weg führt zur **Tillyschanz** an der Grenze zu Tschechien. Hier sind die Reste einer Befestigungsanlage zu sehen, die der Feldherr Tilly während des Dreißigjährigen Krieges errichten ließ (etwa sechs Kilometer vom Atzmannsee entfernt). Ein etwa gleich langer Weg führt zum **Wildpark Stückberg**, der an der Hauptstraße nach Schönsee [GPS: N49°32'48.4" E12°32'22.3"] liegt. Große Populationen mit Rot-, Dam- und Schwarzwild sind in den Gehegen untergebracht. Zum Teil recht zutraulich, lassen sie sich gern mit Eicheln und Kastanien füttern. So nah kommt man nur selten an diese Tiere heran. Ein rund ein Kilometer langer Lehrpfad wurde entlang des Tiergeheges eingerichtet, auf dem sehr viel über die heimischen Wildtierarten auf unterhaltsame Weise gelernt werden kann. Der Wildpark ist frei zugänglich.

Der Atzmannsee in Eslarn.

Wildsau mit Frischlingen im Wildpark Stückberg.

Rund zwei Kilometer Fußmarsch vom Parkplatz entfernt bietet ein 32 Meter hoher **Aussichtsturm** einen guten Blick über den Oberpfälzer Wald. Er steht auf dem 809 Meter hohen **Stückberg**. Der Weg dorthin ist ausgeschildert.

Auf der weiteren Fahrt kommen wir nun nach **Schönsee**. Der Name klingt verheißungsvoll. Mit dem Keckenweiher, dem Hahnenweiher und dem **Moorbad** hat der Ort an der Ascha gleich drei Seen aufzuweisen. Das Bad mit den Ruheflächen, Liegewiesen und Spielanlagen ist Teil des Kurparks. Der

Der Köckenweiher in Schönsee.

Park liegt nahezu mitten in der Stadt entlang der Ascha, die im Bereich der Arena am Wasserrad auch ein Kneipptretbecken durchfließt. Die Wasserfläche des Moorbades ist mit Sitzstegen eingefasst und wird aus einer moorhaltigen Quelle gespeist. Das Wasser ist absolut naturbelassen. Der Eintritt ist frei, der Stellplatz [**125:** N49°30'40.6" E12°33'14.7"] direkt daneben. Er ist recht klein. Sollte er belegt sein, bietet sich schräg gegenüber auf dem Festplatz eine großräumige Alternative. Im Ort gibt es mehrere Restaurants. Im Gasthof Haberl am Hahnenweiher kann die regionale Küche ausprobiert werden. Hier wird auch direkt am Seeufer serviert.

Auch bei den nächsten Etappenzielen stoßen wir auf Badeseen. Wir fahren weiter Richtung Waldmünchen, durchfahren Tiefenbach und kommen nach **Treffelstein**. Der kleine Ort wird überragt vom 15 Meter hohen **Drachenturm**, dem Rest einer Burganlage aus dem 11. Jahrhundert. Aus der Mitte des Ortes führt die Silberseestraße zum naturbelassenen Silbersee. Segeln, Surfen, Baden, der See bietet viele Möglichkeiten an dieser Stelle. Auch hier parken Sie in unmittelbarer Nähe des Ufers [**126:** N49°24'55.8" E12°35'50.3"], unweit des kleinen Badestrandes. Für eine Übernachtung an dem

Der Badestrand am Silbersee.

Der Silbersee lässt sich auf einem sechs Kilometer langen Weg umrunden.

schönen See scheint uns der Platz in der Nähe des Staudammes noch geeigneter. Diesen erreichen Sie, wenn Sie den Ort in südliche Richtung verlassen, das Dorf **Witzelsmühle** ansteuern und sich dann dem See wieder von Süden nähern. Einfacher geht es mit der Eingabe dieser Koordinaten [**127:** N49°24'30.8" E12°36'31.6"]. Für diesen Platz, wie für den vorangegangenen sind 5,00 € Standgebühren zu zahlen, wenn Sie übernachten wollen. Da es keine Parkuhren gibt und auch niemand vorbeikommt den Betrag zu kassieren, werden Sie gebeten den Betrag beim Bürgermeisteramt in Tiefenbach in der Hauptstraße 33 zu den üblichen Bürozeiten zu zahlen. Das steht nirgendwo geschrieben, das erfahren Sie nur, wenn Sie die ausgehängte Telefonnummer anrufen mit der Sie aufgefordert werden, sich eine Genehmigung zur Übernachtung einzuholen. Ist leider sehr umständlich. Allerdings kontrolliert auch niemand Ihren Aufenthalt.

Parkplatz am Südufer des Silbersees.

Der See wird von der Bayerischen Schwarzach gespeist, die wenige Kilometer weiter flussaufwärts in Tschechien entspringt und sich weiter südlich bei Ast mit ihrer etwas kräftigeren böhmischen Schwester zur Schwarzach vereinigt.

Die Böhmische Schwarzach durchfließt den **Perlsee**, unserem nächsten Ziel am nördlichen Stadtrand von Waldmünchen. Dazu fahren wir nach Treffelstein zurück und über die St2154 in Richtung Waldmünchen. Es sind nur etwa sieben Kilometer zurückzulegen, bis wir die Abzweigung zum Perlsee erreicht haben. Was sofort auffällt: Er ist sehr viel stärker frequentiert, hat deutlich mehr Besucher, was sicher nicht zuletzt auf den großen Campingplatz [**128:** N49°23'43.4" E12°41'55.4"] am nördlichen Seeufer zurückzuführen ist. Alle Informationen dazu finden Sie hier www.campingplatz-waldmuenchen.de. Wer diesen Platz nicht nutzen möchte sondern nur das Strandbad

Blick auf den Perlsee mit dem Campingplatz im Hintergrund.

aufsuchen will, der kann sein Fahrzeug vor der Anlage abstellen [GPS: N49°23'37.7" E12°41'41.2"], um nach wenigen Metern den Badestrand zu erreichen oder mit den Kindern den Erlebnisspielplatz **Räuberhöhle** zu besuchen.

Was gibt es im Luftkurort **Waldmünchen** zu sehen? Nun, neben dem Spaßbad Aquafit [**129:** N49°23'05.3" E12°42'09.2"] auf dessen Parkplatz Sie für den Besuch der Stadt parken können, ist das **Grenzland und Trenckmuseum** interessant, das die Themen "Leben an der Grenze" sowie "Trenck der Pandur" aufgreift. Über die Öffnungszeiten und Eintrittspreise informiert diese Seite www.waldmuenchen.de. Trenck diente unter Kaiserin Maria Theresia und belagerte Waldmünchen während des österreichischen Erbfolgekrieges. Auf der Freilichtbühne der alten Burganlage wird alljährlich in den Sommermonaten an mehreren Tagen ein großes historisches Festspiel dazu aufgeführt. Die genauen Daten erfahren Sie auf dieser Seite www.trenckfestspiele.de.

Neben der alten Burganlage ist auch die Stadtpfarrkirche in der Nähe des Marktplatzes interessant. Der sehr markante Turm war in früheren Jahren in erster Linie Stadtturm und erst in zweiter Linie ein Kirchturm. Ein Türmer wachte noch bis 1923 über die Stadt und alarmierte die Bevölkerung bei Bränden und anderen Gefahren.

Wir verlassen Waldmünchen und fahren entlang der Schwarzach nach **Rötz**. Unser nächstes Ziel ist der Ortsteil **Hillstett** am oberen Ende des aufgestauten **Eixendorfer Sees** mit seinem **Handwerksmuseum**. Dort angekommen [**130:** N49°20'34.5" E12°29'06.6"], sehen wir als Erstes eine große alte Dampflok, die auf einem Rest der Schienentrasse steht, die einmal von Neunburg vorm Wald nach Rötz führte.

Dampflok am Eingang des Handwerksmuseums in Hillstedt.

Früher befanden sich entlang der Schwarzach Handwerksbetriebe, die die Wasserkraft des Flusses für ihre Gewerke nutzten. Bevor der Eixendorfer See 1975 geflutet wurde, musste der **Seebarnhammer**, ein aus dem Mittelalter stammendes Hammerwerk, vor dem Untergang bewahrt werden. Die Demontage am Flusslauf und die Wiedererrichtung am höher gelegenen Ufer auf dem ehemaligen Bahnhofsgelände in Hillstett war der Grundstein für dieses Museum, das sich den alten Handwerkstechniken widmet. Zwei Holzsägewerke sind noch zu besichtigen sowie eine Reihe von zum Teil originalgetreu wiederaufgebauten Werkstätten von Handwerksberufen wie Wagner, Seiler, Gerber, Schmied und Sattler, um nur einige zu nennen. Über die Öffnungszeiten und Eintrittspreise informiert diese Seite hwm.as-wm.de.

Um den rund 200 Hektar großen See führt ein Wanderweg von etwa 14 Kilometern Länge. Ein ganzjährig geöffneter Campingplatz befindet sich am Westende des Sees in Gütenland [**131:** N49°20'12.2" E12°26'23.1"]. Es ist eine kleine familiäre und sehr ruhige Anlage über die diese Seite www.camping-haus-seeblick.de weitere Informationen liefert. Dort können auch Reservierungen oder Buchungen vorgenommen werden.

Einen schönen sonnigen Badeplatz mit einem kleinen, wenige Meter entfernten Strand mit Liegewiese finden Sie an dieser Stelle [**132:** N49°20'38.6" E12°26'48.0"] im Ortsteil **Eixendorf Ost**. Still und ruhig ist es hier unter der Woche und wenn Sie Glück haben (so wie wir), dann haben Sie den Platz ganz für sich allein.

Einsam und allein in der Abendsonne am Eixendorfer See.

Gelegentlich schaut an diesem Platz ein Nebenerwerbslandwirt vorbei und bietet seine Produkte frisch vom Hof an. Schon traumhaft die Lage und die Versorgung an dieser Stelle. Da verzichten wir doch gern auf einen Restaurantbesuch. Einen Gasthof gibt es hier nämlich nicht.

Bis zu unserem nächsten Ziel **Neunburg vorm Wald** ist es nur noch ein Katzensprung. Wir parken am Freibad, das ist sehr zentrumsnah, trotzdem relativ ruhig und gleichzeitig auch der offizielle Stellplatz der Stadt. Burghof, Altes und Neues Schloss sowie die Pfarrkirche St. Josef bilden ein schönes

(133) Offizieller WOMO-Stellplatz: Neunburg vorm Wald – Freibad

GPS: N49°21'04.9" E12°23'00.6"; Scherrstr. 2, 92431 Neunburg vorm Wald.
Max. WOMOs: 7, maximale Länge 10 m.
Ausstattung: Wasserver- und Abwasserentsorgung (mit Bodeneinlass), Kassettenentleerung, Stromanschlüsse, Behälter für die Müllentsorgung, ganzjährig geöffnet.
Beschreibung: Asphaltierter Platz direkt neben dem Freibad an der Schwarzach, relativ ruhig. Entfernung bis zur Stadtmitte 650 Meter.
Preise: Kostenlos, über Münzautomaten gibt es Frischwasser für 1,00 €, Strom für 1,00 € pro kWh.
Zufahrt: Von der St2040 Richtung Nabburg gleich hinter der Schwarzachbrücke rechts abbiegen.

Neunburg vorm Wald, Burgberg mit Turm.

Ensemble auf dem Burgberg oberhalb der Schwarzach. Der Rundweg durch die historische Altstadt nimmt nicht sehr viel Zeit in Anspruch, sie ist nun mal überschaubar klein.

Tipp: Alljährlich finden im Burghof zwischen Mitte Juli und Mitte August die **Festspiele zum Hussenkrieg** statt. Thema ist die Schlacht bei Hiltersried im Jahre 1433. Hintergrund ist die reformatorisch-revolutionäre Bewegung, die in dieser Epoche durch den tschechischen Theologen und Reformator **Jan Hus** gegen die katholische Kirche in Gang gesetzt wurde, zu dessen Tod führte und danach Aufstände seiner Anhänger entfachte. Und es gibt den jährlichen Mittelaltermarkt mit ausgelassenem Markttreiben und "allerley Spectaculum und Kurzweyl". Die Termine und Eintrittspreise sowie weitere Informationen und Hintergründe finden Sie hier www.burgfestspiele-neunburg.de.

Durch das reizvolle Tal der Ascha fahren wir weiter, vorbei an Weilern und Dörfern über Prackendorf nach **Kulz**. Kurz hinter dem Ortseingang biegen wir rechts ab in die Moosstraße, fahren dann noch ca. einen Kilometer und sind in der Moorlandschaft des **Kulzer Mooses**. Der kleine Wanderparkplatz liegt am Rande des Moores **[134:** N49°23'47.1" E12°27'23.5"]. Ein gut ausgeschilderter Lehrpfad mit einer Libelle als Zeichen wurde durch diese urwüchsige Landschaft angelegt. Der Rundweg ist etwa drei Kilometer lang und führt durch den zentralen Teil des etwa 80 Hektar großen Naturschutzgebietes. Er geht durch Birken-Moorwald, durch Niedermoor, durch kleine Graslandschaften und durch einen Erlenbruchwald. Ein schöner und spannender Spazierweg für Naturliebhaber.

Birkenmoorwald im Kulzer Moos.

Nach diesem Naturgenuss geht es über Winklarn weiter nach **Oberviechtach**. In dieser Stadt wurde 1663 **Johann Andreas Eisenbarth** geboren, der zu Lebzeiten je nach Sichtweise, entweder als Wunderheiler oder als Kurpfuscher galt. Das Spottlied, das über ihn verfasst wurde, wird nach letztem Kenntnisstand seiner Leistung nicht gerecht. Zwar trat er marktschreierisch auf, war aber in der Wundheilung und in Operationen, seinen Kollegen und seiner Zeit weit voraus. Im **Doktor-Eisenbarth- und Stadtmuseum** kann man mehr darüber erfahren. Auf dieser Seite können Sie sich vorab informieren https://oberviechtach.byseum.de.

(135) Offizieller WOMO-Stellplatz: Oberviechtach – Freibad

GPS: N49°27'10.7" E12°25'29.6"; Im Wiesengrund, 92526 Oberviechtach.
Max. WOMOs: 10, maximale Länge 12 m.
Ausstattung: Wasserver- und Abwasserentsorgung, Kassettenentleerung, Stromanschlüsse, Behälter für die Müllentsorgung, ganzjährig geöffnet.
Beschreibung: Asphaltierter Platz direkt neben dem Freibad, ruhig. Entfernung bis zur Stadtmitte etwas mehr als 1 Kilometer.
Preise: Alles kostenlos!
Zufahrt: Über die Straße „Im Wiesengrund"; der Beschilderung zum Freibad folgen.

Der offizielle Wohnmobilstellplatz am Freibad eignet sich gut für eine Besichtigungstour durch die Stadt. Bis zum Zentrum sind nur rund 1000 Meter zu gehen. Wer von den Festspielen in Waldmünchen und Neunburg noch nicht genug hat, der kann sich auch noch das **Doktor-Eisenbarth-Festspiel** anschauen https://doktor-eisenbarth.de, das ebenfalls in den Sommermonaten an mehreren Abenden aufgeführt wird. Wer der Eisenbarthschen Medizin vertraut, der kann das **Eisenbarth-Elixier**, ein Oberviechtacher Magenbitter in der Eisenbarth Apotheke in der Teunzer Straße 6 käuflich erwerben. Mittlerweile gibt es dazu sogar einen online-shop www.eisenbarthelixier.de.

Was Doktor Eisenbarth zu Wanderungen mitzuteilen hatte, wissen wir nicht. Zu seiner Zeit wanderte man auch noch nicht zum Freizeitvergnügen. In Oberviechtach gibt es für die geschichtsorientierten Wanderer einen **Gold-Lehrpfad** mit drei verschiedenen Wanderrouten. Die Stadt bietet dazu auch geführte Wanderungen an. Näheres gibt es dazu bei der Tourist-Info.

Der größte Bierkrug der Welt steht in Lukahammer.

Wer den **größten Bierkrug** der Welt sehen möchte, der ist in Oberviechtach richtig. 4718 Liter fasst das Ungetüm, das mit Motiven aus bayerischen Landen bemalt ist. Es steht vor Witterungseinflüssen geschützt in einem Gebäude im Ortsteil Lukahammer bei der Hammerschänke, einem Gasthof, auf dessen relativ kleinen Parkplatz man nach einer Einkehr sein müdes Haupt im WOMO niederlegen darf. Strom gibt es gratis dazu [**136:** N49°29'24.6" E12°27'12.5"].

Bevor wir weiterfahren, wollen wir noch auf die **Burgruine in Obermurach** hinweisen, dessen Bergfried als Aussichtsplattform dient. Sie erreichen den kleinen Parkplatz mit diesen Koordinaten [GPS: N49°26'44.6" E12°23'23.7"].

Weiter geht es nach **Tännesberg**. Wir nehmen die B22 und schon nach zwölf Kilometern haben wir den Ort erreicht. Wir fahren hoch zum Schlossberg und stellen das WOMO auf dem Parkplatz [**137:** N49°32'00.0" E12°19'59.6"] ab. Zwei Lehrpfade starten hier. Ein Sieben Kilometer langer Obstlehrpfad, der in Kösing, einem Ortsteil von Vohenstrauß endet und ein etwa drei Kilometer langer **Geologischer Lehrpfad**, der als Rundweg angelegt ist. Wir nehmen den didaktisch gut aufgebauten Geologischen Lehrpfad. So wie wir auf dem Planetenweg (Tour 5, Seite 123) unser Sonnensystem durchschritten haben, so durchlaufen wir nun in einem schönen

Wald die Erdgeschichte vom Präkambrium (Erdfrühzeit) bis ins Quartär (Erdneuzeit). Die Abschnitte sind so unterteilt, wie sie in etwa der Dauer des jeweiligen Erdzeitalters entsprechen. Wer mag, kann sich beim Tourismusbüro in Tännesberg Audioguides ausleihen und damit an den 15 Stationen auf dem Lehrpfad die Hintergrundinformationen zu den erdgeschichtlichen Epochen abrufen.

Ein kleines Schmankerl haben wir noch zum Ende dieser Tour anzubieten. Von Tännesberg fahren wir über die B22 in Richtung Weiden. Nachdem wir die Autobahn unterquert haben, sind es noch ungefähr drei Kilometer bis zur Abzweigung nach **Leuchtenberg**. Der beschauliche Ort ist schnell erreicht, die Burgruine von Weitem sichtbar. Um zu dem schönen Plätzchen [**138:** N49°35'54.9" E12°15'20.5"] hinter der Ruine zu gelangen, fahren wir rechts über den kleinen Busparkplatz und wählen das schmale Sträßchen "Hinter der Burg". Nach einigen Metern Buschwerk geht es dann links eine sehr schmale Einfahrt mit massiven Betonblöcken hinauf und voilà: schon öffnet sich ein großer befestigter Platz. Achten Sie bitte bei der Fahrt darauf, nicht zu früh links abzubiegen. Vermeiden Sie die Einfahrt in die Hohe Gasse, die ist eng und Sie kommen nur schlecht wieder heraus. Auch wenn die Koordinatenangaben exakt sind, kann Ihr Navi Sie unter Umständen in die Irre leiten.

Der Parkplatz hinter der Burgruine Leuchtenberg ist frei zugänglich.

Wir haben den Platz für uns allein. Glück gehabt, denn die "Akropolis der Oberpfalz", wie die Burg auch genannt wird, dient in den Sommermonaten als Freilichttheater, dann kann es eng werden auf diesem Areal. Eine umfangreiche und lesenswerte Beschreibung der Anlage finden Sie hier www.burgruine-leuchtenberg.de. Im Gasthof Maier am Fuße der Burg lässt es sich im Biergarten hervorragend essen, bevor es zurück geht nach Weiden.

Burgruine Leuchtenberg.

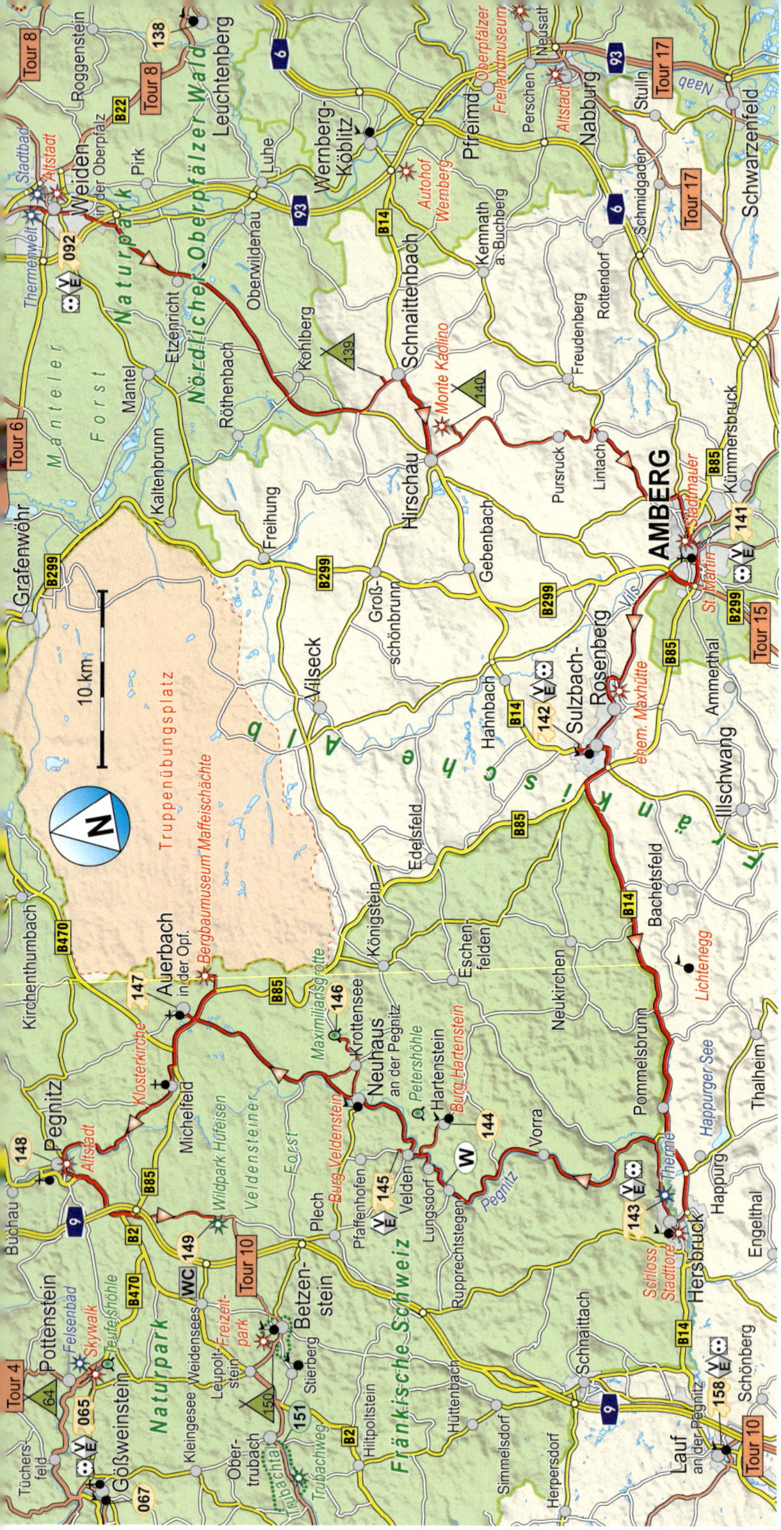

Weiden in der Oberpfalz
Altstadt
Stadtbad
Thermenwelt
092
Roggenstein
Tour 8
138
Leuchtenberg
Pirk
B22
Naturpark Nördlicher Oberpfälzer Wald
Manteler Forst
Mantel
Etzenricht
Oberwildenau
Luhe
Wernberg-Köblitz
Autohof Wernberg
Pfreimd
Oberpfälzer Freilandmuseum
Neusatt
Perschen
Altstadt
Nabburg
Stulln
Tour 17
Naab
Schwarzenfeld
Schmidgaden
Kemnath a. Buchberg
Rottendorf
Freudenberg
Schnaittenbach
B14
Kohlberg
Röthenbach
139
140
Monte Kaolino
Hirschau
Kaltenbrunn
Tour 6
Grafenwöhr
B299
Freihung
Groß-schönbrunn
Gebenbach
Pursruck
Lintach
AMBERG
Stadtmauer
B85
Kümmersbruck
141
St. Martin
Tour 15
Vils
10 km
Truppenübungsplatz
Vilseck
Alb
Fränkische
Hahnbach
142
Sulzbach-Rosenberg
ehem. Maxhütte
Ammerthal
Illschwang
Edelsfeld
Bachetsfeld
Lichtenegg
Königstein
Eschenfelden
Neukirchen
Pommelsbrunn
Happurger See
Thalheim
Kirchenthumbach
B470
Auerbach in der Opf.
Bergbaumuseum Maffeischächte
147
Maximiliansgrotte
146
Krottensee
Neuhaus an der Pegnitz
Petershöhle
Hartenstein
Burg Hartenstein
144
Vorra
Pegnitz
148
Altstadt
Klosterkirche
Michelfeld
Wildpark Hufeisen
Veldensteiner Forst
Burg Veldenstein
Pfaffenhofen
145
Velden
Lungsdorf
Rupprechtstegen
Therme
143
Hersbruck
Schloss Stadttore
Happurg
Engelthal
Büchau
Pottenstein
Felsenbad
Skywalk
Teufelshöhle
Tour 4
64
065
Gößweinstein
Tüchersfeld
067
Naturpark Fränkische Schweiz
Kleingesee
Weidensees
Leupoldstein
Freizeitpark
Betzenstein
Stierberg
150
151
Obertrubach
Trubachtal
Trubachweg
149
Tour 10
Plech
B2
Hiltpoltstein
Hüttenbach
Simmelsdorf
Herpersdorf
Schnaittach
Schönberg
158
Lauf an der Pegnitz

TOUR 9 (ca. 165 km)

Weiden – Schnaittenbach – Hirschau – Amberg – Sulzbach-Rosenberg – Hersbruck – Velden – Neuhaus a.d. Pegnitz – Auerbach i.d. Opf. – Pegnitz

Stellplätze:	Amberg, Sulzbach-Rosenberg, Hersbruck, Velden, Neuhaus a.d. Pegnitz, Auerbach i.d. Opf., Pegnitz.
Campingplätze:	Schnaittenbach, Hirschau, Hersbruck.
Besichtigungen:	Amberg (Altstadt), Sulzbach-Rosenberg (Altstadt), Hersbruck (Altstadt), Velden (Burg Hartenstein, Altstadt), Neuhaus a.d. Pegnitz (Burg Veldenstein, Maximiliansgrotte), Auerbach i.d. Opf., (Bergbaumuseum Maffeischächte), Pegnitz (Altstadt, Wildgehege Hufeisen).
Wandern/Radwandern:	Entlang der Pegnitz, Rund um Velden.
Baden/Wellness:	Schnaittenbach (Naturbad), Hirschau (Freibad), Amberg (Kurfürstenbad), Hersbruck (Therme), Pegnitz (CabrioSol).

Unser erstes Ziel auf der Reise nach Pegnitz ist das **Naturerlebnisbad** in **Schnaittenbach**. Wir erreichen den Parkplatz mit diesen Koordinaten [GPS: N49°33'18.8" E12°00'27.8"]. Wem der Naturbadesee gut gefällt und zu einem längeren Aufenthalt animiert, der kann sich auf dem direkt daneben liegenden Campingplatz **[139:** N49°33'21.6" E12°00'23.1"] einquartieren. Die Ausstattungsmerkmale, Bilder, Preise sowie Buchungsmöglichkeiten für das Naturerlebnisbad und den Campingplatz finden Sie auf dieser Seite www.schnaittenbach.de.

Schnaittenbach und **Hirschau**, der nächste Ort in den wir fahren, sind Zentren des Kaolinabbaus. Wir befinden uns in einer Bergbaulandschaft, in der im Tagebau das Mineral gewonnen wird, das als Rohstoff für die Porzellan- und Papierherstellung im Hirschauer Kaolinwerk aufbereitet wird. Quarzsand ist der Abfall bei dem Verarbeitungsprozess und da sich nicht genügend Verwendungsmöglichkeiten dafür finden, wird er einfach aufgeschüttet und abgelagert. So ist der **Monte Kaolino**

Monte Kaolino, 32 Millionen Tonnen Quarzsand.

entstanden, der sich zwar italienisch anhört, aber nur eine Abraumhalde darstellt, die noch weiter wächst, nicht in die Höhe, aber in die Breite.

Am Fuße des Berges wurde eine große Freizeitanlage angelegt. Hauptattraktion ist eine 260 Meter lange Abfahrt, die mit Sandskiern und Sandboards befahren werden kann. Eine Sommerrodelbahn ist hinzugekommen, dazu ein Freibad, ein Campingplatz, ein Hochseilgarten und anderes mehr. Wer dem Trubel entgehen will, der kann sich im **GeoPark Kaolinrevier** auf einem ruhigen Lehrpfad begeben und die Geschichte rund um den Kaolinabbau studieren.

(140) WOMO-Campingplatz: Monte Kaolino

GPS: N49°31'49.0" E11°57'47.2"; W. Drossbachstraße 114, 92242 Hirschau.
Max. WOMOs: >20, maximale Länge 10 m.
Ausstattung: Wasserver- und Abwasserentsorgung, Kassettenentleerung, Stromanschlüsse, WLAN, Behälter für die Müllentsorgung, Freibad, Spielplatz. Im Servicegebäude gibt es Dusche, WC, Waschmaschine und einen Trockner. Der Platz ist ganzjährig geöffnet.
Beschreibung: Ausgezeichneter, sauberer Platz direkt am Monte Kaolino.
Preise: Personen ab 16 Jahren 8,00 €, Kinder von 6 bis 15 Jahren 4,50 €, Wohnmobil Nebensaison 8,50 €, Hauptsaison 9,50 €, Waschmaschine/Trockner 2,00 €, Strom 0,40 pro kWh. Wer den Platz nur für eine Entsorgung nutzen will, zahlt dafür 10,00 €.
Zufahrt: Wie zum Monte Kaolino beschrieben.
Reservierung/Kontakt: Tel.: 09622/81502
E-Mail: info@montekaolino.eu, Web: www.montekaolino-hirschau.de.

Wir machen uns auf den Weg zu unserem nächsten Etappenziel. **Amberg** steht auf dem Programm. Der Stellplatz ist schnell gefunden, er liegt in der Nähe des Zentrums, ist aber trotzdem ruhig.

(141) Offizieller WOMO-Stellplatz: Amberg

GPS: N49°26'25.5" E11°51'43.0"; Schießstätteweg, 92224 Amberg.
Max. WOMOs: 16, maximale Länge 12 m, max. Aufenthalt 3 Tage.

Ausstattung: Wasserver- und Abwasserentsorgung mit Bodeneinlass, Kassettenentleerung, Stromanschlüsse, Behälter für die Müllentsorgung, ganzjährig geöffnet.
Beschreibung: Zentrumsnah, zwischen der Feuerwehr und der Vils. Eng angelegter Asphaltplatz mit einem hohen Zaun drumherum. Wirkt wie eine Käfighaltung für Wohnmobile. Macht aber nix, um die Stadt zu besuchen ist der Platz OK, denn bis zum Marktplatz sind nur 600 Meter zu gehen. Kurfürstenbad in unmittelbarer Nähe.
Preise: Kostenlos, mit Münzeinwurf gibt es Frischwasser für 1,00 €, Strom für 0,50 € pro kWh.
Zufahrt: Über den Kurfürstenring. Der Schießstätteweg zweigt in der Nähe der Brille von dem Ring ab.

Amberg

Um die Stadt auch nur halbwegs zu erkunden, sollte mindestens ein ganzer Tag eingeplant werden, besser sind zwei.

Ohne zu übertreiben darf man sagen, dass Amberg zu den wunderbarsten mittelalterlichen Städten Europas zählt.

Beginnen wir mit der fast vollständig erhaltenen Stadtmauer: An ihr entlang zu gehen ist einfach ein Genuss, auch am Abend, wenn die künstliche Beleuchtung die Architektur durch Licht und Schatten besonders gut zur Geltung kommen lässt. Vier Stadttore gibt es noch. Das **Nabburger Tor** im Osten der Altstadt imponiert mit seiner Renaissance-Architektur, die seit dem Ende des 16. Jahrhunderts praktisch unverändert erhalten geblieben ist. Gehen wir entgegen dem Uhrzeigersinn weiter, folgen das **Ziegeltor** im gotischen Stil und das **Vilstor** an der nördlichen Stadtmauer. Das Georgentor im Westen des "Eies", wie die Amberger ihre Altstadt wegen des eiförmigen Grundrisses auch nennen, existiert nicht mehr. Gehen wir entlang der Stadtmauer weiter, so kommen wir zum **Wingertshofertor**, dem kleinsten der verbliebenen Stadttore. Nur wenige Meter davon entfernt ist eine Brückenkonstruktion über die Vils zu sehen. Dieser Wassertorbau überspannt mit einer Länge von 46 Metern den Fluss. Die Spiegelung der Brückenbögen im Wasser hat diesem markanten Bauwerk den Namen **"Stadtbrille"** eingetragen. Sie ist das Wahrzeichen Ambergs.

Neben der mittelalterlichen Stadtmauer sind eine ganze Reihe bemerkenswerter Gebäude zu besichtigen.

Amberg Marktplatz mit Rathaus.

Sankt Georg mit Resten der Stadtmauer im Vordergrund.

Sauber polierte Braukessel im Gastraum der Schloderer-Bräu.

Wir beginnen mit dem Marktplatz, der sich im Zentrum der Altstadt befindet. Mittwochs und samstags können Sie sich auf dem Wochenmarkt wischen 7:00 und 13:00 Uhr mit frischem Gemüse, Obst und anderen Produkten eindecken. Der Bauernmarkt am Freitag bleibt den regionalen Erzeugern vorbehalten. Zwischen 8:00 und 13:00 Uhr gibt es nur Produkte aus der Region. Vom Gemüse über Fisch, Fleisch, Wurst und Käse ist alles dabei, was rund um Amberg angebaut und verarbeitet wird.

Neben dem Marktgeschehen bleibt aber immer noch genug Platz für Tische und Stühle der örtlichen Restaurants und Cafés, die vor der Kulisse des Rathauses zu einer Rast einladen. Die Fassade des Gebäudes ist reich verziert. Es stammt aus dem 14. Jahrhundert und zeigt Elemente der Gotik. Der Balustradenvorbau mit dem Treppentürmchen wurde im 16. Jahrhundert davorgesetzt.

Vor dem Rathaus plätschert ein Brunnen, der an die Amberger Hochzeit im Jahr 1474 erinnert. Eine arrangierte Vermählung die der Machtpolitik der Herzöge und Kurfürsten diente, auf die wir nicht näher eingehen wollen. Margarete (1456-1501), Tochter von Herzog Ludwig IX. von Bayern-Landshut (reg. 1450-1479) wurde mit dem pfälzischen Kurprinzen Philipp (reg. 1476-1508) vermählt. Es war ein ausschweifendes Fest mit mehr als 1000 Gästen, Bergen an köstlich zubereiteten Speisen und etlichen Hektolitern Wein und Bier. Zwanzig Köche und ungezähltes Hilfspersonal bereiteten die Mahlzeiten zu.

Gutes Essen und süffiges Bier gibt es natürlich auch heute noch in Amberg. Einst hatte die Stadt mehr als 30 Brauereien. Heute sind es sieben, die jede für sich mit ihren speziellen Bieren für den regionalen Markt produzieren. Eine der interessantesten ist **Schloderer Bräu** am Rande des Marktplatzes. Neben dem blank polierten Braukessel zu sitzen oder im Biergarten des Innenhofes, hat ein besonderes Flair. Die Auswahl auf der Speisekarte ist groß und wer Interesse an der Braukunst hat, der wird beim "Kesselhocken" oder bei einer Brauereiführung mehr erfahren

können. Mehr Informationen zu diesen Veranstaltungen bekommen Sie hier https://schlodererbraeu.de. Wenn Sie die Seite aufrufen, können Sie auch einen Blick in die umfangreiche Speisekarte werfen.

Genug der Kulinarik. Wenden wir uns wieder den Sehenswürdigkeiten der Stadt zu. Wir sind noch am Marktplatz und müssen uns nur umdrehen, um die **Basilika St. Martin** mit ihrem 92 Meter hohen Glockenturm zu sehen. Es ist die größte gotische Hallenkirche der Oberpfalz. Während der Reformation wurden sämtliche Bildnisse und Altäre ausgeräumt und zerstört. Nach der Gegenreformation erhielt sie einen prachtvollen barocken Hochaltar.

Die Georgenstraße führt in den Westen der Altstadt. Es ist eine Fußgängerzone und die Flaniermeile Ambergs. Hier gibt es zahlreiche kleine Ladengeschäfte, Cafés, Eisdielen, Pizzabäcker und anderes mehr.

Die Straße endet an einem ehemaligen Klosterkomplex in dem einst ein Jesuitenkolleg untergebracht war. Heute dient es als Provinzialbibliothek und hat einen sehr umfangreichen Buchbestand aufzuweisen. Darüber hinaus finden Buchvorstellungen, Lesungen und andere Veranstaltungen im Barocksaal des Gebäudes statt. Der Maltesergarten neben den Klostergebäuden ist frei zugänglich und dient heute als kleine grüne Oase inmitten der Altstadt. Hier können Sie durchatmen.

Wenn Sie sich vom Maltesergarten durch die Seminargasse auf den Rückweg begeben, kommen Sie am **Eh'häusl** vorbei. Es ist ein schnuckeliges nur 2,5 Meter breites Haus, das als Hotel genutzt wird. Maximal zwei Personen haben hier Platz aber das mit allem Komfort. Es ist das kleinste Hotel der Welt. Als Rarität zum Abschluss unseres Rundganges haben wir noch auf das **Luftmuseum** an der Vils zwischen der Brille und der Basilika St. Martin hinzuweisen. Erstaunlich, was hier rund um das Thema "Luft" dargeboten wird. Schauen Sie hier www.luftmuseum.de.

Für den, der sich in der Stadt die Füße müde gelaufen hat noch ein Tipp: Das Kurfürstenbad, ganz in der Nähe des Stellplatzes ist ein moderner Badetempel und verschafft sicher wohltuende Linderung.

Amberg "Stadtbrille" Wassertorbau über der Vils.

Das Rathaus in Sulzbach.

Wir fahren mit dem WOMO nach **Sulzbach-Rosenberg** weiter. In Rosenberg ist die Maxhütte das Denkmal für die längst aufgegebene Montanindustrie dieser Region. Von dem Industriekomplex ist nur der Hochofen stehen geblieben. Alles andere wurde abgerissen. Vollends abgeschlossen ist die Umgestaltung für eine neue Nutzung aber noch nicht.

Sulzbach zeigt ein sehr freundliches Gesicht. Die Altstadt ist klein, die Reste der Stadtmauer sind sorgfältig restauriert und bilden zusammen mit dem Rosenberger Tor ein malerisches Ensemble. Im Zentrum des Ortes liegt der Luitpoldplatz. Um ihn gruppieren sich alle sehenswerten Gebäude der Stadt wie das Schloss, das gotische Rathaus und die Marienkirche. Im 16. Jh. war das Sulzbacher Schloss Wittelsbacher Residenz und eines der größten Schlösser der Wittelsbacher in Nordbayern. Im Inneren kann man die Reste eines romanischen Bergfrieds besichtigen, ansonsten wird es heute für die Stadtbibliothek und die Sing- und Musikschule genutzt. Nach einer Übernachtung auf diesem Stellplatz geht es weiter nach Hersbruck.

(142) Offizieller WOMO-Stellplatz: Sulzbach-Rosenberg

GPS: N49°30'19.3" E11°44'41.6"; Bayreuther Str. 8, 92237 Sulzbach-Rbg.
Max. WOMOs: 6, maximale Länge 12 m, max. Aufenthalt 24 h.

Ausstattung: Frischwasserversorgung, Abwasserentsorgung Kassettenentleerung, Stromanschlüsse, ganzjährig geöffnet.
Beschreibung: Hinterhofcharakter, ruhig und zentrumsnah nur 600 Meter vom Luitpoldplatz entfernt.
Preise: Kostenlos, Frischwasser 1,00 € und Strom 0,50 € pro kWh. Abwasserentsorgung und Entleerung der Bordtoilette ist kostenfrei.
Zufahrt: Der Platz liegt an einer Nebenstraße der Bayreuther Straße. Hinter der Agentur für Arbeit rechts abbiegen.

Über die gut ausgebaute B14 erreichen wir bequem unser nächstes Etappenziel. Wer die Stadt besuchen will, der kann auf dem "Plärrer" [GPS: N49°30'23.6" E11°26'05.3"] das Fahrzeug abstellen. Von hier aus sind es nur wenige Meter in die mittelalterliche Altstadt. Wer in dem Ort übernachten möchte, dem empfehlen wir diesen Platz.

(143) Offizieller WOMO-Stellplatz: Hersbruck – Fackelmann Therme

GPS: N49°30'41.1" E11°26'33.2"; Amberger Str. 76, 91217 Hersbruck..

Max. WOMOs: 6, maximale Länge 12 m, max. Aufenthalt 5 Tage.
Ausstattung: Frischwasserversorgung, Abwasserentsorgung, Kassettenentleerung, Stromanschlüsse, ganzjährig geöffnet.
Beschreibung: Ebene geschotterte unmarkierte Stellflächen neben der Therme, ruhig. Entfernung bis zur Stadtmitte ein Kilometer.
Preise: 10,00 € für ein Fahrzeug, Frischwasser 1,00 € und Strom 1,00 € für 8 h. Abwasserentsorgung und Entleerung der Bordtoilette ist kostenfrei. Anmeldung und Bezahlung erfolgt an der Kasse der Therme.
Zufahrt: Über die Amberger Straße, gut ausgeschildert, vor dem Finanzamt rechts abbiegen.

Das **Wassertor** ist eines der drei historischen Tore dieser Stadt. Sie durchschreiten es, wenn Sie vom Plärrer über die Pegnitzbrücke in die Innenstadt gehen. Wenn Sie sich dann links halten, kommen Sie auch gleich zum **Schloss**, in dem heute das Amtsgericht seinen Sitz hat. Wir setzen den Altstadtbummel fort, vorbei an Fachwerkhäusern, vorbei an der Stadtkirche St. Maria mit ihrem spätgotischen Schreinaltar, wenden uns dem Unteren Markt zu, kommen am alten Rathaus vorbei und sind schon auf dem Oberen Markt. Wir sehen beim weiteren Rundgang das Nürnberger Tor, gehen jedoch nicht dorthin, sondern wenden uns nach rechts, kommen am Hirtenmuseum vorbei, gehen den Mauerweg und gelangen zum Spitaltor. Danach geht es an der Spitalkirche vorbei und wir nähern uns über die Mühlstraße dem Ausgangspunkt des Rundgangs. Das Restaurant Schwarzer Adler, das uns bei unserer letzten Reise noch mit "Schäuferla" lockte, hat

Das Schloss in Hersbruck.

Fachwerk an der Mühlstraße in Hersbruck.

mittlerweile geschlossen. Nur der Hotelbetrieb wird weitergeführt. Bedauerlich. Aber es gibt ja genug Alternativen in Hersbruck. Von der Pizzeria über den Griechen bis zum Gasthaus mit eigener Metzgerei (Michelmühle im Obermühlweg) ist alles dabei.

Die **Fackelmann Therme** ist eine große und moderne Anlage, eine Mischung aus Wellnessoase und Spaßbad. Um sich über das gesamte Angebot, die Eintrittspreise und Öffnungszeiten zu informieren, schauen Sie bitte auf diese Seite www.fackelmanntherme.de.

Von der Therme fahren wir die Straße in Richtung Amberg weiter, biegen aber dann in Hohenstadt nach Velden ab. Das Tal ist zu Beginn noch breit, wird fortlaufend schmaler, je mehr es flussaufwärts geht. Kurvenreich windet sich die Straße entlang der Pegnitz. Einzelne Felsvorsprünge machen die Tallandschaft malerisch und romantisch. Viele Parkmöglichkeiten entlang der Straße gibt es nicht. Am Bahnhof in **Rupprechtstegen** mit einem zum Restaurant umgebauten Eisenbahnwaggon ist ein kleiner Wanderparkplatz vorhanden [GPS: N49°35'50.6" E11°28'45.7"], ein weiterer neben einer Fußgängerbrücke über die Pegnitz an dieser Stelle [GPS: N49°36'05.0" E11°29'11.7"].

Wanderweg an der Pegnitz.

Entlang der Pegnitz lässt es sich angenehm wandern oder mit dem Rad fahren. Kanutouren können auch unternommen werden. Kurz vor Velden gibt es einen Kanuverleih. Von dort können Sie in einer Tagestour flussabwärts paddeln und werden von der Aus-

Kanutour auf der Pegnitz.

stiegsstelle anschließend zum Ausgangsort zurückgebracht. Weitere Informationen dazu bekommen Sie auf dieser Seite www.befree-franken.de. Dort können Sie auch Buchungen vornehmen.

Bevor wir auf unserer Hauptroute nach Velden weiterfahren, unternehmen wir noch einen kleinen Abstecher zur **Burg Hartenstein**. Kurz vor Velden biegen wir rechts ab und folgen den Hinweisen zum Ort **Hartenstein**. Es geht den Berg hinauf, vorbei an einer Industrieanlage. Nach zwei Kilometern haben wir das Ziel erreicht. Der Anstieg zur Burg ist steil und eng, lässt sich aber mit kleineren Fahrzeugen gut fahren. Wer mit einem großen Wohnmobil unterwegs ist, sollte diese Straße meiden und kurz hinter dem Ortseingang parken. Auf dem kleinen Parkplatz am Fuße der Burg stellen wir das WOMO ab [**144:** N49°35'50.5" E11°31'19.4"] und gehen hinein.

Blick von der Burg Hartenstein.

Die Anlage im Stile einer klassischen Ritterburg aus dem 13. Jh. beherbergt eine Ausstellung über das Rittertum in Franken und ein kleines, aber feines Restaurant mit Biergarten, das täglich geöffnet hat. Die Küche ist international ausgerichtet und hat eine umfangreiche Steakkarte. Hier www.burg-hartenstein.com finden Sie alle weiteren Informationen über die Burg inklusive der Öffnungszeiten, der Eintrittspreise und der Speisekarte des Restaurants.

Die kleine Stadt **Velden** mit weniger als 2000 Einwohnern wirkt romantisch-verträumt. Keine Sommerrodelbahn, kein Freizeitpark oder dergleichen "ergänzt" hier das touristische Angebot wie in vielen anderen Orten dieser Region. Der Ort hat sich seine Authentizität in einer sehr schönen Naturlandschaft bewahrt. Das macht ihn sehr charmant. Für uns Wohnmobilisten wurde dieser Stellplatz angelegt.

(145) Offizieller WOMO-Stellplatz: Velden

GPS: N49°37'03.5" E11°30'47.3"; Toni-Wolf-Platz, 91235 Velden.

Max. WOMOs: 15, maximale Länge 12 m.

Ausstattung: Frischwasserversorgung, Abwasserentsorgung, Kassettenentleerung, keine Müllentsorgung, ganzjährig geöffnet.

Beschreibung: Großer geschotterter unparzellierter Stellplatz am nördlichen Stadtrand.

Preise: Kostenlos, Frischwasser 1,00 €, Abwasserentsorgung und Entleerung der Bordtoilette ist kostenfrei.

Zufahrt: Der Platz liegt am Ortsausgang in Richtung Pfaffenhofen nah am Friedhof.

Spaziergang durch und um Velden

Wir wählen für den Spaziergang in den Ort den Scheunenweg, der am Friedhof vorbeiführt und nähern uns damit dem Städtchen sozusagen von hinten. Nach rund 700 Metern sind wir bereits am Mühltor angelangt. Wir setzen den Spaziergang fort, gehen durch das Tor, werfen einen Blick in den Schlosshof und sind dann auch schon auf dem Marktplatz, der von einigen Gasthäusern umgeben ist. Die Brücke über die Pegnitz ist in Sichtweite, wir überqueren diese und schlendern die Straße entlang, bis wir zu einer Fußgängerbrücke über die Pegnitz kommen. Nach der Überquerung geht es am Fuße eines steilen Felsens entlang einer Fluss-Schleife zu einer alten Mühle. Einfach nur malerisch! Das Mühlrad an dem kleinen Wehr ist zwar nicht in Betrieb und auch nicht sofort zu erkennen, aber die Kombination mit Fachwerk, plätscherndem Wasser, quakenden Enten und dem satten Grün der Bäume ergibt ein schönes Bild. Fast könnte man glauben, man sei hier in einem Museumsdorf gelandet. Aber dem ist nicht so. Die Häuser sind bewohnt und sehr gepflegt, die Gärten mit Blumen- und Gemüsebeeten angelegt. Über die Mühlgasse gelangen wir wieder zum Mühltor und es geht zurück zum Stellplatz.

Das Mühltor in Velden an der Pegnitz.

Eine längere Rundwanderung führt vom Bahnhof in Velden über die **Petershöhle** zur Burg Hartenstein und von dort wieder zum Bahnhof zurück. Folgen Sie dabei der blau-weißen Markierung über den "Rosstritt" und der Beschilderung zur Petershöhle und nach Hartenstein. Im ersten Viertel gibt es einen steilen Anstieg zu bewältigen, danach geht es weitgehend anstrengungsfrei weiter. Nach dem ersten Viertel ist auch schon die Petershöhle erreicht. Hier wurden zu Beginn des 20. Jahrhunderts Überreste eiszeitlicher Großsäugetiere (u.a. Bären, Hyänen, Wisente und Nashörner) entdeckt, sowie Steingeräte aus der Zeit des Neandertalers vor 80.000 Jahren. In der Altsteinzeit war diese Höhle eine Kultstätte. Die Höhle ist nur 70 Meter lang und frei zugänglich. Ohne Taschenlampe sehen Sie allerdings nichts, um eine ausgeleuchtete Schauhöhle handelt es sich hier nämlich nicht. Die Höhle ist ein mit kurzen Gängen verbundenes System von Hallen und Kammern.

Der weitere Weg nach Hartenstein verläuft teilweise auf dem **Naturlehrpfad Hartensteiner Oberberge**. Hier gibt es ein Baumtelefon, einen Barfußpfad und anderes, was insbesondere für Kinder diesen Waldspaziergang von rund 7,5 Kilometern Länge noch interessanter werden lässt. Natürlich freut sich der Gaumen auf ein leckeres Steak im Biergarten auf der Burg Hartenstein, bevor es den Weg wieder hinunter geht. Diesmal aber etwas kürzer. Wenn Sie "Rundwanderweg Petershöhle" googeln, stoßen Sie bei outdooractive auf eine genauere Beschreibung und eine Wanderkarte.

Wir verlassen Velden und fahren weiter nach **Neuhaus an der Pegnitz**.

Hauptsehenswürdigkeit des Städtchens ist die **Burg Veldenstein**. Um an sie heranzukommen, fahren wir in den Ort hinein und über den Oberen Markt in die Burgstraße. Die Straße führt den Berg hinauf, an der rechten Seite finden wir einen Parkplatz [GPS: N49°37'46.2" E11°32'46.5"]. Die mächtige Anlage geht auf eine Gründung um das Jahr 1000 zurück. Die lange Geschichte der Burg wollen wir hier nicht

Burg Veldenstein in Neuhaus an der Pegnitz.

wiedergeben. Zerstört wurde die Burg nie, trotzdem standen umfangreiche Sanierungsarbeiten an, die 2021 noch nicht abgeschlossen waren. Wann die Burg wieder besichtigt werden kann, ist zurzeit noch offen.

In Neuhaus an der Pegnitz ist aber nicht nur die Burg Veldenstein sehenswert. Im Ortsteil **Krottensee** befindet sich eine der größten Höhlen der Fränkischen Alb, die **Maximiliansgrotte**. Parken und eine ruhige Nacht können Sie hier [**146:** N49°37'42.7" E11°35'24.6"] verbringen.

Die Tropfsteinhöhle am Waldrand ist etwas mehr als einen Kilometer lang. Nur ein kleiner Teil ist mit einer Führung zu besichtigen. Nacheinander werden bei acht Grad Celsius Frische der Leißnerdom, die Adlergrotte, die Orgelgrotte mit einem Sinterbecken und die Schatzkammer betreten. Die Schwarze Halle ist die letzte Station, von ihr geht es wieder ins Freie. In einer Seitenkammer der Orgelgrotte befindet sich der "Eisberg"; ein mächtiger sechs Meter hoher Stalagmit mit einem Durchmesser von etwa drei Metern, einer der größten Tropfsteine Deutschlands. Die Höhle ist eine Station des karstkundlichen Wanderpfades, der an verschiedenen Grotten, Felsformationen und einer Doline vorbeiführt. Wer nach einer Wanderung und dem Höhlenbesuch Hunger bekommen hat, kann diesen in dem Gasthaus Grottenhof in unmittelbarer Nähe der Höhle stillen und eine Brotzeit mit in der Grotte gereiftem Käse genießen.

Die Schatzkammer der Maximiliansgrotte.

Parkplatz an der Maximiliansgrotte.

Wir wenden uns nun unserem nächsten Ziel zu und fahren nach **Auerbach in der Oberpfalz**. Wir durchqueren Krottensee, verlassen den Ort in nördliche Richtung und sind schon bald auf der St2162. Nun sind es nur noch acht Kilometer. Schon von Weitem ist der Kirchturm von St. Johannes zu sehen, er weist uns den Weg in das Zentrum der durchaus sehenswerten Stadt. Die Pfarrkirche ist von besonderem Interesse. Sie glänzt mit barocker Pracht in der Innengestaltung und im Chorraum mit einem Altar aus heimischem Eisenerz. Dass Auerbach etwas mit dem Auerochsen zu tun hat, haben wir nicht vermutet, aber er prangt im Stadtwappen und mitten in der Innenstadt steht ein in Bronze gegossenes Exemplar. Lebend gibt es sie auch und zwar in den Bruchfeldern der ehemaligen Erzgrube Leonie. Bruchfelder deshalb, weil hier die Stollen des Untertagebaus teilweise zusammengesunken sind und zu Erdeinbrüchen geführt haben. Das Erz dieser Gruben wurde über Jahrzehnte in der Maxhütte in Rosenberg verarbeitet. Als die Hütte 1987 in Konkurs ging, kam auch der Eisenerz-Bergbau in Auerbach zum Erliegen.

Denkmal Förderturm Maffeischächte.

Zu dem hiesigen Stellplatz gibt es nicht viel zu sagen. Er ist Teil eines Groß-Parkplatzes und verfügt über keinerlei Einrichtungen für Wohnmobilisten. Wir betrachten ihn als reinen Parkplatz für eine Besichtigung der Stadt. Zum Verweilen lädt dieser Platz nicht ein. Sie finden ihn auf dem Franz-Josef-Strauß-Platz mit diesen Koordinaten [**147:** N49°41'29.2" E11°38'15.7"] .

Aus den **Maffeischächten** im Stadtteil **Nitzlbuch** ist ein Bergbaumuseum geworden. Die beiden Fördertürme sind die ältesten dieser Art in Bayern. Die Maschinen und Gerätschaften, die während des Grubenbetriebs verwendet wurden, können besichtigt werden. Sie erreichen die Anlage mit diesen Koordinaten [GPS: N49°40'42.7" E11°38'59.9"].

Neben dem Museumsbetrieb dienen die Schachtanlagen auch als Kulisse für zahlreiche Veranstaltungen. Das Programm und die Öffnungszeiten des Museums finden Sie auf dieser Seite www.maffeispiele.de.

Auf dem Weg zu unserer letzten Station dieser Tour fahren wir durch **Michelfeld**, einem Stadtteil von Auerbach. Wir halten an dem großen ehemaligen Benediktinerkloster an. Das Kloster wurde im 12. Jahrhundert gegründet und nach einer langen und wechselvollen Geschichte im Zuge der Säkularisierung zu Beginn des 19. Jahrhunderts aufgehoben. Die

Räumlichkeiten des Klosters dienen heute der Regens Wagner Stiftung für die Betreuung von Erwachsenen mit Behinderungen und können deshalb nicht besichtigt werden, aber die Kirche ist für Besucher offen. Betritt man sie durch das klassizistisch gehaltene Portal, so steht man sogleich in dem barock ausgestalteten Langhaus, das zu Beginn des 18. Jahrhunderts von den Gebrüdern Asam gestaltet wurde. Die Kirche ist von künstlerisch und kunsthistorisch hohem Wert, auch wenn das Gebäude mit seiner Architektur relativ einfach gehalten ist.

Barock der Gebrüder Asam im Innenraum der Klosterkirche Michelfeld.

Nur acht Kilometer sind es von Michelfeld bis zur Stadt **Pegnitz** an der Quelle des gleichnamigen Flusses, der uns auf dieser Tour in seinem attraktivsten Abschnitt begleitet hat. Einen offiziellen Wohnmobilstellplatz gibt es in dieser Stadt nicht. Wer die Stadt besuchen will, kann das Fahrzeug auf dem kostenlosen Parkplatz an der Badstraße abstellen [**148:** N49°45'27.3" E11°32'40.6"]. Der Platz liegt zentral am Rande der Innenstadt und ist trotzdem nicht übermäßig laut. Wer auch noch eine Runde schwimmen oder in die Sauna gehen möchte, der findet im **CabrioSol**, einem Schwimmbad mit einem überdimensionalem Cabrioverdeck in der Badstr. 4 ein schönes Freizeitbad. Es ist nur 250 Meter von diesem Parkplatz entfernt.

Historisches Rathaus in Pegnitz.

Stadtbummel Pegnitz

Wir unternehmen einen kleinen Stadtbummel in die unter Denkmalschutz stehende Innenstadt. Vom Parkplatz sind wir nach wenigen Metern in der verkehrsberuhigten Hauptstraße. Wir kommen zunächst über den Schweinemarkt an dem Denkmal eines Schweinehirten vorbei, dann am historischen Rathaus aus dem 16. Jahrhundert, das allerdings optisch wesentlich jünger aussieht, passieren die Stadtpfarrkirche St. Bartolomäus und erreichen die noch sehr junge Pegnitz. Wir halten uns links und gelangen in die Parkanlage Wiesenweiher, die von der Pegnitz durchflossen wird und gehen entlang des Flusses durch die Grünanlage zur Straße zurück, die uns wieder in die Innenstadt führt. Überragt wird die Stadt Pegnitz vom 544 Meter hohen Schlossberg, auf dem ein Aussichtsturm steht, der einen weiten Blick ins Umland ermöglicht. An seinem Fuße entspringt die Pegnitz, die hinter der Zaußenmühle in einem Springbrunnen eingefasst ist.

Nach dem Bummel durch Pegnitz fahren wir weiter zum **Wildpark Hufeisen**, ein Wildgehege, das sich mitten im Veldensteiner Forst befindet. Sie finden ihn mit diesen Koordinaten [**149:** N49°41'51.0" E11°29'43.1"]. Fahren Sie am besten am Eingang vorbei in den hinteren Bereich. Dort gibt es einen zweiten ebenen und geschotterten Parkplatz, auf dem Sie umgeben von hohen Bäumen in aller Ruhe übernachten können. In der Nähe des vorderen Parkplatzes gibt es eine Toilettenanlage und einen zu jederzeit zugänglichen Getränkeautomaten.

Freilaufendes Reh- und Sikawild im Wildpark Hufeisen.

Das Wildgehege ist rund 40 Hektar groß. Sie können durch Münzeinwurf eine Personenschranke lösen und die Anlage betreten. Ein Rundweg führt durch das Gelände. Die Gehege sind groß. Während die Schwarzkittel sich nur hinter sicheren Zäunen aufhalten können, kreuzen Dam- und Rehwild die Wege der Besucher und können mit dem am Eingang zu erwerbenden Futter aus der Hand gefüttert werden. Für Kinder ein immer wieder spannendes Erlebnis. Manches Tier ist scheu und springt bei hektischen Bewegungen des Nachwuchses schnell davon, andere stupfen die Kleinen und betteln geradezu um Futter. Für die Kinder gibt es des Weiteren einen großen Waldspielplatz.

Öffnungszeiten und weitere Informationen zum Wildgehege finden Sie hier www.wildgehege-hufeisen.de.

Tour 3
Hollfeld
Wiesentfels
Königsfeld
Sachsendorf
Tour 4
Plankenfels
Naturpark
Hochstahl
Burg Unteraufseß
Aufseß
Heckenhof
Waischenfeld
Ahorntal
Heiligenstadt
Burg Rabenstein
Sophienhöhle
Pottenstein
Pegnitz
Streitberg
Ruine Streitburg
Ruine Neideck
Gößweinstein
Ebermannstadt
Fränkische Schweiz
Pretzfeld
Kirchehrenbach
Walberla
Forchheim
Egloffstein
Obertrubach
Betzenstein
Gräfenberg
Tour 11
Neunkirchen am Brand
Eckental
Lauf an der Pegnitz
ERLANGEN
Heroldsberg
Schwaig bei Nürnberg
FÜRTH
NÜRNBERG
Zirndorf
Stein
Feucht
Wendelstein
Altdorf bei Nürnberg
Hersbruck
Tour 13
Ludwig-Donau-Main-Kanal
10 km

TOUR 10 (ca. 95 km)

Pegnitz – Betzenstein – Obertrubach – Egloffstein – Gräfenberg – Lauf an der Pegnitz – Nürnberg

Stellplätze:	Pegnitz, Obertrubach, Egloffstein, Gräfenberg, Lauf an der Pegnitz, Nürnberg.
Campingplätze:	Betzenstein.
Besichtigungen:	Betzenstein (Ort, Klauskirche), Egloffstein (Burg), Hundshaupten (Wildpark), Lauf an der Pegnitz (Altstadt), Nürnberg (Altstadt, Kaiserburg, Dürerhaus, Christkindlesmarkt, Spielzeugmuseum, Germanisches Nationalmuseum, DB-Museum, Dokumentationszemtrum Reichsparteitaggelände, Tiergarten).
Wandern/Radwandern:	Rund um Betzenstein, Trubachtal, Gräfenberg (Fünf-Seidla-Steig, Sinterterrassen).
Baden/Wellness:	Betzenstein (Freibad), Egloffstein (Freibad), Gräfenberg (Freibad).

Diese Tour ist relativ kurz, hat es aber in sich. Wir bewegen uns hier am Südrand der Fränkischen Schweiz, einem klassisches Wander- und Klettergebiet mit tiefen Tälern, zahlreichen Felsen, einigen Burgen und Schlössern sowie großen Laubwäldern. Am Ende der Tour wartet die alte Reichsstadt Nürnberg mit ihren vielen Sehenswürdigkeiten.

Wir beginnen in **Betzenstein**. Vom Wildpark Hufeisen sind es hierher nur sieben Kilometer. Wir stellen das WOMO auf dem Parkplatz am Freibad [GPS: N49°40'56.4" E11°24'33.1"] ab. Er ist mit hohen Sträuchern von der Straße abgetrennt und relativ nah an der Ortsmitte. Ein guter Übernachtungsplatz, wie wir meinen, nur leider nicht mehr erlaubt. Wer länger verweilen möchte, muss den Campingplatz nutzen.

(150) WOMO-Campingplatz: Betzenstein

GPS: N49°41'09.1" E11°24'12.4"; Hauptstraße 69, 91282 Betzenstein.
Max. WOMOs: 75, maximale Länge 12 m.
Ausstattung: Frischwasserversorgung, Abwasserentsorgung mit Bodeneinlass, Kassettenentleerung, Stromanschlüsse, Behälter für die Müllentsorgung, WLAN, Brötchenservice, Gasflaschentausch, Duschen, WCs, Waschmaschinen und Trockner. Der Platz ist ganzjährig geöffnet.
Beschreibung: Rasengelände, mit eigenem Areal für Wohnmobile.
Preise: 2 Erwachsene mit WOMO, inkl. Strom, Wasser und Müllabgabe 21,50 €.
Zufahrt: In Richtung Pottenstein nach dem Ortsausgang auf der linken Seite.
Reservierung/Kontakt: Tel.: 09244/7305
E-Mail: info@campingplatz-betzenstein.de, Web: https://campingplatz-betzenstein.de.

Naturdenkmal Klauskirche.

Auf einem sieben Kilometer langen Weg lässt sich Betzenstein gut zu Fuß umrunden. Der Wanderweg ist mit einem offenen roten Kreis markiert und nicht zu verfehlen. Vom Parkplatz geht es über die Straße, den Hang hinauf zum Naturdenkmal **Klauskirche**, einer 32 Meter langen Durchgangshöhle. Hat man sie durchschritten (Kopf einziehen!), passiert man den Abenteuerpark, ein stark frequentierter Hochseilgarten und Kletterpark.

Schon spannend und prickelnd, gesichert an einem Seil über das

Ein großes Freizeitgelände, Freibad und Abenteuerpark in Betzenstein.

Freibad zu sausen. Jugendliche stehen Schlange, um in luftiger Höhe auf die andere Seite des Klettergartens zu gelangen.

Der weitere Weg führt uns an einigen Felsformationen vorbei und dann den Hang hinunter in den Ort. Uns empfängt ein denkmalgeschütztes Ensemble mit etlichen restaurierten Fachwerkhäusern. Reste der Stadtbefestigung sowie zwei Stadttore begrenzen den alten Ortskern. Die beiden Burgen oberhalb des Ortes sind im Privatbesitz und können nicht besichtigt werden. Es geht wieder einen Hang hinauf, vorbei an einer Aussichtsplattform und danach südlich von Betzenstein durch Wälder zurück zum Wohnmobil.

Wir fahren weiter über Leupoldstein auf die B2 Richtung Gräfenberg und dann nach zwei Kilometern rechts ab nach **Obertrubach**. Hier beginnt – ohne zu übertreiben – eines

Trubachtal, Felsformationen entlang des Trubachweges.

der schönsten Täler der Fränkischen Schweiz. Die Straße schlängelt sich parallel zum Bach, vorbei an etlichen ehemaligen Mühlen. Es geht durch eine schmale malerische Aue, die von zahlreichen Felsvorsprüngen gesäumt wird. Klettersportbegeisterte aus aller Welt geben sich hier ein Stelldichein. Wir können gar nicht so oft halten, wie wir gerne möchten, denn die meisten der kleinen Parkbuchten entlang der Straße sind vollständig belegt. Das Trubachtal mit seinen Nachbartälern ist ein Wandergebiet par excellence. Über 200 Kilometer Wanderwege erschließen dieses Gebiet. Besonders hervorheben möchten wir den etwa zehn Kilometer langen **Trubachweg**, der in Obertrubach beginnt und endet. Wir stellen das WOMO an dieser Stelle **[151:** N49°41'25.8" E11°20'32.2"] ab. Es ist ein ruhiger Wanderparkplatz, einige Meter abseits der Hauptstraße und rund 800 Meter von der Ortsmitte entfernt.

Der Wanderweg ist mit einem Schmetterling markiert und an 18 Stationen mit Tafeln ausgestattet, die Erklärungen liefern zur Geologie, zur menschlichen Besiedlung, zu Flora und Fauna. Um den Weg zu gehen, sollte man sich Zeit nehmen, vor allem dann, wenn man sich das Begleitheft zu dieser Route bei der Touristinformation im Rathaus besorgt hat. Ein wenig störend ist dabei allerdings, dass er einige Zeit parallel zur Straße verläuft, er lohnt sich aber trotzdem.

Von Obertrubach fahren wir weiter nach **Egloffstein**. Hier bietet sich dieser Parkplatz **[152:** N49°41'54.8" E11°15'51.3"] als Stützpunkt und Übernachtungsort für eine Wanderung an. Mehrere Wanderwege stehen zur Erkundung des näheren Umfeldes zur Verfügung. **Kulturweg Egloffstein** nennen sich diese Wege, die von der Gemeinde markiert wurden. Kurze Beschreibungen und Karten im PDF-Format finden Sie auf dieser etwas verschachtelten Seite www.egloffstein.de.

Auch der Parkplatz am Freibad bietet sich als Stützpunkt für eine oder mehrere Wanderungen an. Sie finden ihn mit diesen Koordianten **[153:** N49°42'08.2" E11°15'43.3"]. Er ist sehr viel ruhiger, man kann das Freibad nutzen und das Schönste, man hat diesen wunderbaren Blick auf die Burg.

Burg Egloffstein.

Diese kann nicht jederzeit besichtigt werden. Die Besuchszeiten erfahren Sie hier www.burg-egloffstein.de.

Wir kommen nach **Mostviel**. Hier gibt es einen weiteren praktisch gelegenen Parkplatz mit Blick auf die Burg in Egloffstein **[154:** N49°42'44.6" E11°15'24.3"]. Der Platz kann nach einer Einkehr in dem guten Restaurant mit fränkischer Küche für eine Übernachtung genutzt werden. Entlang des Trubachs gibt es einen Spazierweg nach Egloffstein, der an einem Wasserrad vorbeiführt.

Wir fahren weiter. Hinter Schweinthal biegen wir von der Hauptstraße ab und gelangen über Oberzaunsbach zum **Wildpark Hundshaupten** [**155:** N49°43'10.8" E11°13'37.9"]. Diesen Parkplatz können Sie sowohl für eine Wanderung, wie für den Besuch des Wildparks nutzen. Es ist eine sehr große Anlage mit zahlreichen Wild- und Haustieren. Rot- und Damwild sind am stärksten vertreten. Wisente und Elche sind die größten Kaliber in den Gehegen.

Wisent im Wildpark Hundshaupten.

Hinzu kommen eine Reihe von Greifvogelarten, deren Flugkünste präsentiert werden. Das Areal liegt am Hang, mächtige alte Bäume spenden Schatten für die Tiere in den großen Gehegen. Im Tal fließt ein Bächlein, am Weiher schnattern die Enten und im Haustierbereich warten die Kleinziegen auf fütternde Kinderhände.

Das gesamte Angebot mit den Öffnungszeiten und Eintrittspreisen können Sie hier nachlesen www.wildpark-hundshaupten.de.

Weißenohe, Klosterkirche.

Wir fahren weiter nach **Gräfenberg** und gleich danach zur Nachbargemeinde Weißenohe. Beide Orte verbindet der **Fünf-Seidla-Steig**, der Bierwanderweg der südlichen Fränkischen Schweiz. Fünf Brauereien haben sich hier zusammengeschlossen und diesen Weg zusammengestellt. Er beginnt in **Weißenohe** bei der Klosterbrauerei. Der Ort ist eine der Keimzellen der fränkischen Bierbraukunst, denn die Benediktiner begannen schon bald nach der Gründung des hiesigen Klosters im 11. Jahrhundert Bier zu sieden. Die Klosterkirche ist natürlich jünger, sie stammt aus dem 18. Jahrhundert. Im Zuge der Säkularisation wurde das Kloster zu Beginn des 19. Jahrhunderts aufgehoben und teilweise abgerissen, die Braurechte gingen in private Hände über. Der Fünf-Seidla-Steig ist insgesamt 15 Kilometer lang, er bezieht auch die Teilorte Hohenschwärz und Thuisbrunn mit ein. Mehr über diesen Wanderweg erfahren Sie auf dieser Seite www.fuenf-seidla-steig.de.

In Gräfenberg ist die Parkplatzsuche mit einem Wohnmobil nicht ganz einfach. Mit einem Kastenwagen ist man hier im Vorteil und kann vielleicht irgendwo in den Straßen parken. Mit einem größeren Fahrzeug aber geht das kaum. Am Freibad [**156:** N49°39'03.7" E11°14'56.9"] sehen wir die einzige Möglichkeit unbehelligt stehen zu können. Hier werden Sie freundlich darum gebeten eine Eintrittskarte für das Bad zu lösen, um den Parkplatz nutzen zu können. Von hier aus sind es rund 700 Meter bis zum Marktplatz und weitere 500 Meter bis zum Bahnhof. In Weißenohe stellt man das Fahrzeug übrigens am besten in der Weiherstraße in unmittelbarer Nähe des Klosters ab [**157:** N49°37'43.2" E11°15'10.0"].

Gräfenberg, Bayreuther Stadttor.

Der Parkplatz in Weißenohe ist ein idealer Startpunkt für den Bierwanderweg. Ein anderes Wanderziel sind die **Sinterterrassen** im Lillachtal. Es handelt sich dabei um Kalktuffterrassen, wie sie in Deutschland nur an wenigen Standorten zu sehen sind. Der Wanderweg entlang des Baches ist als Naturlehrpfad angelegt. Auf mehreren Schautafeln wird alles Notwendige zur Geologie, Flora und Fauna dieses Kleinods erläutert. Der Weg ist drei Kilometer lang und mit der leichten Steigung gut zu gehen.

Einen Vergleich mit den Kalksinterterrassen von Pamukkale in der Türkei halten sie natürlich nicht Stand. Wer einmal dort gewesen ist, wird vielleicht von diesem plätschernden Bach enttäuscht sein. Dafür ist es hier schattig, angenehm frisch und kühl, auch im Sommer. Vorausgesetzt die Lillach führt genug Wasser.

Kalksinterterrassen im Lillachtal.

Damit beenden wir unseren Besuch in der Fränkischen Schweiz und fahren von Weißenohe weiter nach Lauf an der Pegnitz und steuern dort diesen Stellplatz an, den wir nach 17 Kilometern Fahrt erreichen.

(158) Offizieller WOMO-Stellplatz: Lauf an der Pegnitz – Pegnitzwiese

GPS: N49°30'32.3" E11°17'01.6"; Altdorfer Str./Briver Allee, 91207 Lauf an der Pegnitz.
Max. WOMOs: 4, maximale Länge 12 m.
Ausstattung: Frischwasserversorgung, Abwasserentsorgung mit langem Schlauch möglich, Kassettenentleerung, Stromanschlüsse, WC direkt neben den Stellflächen. Der Platz ist ganzjährig geöffnet.
Beschreibung: Halbschattige Stellflächen auf Pflastersteinen. Offiziell für 4 Fahrzeuge ausgelegt. Wer sich bei voller Belegung auf freien Flächen danebenstellt bekommt aber keinen Ärger, er muss nur auf einen Stromanschluss verzichten. Fußweg in die Innenstadt 500 Meter.
Preise: Kostenlos, 80 Liter Frischwasser 1,00 € und Strom 1,00 € für 8 h. Abwasserentsorgung und Entleerung der Bordtoilette ist kostenfrei.
Zufahrt: Von der Altdorfer Str. den Hinweisschildern zu den Pegnitzwiesen folgen.

Lauf an der Pegnitz

Lauf an der Pegnitz, Hersbrucker Tor.

Vom Parkplatz auf der Pegnitzwiese gehen wir nicht über die Straßenbrücke, sondern wählen den Fußgängerweg durch die Grünanlagen, sehen auf der linken Seite die Kaiserburg, überqueren die Pegnitz und kommen an dem Glockengießerspital vorbei. Der eigenwillig erscheinende Turm ist die erhaltene Ruine der Leonhardskirche, die bereits 1553 zerstört wurde. Über die Barthstraße gelangen wir auf den Marktplatz und sehen auf der rechten Seite das Hersbrucker Tor, auf der linken Seite das Alte Rathaus, das typisch für diese Region, freistehend den Marktplatz in zwei Hälften teilt. Die Johanniskirche am westlichen Ende der Altstadt hat ihr heutiges Aussehen zu Beginn des 18. Jahrhunderts erhalten. Dahinter befindet sich das Nürnberger Tor aus dem 16. Jahrhundert. Von hier aus ist es nur noch ein kurzer Weg bis zum **Industriemuseum** www.industriemuseum-lauf.de, das direkt an der Pegnitz liegt und in den Gebäuden der ehemaliger Eisen- und Hammerwerke untergebracht ist. Wir gehen den Weg zurück bis zum Nürnberger Tor, gehen an der Johanniskirche rechts die Johannisstraße hinunter, überqueren die Brücke und sind damit an der Kaiserburg angelangt, die auch Wenzelschloss genannt wird. Die Öffnungszeiten des Schlosses und eine nähere Beschreibung finden Sie auf dieser Seite www.lauf.de.

Bevor wir Nürnberg ansteuern, genießen wir im Weißen Lamm in der Nähe des Hersbrucker Tores einmal mehr die gute fränkische Küche und kehren danach zum WOMO zurück.

Das Wenzelschloss in Lauf an der Pegnitz.

Parken in Nürnberg

Es ist bekanntlich nicht immer einfach, einen geeigneten Stellplatz in einer Großstadt zu finden. Deshalb stellen wir erst einmal die Plätze vor, die sich für Übernachtungen eignen, bevor wir uns den Sehenswürdigkeiten Nürnbergs widmen.

Auf den offiziellen Stellplätzen geht es sehr eng zu, für größere Fahrzeuge ist bei starker Belegung das Rangieren schwierig. Der ruhigste Platz unter ihnen ist sicher der an der Kilianstraße. Bei allen anderen ist der Verkehrslärm mehr oder minder deutlich zu hören. Nachdem unser Lieblingsplatz am Luitpoldhain für Wohnmobile gesperrt worden ist, haben wir mit dem Parkplatz am Tiergarten eine Alternative gefunden. Der ist zwar tagsüber sehr belebt, aber nachts ist es absolut ruhig. Mit der Tram ist man schnell in der Innenstadt. Nürnberg lässt sich übrigens auch mühelos mit dem Fahrrad erkunden, das Radwegenetz innerhalb der Stadt ist sehr gut ausgebaut und ausgeschildert.

(159) WOMO-Campingplatz: Nürnberg – Knaus Campingpark

GPS: N49°25'22.1" E11°07'17.9"; Hans-Kalb-Straße 56, 90471 Nürnberg.
Max. WOMOs: >20, maximale Länge 10 m.
Ausstattung: Wasserver- und Abwasserentsorgung, Kassettenentleerung, Stromanschlüsse, Behälter für die Müllentsorgung, WLAN. Im Servicegebäude gibt es Duschen, WCs, Waschmaschinen und Trockner. Der Platz ist ganzjährig geöffnet.

Beschreibung: Am Dutzendteich, nah am Messegelände, sehr ruhig. 6 km bis zu Innenstadt, gute Anbindung durch Radwege und U-Bahn.
Preise: Für ein Fahrzeug mit 2 erwachsenen Personen 44,20€, Kind 5,10 €, Hund 3,80 €, Strom 0,80 € pro kWh, Abwasserentsorgung 5,00 €.
Zufahrt: Über die Hans-Kalb-Str. zwischen Stadion und der Messe.
Reservierung/Kontakt: Tel.: 0911/98127-17
E-Mail: nuernberg@knauscamp.de, Web: www.knauscamp.de.

(160) Offizieller WOMO-Stellplatz: Nürnberg – Münchener Straße

GPS: N49°25'22.1" E11°06'25.9";
Münchener Straße / Alfred Hensel Weg, 90471 Nürnberg.
Max. WOMOs: 8, maximale Länge 7 m, max. Aufenthalt 3 Tage.
Ausstattung: Keinerlei Serviceeinrichtungen, ganzjährig geöffnet.
Beschreibung: Asphaltierter Platz etwas abseits der Münchener Straße in der Nähe vom Silbersee und Dutzendteich, laut. Mit der U1 + U11 (500 m bis zur Haltestelle Bauernfeindstraße) geht es zum Hauptbahnhof.

Preise: Kostenlos.
Zufahrt: Im Süden Nürnbergs an der Münchener Straße.
Ver- und Entsorgung: An der Shell-Tankstelle in der Frankenstraße, ca. 1,2 km in Richtung Doku-Zentrum.

(161) Offizieller WOMO-Stellplatz: Nürnberg – Dr. Gustav-Heinemann-Straße

GPS: N49°27'32.9" E11°06'45.6"; Dr. G.-Heinemann-Str., 90471 Nürnberg.
Max. WOMOs: 8, maximale Länge 7 m, max. Aufenthalt 3 Tage.
Ausstattung: Keinerlei Serviceeinrichtungen, ganzjährig geöffnet.
Beschreibung: Befestigter Platz am Nordufer des Wöhrder Sees. Mit der Tram Nr. 8 (600 m bis zur Haltestelle Tafelhalle) geht es zum Rathenauplatz und zum Hauptbahnhof.

Preise: Kostenlos.
Zufahrt: Im Osten Nürnbergs an der Dr.-Gustav-Heinemann-Straße.
Ver- und Entsorgung: An der Shell-Tankstelle in der Frankenstraße, Richtung Doku-Zentrum. **GPS:** N49°25'51.7" E11°06'02.6".

(162) Offizieller WOMO-Stellplatz: Nürnberg – Kilianstraße (Volkspark Marienberg)

GPS: N49°28'29.0" E11°05'39.2"; Kilianstraße 183, 90425 Nürnberg.
Max. WOMOs: 8, maximale Länge 7 m, max. Aufenthalt 3 Tage.
Ausstattung: WC, sonst keinerlei Serviceeinrichtungen, ganzjährig geöffnet.
Beschreibung: Asphaltierter Platz am Volkspark Marienberg, relativ ruhig, bei voller Belegung sehr eng. Mit der U2 und U21 (800 m bis zur Haltestelle Nordostbahnhof) zum Rathenauplatz und Hauptbahnhof.
Preise: Kostenlos.

Zufahrt: Im Norden Nürnbergs, vom Nordring in Richtung Heroldsberg fahren (B2), dann nach der Unterquerung der Eisenbahnbrücke die erste Straße links abfahren.
Ver- und Entsorgung: An der Shell-Tankstelle in der Frankenstraße, ca. 8 km in Richtung Doku-Zentrum über die Ringstraße. **GPS:** N49°25'51.7" E11°06'02.6".

(163) WOMO-Wanderparkplatz: Nürnberg – Tiergarten

GPS: N49°27'11.7" E11°08'23.8"; Schmausenbuckstraße, 90480 Nürnberg.
Max. WOMOs: >5, maximale Länge 10 m, max. Aufenthalt 24h.
Ausstattung: Keinerlei Serviceeinrichtungen, ganzjährig geöffnet.
Beschreibung: Gepflasterter Platz in einer Sackgasse am Rande des Tiergartens, sehr ruhig. Bis zum Eingang sind es 300 Meter. Von dort fährt die Tram zum Hauptbahnhof.

Preise: Kostenlos.
Zufahrt: Einfach der Beschilderung zum Tiergarten folgen.
Ver- und Entsorgung: An der Shell-Tankstelle in der Frankenstraße. **GPS:** N49°25'51.7" E11°06'02.6".

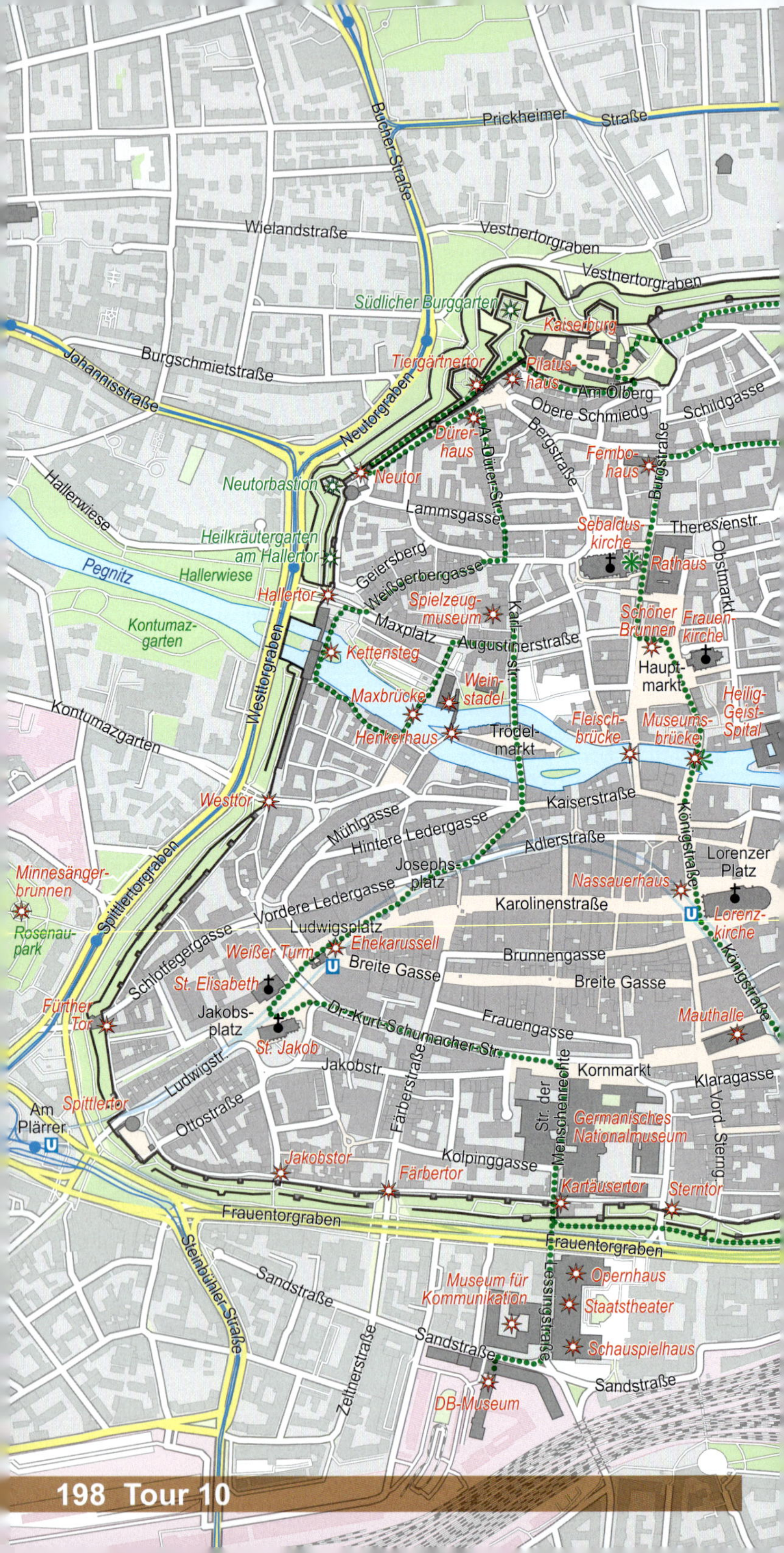
Prickheimer Straße
Bucher Straße
Wielandstraße
Vestnertorgraben
Südlicher Burggarten
Kaiserburg
Tiergärtnertor
Pilatushaus
Am Ölberg
Obere Schmiedg.
Schildgasse
Johannisstraße
Burgschmietstraße
Neutorgraben
Dürerhaus
A.-Dürer-Str.
Bergstraße
Fembohaus
Burgstraße
Neutorbastion
Neutor
Hallerwiese
Lammsgasse
Sebalduskirche
Theresienstr.
Heilkräutergarten am Hallertor
Pegnitz
Geiersberg
Weißgerbergasse
Rathaus
Obstmarkt
Hallertor
Spielzeugmuseum
Karlstr.
Schöner Brunnen
Frauenkirche
Kontumazgarten
Maxplatz
Augustinerstraße
Westtorgraben
Kettensteg
Weinstadel
Hauptmarkt
Maxbrücke
Heilig-Geist-Spital
Kontumazgarten
Henkerhaus
Trödelmarkt
Fleischbrücke
Museumsbrücke
Westtor
Kaiserstraße
Mühlgasse
Hintere Ledergasse
Adlerstraße
Königstraße
Lorenzer Platz
Minnesängerbrunnen
Spittlertorgraben
Josephsplatz
Nassauerhaus
Vordere Ledergasse
Karolinenstraße
Lorenzkirche
Rosenaupark
Schlotfegergasse
Ludwigsplatz
Weißer Turm
Ehekarussell
Breite Gasse
Brunnengasse
St. Elisabeth
Breite Gasse
Fürther Tor
Jakobsplatz
Dr.-Kurt-Schumacher-Str.
Frauengasse
Mauthalle
St. Jakob
Jakobstr.
Ludwigstr.
Kornmarkt
Klaragasse
Färberstraße
Str. der Menschenrechte
Germanisches Nationalmuseum
Vord. Sterng.
Am Plärrer
Spittlertor
Ottostraße
Kolpinggasse
Jakobstor
Färbertor
Kartäusertor
Sterntor
Frauentorgraben
Steinbühler Straße
Frauentorgraben
Sandstraße
Opernhaus
Museum für Kommunikation
Staatstheater
Zeltnerstraße
Lessingstraße
Sandstraße
Schauspielhaus
Sandstraße
DB-Museum

Nürnberg – Innenstadt

Durch die Altstadt von Nürnberg

Wir wenden uns nun der Altstadt zu. Hier stehen wir vor dem Dilemma, dass der Platz in diesem Buch nicht reicht, um allen Sehenswürdigkeiten dieser Stadt gerecht zu werden. Wir können Ihnen nur eine kurze und knappe Beschreibung liefern. Öffnungszeiten und Eintrittspreise zu den einzelnen Objekten können wir Ihnen nicht bieten, das würde zuviel Platz beanspruchen. Sie finden sie auf dieser Seite www.nuernberg.de unter den Stichworten Kultur und Freizeit sowie Tourismus.

Handwerkerhof am Königstor.

Wir starten nun den Stadtrundgang, dessen Verlauf Sie anhand der grün gepunkteten Linie auf dem Stadtplan verfolgen können, wenn Sie einmal zurückblättern.

Vom Hauptbahnhof gehen wir zum Königstor, das von einem der typischen dicken Türme der Nürnberger Stadtbefestigung flankiert wird und haben auf der linken Seite gleich den **Handwerkerhof** im Blick. Es ist ein mittelalterliches Anwesen mit allerlei Kunstgeschäften und Gastronomiebetrieben. Wir gehen hindurch und danach über die Königstraße an der Klarakirche vorbei zur Mauthalle, einem ehemaligen Getreidespeicher mit vielen Dachgauben und einer bemerkenswerten Fassade. Im Kellergewölbe dieses Hauses gibt es eine kleine Brauerei mit rustikalem Gasthaus und fränkischer Küche. Auf dem Weg hinunter zur Pegnitz beeindruckt uns die hochgotische **Basilika Sankt Lorenz**. Ihr gegenüber steht das schmucke **Nassauerhaus**, ein sehr gut erhaltenes mittelalterliches Turmhaus aus der Mitte des 15. Jahrhunderts.

Wir gehen weiter und kommen auf die Museumsbrücke. Unser Blick fällt auf das **Heilig-Geist-Spital**, ein Brückenbauwerk, das einst für Alte und Bedürftige errichtet wurde und heute ein Restaurant beherbergt. Nun sind es nur noch wenige Meter bis zum Hauptmarkt, auf dem der berühmte Nürnberger Christkindlesmarkt stattfindet.

Blick vom Turm der Sebalduskirche auf die Burg.

Lorenzkirche. *Nürnberg, Nassauerhaus.*

Am Rande des Hauptmarktes steht der Schöne Brunnen, eine 19 Meter hohe Pyramide, die einer gotischen Kirchturmspitze ähnlich sieht. Mit vierzig Steinfiguren aus dem 14. Jahrhundert zeigt sie das Weltbild des Heiligen Römischen Reiches. Wir gehen weiter, kommen an dem palastähnlich erscheinenden Alten Rathaus vorbei und gelangen zur **Sebalduskirche**, in der u.a. auch Turmführungen angeboten werden. Nachdem wir uns schon über die website der Kirche für eine Führung angemeldet hatten, nehmen wir an einer Turmbesteigung teil. Oben angekommen, haben wir einen fantastischen Blick über die Altstadt. Nachdem wir die Treppen wieder abgestiegen sind, folgen wir der Steigung der Burgstraße und kommen am **Fembohaus**, Nürnbergs größtem erhaltenen Bürgerhaus der Renaissance vorüber, das heute als Stadtmuseum dient. Bevor wir zur Kaiserburg gelangen, unternehmen wir noch einen kleinen Abstecher an der Kirche St. Egidien vorbei zum **Tucherschloss** mit dem **Hirsvogelsaal**. Die Familie Tucher zählte zu den reichsten Kaufmannsfamilien der Stadt. Ihren Reichtum gewann sie

Schöner Brunnen.

Sebalduskirche.

durch den Import von Gewürzen, Stoffen und vielerlei anderem, später auch mit Bier. Die heute zum Oetker-Konzern gehörende Tucher Bräu gehörte lange Zeit dieser Familie. Mag die Außenfassade des Schlosses auch schlicht wirken, die Innenräume sind außergewöhnlich prachtvoll ausgestaltet. Die Eingangshalle mit dem beeindruckenden Kreuzrippengewölbe weist eines der schönsten gotischen Maßwerkfenster Nürnbergs auf. Im oberen Geschoss sind u.a. wertvolle Möbel zu bewundern. Im Nebengebäude ist das Deckengemälde des Dürerschülers Georg Pencz im Hirsvogelsaal besonders beeindruckend. Der Saal gilt als der bedeutendste Renaissance-Innenraum nördlich der Alpen.

Am Maxtor vorbei (hier gibt es keinen Torturm mehr) gehen wir nunmehr zur Burganlage. Sie ist eine der herausragendsten Kaiserpfalzen des Mittelalters und das Wahrzeichen Nürnbergs. Reichs- und Hoftage wurden

Fembohaus.

Tucherschloss, Hirsvogelsaal.

Vorhof der Kaiserburg mit Heidenturm und tiefem Brunnen.

hier abgehalten. Alle Kaiser des Heiligen Römischen Reiches residierten in dieser Anlage zumindest zeitweilig zwischen 1050 und 1571.

Der imposante Baukomplex gliedert sich in drei Teile. In der Mitte der Anlage befinden sich die Reste der Burggrafenburg, im Westen die Kaiserburg und im Osten die Reichsstädtischen Bauten mit dem Turm Luginsland. Neben den beeindruckenden Gebäuden können auch die kaiserlichen Wohn- und Repräsentationsräume im Palast besichtigt werden. Ein sehr lohnenswerter Besuch.

Platz vor dem Tiergärtnertor mit Pilatushaus (links) und der Burg.

Nach eingehender Betrachtung verlassen wir die Burg und gehen am Fuße der Festungsmauern über die Gasse "Am Ölberg" entlang der Handwerkerhäuschen durch ein Tor der Festungsmauer in den Burggarten.

Über den Burggarten gehen wir auf der Burgmauer Richtung Neutor. Wir werfen noch einen Blick von der Mauer zurück auf die Burg, sehen das **Pilatus-** und das **Dürerhaus** und gehen dann bis zum Neutor, dort die Treppen hinunter zur Straße und gelangen entlang der Neutormauer

Tiergärtnertor am Dürerhaus. *Dürerhaus.*

auf den Platz vorm Tiergärtnertor, den wir soeben noch von oben betrachtet haben. Der Platz zeigt mit dem Dürerhaus, dem Tiergärtnertor, dem Pilatushaus, einem der wenigen Fachwerkhäuser Nürnbergs aus der Spätgotik eine malerische Kulisse mit der Burg im Hintergrund. Ein guter Ort für eine Rast. An Lokalen rund um den Platz mangelt es hier nicht.

Frisch gestärkt verlassen wir den Platz über die A.-Dürer-Straße, kreuzen nach ca. 200 Metern den Weinmarkt, sehen links die hohen Türme der Sebalduskirche und wenden uns halb rechts der **Weißgerbergasse** zu. Etwa zwanzig historische Häuser haben den Krieg unbeschadet überstanden und vermitteln einen Eindruck, wie die Altstadtstraßen Nürnbergs einmal ausgesehen haben. Am Ende dieser Gasse kreuzen wir die Straße, die durch das Hallertor führt und gelangen zum Kettensteg. Auf dieser freischwebenden Hängebrücke aus dem 19. Jh., überqueren wir die Pegnitz und haben dabei einen schönen Blick auf die Maxbrücke und den Henkersteg.

Historische Bausubstanz in der malerischen Weißgerbergasse.

Von der Maxbrücke haben wir einen wunderbaren Blick auf Weinstadel, Wasser- und Henkersturm. Der 48 Meter lange Weinstadel ist eines der größten Fachwerkhäuser Deutschlands. Einst als Siechenhaus für Leprakranke errichtet, diente es über Jahrzehnte als Weinlager und wurde in den 50er-Jahren des letzten Jahrhunderts zu einem Studentenwohnheim umgebaut.

Wir gehen weiter in Richtung Sebalduskirche und suchen in der Karlstraße das **Hallersche Haus** auf, das in seinen Mauern das Spielzeugmuseum beherbergt. In einer umfangreichen Sammlung wird gezeigt, wie sich Spielzeug von der Antike bis zur Gegenwart im Laufe der Jahrhunderte entwickelt hat.

Vom Hallerschen Haus geht es nun über die Karlstraße, die Karlsbrücke und den Trödelmarkt nach Süden in die Kaiserstraße. Diese gehen wir bis zum Ende durch, treffen auf den Josephsplatz, überqueren diesen und gelangen auf den Ludwigsplatz, an dessen Ende der Weiße Turm steht, der einst Teil der alten Stadtbefestigung Nürnbergs war. Davor befindet sich das Ehekarussell, ein außergewöhnlicher Brunnen, den sich zukünftige Eheleute etwas genauer anschauen sollten. Zeigt er doch in sechs sehr plastischen Darstellungen das Auf und Ab des Ehelebens in Anlehnung an das Gedicht "Das bittersüße ehlich Leben" von Hans Sachs, dem bekannten Meistersinger aus dem frühen 16. Jahrhundert.

Weinstadel, Wasser- und Henkersturm.

Wenige Meter entfernt befindet sich am Jakobsplatz der markante klassizistische Kuppelbau von St. Elisabeth. Im Inneren der Kuppel stehen kreisförmig auf halber Höhe angeordnet Statuen der 12 Apostel. Eine sehr interessante Kirche.

Ihr gegenüber steht die evangelische Kirche St. Jakob. Der Jakobsplatz ist Ausgangspunkt für den mittelfränkischen Jakobsweg, der nach Rothenburg ob der Tauber sowie Speyer führt und von dort über viele weitere Stationen nach Santiago de Compostela.

Zum Ende unseres Rundgangs in der Altstadt haben wir noch zwei erstklassige Museen auf dem Programm. Das spätmittelalterliche **Kartäuserkloster**, bildet den zentralen Teil des **Germanischen Nationalmuseums**, dem größten kulturhistorischen Museum Deutschlands. Der Umfang der

Weißer Turm und St. Elisabeth.

gezeigten Sammlungen zur Kunst- und Kulturgeschichte des deutschsprachigen Raumes von der Vor- und Frühgeschichte bis zur Gegenwart ist ganz einfach überwältigend. Für den Besuch dieses Museums benötigt man sehr viel Zeit. Einen verregneten Tag kann man hier bequem verbringen.

Kreuzgang des Kartäuserklosters.

Salonwagen König Ludwig II.

Originalgetreuer Nachbau des Adlers.

Das **Verkehrsmuseum** oder **DB Museum Nürnberg**, wie es offiziell heißt, zeigt die Geschichte der Eisenbahn von ihren Anfängen bis zur heutigen Zeit. Vor 175 Jahren begann das Eisenbahnzeitalter in Deutschland, 1835 fuhr der Adler, eine in England gebaute Lokomotive von Nürnberg nach Fürth. Ein originalgetreuer Nachbau ist im Museum neben vielen anderen Exponaten zu sehen. Aber nicht nur die Ausstellungsstücke wie der Adler, der Salonwagen König Ludwigs, so eine Art Versailles auf Rädern oder die vielen anderen Lokomotiven und Waggons machen das Museums interessant. Es ist auch die Darstellung der mit der rasanten Ausweitung des Eisenbahnnetzes verbundenen Entwicklung der Mobilität und Industriegeschichte.

Für das Kind im Manne und dem Nachwuchs gibt es dann noch im ersten Stock des Museums eine fünf Fußballfelder große Modellbahnanlage, auf der gleichzeitig bis zu 30 Züge auf etwa 500 Meter Gleislänge verkehren. Sie werden stündlich ab 9:30 Uhr für 15 Minuten in Bewegung gesetzt. Sonn- und feiertags erst ab 10:30 Uhr.

Damit beenden wir den Rundgang durch Nürnberg, nehmen eine Stärkung im "Bordrestaurant" des Museums zu uns und schauen uns nun noch das Doku-Zentrum und das Reichsparteitagsgelände an. In der Adventszeit kehren wir nach Nürnberg zurück und besuchen den Christkindlesmarkt. Mit der Tram geht es zurück zum Tiergarten, der natürlich auch einen Besuch lohnt, ebenso wie eine Wanderung zum Schmausenbuckturm mit seiner Aussichtsplattform.

Doku-Zentrum Reichsparteitagsgelände

Ein in Stein erhaltenes Relikt des Größenwahns ist der Torso der nie vollendeten Kongresshalle. Der größte noch bestehende Monumentalbau nationalsozialistischer Architektur in Deutschland sollte Kongresse der NSDAP mit mehr als 50.000 Teilnehmern möglich machen. Das Kolosseum in Rom diente als Vorbild für den Bau mit dem hufeisenförmigen

Grundriss, der nach Fertigstellung eine Höhe von 68 Metern erreichen sollte. Es war beabsichtigt den offenen Innenhof durch eine freitragende Dachkonstruktion zu schließen, dies gelang jedoch nicht mehr, bei einer Höhe von ca. 40 Metern wurden die Bauarbeiten 1940 eingestellt. Heute dienen die Räumlichkeiten verschiedenen Zwecken. In einem der Kopfbauten ist das **Dokumentationszentrum Reichsparteitagsgelände** untergebracht (umgangssprachlich Doku-Zentrum), das zum einen die Entwicklung des Nationalsozialismus vom Ende des 1. Weltkrieges 1918, bis zu den Nürnberger Kriegsverbrecherprozessen 1945/46 zeigt. Zum anderen dokumentiert es die Geschichte und den Bau des Reichsparteitagsgeländes sowie die gesamte widerwärtige Scheußlichkeit national-sozialistischer Gewaltherrschaft. Der Bezug zu Nürnberg wird dabei in besonderer Weise berücksichtigt. Mit Audioguides, Tonbildschauen und Schautafeln kann man die eigenen Geschichtskenntnisse auffrischen und vertiefen. Auf dem Gelände rund um den Dutzendteich und Luitpoldhain werden des Weiteren auf großen Tafeln die historischen Begebenheiten erläutert, die an diesen Orten stattgefunden haben. Das Doku-Zentrum ist vom Stellplatz an der Münchener Straße und vom Campingplatz bequem zu Fuß zu erreichen.

Außenansicht der Kongresshalle.

Nürnberger Christkindlesmarkt

Er ist einer der größten Weihnachtsmärkte in Deutschland und weltweit bekannt. Er beginnt am Freitag vor dem 1. Advent und endet an Heiligabend. Traditionell wird der Markt mit dem Prolog des Christkindes von der Empore der Frauenkirche eröffnet. Jedes Jahr zieht der Christkindlesmarkt rund zwei Millionen Besucher an, die sich durch die Budengassen drängen und nach Weihnachtsgeschenken oder Schmuck für den Christbaum suchen. Spielwaren in allen Variationen werden angeboten. Unzählige Rostbratwürste und Unmengen Glühwein finden ihren Absatz und den berühmten Nürnberger Lebkuchen in den verschiedensten Darbietungsformen wird an vielen Ständen angeboten. Mit der großen Kulisse der Altstadt zeigt sich Nürnberg im Advent von seiner romantischen Seite. Wer mag, kann sich mit einer alten Postkutsche durch die Gassen fahren lassen und erlebt damit eine kleine Reise in längst vergangene Zeiten.

Scheßlitz
Treunitz
Tour 3
Breiten-
güßbach
Straßgiech
077
Zeckendorf
Giechburg
Königsfeld
Wiesentfels
Tour 5
Gügelkirche
Naturpark
Hallstadt
Memmelsdorf
078
Schloss Seehof
Main
70
Tiefenellern
Sachsendorf
B26
Altes Rathaus
076
Brauereienweg
Litzendorf
Burg
071
Bischberg
Dom
073
072
Unteraufseß
074
Aufseß
BAMBERG
Tour 4
Schloss Greifenstein
Teuchatz
Heckenhof
St2276
B22
75
Burggrub
Heiligen-
stadt
Leesten
Stegaurach
Main-Donau-Kanal
Oberngrub
Tour 4
Strullendorf
Fränkische Schweiz
Pettstadt
Ruine Streitburg
Seigendorf
Binghöhle
Frensdorf
Hirschaid
Buttenheim
Drugendorf
Streitberg
Band 95:
Mit dem Wohnmobil nach Bayern
Der Nordwesten mit der
Romantischen Straße
Levi-Strauss-
Museum
068
Ruine
174
Regnitz
Weigolds-
hofen
069
Neideck
Eber-
mannstadt
Traisdorf
Pommersfelden
Eggolsheim
B470
Pretzfeld
Schloss Weißenstein
Hallerndorf
73
Kirch-
ehrenbach
Schweinthal
171
Willersdorf
Kellerwald
Aisch
Hunds-
hauten
Most-
viel
Walberla
Höchstadt
an der Aisch
Aisch
WC
173
172
514 m
Wildpark
Forch-
heim
155
Adelsdorf
Wiesenthau
Hunds-
boden
Egloffstein
B470
Schloss
Höchstadt
Heroldsbach
152
Hausen
Hemhofen
Schloss Thurn
Freizeitpark
Kunreuth
156
Röttenbach
Baiersdorf
Fünf-Seidla-Steig
Aischgrund
Effeltrich
Wehrkirche
Gräfenberg
170
Möhren-
dorf
Großen-
seebach
Langensendelbach
Teufelstisch
Dechsendorf
Hetzles
Weißenohe
73
Marloffstein
157
Weisendorf
Neunkirchen
am Brand
3
B2
169
Büchenbach
Schloss
Kleinsendelbach
Tour 10
Freizeitbad
Atlantis
Outlet-
center
Hugenottenkirche
Eckental
ERLANGEN
168
Herzogen-
aurach
Kalchreuth
Neunhof
Tennenlohe
Heroldsberg
Obermichelbach
3
B2
Veitsbronn
Röthenbach
an der Pegnitz
Langenzenn
Volkspark
Marienberg
Burgfarrnbach
FÜRTH
B14
B8
WC
162
Pegnitz
166
161
Tour 10
Schwaig
bei Nürnberg
167
Sebalduskirche
Germanisches
Nationalmuseum
Burg
Hohenzollernburg
Schmausenbuckturm
Tiergarten
Cadolzburg
Zirndorf
163
9
NÜRNBERG
Playmobil FunPark
Dutzendteich
Oberasbach
Ammerndorf
Faberschloss
159
Großhabers-
dorf
165
Stein
Palm Beach
160
6
N
Lind
164
Eibach
73
Feucht
Großweiß-
mannsdorf
Herpersdorf
B14
6
10 km
Kornburg
Wolkersdorf
Wendelstein
Tour 13
Heilsbronn
9

TOUR 11 (ca. 165 km)

Nürnberg – Stein – Zirndorf – Cadolzburg – Fürth – Herzogenaurach – Erlangen – Effeltrich – Kirchehrenbach – Forchheim – Butteneim – Hirschaid – Bamberg

Stellplätze:	Stein, Zirndorf, Cadolzburg, Fürth, Herzogenaurach, Erlangen, Kirchehrenbach, Forchheim, Hirschaid, Bamberg.
Campingplätze:	Erlangen.
Besichtigungen:	Stein (Faberschloss), Zirndorf (Playmobil FunPark), Cadolzburg (Altstadt, Burg), Fürth (Altstadt), Herzogenaurach (Altstadt), Erlangen (Barockstadt, Schlossgarten), Effeltrich (Wehrkirche), Forchheim (Altstadt, Kellerwald), Buttenheim (Levi-Strauss-Museum).
Wandern/Radwandern:	Kirchehrenbach (Walberla).
Baden/Wellness:	Stein (Therme Palm Beach), Herzogenaurach (Therme), Erlangen-Dechsendorf (Bischofsweiher), Hirschaid (FrankenLagune).

In dieser Tour geht es von Nürnberg mal links, mal rechts entlang der Regnitz, die aus dem Zusammenfluss von Pegnitz und Rednitz in Fürth entstanden ist, nach Bamberg. Begleitet wird der Fluss vom Main-Donau-Kanal, dem sie teilweise ihr Flussbett überlassen musste.

Wir verlassen Nürnberg über die Frankenstraße und über die B14 in Richtung Ansbach. Das erste Ziel dieser Tour ist **Stein**. Die Stadt schließt nahezu nahtlos an Röthenbach, einem Stadtteil Nürnbergs an. Gleich am Eingang sehen wir das **Faberschloss**, ein prächtiges Gebäude im Stil der Neorenaissance, das der Volksmund "Bleistiftschloss" nennt. Es ist das Anwesen der Familie **Faber-Castell**, die es zu Beginn des 20. Jahrhunderts errichten ließen. Unwahrscheinlich, dass Sie noch keinen Blei- oder Buntstift dieser Firma in den Händen gehabt haben. Wie sie produziert werden und welche Ge-

Turm des „Bleistiftschlosses".

schichte damit verbunden ist, können Sie im Rahmen einer Führung erfahren. Die Öffnungszeiten und Führungstermine finden Sie unter dem Stichwort "Unternehmen" auf dieser Seite www.faber-castell.de.

Therme, Wellness, Sauna, Freizeitbad mit großen Rutschen und mehreren Außenbecken, die **Kristalltherme Palm Beach** ist eine dieser neuzeitlichen großen Anlagen, die alles auf einem Areal anbieten. Wir erreichen sie, indem wir die B14 in Richtung Ansbach fahren und den Hinweisen zur Therme folgen. Den Parkplatz finden Sie in der Faber-Castell-Allee 10 [**164:** N49°24'21.8" E11°00'26.9"]. Wenn Sie die Therme nutzen ist der Stellplatz kostenfrei und es gibt obendrein eine kostenlose Stromversorgung. Das gesamte Angebot können Sie hier einsehen https://palm-beach.de.

Auf dem Weg nach Cadolzburg passieren wir **Zirndorf**. Wer mit Kindern unterwegs ist, für den ist ein Stopp beim **Playmobil Funpark** sicher ein Programmpunkt. Es ist ein großer Park zum Toben und Klettern und weniger zum Spielen mit den kleinen Plastikfiguren. Auf einem schlichten geschotterten Platz in unmittelbarer Nähe des Spieleparks können Sie Ihr Fahrzeug abstellen. Er befindet sich in der Straße "Am Steinacker". Sie erreichen ihn bequem mit diesen Koordinaten [**165:** N49°25'55.4" E10°56'47.0"].

Aussichtsturm in Cadolzburg.

Den nächsten "Bleistift" entdecken wir in **Cadolzburg**. Der Aussichtsturm im Süden der Stadt wird im Volksmund so genannt. Er steht an der Brandstätterstraße, ist bei Tageslicht frei zugänglich und bietet eine weitreichende Sicht ins Umland.

Wer Cadolzburg besuchen will, der stellt sein Fahrzeug am besten auf dem Stellplatz "Am Höhbuck" ab, der allerdings nicht genutzt werden kann, wenn eine Veranstaltung auf der danebenliegenden Festwiese stattfindet. Der Platz ist nah an der Ortsmitte und in Sichtweite der Burg. Nur ein tiefes Tal trennt den Stellplatz vom Burgareal. Der Weg dorthin und zum historischen Marktplatz, der das Zentrum des alten Ortskernes bildet, ist leicht durch die Beschilderung zu finden. Ein Bummel durch das ruhige Städtchen, vorbei an Fachwerk- und Natursteinhäuschen bis zum Oberen Tor und

(166) Offizieller WOMO-Stellplatz: Cadolzburg – Am Höhbuck

GPS: N49°27'40.3" E10°51'06.3"; Am Höhbuck 6, 90556 Cadolzburg.
Max. WOMOs: 8, maximale Länge 12 m, max. Aufenthalt 3 Tage.
Ausstattung: Frischwasserversorgung, Abwasserentsorgung mit Bodeneinlass, Kassettenentleerung, Stromanschlüsse, Behälter für die Müllentsorgung, WC. Der Platz ist ganzjährig geöffnet.

Beschreibung: Ortsrand, ruhig. Sonnige und schattige Stellflächen auf Asphalt mit Grünstreifen am Rand. Bei Veranstaltungen auf dem Festplatz ist die Anlage nicht zugänglich. Entfernung zur Ortsmitte und zur Burg jeweils 500 Meter, rund 900 Meter bis zum Aussichtsturm.
Preise: Kostenlos, 80 Liter Frischwasser 1,00 € und Strom 1,00 € pro kWh. Abwasserentsorgung und Entleerung der Bordtoilette ist kostenfrei.
Zufahrt: Von der Ortsmitte über die Nürnberger und die Sudetenstraße in die Straße Am Höhbuck fahren.

ein Besuch der mächtigen **Hohenzollernburg** nimmt nicht sehr viel Zeit in Anspruch. Da die Burg unter der Obhut der Bayerischen Schlösserverwaltung steht, finden Sie die Öffnungszeiten, Eintrittspreise und weitere Information zu der Burg auf dieser Seite www.burg-cadolzburg.de.

Tor zum Innenhof der Hohenzollernburg.

Über die Geschichte der Stadt und der Region ist im Rangau-Heimathaus am Pisendelplatz 1 viel zu erfahren. Über die Öffnungszeiten informiert diese Seite www.cadolzburg.de.

Der nächste Ort auf unserer Reiseroute ist Fürth. Wir verlassen Cadolzburg in Richtung Seukendorf, fahren vor dem Ort auf die B8, und verlassen diese wieder nach vier Kilometern über die Abfahrt nach **Fürth**. Für den Rundgang durch die Stadt parken wir auf der Fürther Freiheit [GPS: N49°28'16.7" E10°59'35.5"] mitten im Zentrum.

Prachtfassaden in der Hornschuhpromenade.

Gründerzeitfassade in der Schwabacher Straße.

Am Wochenende ist dies kein Problem, unter der Woche ist die Höchstparkdauer auf zwei Stunden begrenzt. Der Parkplatz ist für Mobile über acht Metern Länge nicht geeignet. Von hier ist es nicht weit in die Altstadt. Die Stadt Ludwig Erhards und Henry Kissingers soll die höchste Denkmaldichte pro Kopf aller deutschen Großstädte haben. Nun, das haben wir weder nachgezählt noch überprüft, aber dass es hier sehr viel Baudenkmäler gibt und schöne dazu, das ist keine Frage. Dabei steht nicht unbedingt immer das einzelne Baudenkmal im Vordergrund, sondern das Ensemble mehrerer Gebäude wie zum Beispiel in der **Hornschuhpromenade** und der Königswarterstraße, zwei parallel verlaufende Straßen nur 300 Meter östlich unseres Parkplatzes beginnend. *"Die Architektur der beiden Prachtpromenaden besticht durch repräsentative Sandsteinfassaden, die stilistisch vom Neubarock bis zum Jugendstil reichen. Mit prächtigen Hauseingängen, schmiedeeisernen Balkongittern, üppigem Fensterschmuck und reich verzierten Erkern spiegeln die stattlichen Wohnungen den Reichtum und das Geltungsbedürfnis ihrer großbürgerlichen Bauherren wieder. Bis heute hat sich in diesen beiden Straßen ein geschlossenes architektonisches Gesamtbild erhalten, das vor über hundert Jahren organisch gewachsen ist."* So heißt es in einer offiziellen Beschreibung der Stadt.

Aber nicht nur dort sehen wir die Prachtfassaden, auch an anderen Orten in der Stadt. Auf unserem Weg zum **Grünen Markt**, den wir über die Schwabacher und Königstraße erreichen, sehen wir ansprechende Häuserfassaden aus der Gründerzeit. Nur nicht in der geschlossenen Form wie in der Hornschuhpromenade und nicht immer so prachtvoll. Rund um den Grünen Markt liegt die Altstadt mit restaurierten mittelalterlichen Bauten, Fachwerkhäusern und barocken Gebäuden entlang schmaler Gassen. Insgesamt ein bunter Architekturmix, der eine ebenso bunte Mischung an Nutzungsarten mit Kneipen, Cafés und Restaurants hervorgebracht hat. Die Gaukler, die auf dem Grünen Markt in ihrem Tun verharren, passen in dieses Stadtbild.

Rathaus, Wahrzeichen der Stadt Fürth.

Wahrzeichen der Stadt ist das Rathaus, dessen Turm an den **Palazzo Vecchio** in Florenz erinnert. Das insgesamt sehr gut erhaltene alte Stadtbild ist darauf zurückzuführen, dass im letzten Weltkrieg die Stadt von Bombenangriffen weitgehend verschont blieb. Mit laufenden Sanierungs- und Instandsetzungsmaßnahmen der alternden Bausubstanz wird darauf geachtet, dass dieses schöne städtebauliche Erbe auch erhalten bleibt.

Stellplatz Fürthermare.

Für Entspannung und Wohlbefinden sorgt das **Fürthermare**, ein Erlebnis- und Thermalbad auf der linken Seite der Pegnitz [**167:** N49°28'35.0" E10°58'38.7"]. Hier gibt es die einzigen offiziellen Wohnmobilparkplätze der Stadt. Es geht eng zu und man muss damit rechnen, dass PKW-Fahrer die Beschilderung ignorieren und man keinen freien Platz findet. Eine Ver- und Entsorgung gibt es nicht, Stromanschlüsse auch nicht.

Wir fahren weiter über Veitsbronn und Obermichelbach nach Herzogenaurach. Wir empfehlen den Stellplatz am Freizeitbad Atlantis, das mit Wellenbecken, Wasserrutschen, Sauna u.a. aufwartet und für Wohnmobilfahrer nach Entrichtung der Stellplatzgebühr einen ermäßigten Eintritt anbietet.

(168) Offizieller WOMO-Stellplatz: Herzogenaurach – Freizeitbad Atlantis

GPS: N49°34'23.7" E10°51'56.5";
Würzburger Straße 35, 91074 Herzogenaurach.
Max. WOMOs: 12, maximale Länge 10 m.
Ausstattung: Frischwasserversorgung, Abwasserentsorgung mit Bodeneinlass, Kassettenentleerung, Stromanschlüsse, Behälter für die Müllentsorgung, ganzjährig geöffnet.

Beschreibung: Sonnige geschotterte Stellflächen am Ortsrand zwischen dem Freizeitbad und einem Wiesengelände, das von der Mittleren Aurach durchflossen wird. Zehn Minuten Fußmarsch in die Innenstadt.
Preise: 9,50 € für ein Fahrzeug, Frischwasser 1,00 € und Strom 0,50 € pro kWh. Abwasserentsorgung und Entleerung der Bordtoilette ist kostenfrei. Die Parktickets erhalten Sie an der Hauptkasse im Freizeitbad. Wer spät anreist, erledigt das am Folgetag. Es gibt einen Gutschein in Höhe von 2,00 € für den Eintritt in das Bad.
Zufahrt: Am Ortsausgang Richtung Aurachtal/Emskirchen auf der linken Seite.

Wer nur die Innenstadt besuchen will, kann auch in Altstadtnähe das Fahrzeug auf dem Parkplatz "An der Schütt" abstellen [GPS: N49°34'03.2" E10°53'00.2"].

Den Stadtbummel starten wir von diesem Parkplatz. Über die Ritzgasse gehen wir in die Hauptstraße und wenden uns nach links und sehen sogleich den **Fehnturm**, einen Wach- und Verteidigungsturm mit markanten Erkern. Sein Pendant, der Türmersturm, steht 300 Meter entfernt und bewacht den westlichen Eingang der Stadt. Dazwischen befindet sich das **Alte Rathaus**, ein schönes altes Fachwerkgebäude, das heute als Restaurant genutzt wird. Dahinter liegt der Marktplatz mit einem Brunnen, dann sind wir auch schon am Schloss. Darin befinden sich das Rathaus und die Touristinformation. Wir wenden uns nach rechts, gehen zur hochgotischen Stadtpfarrkirche St. Magdalena, die mit barocker Innenausstattung glänzt, kommen dann am Pfründerspital vorbei, einem Fachwerkhaus, das einst als Bürgerspital diente und heute das Stadtmuseum beherbergt. Damit sind wir auch schon fast wieder am Ausgangspunkt angelangt. Wir gehen weiter, werfen noch einmal einen Blick auf den Fehnturm und kehren zum WOMO zurück.

Bevor wir nach Erlangen weiterfahren, wollen wir noch den Hinweis geben, dass die berühmten Sportartikelhersteller Puma, Adidas und Nike hier Outletcenter betreiben. Die beiden erstgenannten stammen aus Herzogenaurach. Alle drei Outletcenter befinden sich an der Nordumgehung. Sie sind nicht zu übersehen.

Der Fehnturm in Herzogenaurach.

Nach Erlangen ist es nur ein Katzensprung, wir unterqueren die A3, überqueren wenig später den Main-Donau-Kanal, die Regnitz sowie die A73 und folgen der Beschilderung zum Bahnhof. Wir stellen das Fahrzeug zwischen dem Bahnhofsgelände und der Autobahn auf dem großen Parkplatz ab **[169:** N49°35'43.2" E10°59'57.5"]. Um sich die Sehenswürdigkeiten der Universitätsstadt anzuschauen, ist der Platz gut geeignet, für eine Übernachtung ist er uns zu laut. In Dechsendorf, einem Stadtteil von Erlangen fernab des Zentrums, befindet sich am Großen Bischofsweiher ein schön angelegter Campingplatz als ruhige Alternative.

(170) WOMO-Campingplatz: Erlangen-Dechsendorf, Camping-Club Rangau

GPS: N49°37'53.2" E10°56'52.1"; Campingstraße 44, 91056 Erlangen.
Max. WOMOs: >20, maximale Länge 12 m.
Ausstattung: Frischwasserversorgung, Abwasserentsorgung mit Bodeneinlass, Kassettenentleerung, Stromanschlüsse, Behälter für die Müllentsorgung, WLAN, Brötchenservice, Gasflaschentausch. Im Servicegebäude gibt es Duschen, WCs, Waschmaschinen und Trockner, Hundedusche, Gaststätte mit Biergarten. Der Platz ist von April bis Mitte Oktober geöffnet.
Beschreibung: Große sonnige, teilweise auch schattige Rasenplätze. Direkter Zugang zum Dechsendorfer Weiher mit Segelschule, Bootsverleih, Badestränden und Kiosken.
Preise: Personen ab 13 Jahren 7,90 €, Kinder 4-12 Jahre 4,90 €, Hund 4,00 €, Wohnmobil 8,90 € (inkl. Ver- und Entsorgung), Strom pauschal 4,00 € pro Tag. Waschmaschine und Trockner jeweils 3,50 €. Wer mit dem Wohnmobil nur die Entsorgungsstation nutzen möchte, zahlt 5,00 €.
Zufahrt: In Dechsendorf der Ausschilderung zum Campingplatz folgen.
Reservierung/Kontakt: Tel.: 09135/8866
E-Mail: infos@camping-rangau.de, Web: www.camping-rangau.de.

Der Hugenottenbrunnen im Schlossgarten.

Erlangen

Dass Erlangen am Reißbrett entworfen wurde und sich nicht aus einem mittelalterlichen Kern ins Umland entwickelt hat, merken Sie schnell, wenn Sie sich in das Zentrum rund um das Schloss begeben. Die Meister des rechten Winkels haben mit ihrem Grundriss ganze Arbeit geleistet und so zählt Erlangen zu den wenigen Städten in Deutschland, die den Städtebau des Barock umfassend präsentieren können.

Der Paulibrunnen auf dem Marktplatz.

Wir beginnen unseren kleinen Stadtrundgang am Bahnhofsvorplatz, den wir durch die Unterführung vom Parkplatz schnell erreichen und sehen die Rückseite der **Hugenottenkirche**. Über die Calvinstraße gehen wir an ihr vorbei und stehen nun auf dem Hugenottenplatz.

Auf der Hauptstraße schlendern wir weiter und kommen auf den quadratischen Markt- bzw. Schlossplatz. Auf der einen Seite des Platzes steht der Paulibrunnen, auf der anderen Seite, vor dem markgräflichen Schloss, das heute die Verwaltung der Universität beherbergt, die **Statue des Markgrafen Friedrich von Brandenburg-Bayreuth**, dem Gründer der Universität. Das Schloss nimmt die östliche Seite des Platzes vollständig ein. Wir gehen an diesem Gebäude vorbei und haben nunmehr den weitläufigen barocken Schlossgarten vor uns. Links sehen wir die Orangerie, rechts den großen **Hugenottenbrunnen**, dahinter eine riesige Liegewiese mit schattigen Bäumen, die von zahlreichen Studenten bevölkert ist.

Alljährlich veranstaltet die Universität ein **Schlossgartenfest** mit Livemusik und großem Feuerwerk. Es ist ein besonderer Höhepunkt im Verlauf des Jahres für die Stadt und mit gewöhnlich mehr als 6000 Gästen, eines der größten Gartenfeste Europas, an dem auch gern die wirtschaftliche und politische Prominenz Bayerns teilnimmt, die dann das Tanzbein in dem "Ballsaal" unter freiem Himmel schwingt.

Den **Markgrafen Christian Ernst**, der sowohl als oberste Figur auf dem Hugenottenbrunnen, wie auch als Reiterstandbild in der Mitte des Schlossgartens verewigt ist, würde dieses bunte Treiben nicht gestört haben. Achtete er doch neben seiner militärischen Karriere immer auf die Förderung der Kunst und Kultur. Das Standbild zeigt ihn übrigens in voller Rüstung über einen daniederliegenden Türken hinweg reiten und soll an seine Teilnahme an der Befreiung Wiens von der türkischen Herrschaft erinnern.

Reiterstandbild des Markgrafen Christian Ernst in der Mitte des Schlossgartens.

In den schmalen Straßen und Gassen rund um die Universität finden sich zahlreiche Restaurants, Cafes und Kneipen. Das ganze Viertel hat studentisch-akademisches Flair, die Zahl der jüngeren Leute im Straßenbild überwiegt gegenüber anderen Nicht-Universitätsstädten. Da muss man nicht nachzählen, es fällt einfach auf in unserer überalterten Gesellschaft. Es ist aber auch nicht verwunderlich, schließlich sind an der Hochschule, die kurz FAU genannt wird, ca. 40.000 Studenten immatrikuliert. Sie ist eine der größten Universitäten Deutschlands.

Um sich akustisch durch die Stadt führen zu lassen, können Sie sich von dieser Seite https://erlangen.tomis.mobi audioguides auf Ihr Smartphone laden.

Hugenotten in Erlangen

Die Hugenotten spielen eine besondere Rolle in dieser Stadt. Ihr Glaube, geprägt von den Lehren Calvins, wurde in Frankreich vom Klerus der katholischen Kirche und vom König nicht geduldet. Der Glaubensfreiheit beraubt, flüchteten sie in andere Länder. **Markgraf Christian Ernst** sah durch die Ansiedlung der Glaubensflüchtlinge die Chance, die marode wirtschaftliche Situation in seinem Herrschaftsbereich zu verbessern und bot vor allem Unternehmer und Handwerker an, sich in Erlangen niederzulassen. Sie erhielten Privilegien wie Religionsfreiheit, Befreiung von Steuern und Darlehen für die Gründung von Manufakturen. Der Zustrom an siedlungswilligen Hugenotten ließ die Kleinstadt schnell aus allen Nähten platzen. Nach dem Muster einer idealen barocken Stadt wurden Pläne mit einem rechtwinkeligen Grundriss für eine neue Siedlung gefertigt, die den Siedlern Platz und Heimat bot. Dieser Grundriss besteht bis heute fort und gibt diesem Ort mit den kleinen Cafés und Gassen, den großen Plätzen und geraden Straßen einen französisch angehauchten Charme.

Die **Hugenottenkirche**, die Sie auf dem Foto sehen, ist eines der ersten Gebäude, das in dieser neuen Stadt fertiggestellt wurde.

Effeltrich, 1000-jährige Linde und Wehrkirche.

Auf unserem weiteren Weg nach Forchheim nehmen wir die Route über **Effeltrich**. Zu bestaunen gibt es eine 1000-jährige Linde und eine **Kirchenburg**. Die Linde hat einen Umfang von neun Metern, ist aber nur acht Meter hoch. Stützen sichern die weit ausladenden Äste vor einem Bruch. Die Kirchenburg wurde als Schutz- und Trutzburg angelegt und sollte als Fliehburg den Bürgern Schutz gewähren. Sie ist nicht vollständig erhalten, Teile wurden zerstört oder abgerissen, als sie in der Funktion einer Burg nicht mehr benötigt wurde. Dennoch ist sie immer noch eine schön anzuschauende Wehrkirche.

Die Heilige Walburga.

Weiter geht die Fahrt über Wiesenthau nach **Kirchehrenbach** zur Ehrenbürg besser bekannt als **Walberla**.

Geomorphologisch betrachtet ist die Walberla nur ein Zeugenberg, ein Überbleibsel aus der abgetragenen und zurückverlagerten Schichtstufe der Fränkischen Alb. Von den zwei Plateaugipfeln in 514 und 532 Metern Höhe kann man schön ins Wiesenttal und ins Regnitztal hinunterschauen. Aber die Walberla ist nicht nur eine geologische Formation, nein, sie ist ein mystisch-magischer Ort und neben dem Staffelstein ein besonderer Berg für die Franken.

Die Walberla war ein Kultplatz der Kelten, dann ein germanisches Heiligtum und nach der Christianisierung eine geweihte Stätte der Christen. Vor der Walburgiskapelle oben auf dem Plateau steht die Bronzestatue der Heiligen Walburga, von der sich der Name Walberla vermutlich ableitet. Ihr zur Ehren fand an jedem 1. Sonntag im Mai eine Wallfahrt statt, aus der sich schnell ein Frühlingsfest entwickelte. Zehntausende kommen jedes Jahr zu diesem Fest, das am Freitag vor dem ersten Sonntag im Mai mit dem traditionellen Aufstellen des Maibaumes und anschließendem Bieranstich beginnt und am Sonntagabend endet. Die Walberla ist das ganze Jahr über einen Ausflug wert, allein schon wegen der Morphologie des Berges und der versammelten Pflanzengesellschaften. Als Park- und auch Übernachtungsplatz eignet sich **[171:** N49°43'43.7" E11°08'48.0"], ein Wanderparkplatz, der leicht von der Ortsmitte aus zu finden ist. Man muss nur der Beschilderung zur Walberla folgen.

Nun geht es weiter nach **Forchheim**. Zunächst steuern wir den **Kellerwald** an, von dem wir schon soviel gehört hatten. Er ist leicht zu finden, er liegt an der Unteren Kellerstraße und ist gut ausgeschildert. Auf dem großen kostenlosen Parkplatz **[172:** N49°43'46.7" E11°04'20.4"] am Rand des Waldes lässt es sich gut parken und bei Bedarf auch übernachten.

Der Kellerwald in Forchheim

Es ist tatsächlich ein Wald voller Keller, genauer Bierkeller. In den Sandstein hatten einst Forchheimer Bierbrauer Gänge getrieben, um dort unter relativ konstanten Temperaturen ihr Bier zu lagern. Schon im 18. Jahrhundert führten moderne Brau- und Lagertechniken dazu, dass die Keller ihre Funktion einbüßten. Dafür begann man Schankwirtschaften einzurichten, die sich einer stetig wachsenden Beliebtheit erfreuten. Heute ist der Kellerwald ein übergroß dimensionierter Biergarten mit 24 dieser Wirtschaften und Tausenden von Sitzplätzen. Preiswerte Gerichte der fränkischen Küche werden angeboten, dazu die verschiedenen Biere aus Forchheim und der Region. Am zehntägigen **Annafest**, das jährlich Ende Juli stattfindet, ist der Besucherandrang besonders groß und es werden noch einige Bänke mehr aufgestellt. Bis zu 30.000 Besucher finden dann einen Sitzplatz und lassen sich Bier und Schäuferla schmecken.

Der offizielle Stellplatz der Stadt Forchheim liegt auf der Sportinsel, von hier aus ist die sehenswerte Altstadt über eine Fußgängerbrücke, die über den Main-Donau-Kanal und die A73 führt, bequem zu erreichen.

(173) Offizieller WOMO-Stellplatz: Forchheim – Sportinsel

GPS: N49°43'15.0" E11°03'00.0"; An der Regnitzbrücke, 91301 Forchheim.
Max. WOMOs: 20, maximale Länge 12 m, max. Aufenthalt 3 Tage.
Ausstattung: Frischwasserversorgung, Abwasserentsorgung mit Bodeneinlass, Kassettenentleerung, Stromanschlüsse, Behälter für die Müllentsorgung, WC, Dusche. Der Platz ist ganzjährig geöffnet.

Beschreibung: Ortsrand direkt an der Regnitz und dem Main-Donau-Kanal, sehr ruhig. Über eine Fußgängerbrücke ist die Altstadt in 10 Minuten erreicht. Vom 01.03. bis 31.10. können die sanitären Anlagen des Sportplatzes benutzt werden.
Preise: 9,00 € für ein Fahrzeug, Frischwasser 1,00 € und Strom 0,50 € pro kWh. Abwasserentsorgung und Entleerung der Bordtoilette ist kostenfrei. Dusche 1,50 €.
Zufahrt: Auf der B470 Richtung Höchstädt nach der Regnitzbrücke dem Womo-Zeichen folgen. Die Zufahrt ist nur möglich für Fahrzeuge mit einem zulässigem Gesamtgewicht bis 5,5 t.

Wer diese Brücke nimmt, kommt zunächst zur **"Kaiserpfalz"**, der **Fürstbischöflichen Residenz**, die mit spätgotischen Wandmalereien und dem Pfalzmuseum im Inneren aufwarten kann. Das Museum widmet sich der Archäologie Oberfrankens und der Stadtgeschichte.

Magistrats- und Frechshaus mit der Martinskirche im Hintergrund.

Wenn Sie durch die Kapellen- und Sattlertorstraße weiter in die Innenstadt gehen, so gelangen Sie zur **Martinskirche** und im weiteren Verlauf zum **Rathaus**, das mit dem **Magistrats- und Frechshaus** ein schönes Fachwerkensemble bildet. Über die Hauptstraße kommen Sie zum Paradeplatz und über die Torstraße zum Nürnberger Tor. Zurück geht es wieder über den Paradeplatz und Marktplatz ins Lohmühlgässchen und von dort durch die Wiesentstraße entlang des Flusses zur **Kammerer's Mühle**, einem alten Fachwerkhaus, das sich durch die abgesunkenen Fundamente der Wiesent zuneigt und deshalb auch das **"Schiefe Haus"** genannt wird. Hier lässt es sich übrigens angenehm Tafeln, denn die ehemalige Mühle ist heute ein Restaurant.

Wir fahren weiter nach **Buttenheim**. Hier wurde **Levi Strauss,** der Erfinder der Blue Jeans am 26.02.1829 geboren. Nachdem seine Mutter mit seinen Geschwistern nach dem Tod des Vaters 1848 nach Amerika ausgewandert war, suchte Levi Strauss sein Glück als Händler im "Goldrausch" an der Westküste. Strapazierfähige Hosen brauchten die Minenarbeiter. Zusammen mit dem Schneider Jacob Davis aus Reno entwickelte er besonders haltbare Hosen aus blauem Baumwollstoff und meldete diese zum Patent an. Das war die Geburtsstunde der heute weltweit getragenen Blue Jeans.

Die ganze Geschichte wird im **Levi Strauss Museum**, das in seinem Geburtshaus eingerichtet wurde, präsentiert. Mehr Informationen sowie Öffnungszeiten und Eintrittspreise finden Sie hier http://levi-strauss-museum.de.

Da die Parkmöglichkeiten am Museum sehr begrenzt sind, empfehlen wir diesen fünf Kilometer entfernten Platz, den Sie auch als Ausweichplatz für die oft überfüllten Stellplätze in Bamberg nutzen können, wo diese Tour jetzt endet. Für die Beschreibung der Stadt schlagen Sie bitte die Seite 108 auf.

(174) Offizieller WOMO-Stellplatz: Hirschaid – FrankenLagune

GPS: N49°48'42.7" E10°59'10.3"; Georg-Kügel-Ring 3, 96114 Hirschaid.
Max. WOMOs: 8, maximale Länge 14 m.
Ausstattung: Frischwasserversorgung, Abwasserentsorgung mit Bodeneinlass, Kassettenentleerung, Stromanschlüsse, Behälter für die Müllentsorgung, ganzjährig geöffnet.
Beschreibung: Leicht geneigte Stellflächen auf Betonpflastersteinen neben einem großen PKW-Parkplatz zwischen RegnitzArena und FrankenLagune. Der RegnitzRadweg führt am Stellplatz vorbei. Bis nach Bamberg sind es nur 14 Kilometer.
Preise: 8,00 € für ein Fahrzeug, Frischwasser 1,00 € und Strom 0,50 € pro kWh. Abwasserentsorgung und Entleerung der Bordtoilette ist kostenfrei. Einen Parkschein gibt es am Kassenautomaten in der FrankenLagune.
Zufahrt: In Hirschaid in Richtung Höchstadt fahren und nach der Brücke über den Main-Donau-Kanal links abbiegen.

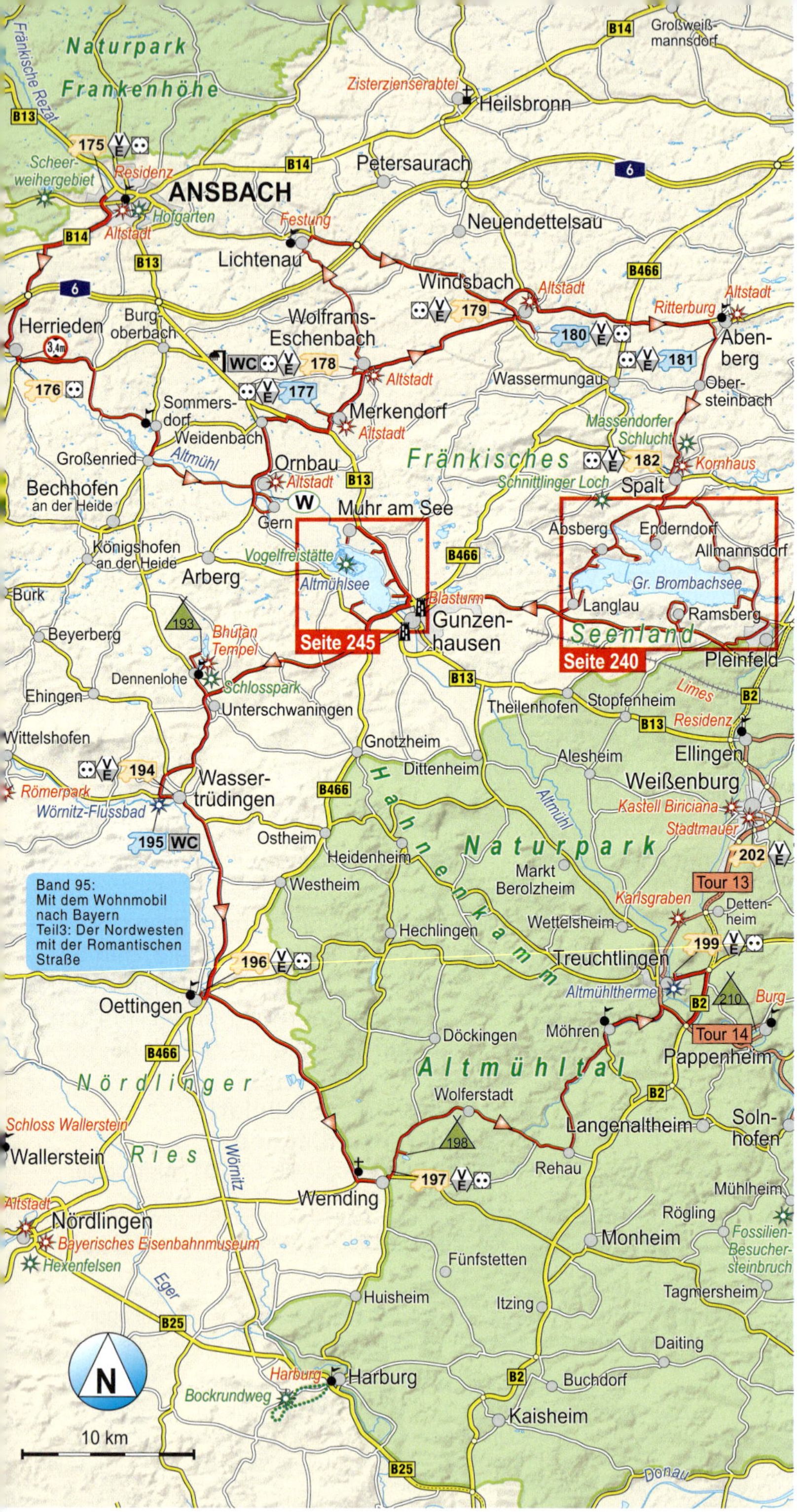
Naturpark Frankenhöhe
Fränkische Rezat
ANSBACH
Residenz
Hofgarten
Altstadt
Scheer-weihergebiet
Heilsbronn
Zisterzienserabtei
Großweiß-mannsdorf
Petersaurach
Neuendettelsau
Lichtenau
Festung
Windsbach
Altstadt
Wolframs-Eschenbach
Altstadt
Herrieden
Burg-oberbach
Abenberg
Ritterburg
Altstadt
Wassermungau
Ober-steinbach
Sommers-dorf
Weidenbach
Merkendorf
Altstadt
Massendorfer Schlucht
Großenried
Altmühl
Ornbau
Altstadt
Fränkisches Seenland
Schnittlinger Loch
Spalt
Kornhaus
Bechhofen an der Heide
Gern
Muhr am See
Absberg
Enderndorf
Allmannsdorf
Königshofen an der Heide
Arberg
Vogelfreistätte
Altmühlsee
Gr. Brombachsee
Langlau
Ramsberg
Burk
Blasturm
Gunzen-hausen
Beyerberg
Bhutan Tempel
Seite 245
Seite 240
Pleinfeld
Dennenlohe
Schlosspark
Ehingen
Unterschwaningen
Theilenhofen
Stopfenheim
Limes
Residenz
Wittelshofen
Gnotzheim
Alesheim
Ellingen
Dittenheim
Weißenburg
Römerpark
Wasser-trüdingen
Kastell Biriciana
Wörnitz-Flussbad
Stadtmauer
Hahnenkamm
Naturpark Altmühltal
Ostheim
Heidenheim
Markt Berolzheim
Westheim
Tour 13
Karlsgraben
Detten-heim
Band 95: Mit dem Wohnmobil nach Bayern Teil3: Der Nordwesten mit der Romantischen Straße
Hechlingen
Wettelsheim
Treuchtlingen
Oettingen
Altmühltherme
Burg
Tour 14
Möhren
Döckingen
Pappenheim
Nördlinger Ries
Wolferstadt
Schloss Wallerstein
Langenaltheim
Solnhofen
Wallerstein
Rehau
Wörnitz
Wemding
Mühlheim
Rögling
Altstadt
Nördlingen
Monheim
Fossilien-Besucher-steinbruch
Bayerisches Eisenbahnmuseum
Hexenfelsen
Fünfstetten
Eger
Huisheim
Itzing
Tagmersheim
Daiting
Harburg
Bockrundweg
Buchdorf
Kaisheim
Donau
10 km
N

TOUR 12 (ca. 225 km)

Ansbach – Herrieden – Ornbau – Merkendorf – Wolframs-Eschenbach – Windsbach – Abenberg – Spalt – Enderndorf – Absberg – Langlau – Ramsberg – Gunzenhausen – Muhr am See – Dennenlohe – Wassertrüdingen – Oettingen – Wemding – Treuchtlingen

Stellplätze:	Ansbach, Herrieden, Merkendorf, Wolframs-Eschenbach, Windsbach, Abenberg, Spalt, Enderndorf, Absberg, Ramsberg, Gunzenhausen, Muhr am See, Dennenlohe, Wassertrüdingen, Oettingen, Wemding, Treuchtlingen.
Campingplätze:	Langlau, Gunzenhausen, Dennenlohe, Wemding.
Besichtigungen:	Ansbach (Altstadt, Residenz und Hofgarten), Herrieden (Altstadt), Ornbau (Altstadt), Merkendorf (Altstadt), Wolframs-Eschenbach (Altstadt), Windsbach (Altstadt), Abenberg (Altstadt und Ritterburg), Spalt (Altstadt), Gunzenhausen (Altstadt), Dennenlohe (Schlosspark), Wassertrüdingen (Altstadt), Oettingen (Altstadt), Wemding (Altstadt, Wallfahrtskirche), Fossa Carolina, Treuchtlingen (Altstadt, Kurpark).
Wandern/Radwandern:	Rund um Brombach- und Altmühlsee, sowie entlang der Altmühl.
Baden/Wellness:	Ansbach (Aquella Freibad), Ornbau (Badestrand am Altmühlzuleiter), Merkendorf (Naturfreibad an der Weißbachmühle), Windsbach (Waldstrandbad), Abenberg (Naturbadeweiher), Brombachsee, Altmühlsee, Dennenlohe (Naturfreibad), Wassertrüdingen (Wörnitz-Flussbad), Wemding (Freibad Waldsee), Treuchtlingen (Altmühltherme).

Der Schwerpunkt dieser Tour liegt im Fränkischen Seenland. Der Altmühlsee und der Große sowie der Kleine Brombachsee sind die bedeutendsten Gewässer dieses Seenlandes. Es sind künstlich geschaffene Seen, die zwar in erster Linie der Wasserregulierung dienen, aber schon seit etlichen Jahren eine herausragende Freizeitfunktion haben. Rund um diese Gewässer gibt es eine Vielzahl von großen Stell- und Campingplätzen, die wir in diesem Kapitel vorstellen werden. Um es gleich vorwegzunehmen, sie werden gern aufgesucht und die Stellplätze sind stark frequentiert. Wer einen ruhigen einsamen Platz sucht, wird ihn hier in den Sommermonaten nicht finden. Da sehen wir mehr Möglichkeiten an den kleineren Seen, die es in dieser Region auch noch gibt und die wir Ihnen in dieser Tour ebenfalls vorstellen werden. An Bade- und Wassersportmöglichkeiten mangelt es in diesem Kapitel nicht. Damit ist aber der besondere Reiz dieser Tour noch nicht erschöpft. Viele der Orte, die wir in diesem Kapitel aufsuchen werden, glänzen mit malerischen Altstadtensembles, mit Fachwerkarchitektur, uralten Stadtmauern und historischen Zugangstoren und Tortürmen, die sich auch mit Radausflügen erkunden lassen. Aber nun genug der Vorrede. Wir beginnen unsere Reise durch das Fränkische Seenland in Ansbach, wo wir diesen Stellplatz anfahren.

(175) Offizieller WOMO-Stellplatz: Ansbach – Am Stadion

GPS: N49°18'15.3" E10°33'27.4"; Am Stadion 2, 91522 Ansbach.
Max. WOMOs: 12, maximale Länge 12 m, max. Aufenthalt 3 Tage.

Ausstattung: Ver- und Entsorgung mit einer Holiday-Clean-Anlage. Mehrere Stromsäulen mit jeweils sechs Steckplätzen stehen zur Verfügung und Behälter für die Müllentsorgung gibt es auch. Der Platz ist ganzjährig geöffnet.
Beschreibung: Die Stellflächen sind geschottert, teilweise auch mit Betonpflastersteinen ausgelegt. Das Aquella Freizeitbad bietet eine Reihe von Becken und Rutschen. Wermutstropfen dieses guten Platzes: Der Verkehr auf der vorbeiführenden Eisenbahnlinie ist deutlich vernehmbar. Auch in der Nacht verkehren auf dieser Strecke Güterzüge. Entfernung bis zur Stadtmitte 1,5 Kilometer.
Preise: Gebührenfrei, über Münzautomaten gibt es Frischwasser für 0,50 € und Strom für 0,50 € pro kWh. Die Entsorgung ist kostenlos.
Zufahrt: Über die B14 im Westen der Stadt, gut ausgeschildert.

Spaziergang durch Ansbach

Den Besuch der Stadt gliedern wir in drei Teile. Zunächst widmen wir uns der Residenz, dann dem Hofgarten und auf dem Rückweg schlendern wir noch durch die Altstadt.

Mit der Errichtung einer Wasserburg wurde um 1400 der Grundstein für die heutige **Markgräfliche Residenz** in Ansbach gelegt. Der mittelalterliche Ursprung wird in der sogenannten **Gotischen Halle** sichtbar, die sich mit einem für die Gotik charakteristischen Kreuzrippengewölbe zu erkennen gibt. Durch große Umbau- und Erweiterungsmaßnahmen im 18. Jahrhundert erhielt die Residenz ihr heutiges Aussehen. Seit dieser Zeit wurden keine wesentlichen Veränderungen mehr vorgenommen. War sie vor einigen Jahren bei unserem ersten Besuch in Ansbach noch vollkommen wegen Renovierungs- und Instandsetzungsarbeiten eingerüstet, erstrahlt sie heute um so mehr in ihrer großen Pracht. Baumeister dieser Anlage waren Gabriel de Gabrieli (*1671 in Roveredo, †1747 in Eichstätt) und Carl Friedrich von Zocha (*1683 in Gunzenhausen; †1749 in Ansbach). Die Innenausstattung im Stile des frühen Rokoko wurde von Leopold Retti (*1704 in Laino; †1751 in Stuttgart) ausgeführt. Retti zeichnet auch für den Bau des

Bachdenkmal hinter der Johanniskirche.

Schlosses in Ludwigsburg (blühendes Barock) verantwortlich. Hochkarätige Leute waren hier am Werk, was von außen gut sichtbar ist und im Inneren in Erstaunen versetzt, wenn bei einem Rundgang durch die 27 Prunkräume während einer Führung die Details zu den Fresken, dem Spiegelkabinett, dem ausgestellten Meißner Porzellan sowie dem Kachelsaal mit seinen 2800 Fliesen aus der ehemaligen Ansbacher Fayencenmanufaktur erzählt werden.

Die Führungen finden von April bis September stündlich zwischen 9.00 und 17.00 Uhr, von Oktober bis März stündlich zwischen 10.00 und 15.00 Uhr statt. Der Eintritt kostet für den Erwachsenen 5,00 €. Der Hauptteil des Gebäudes ist allerdings nicht den Ausstellungen gewidmet, sondern dient der Bezirksregierung von Mittelfranken als Amtssitz.

Auf dem Schlossplatz vor der Residenz steht das **Anscavallo** eine Bronzeskulptur des Bildhauers **Jürgen Goertz**. Die Interpretation dessen, was der Künstler mit dieser "pferdäpfelproduzierenden" Figur sagen will, überlassen wir anderen. Sie war unter den Bürgern lange Zeit umstritten, inzwischen entwickelt sie sich aber zu einem Wahrzeichen der Stadt. Neben dieser Skulptur befinden sich weitere Werke des Künstlers auf dem Platz, zwei Wartehäuschen mit Flugenten auf den Dachspitzen sowie die **Ans-Bachchantin** eine Brunnenskulptur.

Ansbach, Herrieder Tor.

Anscavallo und Markgräfliche Residenz in Ansbach.

Vom Schlossplatz zum **Hofgarten** und der **Orangerie** sind es nur wenige Meter. Bei der Architektur der Orangerie ließ sich der Baumeister Carl Friedrich von Zocha von französischen Vorbildern inspirieren. Die Südfassade ist dem Grand Trianon in Versailles nachempfunden, die Nordfassade den Kolonnaden des Louvre. Die großen Räume des schlossähnlichen Gebäudes werden heute für Veranstaltungen und Ausstellungen genutzt. Ein Restaurant und ein Café sind im Seitenflügel untergebracht. Orangerie und der Barockgarten wurden zu Beginn des 18. Jahrhunderts gebaut, bzw. angelegt. Die strengen

geometrischen Formen wurden nicht, wie in anderen Barockgärten häufig geschehen, durch einen englischen Landschaftspark ersetzt. Der Garten wird gehegt und gepflegt. Die Frühjahrs- und Sommerbepflanzung im Parterre wird in Anlehnung an barocke Musterbücher in artenreicher Vielfalt mit Blumen durchgeführt. Dazwischen liegen sauber gepflegte Wege und kurz gehaltene Rasenflächen. Die Wege werden gesäumt von südländischen Kübelpflanzen. Zitronen-, Oliven-, Pistazien-, Lorbeer- und Erdbeerbäume befinden sich darunter. Links und rechts des Parterre sind sogenannte Lindensäle und ein kleiner Kräutergarten zu sehen. Auf ganzer Länge durchzieht die **Maille-Allee** mit hohen Lindenbäumen den Hofgarten. Hier übte sich die markgräfliche Familie im Mailspiel. Ein Spiel, in dem es darum geht, Holzkugeln im Wettlauf durch kleine, in den Boden gesteckte Bögen zu schlagen (siehe auch Seite 74). Am Ende der Allee ist ein Rondell mit einem Holzpavillon zu sehen. Von dieser Stelle lässt sich die Allee in ihrer ganzen Länge besonders gut betrachten.

Unterhalb des Unteren Lindensaales erinnert eine Büste an **Kaspar Hauser**, dem Findelkind, das 1833 geheimnisumwittert hier im Hofgarten als junger Mann mit 21 Jahren erstochen wurde. Es wurde nie geklärt, wer er wirklich war, aus welchem Hause er stammte und wer seine Eltern waren. Allerlei Vermutungen und Spekulationen gab es. Noch immer wird versucht, seine Herkunft zu klären. In den **Kaspar-Hauser-Festspielen** wird seine Geschichte alle zwei Jahre immer wieder neu erzählt. Sie finden in den Jahren mit gerader Jahreszahl statt und stehen damit im Wechsel zu den **Bachwochen** (nähere Infos gibt es hier: www.bachwoche.de), die in den Jahren mit ungerader Jahreszahl stattfinden. Seit 1948 ist dieses 10-tägige Musikfest zu einer festen Institution im kulturellen Leben der Stadt geworden.

Orangerie im Hofgarten.

Die Kompositionen von **Johann Sebastian Bach** erklingen in den barocken Sälen, im eindrucksvollen Prunksaal der Residenz, in der Orangerie und in den großen Kirchen **Sankt Gumbertus** und **Sankt Johannis**. Hinweisen möchten wir noch auf die alljährlich im Hofgarten stattfindenden **Rokoko-Festspiele**. Der Ansbacher Heimatverein lässt die Zeit des Markgrafen Carl Wilhelm Friedrich von Brandenburg-Ansbach mit höfischem Glanz wieder aufleben. Maskenfest, Musik, Tanz, Uniformen, opulente Kostüme, Gaukler, Kindertheater, Zauberer und ein großes Barockfeuerwerk machen die mehrtägige Veranstaltung zu einem außergewöhnlichen Erlebnis. Auch ein Galadiner nach historischem Vorbild wird geboten. Das 3-gängige Menü in der Orangerie wird mit zeitgenössischer Musik umrahmt. Die Karten für dieses Ereignis sind begrenzt. Deshalb ist eine Reservierung notwendig. Wie das funktioniert können Sie hier lesen www.ansbach.de. Sie erfahren auch welche weiteren kulturellen Veranstaltungen die Stadt noch zu bieten hat.

Sankt Johannis ist eine der sehenswerten Kirchen der Stadt, eine weitere ist **Sankt Gumbertus**. Die beiden Kirchen stehen nur 100 Meter voneinander entfernt am Martin-Luther-Platz.

Sankt Gumbertus gilt mit ihren drei Türmen als das Wahrzeichen Ansbachs und ist das älteste Gebäude der Stadt. Der barocke Saalbau der Kirche ist lichtdurchflutet und von schlichter Eleganz. Hier einem Bachkonzert während der Bachwochen zu lauschen ist sicher ein Vergnügen. Neben der Gumbertuskirche steht das Geburtshaus von **Theodor Escherich**, dem weltberühmten Kinderarzt und Entdecker der Kolibakterien (Escherichia coli), an dem wir auf dem Weg zum **Herrieder Tor** vorbeigehen. Dieses 47 Meter hohe, achteckige Gebäude wurde Mitte des 18. Jahrhunderts auf den Grundmauern eines alten Turmes errichtet. Der Torturm wird von Bürgerhäusern flankiert. Ein schönes und sehr bemerkenswertes Barockensemble in der Residenzstadt. Sehenswert sind ebenfalls der Behringershof neben der Kirche St. Gumbertus sowie das **Markgrafenmuseum** am Kaspar-Hauser-Platz, in dem Sie alles über die Markgrafenzeit erfahren. In der Kaspar-Hauser-Abteilung des Museums ist alles zusammengetragen, was über dieses Findelkind bekannt ist.

Nach diesem kleinen Ausflug in das kulturelle Leben der Stadt verlassen wir nun den Hofgarten und kehren mit einem Bummel durch die Altstadt zum WOMO zurück.

Von Ansbach fahren wir nicht direkt über die B13 in südliche Richtung in das Fränkische Seenland, sondern erlauben uns einen kleinen Umweg über **Herrieden** an der Altmühl. Es ist nur eine kurze Fahrt von rund zwölf Kilometern, bis wir das Städtchen erreicht haben. Um zum Stellplatz zu gelangen, muss die Innenstadt durchfahren werden. Kein Problem ist das Storchentor, das dabei zu passieren ist. Es hat eine Durchfahrtshöhe von 3,4 Metern.

(176) Offizieller WOMO-Stellplatz: Herrieden

GPS: N49°13'53.9" E10°29'45.7"; Schießwasen, 91567 Herrieden.
Max. WOMOs: 12, maximale Länge 12 m.

Ausstattung: Asphaltierter Platz mit breitem grünem Randstreifen. Keine Ver- und Entsorgungseinrichtungen. 12 Stromsteckdosen stehen zur Verfügung. Ganzjährig geöffnet.
Beschreibung: Ortsrand an der Altmühl, 250 Meter bis zur Ortsmitte, tagsüber manchmal belebt. Nachts sehr ruhig.
Preise: Zwei Nächte kostenlos, danach 10,00 € pro Fahrzeug. Strom 0,50 € pro kWh.
Zufahrt: In Herrieden die Richtung nach Wieseth/Wassertrüdingen einschlagen, das Storchentor durchfahren (Durchfahrtshöhe 3,4 m), dann Altmühlbrücke überqueren und danach sofort rechts auf den Festplatz abbiegen.

Vom Stellplatz geht es über einen Steg, der neben der alten steinernen Brücke aus dem Jahre 1711 über die Altmühl führt, schnell in die Mitte des Ortes. Das **Storchentor**, durch das die Altstadt betreten wird, macht seinem Namen alle Ehre. Auf

Herrieden, Altmühlbrücke und Storchentor.

Stiftsbasilika in Herrieden.

ihm nistet Meister Adebar tatsächlich, wie auf dem Foto auf der vorangegangenen Seite bei genauer Betrachtung zu sehen ist. Sein Klappern ist auch auf dem Stellplatz noch zu hören und auf dem First der Stiftsbasilika findet am Abend obendrein gelegentlich eine kleine Versammlung dieser Vögel statt. An den Spuren der Hinterlassenschaften ist das deutlich zu sehen.

Die Stadt kann auf eine lange Geschichte zurückblicken, die mit der Gründung eines Klosters im Jahre 782 ihren Anfang nahm. Sie gehört nicht zu den vom Tourismus stark frequentierten Orten. Beschaulich geht es in diesem Städtchen zu, trotzdem ist alles da, was der Besucher erwartet. In den Restaurants und Cafés herrscht keine Hektik wie in den Touristenhochburgen. Unter den Bauwerken sind die **Stiftsbasilika** sowie die **Frauenkirche** hervorzuheben. Letztere steht an der Stelle, wo sich einst das Kloster, das zur Gründung der Stadt führte, befand. Im Garten davor finden sich Gräber aus der Zeit des 9. und 10. Jahrhunderts. Als kunsthistorische Kostbarkeit gilt die barocke Holzdecke dieser Kirche, die aus mehr als 7500 geschnitzten Einzelteilen besteht und damit einmalig im europäischen Kulturraum ist. Die Stiftsbasilika ist außen sehr schlicht gehalten. Innen glänzt sie mit barocker Pracht. Die Kirche wurde 2010 von Papst Benedikt XVI. zur **Basilica minor** erhoben.

Schloss Sommersdorf.

Wir setzen unsere Reise entlang der Altmühl fort, werfen einen Blick auf das Schlösschen in **Sommersdorf**, in dem Sie fürstlich übernachten können, wenn Sie einmal nicht mit dem Wohnmobil unterwegs sind. Sehen Sie hier https://schloss-sommersdorf.de.

Ornbau, steinerne Brücke über die Altmühl.

Badestrand am Altmühlzuleiter in der Freizeitanlage Gern.

Merkendorf, Unteres Tor.

Das nächste Städtchen auf unserer Reise ist **Ornbau**. Es liegt ein wenig abseits der B13 direkt an der Altmühl. Es gibt keine hervorzuhebenden Sehenswürdigkeiten in dieser Stadt. Die Patina, die Stadtmauer, die Tore sowie die Brücke über die Altmühl wirken als ein romantisches Gesamtensemble und sind deshalb einen Besuch wert. Ornbau wäre, ohne Umbauten vornehmen zu müssen, eine schöne mittelalterliche Kulisse für einen Film. Eine gute Parkmöglichkeit besteht an der **Freizeitanlage Gern** [GPS: N49°10'12.8" E10°39'24.2"]. Der Platz wäre mit dem nur wenige Meter entfernten Badestrand am Altmühlzuleiter sowie einem Biergarten und Restaurant auch ein schöner Übernachtungsort. Doch das ist hier leider nicht erlaubt.

Ähnlich romantisch wie in Ornbau ist es in **Merkendorf**, dem nächsten kleinen Ort dieser Tour unmittelbar an der B13. Für den Besuch des Städtchens mit der nicht ganz vollständigen, aber dennoch

Merkendorf, Stadtmauer und Stadtgraben.

schön anzuschauenden Stadtmauer können Sie hier parken [GPS: N49°12'14.1" E10°41'58.2"]. Wenn Sie von dem Parkplatz der Straße folgen, am Unteren Tor vorbeigehen, dem Stadtgraben folgen und den Ort erst durch das Taschentor betreten, haben Sie gleich den schönsten Teil der Stadtmauer gesehen. Es sind nur rund 600 Meter. Durchschreiten Sie dann das Tor, kommen Sie nach wenigen Metern auf den Marktplatz des rund 3000 Einwohner zählenden Städtchens.

(177) Offizieller WOMO-Badeplatz: Merkendorf – Naturfreibad an der Weißbachmühle

GPS: N49°12'28.0" E10°41'31.7"; Weißbachmühle 3, 91732 Merkendorf.
Max. WOMOs: 11, maximale Länge 12 m.
Ausstattung: Frischwasserversorgung, Abwasserentsorgung mit Bodeneinlass, Kassettenentleerung, Stromanschlüsse, Behälter für die Müllentsorgung, Badestrand, Kiosk (in der Badesaison) mit Speisen und Getränken, ganzjährig geöffnet.

Beschreibung: Sonniges Areal auf einem Wiesengelände neben dem Naturfreibad. Neben den 11 angelegten Stellflächen steht in den Sommermonaten eine weitere Wiese zur Verfügung, auf der mindestens 20 Fahrzeuge ohne Längenbeschränkung Platz finden. Auf eine Stromversorgung muss dort allerdings verzichtet werden. Die Ver- und Entsorgungsanlage kann bequem angefahren werden, auch wenn keine Übernachtung an dieser Stelle geplant ist.
Preise: 7,00 € für ein Fahrzeug für 1 Tag, 3 Tage 18,00 €, 7 Tage 35,00 €, Strom 1,00 € für 2 kWh, Frischwasser (80 Liter) 1,00 €. Die Entsorgung ist kostenlos, die Nutzung der Sanitäranlagen sind im Stellplatzpreis enthalten.
Zufahrt: In Merkendorf von der Umgehungsstraße den nicht zu übersehenden Hinweisschildern zum Stellplatz folgen.

Hier stehen das spätgotische Rathaus, der Krautbrunnen und die ehemalige Zehntscheuer, in der heute ein Heimatmuseum untergebracht ist, dicht beieinander.

Naturfreibad an der Weißbachmühle.

Reizvoll ist der Stellplatz am Naturfreibad an der Weißbachmühle. Dieser kleine See ist nicht so überlaufen wie seine größeren Schwestern weiter im Süden. Das Badegewässer müssen Sie sich mit Enten und Wasserhühnern teilen und darauf achten, nicht in deren Hinterlassenschaften zu treten.

Das nächste Städtchen auf unserer Reise hat nicht nur romantisches Flair, sondern auch eine ganz besondere Verbindung zur mittelhochdeutschen Dichtkunst. Den Vornamen des berühmten Sohnes der Stadt hat man schon 1917 dem Ortsnamen vorangestellt. Die Rede ist von **Wolframs-Eschenbach**, der alten Minnesängerstadt, Heimatort des Parzivaldichters **Wolfram von Eschenbach**, der noch ohne Wohnmobil leben musste. Über den inzwischen sehr komfortabel ausgestatteten Stellplatz würde er staunen.

(178) Offizieller WOMO-Stellplatz: Wolframs-Eschenbach

GPS: N49°13'31.02" E10°43'10.86";
Waizendorfer Str. 15, 91639 Wolframs-Eschenbach.
Max. WOMOs: 24, maximale Länge 12 m, max. Aufenthalt 5 Tage.
Ausstattung: Wasserver- und Abwasserentsorgung mit Bodeneinlass sowie die Möglichkeit die Bordtoilette zu entleeren gibt es am Rande des Platzes.Darüber hinaus steht ein Servicegebäude mit Dusche, WC, Waschmaschine und Trockner zur Verfügung. In der Nähe gibt es eine Liegewiese, Beachvolleyballfeld, ein Naturbad und einen Grillplatz. Die Anlage ist ganzjährig geöffnet

Beschreibung: Befestigte, mit Grünstreifen und Buschwerk abgegrenzte Parzellen am Ortsrand, 500 Meter bis zur Ortsmitte, sehr ruhig.
Preise: Einen Parkschein gibt es am Kassenautomaten für 5,00 €. Waschmaschine und Trockner wollen an Münzautomaten gefüttert werden. Frischwasser kostet 1,00 € und Strom gibt es für 1,00 € pro kWh.
Zufahrt: Von Merkendorf in Wolframs-Eschenbach die dritte Ausfahrt vom 1. Kreisverkehr nehmen, dann nach 250 Metern links in die Waizendorfer Straße abbiegen.

Wolframs-Eschenbach, Deutschordensschloss und Alte Vogtei.

Wolfram von Eschenbach

Der Versroman des Parzival ist eines der Hauptwerke der mittelhochdeutschen Dichtkunst. Berühmt geworden ist es auch durch Richard Wagners gleichnamiger Oper. Worum es dabei geht, ist in einer Broschüre der Stadt Wolframs-Eschenbach prägnant zusammengefasst. Wir erlauben uns zu zitieren: *"Das Epos des »Parzival« ist das umfangreichste Werk des Autors. Es handelt davon, die ritterlichen Ideale von Mut, Tapferkeit und Freude an der Welt zur Geltung zu bringen und gleichzeitig mit den christlichen Werten der Demut und Nächstenliebe zu verbinden. Parzival zieht in jungen Jahren unbekümmert und draufgängerisch in die Welt hinaus, übernimmt fremde Lebensregeln, ohne selbst über sie nachzudenken, verstrickt sich in Schuld und zweifelt an der Güte Gottes. Erst als er dazu übergeht, sich über die eigene Person und die Lebenszusammenhänge mehr Klarheit zu verschaffen, als er beginnt, mehr Verantwortung auf sich zu nehmen und besonnener zu handeln, kommt ihm umgekehrt die Güte des Lebens entgegen. Er wird nach vormaligem Scheitern zum Gralskönig berufen und nun Hüter des edlen Steins, der als Quelle des Lebens erscheint und an bestimmten Tagen wie ein Tischleindeckdich für Speis und Trank, für Jugend und Schönheit sorgt."*

Wolfram-Denkmal auf dem Marktplatz.

Die Wehrmauern der Stadt sind vollständig erhalten. Nur durch zwei mittelalterliche Tore kann die Innenstadt mit Fahrzeugen erreicht werden. Zwischen diesen beiden Toren verläuft die Hauptstraße, an der zahlreiche große Fachwerkhäuser stehen. Am Marktplatz befindet sich das Denkmal des Parzivaldichters. Er blickt auf sein Museum, das in dem

Alten Rathaus untergebracht wurde. Daneben stehen das **Deutschordensschloss** und dahinter das Liebfrauenmünster aus dem 13. Jahrhundert, das spätromanische und frühgotische Architekturmerkmale in sich vereint. Es wurde vom Deutschen Orden errichtet, der die Geschichte der Stadt über 600 Jahre bis zum Beginn des 19. Jahrhunderts bestimmte. Im Liebfrauenmünster fand Wolfram von Eschenbach seine letzte Ruhestätte.

Wolframs-Eschenbach, Blick über den Schießweiher auf die Altstatd

Zwischen den vielen Fachwerkhäusern will die Architektur des Deutschordensschlosses auf den ersten Blick so gar nicht in das Ensemble passen. Ende des 16. Jahrhunderts war es modern, im Renaissancestil zu bauen, und da es im Bestreben des Deutschen Ordens lag, das Zentrum des Ortes repräsentativ zu erneuern, wurde das Schloss eben in diesem Stil errichtet. Wobei Schloss eigentlich übertrieben klingt, es ist eher ein Bürgerhaus, das dort errichtet wurde.

Zahlreiche Wanderwege bieten sich an, die nähere Umgebung zu erkunden. Einer dieser durchnummerierten **"Minnesängerwege"** führt nach **Windsbach** unserem nächsten Ziel.

Wir nehmen aber nicht die Wanderschuhe, sondern das WOMO, obwohl es nur acht Kilometer sind.

Innenhof der Festung Lichtenau.

Wer ein Freund alter, gut erhaltener Burgen ist, wird den Umweg über **Lichtenau** wählen und sich ein Meisterwerk der Renaissancebaukunst anschauen. Touristisch ist die Festung nicht erschlossen. Ausflugslokale werden Sie an diesem Ort vergeblich suchen. In der sehr gut erhaltenen Anlage ist ein Teil des Staatsarchivs Nürnberg untergebracht. Der Innenhof ist tagsüber für

Besucher zugänglich. Auf dem **"Historischen Weg"**, der rund um die Festung führt, wird die Geschichte dieser Anlage und des Marktfleckens erläutert. Parken können Sie in 200 Metern Entfernung [GPS: N49°16'35.9" E10°41'11.2"] in der Wattenbacher Straße.

Nun zu **Windsbach**. Aus der Vogelperspektive ist die ovale Struktur des Altstadtkerns gut erkennbar. Von der Stadtmauer gibt es bloß noch Reste und von den ehemals fünf Tortürmen stehen nur noch zwei. Durch das Brückentor fahren wir hinein und durch das Obere Tor wieder hinaus. Eine Parkmöglichkeit eröffnet sich auf dem kleinen Stellplatz vor dem Brückentor an der Fränkischen Rezat **[179:** N49°14'47.0" E10°49'28.5"] Er ist mit zwei Stromanschlüssen ausgestattet und einer Ver- und Entsorgungseinrichtung. Das sind optimale Voraussetzungen, um die Altstadt zu besuchen und eines der Restaurants in der Hauptstraße aufzusuchen.

Windsbach, historisches Rentamt mit Stadtturm im Hintergrund.

Der malerische Ort in seiner Gesamtwirkung ist eine Sehenswürdigkeit. Der Stadtturm, der im Mittelalter als Wachturm diente, kann zu bestimmten Zeiten bestiegen werden, ein Schild am Eingang verweist darauf. Hervorzuheben ist die Gottesruhkapelle, die wegen eines fast vollständig erhaltenen Freskenzyklus kunstgeschichtlich sehr bedeutend ist. Sie steht aber nicht in der Stadt, sondern außerhalb an der Straße nach Wolframs-Eschenbach.

Abseits der Stadt im Ortsteil **Retzendorf** befindet sich das **Waldstrandbad**, ein Naturfreibad, das lange in einem Dornröschenschlaf verharrte und nach aufwendigen Sanierungsarbeiten 2017 wieder in Betrieb genommen wurde. Es wurde mit einigen Freizeiteinrichtungen ergänzt und erfreut nun in den Sommermonaten Jung und Alt sowie die Wohnmobilisten, für die nur wenige Meter entfernt dieser Stellplatz eingerichtet wurde.

(180) Offizieller WOMO-Badeplatz: Windsbach – Waldstrandbad

GPS: N49°14'23.6" E10°50'19.0"; Retzendorfer Str., 91575 Windsbach.
Max. WOMOs: 36, maximale Länge 14 m, max. Aufenthalt 7 Tage.
Ausstattung: Frischwasserversorgung, Abwasserentsorgung mit Bodeneinlass, Kassettenentleerung, Stromanschlüsse, Behälter für die Müllentsorgung, ganzjährig geöffnet.

Beschreibung: Große überwiegend schattige geschotterte Stellflächen am Waldrand nur wenige Meter vom Waldstrandbad entfernt. In der Nacht absolut ruhig. Die Ver- und Entsorgungsanlage ist vorbildlich angelegt und lässt sich bequem anfahren, auch wenn der Platz nicht für eine Übernachtung genutzt wird.
Preise: 6,00 € für ein Fahrzeug pro Tag, 15,00 € für 3 Tage, 35,00 € für 7 Tage. Entsorgung kostenlos, über Münzautomaten gibt es Frischwasser für 2,00 €, Strom für 1,00 € pro kWh. Das Parkticket gib es am Automaten an der Einfahrt.
Zufahrt: In Retzendorf leicht zu finden.

Unser nächstes Ziel ist **Abenberg**. Eine weitere Stadt, in der die mittelalterlichen Strukturen deutlich sichtbar sind und in der das historische Erbe gehegt und gepflegt wird.

Von der Stadtbefestigung sind die beiden Stadttore erhalten geblieben. Die Durchfahrtshöhe von 2,7 Metern reicht für unser Fahrzeug allerdings nicht aus, um in das Zentrum hineinfahren zu können. Deshalb nehmen wir im Kreisverkehr weit vor der Stadt die erste Ausfahrt, fahren die Straße hinunter, bis wir wieder auf einen Kreisverkehr treffen. Hier befindet sich der offizielle Stellplatz der Stadt an einem Naturbadeweiher. Sie finden ihn auf der folgenden Seite beschrieben.

Abenberg, Oberes Tor und Rathaus.

Dort stellen wir das WOMO ab und gehen mehr als einen Kilometer zur Burg hoch, die über die Stadt wacht. Die mittelalterliche Anlage ist eine Ritterburg mit einem Turnieranger, den schon Wolfram von Eschenbach in seinem Parzival

Burg Abenberg, Turm Luginsland, Burgscheune und Schottenturm.

beschrieben hat. Eine lebensgroße Bronzeskulptur erinnert daran. In einer Nische der Festungsmauer sehen wir ihn mit einer Laute ein Lied vortragen.

Die sehenswerte Burg erfüllt heute mehrere Funktionen. Sie ist Hotel, stilvolles Restaurant und Museum. Hier ist das **Haus der fränkischen Geschichte** untergebracht. Auf dem Burghof gegenüber befindet sich das Klöppelmuseum in der alten Burgscheune. Der Turm links davon heißt "Luginsland" und kann bestiegen werden. Wer gern bei einem spannend vorgespielten Krimi an einem Galadinner teilnehmen möchte, der kann dies im Burgrestaurant an ausgewählten Abenden tun. Mehr dazu finden Sie hier https://hotel-burg-abenberg.com.

(181) Offizieller WOMO-Badeplatz: Abenberg – Badeweiher

GPS: N49°14'7.91" E10°57'18.43", Spalter Straße, 91183 Abenberg.
Max. WOMOs: 6, maximale Länge 8 m.
Ausstattung: Frischwasserversorgung, Abwasserentsorgung mit Bodeneinlass, Kassettenentleerung, Stromanschlüsse, Behälter für die Müllentsorgung, ganzjährig geöffnet.

Beschreibung: Direkt neben dem Badeweiher, aber auch direkt neben einem Kreisverkehr und deshalb nicht besonders ruhig, zumal eine Gewerbegebiet angrenzt. Es gibt einen Kinderspielplatz, einen Wald-/Naturlehrpfad und schräg gegenüber einen Bäcker. Entfernung bis zur Stadtmitte 1 Kilometer.
Preise: Kostenlos, Frischwasser kostet 1,00 € und für 6 Stunden Stromversorgung sind ebenfalls 1,00 € zu zahlen.
Zufahrt: Wie eingangs im Text beschrieben.

Bevor wir zu den großen Gewässern des Fränkischen Seenlandes fahren, statten wir der Hopfen- und Bierstadt **Spalt** noch einen Besuch ab. Auf dem Weg in die Hopfenmetropole Frankens treten die hohen, mit starken Drähten verbundenen Stangen, die für den Anbau des Hopfens verwendet werden, immer häufiger in Erscheinung. In Spalt angekommen, parken wir hinter dem Kornhaus [GPS: N49°10'31.8" E10°55'41.2"] an der Obeltshauser Straße. Für eine Übernachtung bietet sich der Stellplatz [**182:** N49°10'30.5" E10°55'46.2"] in unmittelbarer Nachbarschaft an, den wir aber nicht sonderlich attraktiv fanden.

Im **Kornhaus**, ein Fachwerkgebäude aus dem 15. Jahrhundert befindet sich die **Erlebniswelt Bier** mit Degustation und Handwerksbrauerei.

Das Kornhaus in Spalt.

Die Hopfenlagerung hat in Spalt recht eigenwillige Dachkonstruktionen hervorgebracht. Die Hopfenhäuser zeichnen sich durch oft mehrfach gebrochene Steilsatteldächer mit mächtigen Fachwerkgiebeln aus. In den vier oder fünf Dachgeschossen wurde Hopfen getrocknet und gelagert, bevor es in den Verkauf kam. Heute haben sie diese Funktion durch andere Techniken längst verloren und sind zumeist für Wohnzwecke umgebaut worden.

Hopfenhaus Mühlreisig.

Eine Reihe weiterer Sehenswürdigkeiten warten in Spalt darauf angesehen zu werden. Dazu gehören die ehemalige Stiftskirche St. Nikolaus mit prächtigen Fresken und die schlichte Pfarrkirche St. Emmeram, die eine umgebaute romanische Basilika ist. Weiterhin der 1422 erbaute Torturm, der Drechsler- und der Diebsturm sowie einige Fachwerkhäuser, die an der Stadtmauer zu kleben scheinen.

Ein besonders prächtiges Exemplar eines Hopfenhauses ist das **Hopfengut Mühlreisig** außerhalb von Spalt. Um dieses zu sehen, muss man sich Richtung Wassermungau entlang der Fränkischen Rezat flussaufwärts begeben. Diese Strecke lässt sich gut mit dem Rad fahren.

Das Fahrrad ist für unser nächstes Ziel übrigens auch ein sehr gutes Verkehrsmittel. Jetzt geht es nämlich an den **Großen** und den **Kleinen Brombachsee**, die sich ausgezeichnet als Pedalritter erkunden lassen. Eine wunderbare Abwechslung zu den Bade-, Segel- oder Surftagen.

Es sind keine natürlichen Seen. Sie wurden angelegt, um das relativ regenarme Nordbayern mit Wasser zu versorgen und die Wassermenge für den Main-Donau-Kanal sicherzustellen. Dazu wird aus der Altmühl und der Donau dem Regnitz-/Maingebiet bei Bedarf Wasser zugeführt und in den Seen gespeichert. Die Brombachseen, der Altmühlsee und der Rothsee sind somit in erster Linie ein Verbund von Ausgleichsbecken für die Wasserwirtschaft.

Das **Fränkische Seenland** wurde aber auch zu einer perfekt organisierten Tourismusregion entwickelt, die seit Jahren beworben wird und die sich offensichtlich großer Beliebtheit erfreut. Das Angebot an Freizeitmöglichkeiten ist nahezu unüberschaubar. Baden, Segeln, Surfen, Radfahren, Wandern, alles ist bis auf wenige Ausnahmen in den Naturschutzgebieten rund um die Seen möglich. Es gibt zahlreiche Stell- und Campingplätze, alle sind gebührenpflichtig. Bei den vielen Stellplatzmöglichkeiten hat man also die Qual der Wahl. In

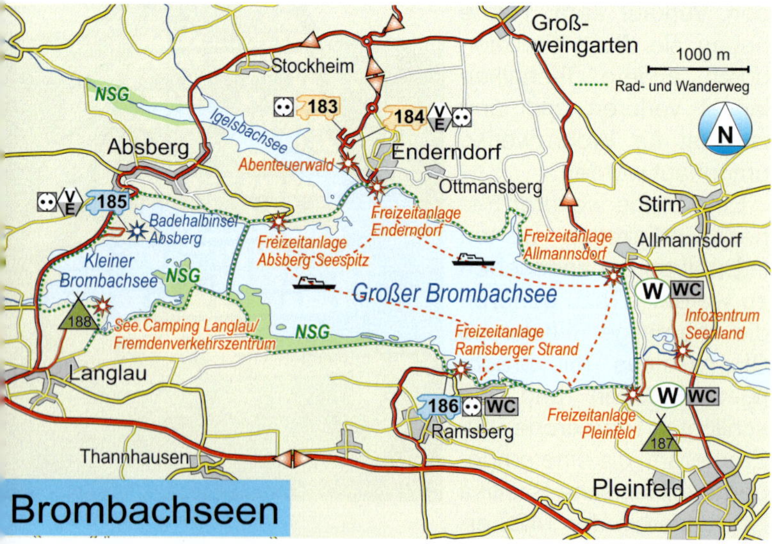

den Sommermonaten ist insbesondere rund um den Großen Brombachsee "die Hölle los"; wie man so schön sagt.

Um Ihnen die Orientierung zu erleichtern, haben wir eine kleine Übersichtskarte angefertigt, auf der Sie die Lage der Stell- und Campingplätze erkennen können.

(183) Offizieller WOMO-Stellplatz: Enderndorf – Panoramaplatz

GPS: N49°09'01.9" E10°54'39.0"; RH13, 91174 Enderndorf.

Max. WOMOs: 110, maximale Länge 12 m, max. Aufenthalt 7 Tage.

Ausstattung: Stromanschlüsse, Ver- und Entsorgung auf dem gegenüberliegenden Großparkplatz. Der Platz ist von April bis November geöffnet.

Beschreibung: Befestigtes Rasengelände mit asphaltierten Zufahrten oberhalb des Igelsbachsees. Freien Blick auf den Großen Brombachsee bieten nur die oberen Plätze..

Preise: 10,00 € für ein Fahrzeug, Strom 0,56 € pro kWh.

Zufahrt: Siehe Karte Seite 240.

(184) Offizieller WOMO-Stellplatz: Enderndorf – Großparkplatz Freizeitanlage

GPS: N49°08'52.0" E10°54'39.9"; Zum Igelsbachsee 1, 91174 Enderndorf.

Max. WOMOs: 60, maximale Länge 8 m, max. Aufenthalt 7 Tage.

Ausstattung: Frischwasserversorgung, Abwasserentsorgung mit Bodeneinlass, Kassettenentleerung, Stromanschlüsse, Brötchenservice, Behälter für die Müllentsorgung, ganzjährig geöffnet.

Beschreibung: Eng beieinanderliegende Stellflächen auf befestigtem Rasen mit asphaltierten Zufahrten. Der Zugang zum 50 Meter tiefer liegenden See und zur Freizeitanlage erfolgt über einen 500 Meter langen Fußweg.

Preise: 12,00 € für ein Fahrzeug, Frischwasser 0,20 € (20 Liter) und Strom 0,50 € pro kWh. Abwasserentsorgung und Entleerung der Bordtoilette ist kostenfrei.

Zufahrt: Siehe Karte Seite 240.

Von diesen beiden Stellplätzen haben Sie nicht nur einen guten Zugang zum See und Verbindung zu dem weitverzweigten Radwegnetz, sondern auch einen guten Zugang zu dem großen Abenteuerwald mit Hochseilgarten. Ein besonderer Nervenkitzel ist die **Zipline**, mit der man in luftiger Höhe über den **Igelsbachsee** sausen kann.

(185) Offizieller WOMO-Badeplatz: Absberg – Reisemobilhafen auf der Badehalbinsel

GPS: N49°08'15.6" E10°52'25.0"; Badehalbinsel 10, 91720 Absberg.
Max. WOMOs: 240 bis 8 Meter, 20 über 8 Meter Länge.

Ausstattung: Frischwasserversorgung, Abwasserentsorgung mit Bodeneinlass, Kassettenentleerung, Stromanschlüsse, Behälter für die Müllentsorgung, Dusche/WC, Bootsanlegestelle, Biergarten, Brötchenservice. Der Platz ist vom 1. April bis 15. November geöffnet.
Beschreibung: Sonnige und schattige eng beieinanderliegende Rasenplätze nur wenige Meter von den Badestränden entfernt. Dort gibt es Liegewiesen, Beachvolleyball, Minigolf, Bolzplatz und anderes mehr.
Preise: 13,50 € für ein Fahrzeug. Entsorgung kostenlos, Frischwasser 0,20 € (20 Liter), Strom 0,50 € pro kWh, Dusche 1,00 €, Kurtaxe 1,00 €.
Zufahrt: Siehe Karte Seite 240.

Ein Stellplatz der Superlative ist der Reisemobilhafen auf der Badehalbinsel. Er ist der größte, den wir in diesem Buch vorstellen. In den Sommermonaten stehen die Fahrzeuge dicht gedrängt und an den Badestränden und auf dem Wasser herrscht ein vergnügtes Treiben.

Ähnlich ist es bei der Freizeitanlage Ramsberg an der Südseite des Großen Brombachsees, nur das hier die Zahl der Stellplätze deutlich kleiner ist. Eng ist es aber auch. An der

(186) Offizieller WOMO-Badeplatz: Freizeitanlage Ramsberg

GPS: N49°07'20.7" E10°55'41.5"; Am Segelhafen, 91785 Ramsberg.
Max. WOMOs: 28, maximale Länge 8 m.

Ausstattung: Stromanschlüsse, Behälter für die Müllentsorgung, WLAN, Brötchenservice. Der Platz ist vom 1. April bis 15. November geöffnet.
Beschreibung: Dusche und WC (gebührenpflichtig), Badestrand, Boots- und Fahrradvermietung, Kneipptretbecken, Spielplatz und Restaurant in unmittelbarer Nähe.
Preise: 13,50 € für ein Fahrzeug inkl. Übernachtung, Tagesparkplatz 5,00 €, Nachtparkplatz 10,00 €, Strom 0,50 € pro kWh, Kurtaxe 1,50 € pro Wohnmobil pro Nacht.
Zufahrt: Siehe Karte Seite 240.

Südseite des Sees gibt es darüber hinaus noch zwei Campingplätze, die wir auf der folgenden Seite noch vorstellen. Auf den weiteren Wanderparkplätzen rings um den See herrscht ein Übernachtungsverbot. Sie sind nur für Tagesbesucher angelegt worden.

Wer gern Rad fährt, ist hier bestens aufgehoben. Nicht nur die Wege entlang des Sees sind gut zu fahren, sondern auch die Wege zwischen dem Brombach- und dem Altmühlsee, zu dem wir uns jetzt begeben.

Abendstimmung am Badestrand der Freizeitanlage Ramsberg.

(187) WOMO-Campingplatz: Pleinfeld – Waldcamping

GPS: N49°06'44.7" E10°58'14.5"; Sportpark 13, 91785 Pleinfeld.
Max. WOMOs: 450, maximale Länge 12 m.
Ausstattung: Frischwasserversorgung, Abwasserentsorgung mit Bodeneinlass, Kassettenentleerung, Stromanschlüsse, Behälter für die Müllentsorgung, WLAN, Brötchenservice. 100 bis 120 Quadratmeter große Plätze davon 59 mit direktem Wasser-, Abwasser- und TV-Anschluss. Vier Sanitärgebäude mit Duschen, WCs, Waschmaschinen und Trockner. Darüber hinaus gibt es einen Biergarten mit Imbiss und einen SB-Laden. Der Platz ist ganzjährig geöffnet.
Beschreibung: Schattige und sonnige Rasenflächen. Großes Freizeitangebot. 800 Meter vom Brombachsee entfernt. Vor dem Campingplatz befindet sich der Landgasthof Sonnenhof mit guter fränkischer Küche und einer Hausbrauerei.
Preise: Je nach Saison und gewählten Komforteinrichtungen zwischen 36,95 € und 54,95 € für ein Fahrzeug mit 2 Personen.
Zufahrt: Siehe Karte Seite 240.
Reservierung/Kontakt: Tel.: 09144/608090
E-Mail: anfrage@waldcamping-brombach.de,
Web: www.waldcamping-brombach.de.

(188) WOMO-Campingplatz: SeeCamping Langlau

GPS: N49°07'37.4" E10°51'51.5"; Seestraße 30, 91738 Pfofeld - Langlau.
Max. WOMOs: 420, maximale Länge 12 m.
Ausstattung: Ver- und Entsorgungsstation für Wohnmobile, Stromanschlüsse, zwei Sanitärgebäude mit Duschen, WCs, Waschmaschinen und Trockner, Kochmöglichkeit, Bücherei, Aufenthaltsraum für Kinder und Jugendliche, WLAN, Spielplatz, Volleyballfeld, SB-Laden mit Bistro und Frühstücksservice, Camping-Shop. Der Platz ist ganzjährig geöffnet.
Beschreibung: Schattige und sonnige Rasenflächen. Großes Freizeitangebot. Direkter Zugang zum Kleinen Brombachsee.
Preise: Je nach Saison und gewählten Komforteinrichtungen ab 31,50 € für ein Fahrzeug mit 2 Personen.
Zufahrt: Siehe Karte Seite 240.
Reservierung/Kontakt: Tel.: 09834/96969
Web: www.zv-brombachsee.de/camping.

Auch für diesen See haben wir eine kleine Übersicht angefertigt, die Ihnen die Orientierung erleichtern soll. Zu erwähnen ist noch, dass auf beiden Seen von Mai bis Oktober Schiffe verkehren. Auf dem Altmühlsee ist es ein kleines bescheidenes Boot, auf dem Großen Brombachsee ein großer Trimaran mit über 700 Plätzen und Gastronomiebetrieb. Die Routen und Anlegestellen sind in den Karten markiert.

Ein Steg führt auf die Vogelinsel.

Nun zum **Altmühlsee**. Naturbeobachtung steht hier im Vordergrund. Für ornithologisch Interessierte ist das Vogelschutzgebiet auf der Vogelinsel von großem Interesse. Auch

Biber lassen sich beobachten, die hier längst wieder heimisch geworden sind und deren Spuren man auf der Vogelinsel anhand der umgenagten Bäume deutlich erkennen kann. Von diesem Wanderparkplatz [GPS: N49°08'58.9" E10°42'38.4"] haben Sie den kürzesten Weg zu dem Naturidyll. Übernachten dürfen Sie auf dem Platz jedoch nicht. Dazu können Sie den folgenden Stellplatz anfahren.

(189) Offizieller WOMO-Badeplatz: Muhr am See – Seezentrum

GPS: N49°08'45.4" E10°43'35.1"; Seezentrum, 91735 Muhr am See.
Max. WOMOs: 80, maximale Länge 12 m.
Ausstattung: Dusche/WC im Sanitärgebäude auf dem benachbarten Familienzeltplatz kann mitbenutzt werden. Geöffnet von April bis Oktober.
Beschreibung: Große schattenlose Wiese. Badestrand mit Liegewiese, Kinderspielplatz, mehrere Wassersportmöglichkeiten, Schiffsanlegestelle, Tretboot- und Fahrradvermietung. Fußweg zur Vogelinsel 1,5 km, in die Ortsmitte 2 km.
Preise: 12,00 € für ein Fahrzeug mit 2 Personen pro Tag, Wochenkarte 75,00 €. Zahlung mit EC-Karte am Parkautomaten. Dusche 0,50 €.
Zufahrt: Siehe Karte oben.

Nur wenige Kilometer weiter südlich befindet sich der nächste Stellplatz. Hier treffen sich die Stand-up-Paddler, Kite- und Windsurfer. Und wenn Sie die Wassersportarten nicht beherrschen, dann können Sie es an dieser Stelle erlernen.

(190) Offizieller WOMO-Badeplatz: Gunzenhausen – Surfzentrum Schlungenhof

GPS: N49°07'55.1" E10°44'08.6"; Ansbacher Str. 99, 91710 Gunzenhausen.
Max. WOMOs: 80, maximale Länge 12 m.

Ausstattung: Frischwasserversorgung, Abwasserentsorgung mit Bodeneinlass, Kassettenentleerung, Stromanschlüsse, Behälter für die Müllentsorgung, WLAN, Brötchenservice, Restaurant, Biergarten, Kiosk, Fahrradverleih. Geöffnet von April bis Oktober.
Beschreibung: Mit Schotter befestigtes Wiesengelände 150 Meter vom Seeufer entfernt. Die Ver- und Entsorgungsanlage befindet sich hinter dem Gebäude des Surfcenters. Um sie zu erreichen müssen Sie über die Altmühlbrücke fahren, danach im rechten Winkel links abbiegen.
Preise: 14,00 € für ein Fahrzeug mit 2 Personen plus Kurtaxe in Höhe von 1,50 € pro Person. Wochenticket 90,00 €. Anmeldung und Bezahlung erfolgt am Kassenhäuschen an der Einfahrt. Entsorgung und Strom sind im Preis enthalten, 20 Liter Frischwasser kosten 0,20 €.
Zufahrt: Siehe Karte Seite 245.

Auf dem Weg zum Paddelvergnügen.

Wiederum nur wenige Kilometer weiter treffen Sie auf das Seezentrum Schlungenhof. Hier finden Sie ein großes Restaurant, einen Bootshafen, einen Fahrradverleih und einen Badestrand. Bis zum Surfzentrum sind es entlang des Ufers nur rund 700 Meter. Auf halber Strecke zwischen diesen beiden Zentren befindet sich ein Hundestrand. Es lohnt sich nicht, den Parkplatz am Seezentrum anzufahren. Es ist ein Pkw-Parkplatz, er ist für Wohnmobile ungeeignet. Aber auf dem Weg dorthin kommen Sie zu diesem Campingplatz.

(191) WOMO-Campingplatz: Altmühlsee - Campingplatz Herzog

GPS: N49°07'37.1" E10°44'37.5"; Seestraße 12, 91710 Gunzenhausen.
Max. WOMOs: >20, maximale Länge 12 m.
Ausstattung: Frischwasserversorgung, Abwasserentsorgung mit Bodeneinlass, Kassettenentleerung, Stromanschlüsse, Behälter für die Müllentsorgung, WLAN, Brötchenservice, Restaurant mit Außenterrasse, Lebensmittelmarkt, Kinderspielplatz, sehr gepflegter Sanitärbereich mit Duschen, WCs, Waschmaschinen und Trockner. Eine Hundedusche gibt es auch. Der Platz ist von Anfang April bis Ende Oktober geöffnet.

Beschreibung: Geräumige Rasenstellflächen mit asphaltierten Zufahrten, parzelliert mit Sträuchern, Hecken und Bäumen. 500 Meter bis zum Badestrand, 2 km bis zum Zentrum von Gunzenhausen.
Preise: Personen ab 15 Jahren 6,50 €, Kinder 3-14 Jahre 4,50 €, Hund 3,00 €, Kurtaxe (nur Erwachsene) 1,50 €, Wohnmobil 8,50 €, Strom 0,60 € pro kWh.
Zufahrt: Siehe Karte Seite 245.
Reservierung/Kontakt: Tel.: 09831/9033
E-Mail: post@camping-herzog.de, Web: www.camping-herzog.de.

Strandleben am Altmühlsee beim Seezentrum Schlungenhof.

Ein weiterer Campingplatz befindet sich auf der Westseite des Altmühlsees. Auch diesen wollen wir kurz vorstellen.

(192) WOMO-Campingplatz: Wald-Seezentrum – Zum Fischer-Michl

GPS: N49°07'32.5" E10°43'00.2"; Wald-Seezentrum, 91710 Gunzenhausen.
Max. WOMOs: 120, maximale Länge 12 m.
Ausstattung: Ver- und Entsorgungseinrichtungen, Stromanschlüsse, Behälter für die Müllentsorgung, WLAN, Brötchenservice, kleines Restaurant mit Biergarten. Sanitäranlagen mit Duschen, WCs, Waschmaschinen und Trockner.

Beschreibung: Fünf kreisrund angelegte Stellplatzareale auf Rasenflächen, die mit Hecken voneinander getrennt sind. Die Zuwege sind asphaltiert. Bis zum Badestrand und dem Schiffsanleger sind es nur wenige Meter. Gunzenhausen ist 4 km entfernt.
Preise: Personen ab 15 Jahren 6,50 €, Kinder 3-14 Jahre 4,50 €, Hund 3,00 €, Kurtaxe (nur Erwachsene) 1,50 €, Wohnmobil 8,50 €, Strom 0,60 € pro kWh. **Zufahrt:** Siehe Karte Seite 245.
Reservierung/Kontakt: Tel.: 09831/2784
Web: www.campingplatz-fischer-michl.de.

Gunzenhausen

Größte Stadt in dieser Seenlandschaft ist Gunzenhausen, ein charmanter Ort mit rund 16.000 Einwohnern.

Wenn Sie die Stadt besuchen wollen aber auf keinem der vorgenannten Stell- und Campingplätze Ihr Fahrzeug abgestellt haben, dann können wir Ihnen den Parkplatz an der Oettinger Straße [GPS: N49°06'53.8" E 10°45'01.8"] empfehlen. Sie erreichen von hier aus die Stadt über eine Fußgängerbrücke über die Altmühl in wenigen Minuten.

Färberturm am südlichen Ende der Altstadt.

Einige sehenswerte Gebäude rund um den historischen Marktplatz mit seinen Cafés und Restaurants, die zu einer Rast einladen, lohnen betrachtet zu werden. Besonders hervorzuheben ist die evangelische Stadtkirche, die an der Stelle errichtet wurde, an der sich einst ein römisches Kastell befand und Teil des Limes war. Sie bildet mit dem **Färberturm** und den Resten der Stadtmauer mit dem mittelalterlichen Wehrgang ein harmonisches städtebauliches Bild. Der Färberturm wurde früher als Pulverturm und Gefängnis genutzt, heute ist er in den Sommermonaten ein beliebter Aussichtspunkt der einen schönen Blick in das Umland bietet. Mit ein wenig Glück können Sie von hier aus einem Storchenpaar bei der Brutpflege zuschauen, das sich in Sichtweite auf einem ausgedienten Fabrikschornstein seinen Horst eingerichtet hat.

Stadtmauer und Wehrgang.

Von den vier Tortürmen der ehemaligen Stadtbefestigung ist nur noch der **Blasturm** erhalten. Er ist über 400 Jahre alt und diente als Beobachtungsposten. Nach Feinden wurde ebenso Ausschau gehalten wie nach Feuer, das im ausgehenden Mittelalter so häufig ganze Städte vernichtet hat. Die Wohnung des Türmers kann nur im Rahmen einer Stadtführung besichtigt werden. Die Tourist-Info befindet sich in der Rathausstraße 12, in unmittelbarer Nähe des Blasturms. Die Stadt hat erstaunlich viel zertifizierte Gästeführer, die Ihnen den Ort aus den unterschiedlichsten Blickwinkeln näherbringen. Auf dieser Seite www.gunzenhausen.info erfahren Sie mehr.

Der Blasturm.

Nachdem wir uns nun Gunzenhausen näher angesehen haben, fahren wir weiter nach **Dennenlohe**. Hier wollen wir uns das **Schloss** und vor allem den **Schlossgarten** anschauen. Da die Parkmöglichkeiten für Wohnmobile vor dem Prachtbau sehr begrenzt sind, steuern wir gleich den rund einen Kilometer entfernten Campingplatz an und treffen dabei auf ein landschaftliches Idyll, das in den Wohnmobil-Verkaufsprospekten nicht werbewirksamer dargestellt werden könnte. Kein Vergleich mit den überfüllten und überlaufenden Plätzen am Altmühlsee und auf der Badehalbinsel Absberg. Paddeln und Baden können Sie hier auch. Und das in himmlischer Ruhe! Vor der Anlage wurden einige Stellflächen mit freiem Blick auf den See angelegt.

(193) WOMO-Campingplatz: Dennenloher See

GPS: N49°06'14.6" E10°36'48.4"; Dennenloher See 1, 91743 Unterschwaningen.
Max. WOMOs: >20, maximale Länge 12 m.
Ausstattung: Frischwasserversorgung, Abwasserentsorgung mit Bodeneinlass, Kassettenentleerung, Stromanschlüsse, Behälter für die Müllentsorgung, Restaurant, Duschen, WCs, Waschmaschine und Trockner. Der Platz ist ganzjährig geöffnet.
Beschreibung: Idyllische Lage am Waldrand am Ende einer Sackgasse. Es gibt 8 Stellflächen (inkl. Stromversorgung) vor dem Campingplatz mit Blick auf den See, weitere Stellflächen am gegenüberliegenden Ufer, teilweise auch mit Stromanschlüssen.
Preise: Person 4,00 €, Kinder unter 3 Jahren kostenlos, Hund 2,00 €, Wohnmobil 6,00 €, Strom 0,50 € pro kWh. Besitzer von Angeltageskarten zahlen für Stellplätze am gegenüberliegenden Ufer 10,00 € pro Fahrzeug.
Zufahrt: In Dennenlohe der Beschilderung zum Schloss folgen. Dort angekommen am Schlossgelände vorbeifahren und nach wenigen Metern rechts abbiegen und der Straße bis zum Campingplatz folgen.

Idyllisch vor dem Campingplatz ...

... und am gegenüberliegenden Ufer.

Reservierung/Kontakt: Tel.: 09836/970666
E-Mail: campingplatz.dennenlohersee@gmail.com,
Web: www.campingplatz-dennenlohersee.de.

Das Schloss ist eine barocke Dreiflügelanlage, die privat genutzt und bewohnt wird. Im ehemaligen Wirtschaftshof befindet sich heute ein Oldtimer-Museum, im ehemaligen Mar-

Bhutan-Tempel im Schlosspark Dennenlohe.

stall eine Gaststätte und in der Orangerie ein Schlosscafé. Faszinierend ist der Schlosspark, der in drei Bereiche gegliedert ist. Es gibt einen Landschafts- und einen Rhododendronpark, der der größte seiner Art in Süddeutschland ist, und es gibt den Privatgarten der Besitzerfamilie, der nicht immer für die Öffentlichkeit zugänglich ist. Der 26 Hektar große Landschaftspark muss erst durchschritten werden, um die kunterbunte wildromantische Anlage zu erfassen, die viele Elemente aus dem fernöstlichen Kulturkreis beinhaltet. Der **Bhutan-Tempel** ist einer der Hauptanziehungspunkte. Mehr über den Schlosspark und über die Eintrittspreise und Öffnungszeiten finden Sie auf dieser Seite www.dennenlohe.de.

(194) Offizieller WOMO-Stellplatz: Wassertrüdingen – Am Entengraben

GPS: N49°02'21.4" E10°35'42.8"; Entengraben, 91717 Wassertrüdingen.
Max. WOMOs: 12, maximale Länge 12 m, max. Aufenthalt 5 Tage.
Ausstattung: Frischwasserversorgung, Abwasserentsorgung mit Schlauch möglich, Kassettenentleerung, Stromanschlüsse.

Beschreibung: Überwiegend sonnige Stellflächen auf befestigtem Untergrund, der bei Nässe matschig werden kann. Die einzelnen Plätze sind mit Schilf voneinander abgegrenzt..
Preise: 8,00 € für ein Fahrzeug, Frischwasser 1,00€, Strom 0,50€ pro kWh. Abwasserentsorgung und Entleerung der Bordtoilette ist kostenfrei. Die Parkgebühren können nur mit Münzgeld gezahlt werden, das passend eingeworfen werden muss.
Zufahrt: Noch vor dem Ortseingang im ersten Kreisverkehr die erste Ausfahrt nehmen, die Straße bis zum Ende durchfahren, dann links abbiegen, in die Stadt hineinfahren und in Höhe des Gasthofes Sonne rechts abbiegen.

Die nächste Stadt auf unserer Reise ist **Wassertrüdingen**. Der Ort liegt an der Wörnitz, die in der Frankenhöhe entspringt und weiter südlich in die Donau fließt. Der Ort entstand im Mittelalter rund um eine Wasserburg, die von zwei breiten Gräben umschlossen war. Das auch Markgrafenschloss genannte Anwesen steht heute noch, kann aber nicht besichtigt werden, da es als Alten- und Pflegeheim dient.

Das Törle in Wassertrüdingen.

Durch die Landesgartenschau 2019 wurden der Wörnitz- und der Klingenweiherpark stark umgestaltet. Eine erfreuliche Folge war die Anlage des Stellplatzes in einer Schilflandschaft. Die Parkanlagen entlang des Flusses erfreut sich bei den Besuchern großer Beliebtheit und das **Wörnitz-Flussbad**, für das kein Eintritt gezahlt werden muss, sorgt in den Sommermonaten mit seiner Flachwasserzone und Wasserrutsche für ungetrübtes Badevergnügen. Das Naturbad ist nur einen Kilometer vom Stellplatz entfernt, Sie können es bequem zu Fuß erreichen, Sie dürfen aber auch den Parkplatz am Flussbad nutzen [**195:** N49°02'11.4" E10°35'17.0"]. Es stehen Ihnen ein WC und kostenlose Duschen zur Verfügung.

Wahrzeichen Wassertrüdingens ist das "Törle", das letzte verbliebene Stadttor von den ehemals drei Eingangspforten in die Stadt. Spannend ist auch ein Ausflug in den zehn Kilometer entfernten Römerpark bei Ruffenhofen mit dem LIMESEUM. Wir haben es in dem Band 95 der WOMO-Reihe beschrieben und wollen das hier nicht wiederholen.

Wir machen uns nun, nachdem wir noch einmal durch die übersichtliche Altstadt geschlendert sind, auf den Weg nach **Oettingen**.

Residenzschloss Oettingen.

Die alte Residenzstadt mit rund 5000 Einwohnern liegt ebenfalls an der Wörnitz, elf Kilometer von Wassertrüdingen entfernt. Wer in Oettingen diesen Fluss auf der B466 kreuzt, bekommt sogleich den wichtigsten Wirtschaftsfaktor der Stadt präsentiert: Bier!

Der Kreisverkehr hinter der Brücke ist mit einem großen Kupferkessel dekoriert, es ist ein Original Braukessel von Oettinger Bier. Nehmen Sie an dieser Stelle gleich die erste Ausfahrt und halten sich danach rechts, dann kommen Sie zu diesem Stellplatz.

(196) Offizieller WOMO-Stellplatz: Oettingen – Schießwasen

GPS: N48°57'24.9" E10°36'32.4"; Schießwasen 16, 86732 Oettingen.
Max. WOMOs: 27, maximale Länge 11 m, max. Aufenthalt 4 Tage.

Ausstattung: Frischwasserversorgung, Abwasserentsorgung mit Bodeneinlass, Kassettenentleerung, Stromanschlüsse, Behälter für die Müllentsorgung, ganzjährig geöffnet.
Beschreibung: Große sonnige, teilweise auch schattige Stellflächen, die überwiegend geschottert sind.
Preise: 8,00 € für ein Fahrzeug, Frischwasser 1,00 € und Strom 0,50 € pro kWh. Abwasserentsorgung und Entleerung der Bordtoilette ist kostenfrei. Bezahlung erfolgt per Handyapp oder bei der Touristinfo.
Zufahrt: Wie im Text beschrieben.

Das Königstor in Oettingen.

Nur 400 Meter vom Stellplatz entfernt gibt es ein **Flussfreibad**, das ebenfalls an der Wörnitz liegt. Auf dem Weg dorthin kommen Sie durch ein Wildgehege und können durch ein Kneippbecken waten oder besser richtig treten.

Im Biergarten des Bades wird natürlich die Marke der Stadt ausgeschenkt.

Das Zentrum der Altstadt liegt zwischen dem Schloss und dem Königstor. Markant ist der Marktplatz mit den Fachwerkfassaden auf der einen Seite und den barocken Giebelwänden auf der gegenüberliegenden Seite.

Die herrschaftlichen Repräsentationsräume im **Residenzschloss** können im Rahmen einer Führung besichtigt werden. Dabei erfahren Sie auch wesentliches über die Familiengeschichte des Hauses Oettingen und die Verbindungen zu den anderen bekannten Herrschaftshäusern, insbesondere zum direkten

Nachbarn in Wallerstein und natürlich erfahren Sie auch etwas über die Brauerei, die mit ihren vier Standorten zu einem der größten Bierproduzenten in Deutschland gehört. Über die Führungen, Öffnungszeiten und Eintrittspreise informiert diese Seite www.oettingen-spielberg.de und wenn Sie ein Oettinger mit einem guten Essen kombinieren wollen, dann empfehlen wir ihnen den Golden Ochsen in der Nähe des Königstores. Hier können Sie schon einmal die Speisekarte anschauen www.goldener-ochse.com.

Gut Speisen können Sie auch im Biergarten des Gasthauses "Zur Wallfahrt" neben der **Wallfahrtskirche Maria Brünnlein**, das mehr Anziehungskraft zu besitzen scheint als die Kirche. Bei unserem Besuch war die Kirche leer und der Biergarten voll. Sie erreichen den Parkplatz auf dem Weg nach Wemding mit diesen Koordinaten [GPS: N48°52'45.8" E10°42'21.2"].

Von dieser Wallfahrtskirche bis nach **Wemding** ist es nur noch ein Katzensprung. Um durch den Ort zu schlendern, parken wir das WOMO auf diesem Stellplatz.

(197) Offizieller WOMO-Stellplatz: Wemding – Johannisweiher

GPS: N48°52'32.5" E10°43'45.0"; Wolferstädter Str. 5, 86650 Wemding.
Max. WOMOs: 6, maximale Länge 12 m, max. Aufenthalt 3 Tage.
Ausstattung: Frischwasserversorgung, Abwasserentsorgung mit Schlauch möglich, Kassettenentleerung, Stromanschlüsse, Behälter für die Müllentsorgung, ganzjährig geöffnet.

Beschreibung: Sonnige und schattige geschotterte Stellflächen am Rande eines großen Platzes, 500 Meter von der Altstadt entfernt.
Preise: Kostenlos, Frischwasser (100 Liter) 1,00 € und Strom 3,00 € für 24h. Abwasserentsorgung und Entleerung der Bordtoilette ist kostenfrei.
Zufahrt: Richtung Wolferstadt fahren, am Ortsausgang links halten.

Aus der Vogelperspektive betrachtet ist die mittelalterliche Struktur der Altstadt sofort erkennbar. Zur Ensemblewirkung des Marktplatzes fällt uns nichts Besseres als "malerisch" ein. Auffallend sind die Giebelformen der Bürgerhäuser, die im 17. und 18 Jahrhundert errichtet wurden. Auch das schmals-

Marktplatz Wemding. Links das historische Rathaus, im Hintergrund die Türme der Kirche St. Emmeram.

te Haus am Platze, das auf diesem Foto nicht erkennbar ist, passt vom Stil her in diese architektonisch reizvolle Umgebung. Das nur 1,5 Meter breite "Zwergenhaus" ist der Geburtsort von **Leonhart Fuchs**, Arzt und Botaniker, nach dem die Fuchsie benannt wurde. Um Ihren Stadtspaziergang einfacher zu gestalten empfehlen wir, den Flyer, den Sie auf dieser Seite www.wemding.de finden auf Ihr Smartphone zu laden oder sich ein gedrucktes Exemplar in der Touristinfo neben der Kirche St. Emmeram zu besorgen. Es lohnt sich.

Wir fahren jetzt weiter zum **Waldsee**. Ein idyllisches Fleckchen Erde mit einem großen Naturfreibad, ruhig, nicht überlaufen, ideal für einen entspannten Campingurlaub.

(198) WOMO-Campingplatz: Campingpark Wemding

GPS: N48°53'04.0" E10°44'08.0"; Wolferstädter Str. 100, 86650 Wemding.
Max. WOMOs: >20, maximale Länge 12 m.
Ausstattung: Frischwasserversorgung, Abwasserentsorgung mit Bodeneinlass, Kassettenentleerung, Stromanschlüsse, Behälter für die Müllentsorgung, Brötchenservice, Restaurant. Im Sanitärgebäude gibt es Duschen, WCs, Waschmaschinen und Trockner. Der Platz ist ganzjährig geöffnet.

Beschreibung: Große sonnige und halbschattige Rasenplätze in leichter Hanglage am Waldsee mit direktem Zugang zum Badestrand. Die Stellflächen sind mit Hecken voneinander abgegrenzt.
Preise: Stellplatz für ein Fahrzeug mit 2 Personen in Abhängigkeit von der Saison ab 46,00 € inkl. aller Nebenkosten. Ab 7 Nächten gibt es Rabatt in Höhe von 20%.
Zufahrt: Richtung Wolferstadt fahren. Nach dem Ende des Waldgebietes rechts abbiegen, der Beschilderung folgen.
Reservierung/Kontakt: Tel.: 09092/901001 oder über diese Seite Web: www.campingpark-wemding.de.

Zum Abschluss dieser Tour geht es nach **Treuchtlingen** im Altmühltal. Hier suchen wir zum wiederholten Male den Stellplatz am Kurpark auf.

(199) Offizieller WOMO-Stellplatz: Treuchtlingen – Am Kurpark

GPS: N48°57'37.5" E10°55'04.3"; Kästleinsmühlenstr., 91757 Treuchtlingen.
Max. WOMOs: 91.
Ausstattung: Befestigter Platz mit Wasserver- und Abwasserentsorgung (mit Bodeneinlass), Kassettenentleerung, Behälter für die Müllentsorgung, Stromanschlüsse an allen Plätzen, WC, Duschen, Waschmaschine. Ganzjährig geöffnet außer 10.01. - 28.02.

Beschreibung: Am Kurpark in unmittelbarer Nähe der Altmühltherme, ein Kilometer von der Stadtmitte entfernt.
Preise: 13,00 €, für ein Fahrzeug mit 2 Personen, Abwasserentsorgung kostenlos, Frischwasser 1,00 €, Strom 0,50 € pro kWh (Münzautomat für jeden Platz). Anmeldung an der Shell-Tankstelle Hauselt 200 Meter vor dem Platz erforderlich.
Zufahrt: Von der B2 nach ca. 2 Kilometern rechts abbiegen.

Schnellzuglokomotive in Treuchtlingen.

Treuchtlingen ist eine ehemalige Eisenbahnerstadt. Eine Dampflokomotive in der Nähe der Therme erinnert an die Zeiten, als in dieser Stadt das bereits 1969 aufgelöste Bahnbetriebswerk eine überregionale Funktion hatte.

Viele Lokomotiven lassen sich 700 Meter vom Stellplatz entfernt im **Miniaturland Treuchtlingen** im Maßstab 1:87 bewundern. Über 200 stehen in den Bahnhöfen für einen Einsatz bereit und 15 bis 28 schnurren vollautomatisch gesteuert mit ihren Waggons durch die lebendig gestaltete Miniaturlandschaft. Öffnungszeiten und Eintrittspreise finden Sie hier www.miniaturland-treuchtlingen.de.

Treuchtlingen ist als anerkannter Erholungsort mit der Therme und dem Kurpark das Tor zum schönsten Teil des Altmühltales. Im Stadtschloss können Sie sich einen Eindruck darüber verschaffen, was es im Naturpark Altmühltal alles zu entdecken gibt, denn hier ist ein entsprechendes Informationszentrum dazu eingerichtet worden. Bevor wir aber die Altmühl in der Tour 14 ab Seite 267 hinunterfahren, steht für uns noch eine Fahrt nach Nürnberg auf dem Programm.

FÜRTH
NÜRNBERG
Burgfarrnbach
166
167
Cadolzburg
Zirndorf
Playmobil FunPark
Tour 11
165
Oberasbach
Faberschloss
Palm Beach
Stein
164
Eibach
Lind
Großweiß-
mannsdorf
B14
Wolkersdorf
Schwabach
208
6
Rednitzhembach
B466
Altstadt
Windsbach
Ritterburg
Altstadt
Tour 12
Abenberg
180
181
Ober-
steinbach
Wassermungau
Fränkisches
Georgens-
gemünd
182
Kornhaus
Spalt
Absberg
Enderndorf
Allmannsdorf
Gr. Brombachsee
Langlau
Ramsberg
Seenland
Seite 240
Pleinfeld
B2
Limes
Kastell
Sablonetum
Stopfenheim
B13
Residenz
Ellingen
Alesheim
Weißenburg
Kastell Biriciana
Stadtmauer
Altmühl
Markt
Berolzheim
202
Karlsgraben
Dettenheim
199
Treuchtlingen
Altmühltherme
210
Burg
Pappenheim
Möhren
209
Tour 12
Bürgermeister-
Müller-Museum
Solnhofen
Langenaltheim
Rehau
Mühlheim
12 Apostel
211
Dollnstein
Burgfelsen
Tour 14
Willibaldsburg
Eichstätt
Altstadt
212
WC
213
214
Altmühl
Pfünz
Römer-
kastell
B13
Volkspark
Marienberg
WC
162
Sebalduskirche
Germanisches
Nationalmuseum
Burg
161
Pegnitz
Tour 10
Schmausenbuckturm
Tiergarten
163
Dutzendteich
159
160
73
Herpersdorf
Kornburg
6
Wendelstein
B2
Schwanstetten
Main-Donau-Kanal
Röthenbach
an der Pegnitz
B14
Schwaig
bei Nürnberg
Schönberg
Diepersdorf
3
9
Feucht
Schwarzenbruck
Burgthann
B8
Ludwig-Donau-Main-Kanal
Pyrbaum
9
Allersberg
Schloss Ratibor
207
Roth
206
Historischer
Eisenhammer
Rothsee
205
WC
Eckers-
mühlen
Ritters-
bach
Werns-
bach
Hilpoltstein
204
203
Burgruine
Mecken-
hausen
Röttenbach
Unterrödel
Pyras
Eysölden
Heideck
Liebenstadt
Obermässing
Alfershausen
9
Laibstadt
Thalmässing
Bergen
Ettenstadt
Großhöbing
Naturpark
Biburg
Ober-
hochstatt
Burgsalach
Wülzburg
Römerturm
201
Burgus
(Römerkastell)
200
Raitenbuch
Titting
Limeswanderweg
Erkertshofen
Römerturm
B13
Rothenstein
Petersbuch
Altmühltal
N
10 km

TOUR 13 (ca. 125 km)

Treuchtlingen – Burgsalach – Weißenburg – Ellingen – Hilpoltstein – Roth – Schwabach – Nürnberg

Stellplätze:	Burgsalach, Weißenburg, Hilpoltstein, Roth, Schwabach.
Campingplätze:	Weißenburg.
Besichtigungen:	Burgsalach (Limes), Weißenburg (Kastell Biriciana, Altstadt, Wülzburg), Hilpoltstein (Altstadt, Burg), Eckersmühlen (Historischer Eisenhammer), Roth (Altstadt), Schwabach (Altstadt).
Wandern/Radwandern:	Limeswanderweg.
Baden/Wellness:	Weißenburg (Freibad), Hilpoltstein (Rothsee), Schwabach (Freibad).

Es ist eine kurze Tour, die wir jetzt beginnen. Wir folgen den Spuren der Römer und sehen uns einige befestigte Städte, Festungen und Schlösser an. Rund um Weißenburg, das nur zehn Kilometer von Treuchtlingen entfernt liegt, finden wir gleich alles gebündelt vor. Aber der Reihe nach.

Auf dem Weg dorthin fahren wir am **Karlsgraben** vorbei. Eigentlich ein Ziel, das besser mit dem Rad angefahren wird, denn der Parkplatz [GPS: N48°59'01.6" E10°55'19.3"] ist sehr klein. Hier lässt sich studieren, wie bereits Kaiser Karl der Große eine schiffbare Verbindung zwischen der Nordsee und dem Schwarzem Meer herzustellen versuchte. Die Idee des Main-Donau-Kanals ist also schon mehr als 1200 Jahre alt.

Bevor wir nach **Weißenburg** fahren, schauen wir uns zunächst die **Wülzburg** oberhalb der Stadt an und beschäftigen uns ein wenig mit der römischen Geschichte in diesem Raum. Die im ausgehenden 16. Jahrhundert angelegte Zitadelle Wülzburg liegt auf der mit 630 Metern höchsten Kuppe der südlichen Frankenalb. Der Grundriss der sehr eindrucksvollen Renaissancefestung bildet ein nicht ganz regelmäßiges Pentagon mit mächtigen Bastionen. Zur Wasserversorgung wurde

Festungsmauern der Wülzburg.

seinerzeit ein Brunnen von 133 Metern Tiefe angelegt, einer der tiefsten Brunnen Deutschlands. Entlang des "Gedeckten Weges" lässt sich die Festung auf einem einen Kilometer langen Weg umrunden. Die Anlage ist auch innen begehbar. Mehr Informationen, Öffnungs- und Führungszeitenzeiten finden Sie auf dieser Seite www.weissenburg.de/wuelzburg. Mit diesen Angaben [GPS: N49°01'28.1" E11°00'13.1"] kommen Sie zum Parkplatz. Der Aussichtspunkt an der Südwestecke der Anlage bietet eine fantastische Sicht auf Weißenburg.

Nach diesem Blick geht es weiter zu einer wesentlich älteren Verteidigungsanlage. Dazu fahren wir nach **Burgsalach**. Dort angekommen folgen wir innerhalb des Ortes dem Hinweis eines kleinen Schildes zum Römerturm und Burgus. An dem Schild ist man schnell vorbeigefahren, denn es befindet sich in einer scharfen Kurve unweit der Ortsmitte. Auf dem Wanderparkplatz am Waldrand [**200:** N49°01'33.0" E11°05'28.5"] stellen wir das WOMO ab und schnappen uns die Fahrräder für die zwölf Kilometer lange Strecke auf dem **Limeswanderweg** bis nach **Erkertshofen**.

Der Obergermanisch-Raetische Limes

Als Grenzbefestigung des Römischen Reiches wurde der Limes in den Jahren zwischen 159 und 260 mit Kastellen, Wachtürmen, Mauern und Palisaden angelegt, um die hoch entwickelte Kultur der römischen Antike vor den barbarischen Germanenstämmen zu schützen. Er reicht über eine Länge von ca. 550 Kilometern von Rheinbrohl (südlich von Bonn) bis Hienheim an der Donau (südwestlich von Regensburg). Etwa 900 Wachtürme und 120 Kastelle wurden entlang dieser Linie errichtet. Seit 2005 gehört das längste Bodendenkmal

Steinerner Turm bei Erkertshofen und Hölzerner Turm bei Burgsalach.

Europas zusammen mit dem Hadrianswall in Großbritannien zum Welterbe der UNESCO.
Wir radeln also auf besonderem historischen Boden. Nach ca. 600 Metern haben wir den hölzernen Limesturm erreicht, er ist nicht begehbar. Über die bequem zu fahrenden Feld- bzw. Waldwege passieren wir nach einigen Kilometern den sehr staubigen Steinbruch zwischen Petersbuch und Erkertshofen. Kurz danach erreichen wir den einzigen in Stein rekonstruierten Limesturm Bayerns. Er ist begehbar und wir dürfen die Position eines römischen Legionärs einnehmen. Nach einem kurzen Rundgang geht es denselben Weg wieder zurück. Bevor wir mit dem Womo weiterfahren, besuchen wir noch kurz die Ruine des **Kleinkastells Burgus**, das eine einmalige Anlage am Ober-Germanisch-Raetischen Limes darstellt, denn diese Form der Architektur wählten die Römer sonst nur für Kastelle in Nordafrika. Wenn Sie sich umfassend über den Limes informieren möchten, dann schauen Sie auf diese Seite www.deutsche-limeskommission.de.

Mit der römischen Geschichte können wir in Weißenburg sogleich fortfahren. Im westlichen Teil der Stadt liegt das ehemalige **Kastell Biriciana** auf einer Anhöhe oberhalb der Schwäbischen Rezat. Das Kastell diente vermutlich einer Ala, einer Reitereinheit von 500 bis 1000 Mann als Standort. Es ist damit sehr viel größer als das Kleinkastell Burgus. Es hatte vier Tore, vier Eck- und acht Zwischentürme. Das rückwärtige Tor, die Porta decumana, wurde rekonstruiert. Ansonsten ist nur der Grundriss der nicht überbauten Anlage freigelegt

Kastell Biriciana, Innenansicht der Porta decumana.

bzw. angezeigt und gibt damit die Größe der nahezu quadratischen Anlage mit einer Kantenlänge von ca. 176 Metern an.

Westlich des Kastells wurden 1977 die Fundamente einer großen römischen Bäderanlage entdeckt. Eine Überdachung schützt die gut erhaltenen Reste dieser in ein Museum umgewandelten Anlage, die in den Sommermonaten besichtigt werden kann. Die bei den Ausgrabungen gefundenen Gegenstände wie Gefäße, Spielsteine und auch Schmuck können im **Römermuseum** am Martin-Luther-Platz neben der Andreaskirche angesehen werden.

Für den Besuch der Innenstadt und des Kastells eignet sich am besten der Stellplatz am Limesbad. Für einen längeren Aufenthalt bietet sich der Campingplatz am Badeweiher an [**201:** N49°01'08.8" E10°59'48.0"], ein Naturbad in idyllischer Lage. Ausstattung, Öffnungszeiten und Buchungsmöglichkeiten bietet diese Seite www.campingplatz-weissenburg.de.

(202) Offizieller WOMO-Stellplatz: Weißenburg – Limesbad

GPS: N49°01'28.5" E10°58'22.6"; Badstraße 5, 91781 Weißenburg.
Max. WOMOs: >10, maximale Länge 15 m, max. Aufenthalt 3 Tage.

Ausstattung: Frischwasserversorgung, Abwasserentsorgung mit Schlauch möglich, Kassettenentleerung, 6 Stromanschlüsse, Behälter für die Müllentsorgung, ganzjährig geöffnet.
Beschreibung: Schattenlose Pflastersteinwüste neben dem Freibad. Innenstadtnah, 500 Meter bis zur Stadtmauer. Im August ist der Stellplatz wegen der Kirchweih geschlossen.
Preise: Kostenlos, Frischwasser 1,00 €, Strom 0,50 € pro kWh. Abwasserentsorgung und Entleerung der Bordtoilette ist kostenfrei.
Zufahrt: Von der Umgehungsstraße (B2) über den Römerbrunnenweg in die Wiesenstraße fahren.

Stadtmauer mit "trockenem" Wassergraben.

Nachdem die Römer das Kastell verließen, zerfiel die Anlage im Laufe der folgenden Jahrhunderte. Nach einer merowingischen Neugründung des Ortes (die Merowinger sind das älteste bekannte Königsgeschlecht der Franken, 5.-8. Jh.) und der Errichtung eines Königshofes, entwickelte sich der Ort in karolingischer Zeit zur Reichsstadt. Die erste Stadtmauer entstand während des 12. und 13. Jahrhunderts, die zweite im 14. Jahrhundert. Sie schützte auch das nach Süden erweiterte Gebiet der Handelsstadt und wurde mit einem 30 Meter breiten Graben eingefasst, der teilweise mit Wasser gefüllt wurde. Diese Stadtmauer mit 38 Türmen ist heute noch weitgehend erhalten.

Das Rathaus in Weißenburg.

Wir gehen an der imposanten Stadtbefestigung entlang, bis uns ein kleines Tor am Ende des Wassergrabens Durchschlupf in die Innenstadt gewährt. Durch schmale Gassen gelangen wir auf die breite Luitpoldstraße, an deren Ende das Rathaus mit dem sehr schönen Renaissancegiebel steht. Von da aus betrachten wir auch noch einmal die Wülzburg, die hoch über der Stadt sehr gut zu sehen ist.

Das Ellinger Tor am Nordrand der Stadt.

Durch die Rosenstraße, die hinter dem Rathaus beginnt, nähern wir uns dem mächtigen Turm der Andreaskirche, gehen vor dem Turm in die Ellinger Straße und sehen bereits den rückwärtigen Teil des Ellinger Tores. Es ist das einzige mittelalterliche Tor der Stadt und zählt laut der Stadtverwaltung zu den schönsten Stadttoren Deutschlands. Dem wollen wir gar nicht widersprechen.

Die Residenz in Ellingen.

Vom Ellinger Tor bis zur **Residenz Ellingen** sind es nur etwas mehr als drei Kilometer. Diese mächtige Schlossanlage wurde in der ersten Hälfte des 18. Jahrhunderts errichtet und wird heute von der Bayerischen Schlösserverwaltung unterhalten. Das Schloss kann nur im Rahmen einer Führung besichtigt werden. Gezeigt werden zeitgenössisch eingerichtete Schauräume mit Deckengemälden, Intarsienkabinette (kunstvolle Wandvertäfelungen), Seidentapeten und anderes.

Auf dieser Seite www.schloesser.bayern.de erfahren Sie die Öffnungszeiten und können mehr über die Geschichte des Anwesens lesen.

Dem Schloss gegenüber liegen das **Fürstliche Brauhaus** sowie das Schloßbräustübl. Im Biergarten dieses zur Residenz gehörenden Gebäudeensembles verführen die fränkischen Spezialitäten des Restaurants zum Verweilen. Der Schlosspark ist nicht sonderlich groß, hat aber einen sehr schönen alten Baumbestand und reicht für einen kleinen Verdauungsspaziergang, bevor es nun durch die hügelige Landschaft über Heideck nach Hilpoltstein geht.

In **Heideck** halten wir uns nicht lange auf, das Rathaus und die Stadtpfarrkirche sind schnell angeschaut.

In **Hilpoltstein** angekommen parken wir in der Bahnhofstraße **[203:** N49°11'19.1" E11°10'56.9"] unweit des Bahnhofs. Wir queren zu Fuß den Altstadtring und gehen durch den Park bis zur Stadtmauer mit dem **Döderleinsturm**, dem einzigen noch erhaltenen der ehemals acht Stadtmauertürme. Von dort geht es weiter durch die Marktstraße, vorbei an dem Museum **"Schwarzes Roß"**; das sich alten Handwerkstechniken widmet, bis zum Rathaus. Es wurde 1417 erbaut und ist eines der ältesten Fachwerkgebäude des Ortes. Es gibt noch einige andere sehenswerte Fachwerkhäuser. Das im Privatbesitz befindliche Jahrsdorfer Haus in der Nähe des Stadtweihers gehört dabei zu den besonders schönen und repräsentativsten Gebäuden. Wir gehen vom Rathaus weiter, kommen an St. Johannes vorbei. Die barockisierte Kirche zeigt im Inneren prachtvolle Stuckarbeiten eines italienschen Baumeisters. Auf dem weiteren Weg zur Burg treffen wir auf den ehemals herrschaftlichen **Getreidekasten**, der auf uns einen klotzigen Eindruck macht. Im "Haus des Gastes" ist heute die Touristinformation untergebracht sowie Teile der Stadtverwaltung. Die über 1000 Jahre alte **Burganlage** ist nur in den Sommermonaten begehbar. Nach dem Tod der letzten Besitzerin in der Mitte des 18. Jahrhunderts war sie dem Verfall preisgegeben und wurde teilweise abgebrochen. Erst sehr viele Jahre später stoppten Sicherungs- und Sanierungsmaßnahmen den weiteren Verfall der Ruine. Heute ist sie Schauplatz eines jährlich rund um den ersten Sonntag im August stattfindenden Festes mit einem Schauspiel in historischen Kostümen und einem eigens für das Fest gebrauten Burgfestbier. Auch das Mittelalterfest ist von großer Bedeutung, wenn "Ritter, Barden und Beutelschneider" auf der Burg Einzug halten. Die Termine für diese Veranstaltungen finden Sie auf dieser Seite www.hilpoltstein.de.

Die Burgruine Hilpoltstein.

Auf dem Parkplatz am Bahnhof kann zwar übernachtet werden, attraktiv ist das aber nicht. Am Main-Donau-Kanal bietet sich eine sehr viel bessere Alternative, die Sie mit diesen Koordinaten **[204:** N49°12'18.8" E11°11'13.2"] erreichen. Auf

Stellplatz am Main-Donau-Kanal mit Blick auf die vorbeifahrenden Schiffe.

Blick auf den Rothsee.

diesem großen Platz für 80 Mobile können Sie maximal fünf Tage verbleiben und zahlen pro Tag eine Parkgebühr in Höhe von 7,00 Euro.

Der **Rothsee** ist nur wenige Meter vom Main-Donau-Kanal entfernt. Der in erster Linie für die Wasserwirtschaft des Kanals angelegte See ist zweigeteilt. Auf dem größeren Teil drehen Surfer und Segler ihre Runden, der kleinere Teil bleibt den Badegästen vorbehalten. Drei Gastronomiebetriebe versorgen die Gäste rund um den See. Das Gasthaus am Seezentrum Heuberg mit dem großen Wohnmobilstellplatz ist ganzjährig geöffnet.

(205) Offizieller WOMO-Badeplatz: Hilpoltstein – Rothsee, Seezentrum Heuberg

GPS: N49°12'31.4" E11°11'13.4"; Am Rothsee, 91161 Hilpoltstein.
Max. WOMOs: 50, maximale Länge 12 m.
Ausstattung: Frischwasserversorgung, Abwasserentsorgung mit Bodeneinlass, Kassettenentleerung, Stromanschlüsse, Behälter für die Müllentsorgung, ganzjährig geöffnet.
Beschreibung: Mit Sträuchern abgetrennte Wiesenplätze oberhalb des Sees. Am Seeufer befinden sich Toilettenanlagen und Duschen, ein Restaurant und ein großer Spielplatz. Entfernung bis zur Ortsmitte von Hilpoltstein 2,5 Kilometer.
Preise: 8,00 € für ein Fahrzeug (Münzen passend einwerfen, Automat wechselt nicht), Entsorgung und Frischwasser kostenlos, Strom 0,50 € pro kWh.
Zufahrt: An der Straße nach Allersberg, kurz hinter dem Main-Donau-Kanal auf der linken Seite.

Wer nicht Schwimmen, Surfen oder Segeln mag, der kann auf den zahlreichen gut ausgeschilderten Rad- und Wanderwegen die Umgebung erkunden. Ein Weg führt z.B. zur Schleuse Eckersmühlen am Main-Donau-Kanal und weiter entlang der Wasserstraße zum **Historischen Eisenhammer** am Ortsrand von Eckersmühlen.

Diese Schmiede ist eine Rarität. Über fünf Generationen befand sie sich im Familienbesitz. Es wurden Geräte für die Landwirtschaft handgeschmiedet hergestellt. 1974 musste der Betrieb jedoch geschlossen werden, industriell gefertigte Erzeugnisse sind einfach billiger. Als lebendiges Museum besteht der Eisenhammer aber fort. Siehe hier www.eisenhammer-eckersmuehlen.de.

Weiter geht es nach **Roth**. Am Ortseingang befindet sich auf einem großen Parkplatz eine Grauwasserentsorgungsstation [**206:** N49°14'25.9" E11°06'26.1"]. Für eine Übernachtung scheint uns der Platz nicht geeignet, durch die nah vorbeiführende B2 ist es einfach zu laut. Für einen Besuch der Innenstadt ist der Parkplatz am Festplatz besser [**207:** N49°14'35.8" E11°05'42.8"], der über die Ratiborer Straße zu erreichen ist.

Die Altstadt ist relativ klein, die sehenswerten Gebäude liegen dicht beieinander. Das **Riffelmacherhaus** am Marktplatz zählt zu den schönsten Fachwerkhäusern Frankens. Neben einigen weiteren Häusern ist jedoch das **Schloss Ratibor** mit seinem Prunk- und Speisesaal besonders hervorzuheben und einen Besuch wert. Die Öffnungszeiten finden Sie hier www.schloss-ratibor.de.

Schloss Ratibor.

Wir fahren weiter in die Goldschlägerstadt **Schwabach**. Am Freibad in der Angerstraße 28, in der Nähe des Stadtparks lässt es sich mit dem WOMO am besten parken. Vier Plätze stehen zur Verfügung [**208:** N49°19'21.8" E11°01'43.0"].

Die Blütezeit des Goldschlägerhandwerks ist zwar vorbei, dennoch dreht sich auch heute noch sehr viel um dieses zu hauchdünnen Plättchen verarbeitete Edelmetall. Das Denkmal des Goldschlägers an der Ludwigstraße kündet davon und die vergoldete Dacheindeckung der bunten Rathaustürmchen am Marktplatz ebenso. Gab es zu Beginn des 20. Jahrhunderts noch 130 Betriebe, die Blattgold herstellten, so sind es heute nur noch sechs. Wer mag, kann entlang der **Goldenen Meile**, einem Kulturpfad innerhalb der Stadt, an verschiedenen Orten mehr über Blattgold und dessen Verwendung erfahren. Die Stationen sind mit ca. 1,80 Meter hohen Stelen markiert. Der Gasthof "Goldener Stern" am Rande des Marktplatzes bietet sogar ein speziell mit Blattgold hergerichtetes Menü an. Ein würdiger Abschluss für diese kurze Tour. Nürnberg finden Sie ab Seite 196 beschrieben.

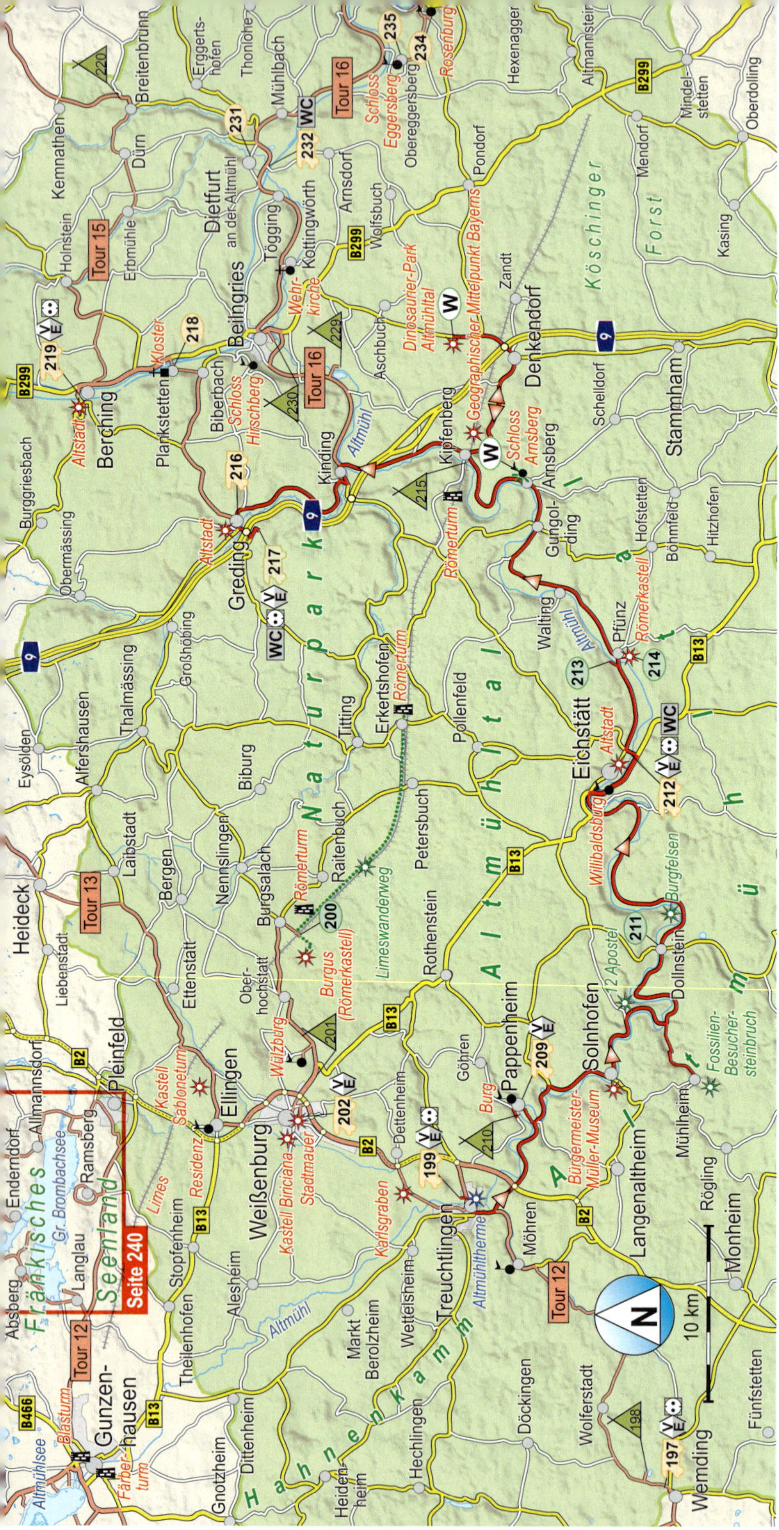

Fränkisches Seenland
Seite 240
Gr. Brombachsee
Altmühlsee
Gunzenhausen
Blasturm
Färberturm
Absberg
Enderndorf
Allmannsdorf
Langlau
Ramsberg
Pleinfeld
Heideck
Liebenstadt
Eysölden
Burggriesbach
Berching
Altstadt
Holnstein
Kemnathen
Breitenbrunn
Erggertshofen
Thonlohe
Mühlbach
Dietfurt an der Altmühl
Beilngries
Kloster
Plankstetten
Biberbach
Schloss Hirschberg
Greding
Kinding
Altmühl
Tögging
Kottingwörth
Wehrkirche
Arnsdorf
Wolfsbuch
Aschbuch
Dinosaurier-Park Altmühltal
Geographischer Mittelpunkt Bayerns
Denkendorf
Zandt
Pondorf
Obereggersberg
Schloss Eggersberg
Rosenburg
Hexenagger
Altmannstein
Mindelstetten
Oberdolling
Mendorf
Köschinger Forst
Kasing
Stammham
Schelldorf
Kipfenberg
Schloss Arnsberg
Arnsberg
Römerturm
Gungolding
Hofstetten
Böhmfeld
Hitzhofen
Walting
Pfünz
Römerkastell
Eichstätt
Altstadt
Willibaldsburg
Burgfelsen
Dollnstein
12 Apostel
Fossilien-Besucher-steinbruch
Mühlheim
Rögling
Monheim
Naturpark Altmühltal
Erkertshofen
Titting
Pollenfeld
Petersbuch
Raitenbuch
Limeswanderweg
Burgsalach
Nennslingen
Biburg
Thalmässing
Großhöbing
Obermässing
Alfershausen
Laibstadt
Bergen
Ettenstatt
Oberhochstatt
Burgus (Römerkastell)
Wülzburg
Rothenstein
Pappenheim
Göhren
Burg
Solnhofen
Bürgermeister-Müller-Museum
Langenaltheim
Ellingen
Kastell Sablonetum
Residenz
Limes
Weißenburg
Kastell Biriciana
Stadtmauer
Dettenheim
Karlsgraben
Treuchtlingen
Altmühltherme
Möhren
Stopfenheim
Theilenhofen
Alesheim
Markt Berolzheim
Wettelsheim
Hahnenkamm
Heidenheim
Hechlingen
Döckingen
Wolferstadt
Wemding
Fünfstetten
Gnotzheim
Dittenheim
Tour 12
Tour 13
Tour 15
Tour 16
10 km
N

TOUR 14 (ca. 110 km)

Treuchtlingen – Pappenheim – Solnhofen – Dollnstein – Eichstätt – Pfünz – Arnsberg – Kipfenberg – Denkendorf – Kinding – Greding

Stellplätze:	Pappenheim, Dollnstein, Eichstätt, Pfünz, Greding.
Campingplätze:	Pappenheim, Kipfenberg.
Besichtigungen:	Pappenheim (Burgruine), Solnhofen (Bürgermeister-Müller-Museum), Eichstätt (Altstadt und Willibaldsburg), Pfünz (Römerkastell), Denkendorf (Dinosaurier-Park Altmühltal), Greding (Altstadt).
Wandern/Radwandern:	Im Altmühltal, Kipfenberg (Kanutour auf der Altmühl).
Baden/Wellness:	Treuchtlingen (Therme), Greding (Hallenbad).

Wir verlassen Treuchtlingen über die St2230 in Richtung Solnhofen und Eichstätt. Auf dieser Tour wird die Altmühl unsere ständige Begleiterin sein. Hier fließt sie noch weitgehend unberührt durch eine schöne Auenlandschaft, die von steilen Felsen flankiert wird und zum Wandern und Radfahren einlädt.

Als ersten Ort haben wir **Pappenheim** auf dem Programm. Die Altmühl umfließt in einer Schleife den alten Kern des Städtchens mit der restaurierten Burgruine, die hoch oben über dem Ort liegt und in den Sommermonaten besichtigt werden kann. Ein kleiner Botanischer Garten, ein Natur- und

Hoch über Pappenheim liegt die Burgruine mit ihrem mächtigen Bergfried.

Jagdmuseum, historische Ausstellungen und der mächtige begehbare Bergfried mit dem Buckelquader-Mauerwerk warten auf Besucher. Eine eindrucksvolle Anlage, auf der Sie an den Wochenenden während einer Führung auch alle Einzelheiten der Burg erklärt bekommen. Hier erfahren Sie mehr https://grafschaft-pappenheim.de.

Die zwei Schlösser in dem sehenswerten Ort werden privat genutzt und können nur von außen betrachtet werden. Im Alten Schloss wohnt die gräfliche Familie der Pappenheimer.

Wer den Ort besuchen möchte, der stellt das Fahrzeug am besten auf dem offiziellen Parkplatz am Sportgelände an der Schützenstraße ab **[209:** N48°55'49.6" E10°58'21.8"]. Die angebotene Wasserversorgung am Platz ist kostenlos. Wer schöner übernachten will, nimmt den wunderbar gelegenen Campingplatz an der Altmühl.

(210) WOMO-Campingplatz: Pappenheim

GPS: N48°56'04.9" E10°58'10.3"; Badweg 1, 91788 Pappenheim.
Max. WOMOs: >20, maximale Länge 12 m.
Ausstattung: Frischwasserversorgung, Abwasserentsorgung mit Bodeneinlass, Kassettenentleerung, Stromanschlüsse, Behälter für die Müllentsorgung, WLAN, Brötchenservice. Im Servicegebäude gibt es Duschen, WCs, Waschmaschinen und Trockner. Geöffnet von Anfang April bis Ende Oktober.
Beschreibung: Überwiegend sonnige Stellflächen auf einem Rasengelände am Ufer der Altmühl mit Sicht auf die Burg. Sehr ruhig. Idealer Ort für Radtouren durch das Altmühltal.

Preise: Person ab 12 Jahren 5,50 €, Kinder ab 7 Jahren 4,00 €, Hund 2,00 €, Wohnmobil 5,50 €, Strom pauschal 2,00 € pro Tag.
Zufahrt: Den Ort durchfahren, die Altmühlbrücke überqueren, dann nach ca. 200 Metern links abbiegen und nach weiteren 500 Metern in die Wehrwiesenstraße, bzw. Badweg fahren.
Reservierung/Kontakt: Tel.: 09143/1275
E-Mail: info@camping-pappenheim, Web: www.camping-pappenheim.de.

Ich kenne meine Pappenheimer ...

... wer kennt ihn nicht, diesen Spruch. Aber welche Bedeutung hat er, wo kommt er her? **Friedrich Schiller** lässt Wallenstein in seinem gleichnamigen Drama ausrufen: *"Daran erkenn ich meine Pappenheimer"*, womit er den Mut, die Treue und die Zuverlässigkeit der unter **Gottfried Heinrich Pappenheim** dienenden Kürassiere lobte, einem Feldmarschall, der aus Pappenheim stammte. Es handelte sich um ein Regiment, das in Wallensteins Heer tatsächlich gekämpft hat und eine Art Elitekampftruppe war. Diese positive Bedeutung hat der Spruch heute nicht mehr. Im Laufe der Zeit hat sie sich geändert, geradezu ins Gegenteil verkehrt. Wer heute diesen Spruch benutzt, stellt vielmehr die Zuverlässigkeit der gemeinten Personen infrage und drückt damit ein Misstrauen aus.

Wir fahren weiter entlang der Altmühl nach **Solnhofen**. Die Stadt ist berühmt für das Vorkommen des feinkörnigen Plattenkalks, der seit Jahrhunderten in allerlei Form für den hochwertigen Innenausbau von Häusern und öffentlichen Gebäuden Verwendung findet. Als Fossilienlagerstätte haben die Solnhofener Plattenkalke eine außergewöhnliche Stellung in der Welt. Der Urvogel **Archaeopteryx** (gefiederter Dinosaurier) wurde neben einer Vielzahl anderer 150 Millionen Jahre alter Fossilien aus der Jurazeit gefunden. Die erhaltenen Details der präparierten und im **Bürgermeister-Müller-Museum** präsentierten Ausstellungsstücke sind schon sehr verblüffend. Die Öffnungszeiten und Eintrittspreise finden Sie hier www.museum-solnhofen.de.

Das Museum befindet sich in der Bahnhofstraße 8, Parkplätze gibt es an der Straße [GPS: N48°53'32.0" E10°59'32.8"].

Pterodactylus, das Wappentier des Museums.

Tipp: Wer nach dem Besuch des Museums die Lust verspürt, selbst auf Fossiliensuche gehen zu wollen, der kann sein Glück in der Nähe von Mühlheim in dem **Fossilien-Besuchersteinbruch Mühlheim** hoch über dem Tal der Altmühl versuchen [N48°51'17.2" E10°59'10.8"]. Das dafür notwendige Werkzeug kann dort ausgeliehen werden, eine kleine Anleitung gibt es obendrein. Die Zufahrt ist ab Mühlheim gut ausgeschildert. Auch wenn die letzten Meter nur über befestigte Feldwege gehen, lässt sich die Strecke doch gut fahren. Der Laie mag bei Ankunft bloß eine große Schutthalde sehen, der Fossilienexperte wird schnell die Vertiefungen erkennen, die Schicht um Schicht mit der Hoffnung auf einen interessanten Fund freigelegt werden. Siehe auch www.besuchersteinbruch.de.

Wir fahren von Solnhofen entlang der Altmühl nach **Dollnstein** weiter. Etwa einen Kilometer hinter dem Ortsausgang treffen wir auf die markante Felsformation der **Zwölf Apostel**.

Ein Teil der Felsformation "Zwölf Apostel" im Altmühltal.

Der hohe Burgfelsen bei Dollnstein.

Es sind die verwitterten Reste eines ehemaligen Riffs und wie die Fossilien 150 Millionen Jahre alt. Die Hänge sind bewachsen mit Halbtrockenrasen und Wacholder, eine Vegetationsform, die entlang der Altmühl vielfach zu beobachten ist und durch ihre offene Struktur die Felsen erst so richtig zur Geltung kommen lassen. Besonders gut ist dies während einer Fahrrad- oder Kanutour zu betrachten, im vorbeifahren mit dem Wohnmobil sehen Sie zu wenig. Apropos Fahrrad: Der Altmühlradweg ist ausgezeichnet beschildert. Verirren ist praktisch nicht möglich, auch wenn Sie keine Radwanderkarte dabei haben. Der kostenlose Wanderparkplatz, den Sie mit diesen Koordinaten [**211:** N48°52'40.9" E11°04'26.5"] erreichen können, ist ein guter Standort für einen Radausflug. Er scheint zwar auf den ersten Blick durch die Höhenbegrenzungen nicht zugänglich zu sein, doch dies gilt nur für den vorderen Bereich des Platzes. Fahren Sie in den Burgsteinweg gleich hinter dem Stadttor rechts ab und biegen Sie am Ende der Friedhofsmauer links ab. Dann gelangen Sie in den hinteren Bereich des großen geschotterten Platzes, auf dem Sie unbehelligt stehen können. Wenn Sie mögen, können Sie auch von Dollnstein eine Kanutour auf der Altmühl unternehmen. Als Sie die Altmühl überquert haben, sind Sie bereits an dem Bootsverleih vorbeigefahren. Alle notwendigen Informationen für die Kanutour finden Sie hier www.kanuvermietung-altmuehltal.de.

Von Dollnstein nach Solnhofen sind es nur 12 Kilometer, nach Eichstätt, unserem nächsten Ziel, bloß 15. Mit dem Rad sind diese Etappenziele auf den fast topfebenen Wegen bequem zu erreichen. Ist das Altmühltal bis Dollnstein noch relativ schmal, so wird es ab dem Zusammentreffen mit dem **Wellheimer Tal** recht breit. Bevor die Donau ihren Weg zum Schwarzen Meer durch die Weltenburger Enge bei Kelheim abkürzte, floss sie hier entlang und schuf mit ihren Wassermassen diese breite Tallandschaft.

Wir fahren nunmehr in diesem ausladenden Tal, der Altmühl folgend, weiter nach **Eichstätt**. Wer die Barockstadt nur besuchen will ohne zu übernachten, kann auf dem Großparkplatz in der Nähe des Bahnhofs [GPS: N48°53'43.7" E11°10'41.9"] sein Fahrzeug abstellen. Von diesem Platz ist der Weg in die äußerst sehenswerte Innenstadt kurz. Vom offiziellen Stellplatz an der Altmühl neben dem Festplatz sind es bis zum Zentrum zwei Kilometer.

(212) Offizieller WOMO-Stellplatz: Eichstätt – Schottenwiese

GPS: N48°53'03.0" E11°11'52.8"; Pirkheimer Straße, 85072 Eichstätt.
Max. WOMOs: 70, maximale Länge 12 m, max. Aufenthalt 7 Tage.
Ausstattung: Frischwasserversorgung, Abwasserentsorgung mit Bodeneinlass, Kassettenentleerung, 48 Stromanschlüsse, Behälter für die Müllentsorgung. Der Platz ist ganzjährig geöffnet, während des Eichstätter Volksfestes von Ende August bis Anfang September aber gesperrt.

Beschreibung: Halbschattige Stellflächen auf sandigem Untergrund, der bei Nässe matschig werden kann. Die Zufahrt ist befestigt und erfolgt über den Festplatz, der bis zum hinteren Ende überquert werden muss. Die Ver- und Entsorgungseinrichtung befindet sich im vorderen Bereich des Festgeländes, ist bequem anzufahren und kann auch genutzt werden ohne auf dem Stellplatz zu übernachten.
Preise: 10,00 € für ein Fahrzeug, Frischwasser 1,00 € und Strom 0,50 € pro kWh. Abwasserentsorgung und Entleerung der Bordtoilette ist kostenfrei.
Zufahrt: Auf der B13 Richtung Ingolstadt fahren, am Ortsausgang im Kreisverkehr die zweite Ausfahrt nehmen, über die Altmühlbrücke steuern, danach links abbiegen und der Festplatz ist erreicht.

Im Halbrund aufgereihte Barockhäuser am Residenzplatz.

Die Bischofsstadt Eichstätt ist mit zehn Klöstern bzw. Klostergemeinschaften, zwölf katholischen Kirchen, zwei Priesterseminaren und der Katholischen Universität ein Hort des katholischen Glaubens. Die Liste der religiösen Bauwerke, die es zu besichtigen gilt, ist lang, vorausgesetzt man mag sakrale Bauwerke. Innerhalb und am Rande der Altstadt sind das der Dom, der spätgotische Kreuzgang und das Mortuarium im Diözesanmuseum, die Schutzengelkirche, dann Notre Dame du Sacré Coeur, eines der schönsten Barockbauwerke der Stadt, dann die Kirche des Kapuzinerklosters mit der Nachbildung des Heiligen Grabes sowie die Klosterkirche St. Walburg.

Nordteil der Willibaldsburg.

Das Barockensemble rund um den Residenzplatz gehört zu den eindrucksvollsten Plätzen, die in Europa aus dieser Stilepoche zu finden sind. Residenz, Kavalierhöfe, Brunnen und die geschlossene, im Halbrund angeordneten Häuserfronten sind stilvoll vereint.

Nach der Besichtigung der Bauwerke in der Altstadt gehen wir noch hoch zur **Willibaldsburg**, die über Eichstätt thront. Wer mit einem Kastenwagen unterwegs ist, der nicht wesentlich länger ist als ein Pkw, kann auch hochfahren. Es gibt oben einen kleinen Parkplatz.

Die Burganlage wurde im 14. Jahrhundert errichtet. Bis zum 18. Jahrhundert war sie die Residenz der Eichstätter Bischöfe. Heute ist in den Räumlichkeiten das **Jura-Museum** untergebracht, das unter anderem zahlreiche Fossilien zeigt. Auch den ersten in Solnhofen gefundenen **Archaeopteryx** können Sie im Museum bewundern.

Ein Kleinod ist der Bastionsgarten **"Hortus Eystettensis"**; ein kleiner Botanischer Garten, der an mediterrane Länder erinnert. Von der Brüstung haben Sie einen wunderbaren Blick hinunter nach Eichstätt. In der Burgschänke und dem Biergarten, die es hier oben auch gibt, können Sie eine Rast einlegen, bevor Sie uns weiter nach **Pfünz** folgen.

Hier haben wir gleich zwei schöne Übernachtungsplätze. Einen an dem oft fälschlicherweise Römerbrücke genannten Übergang an der Altmühl [**213:** N48°53'25.4" E11°15'32.7"], der sich als Ausgangsort für Radtouren oder Wanderungen auf dem **Altmühltal Panoramaweg** wunderbar eignet und einen neben dem Kastell [**214:** N48°53'03.4" E11°15'44.6"] am Römersteig auf der Höhe hinter dem Ort. Der Römersteig ist eine schmale Straße mit 20% Steigung und kann nur bis zum Kastell befahren werden. Der Parkplatz liegt am Waldrand, es ist himmlisch ruhig hier.

Rekonstruiertes Nordtor des Römerkastells Vetoniana in Pfünz.

Die Anlage ist ein rekonstruiertes römisches Kohortenkastell das, so hat die Forschung ergeben, ab etwa 90 n. Chr. auf diesem 42 Meter hohen Felssporn errichtet worden ist.

Einen schönen Blick in das Altmühltal bietet der Aussichtspunkt beim **Schloss Arnsberg**. Der Parkplatz empfängt uns allerdings seit Neuestem mit eindeutigen WOMO-Verbotszeichen. Über Nacht dürfen Sie nicht mehr stehen bleiben [GPS: N48°55'38.5" E11°22'49.2"], wohl aber tagsüber, um einen Spaziergang zu machen, eine Wanderung zum Keltenwall und Michelsberg zu unternehmen oder eben zu diesem Aussichtspunkt zu gehen. Das Schloss ist kein Prachtbau wie z.B. die Residenz in Ellingen. Es ist eine kleine, romantisch anmutende Anlage. Die Ruine des Bergfrieds und die Reste einer Wehranlage geben dem ehemaligen Vogthaus einen schönen Rahmen. Das Restaurant und der Biergarten wurden für Tagesbesucher leider geschlossen. Die Räumlichkeiten stehen nur noch für Veranstaltungen und für Übernachtungsgäste des zum Garni-Hotels umfunktionierten Anwesens zur Verfügung.

Blick in das Altmühltal vom Aussichtspunkt beim Schloss Arnsberg.

Kanutour auf der Altmühl.

Kehren wir in das Tal zurück. Auch wer kein leidenschaftlicher Kanu- oder Kajakfahrer ist, wird irgendwann die Lust verspüren, die Altmühl vom Wasser her zu erleben, an den Felsen vorbei zu paddeln, die Spiegelungen der Bäume im Wasser aus nächster Nähe zu betrachten und dem Geschnatter der Enten zu lauschen. Es gibt viele Verleiher an der Altmühl, die auch immer den Rücktransport organisieren. Wir haben das Handicap, unsere große Kiste irgendwo abstellen zu müssen, das klappt dummerweise nicht überall.

Ideal dafür ist **Kipfenberg**. Dort liegen an der Försterstraße ein Campingplatz mit kostenpflichtigen Womo-Stellplätzen vor dem Haupttor, ein Bootsverleih und ein großer Parkplatz direkt nebeneinander. Von hier aus können Sie zu einer mehrtägigen Tour, einer Tagestour oder auch nur zu einem mehrstündigen Ausflug aufbrechen.

**(215) WOMO-Campingplatz:
Kipfenberg – AZUR Camping Altmühltal**

GPS: N48°56'58.8" E11°23'20.6"; Campingstraße 1, 85110 Kipfenberg.
Max. WOMOs: >20, maximale Länge 12 m.
Ausstattung: Frischwasserversorgung, Abwasserentsorgung mit Bodeneinlass, Kassettenentleerung, Stromanschlüsse, Behälter für die Müllentsorgung, WLAN, Shop & Snack Service mit frischen Brötchen und Lebensmitteln, Bistro, Biergarten. Sanitärgebäude mit Babyraum, Familiendusche, Waschmaschine, Trockner und Hundedusche. Der Platz ist von Anfang April bis Ende Oktober geöffnet.

Beschreibung: Überwiegend sonnige Stellflächen auf einem Rasengelände an der Altmühl. Flächen durch Hecken und Sträucher voneinander getrennt. Kanuverleih nebenan.
Preise: Je nach Saison und Lage auf dem Platz ab 18,00 € für ein Fahrzeug mit 2 Personen.
Zufahrt: In Kipfenberg Richtung Pfahldorf fahren, vor der Brücke über die Altmühl links abbiegen.
Reservierung/Kontakt: Tel.: 08465/905167
E-Mail: kipfenberg@azur-camping.de, Web: www.azur-camping.com.

Der Limes begegnet uns in Kipfenberg übrigens auch wieder. Der Limeswanderweg führt durch diesen Ort. Wer mag, kann sich auch hier einen rekonstruierten Römerturm aus Holz, ähnlich dem auf Seite 258 anschauen oder gar ein größeres Stück auf dem Limeswanderweg per Rad oder zu Fuß zurücklegen. Die Burg oberhalb von Kipfenberg ist zwar nicht zu besichtigen, aber die Vorburg, in der sich das **Römer und Bajuwaren Museum** befindet. Zentrales Ausstellungsstück ist der "erste Bajuware"; ein mit vielen Beigaben versehenes Grab eines germanischen Kriegers aus dem 5.Jahrhundert. Nur 500 Meter davon entfernt ist mit einem Stein der geographische Mittelpunkt Bayerns markiert.

Burg Kipfenberg.

Von Kipfenberg geht die Fahrt weiter nach Denkendorf. Wir durchfahren den Ort und folgen den Hinweisen zur Autobahn, unterqueren diese und haben nach wenigen Kilometern auf der St2229 den **Dinosaurier-Park Altmühltal** erreicht. Der Parkplatz [GPS: N48°57'07.4" E11°28'05.9"] ist groß genug, um das Fahrzeug bequem abstellen zu können.

Es ist unser dritter Dino-Park. In unseren Büchern über den Französischen Jura (Band 90 der WOMO-Reihe) und über den

Der zwölfte, 2010 am Rande des Köschinger Forstes gefundene Archaeopteryx ist im Dinosaurierpark zu sehen.

Brachiosaurus altithorax. Sein bevorzugtes Weidegebiet waren die Baumkronen.

Tyranosaurus Rex (T-Rex), das imposanteste fleischfressende Raubtier aller Zeiten, darf in keinem Dino-Park fehlen.

Harz (Band 66 der WOMO-Reihe), waren wir in ähnlich angelegten Parkanlagen.

Im Altmühltal können Sie auf einem Rundweg von zwei Kilometern Länge eine sehr spannende Reise durch die Erdgeschichte durchlaufen. Die zahlreichen lebensgroßen Modelle der Dinosaurier wirken dabei sehr echt und teilweise auch furchteinflößend. Nur gut, dass diese riesigen Urviecher nicht in lebendiger Form auf einen zugetrabt kommen. Der Rundweg beginnt im Erdaltertum und führt über die geologischen Epochen der Trias, des Jura und der Kreide in die Erdneuzeit. Das ist ein Spaziergang durch 400 Mio. Jahre Erdgeschichte, die Sie in einem schattigen Wald absolvieren können. Mehr als 60 lebensgroße Modelle können Sie dabei betrachten und so einiges über ihre Verbreitung, ihre Lebensbedingungen und ihre Fähigkeiten erfahren, soweit man das nach den letzten wissenschaftlichen Erkenntnissen beurteilen kann. Darüber hinaus werden Fossilien in den Ausstellungsräumen gezeigt, der Urvogel Archaeopteryx fehlt dabei natürlich nicht und das Gerippe eines T-Rex auch nicht. Sie können auch selbst Fossilien aus Steinen klopfen, dafür ist eigens ein Bereich in dieser Anlage angelegt. All die Eindrücke, die hier gewonnen werden, lassen sich gut während einer Pause im Biergarten verarbeiten. Für das leibliche Wohl ist also auch bestens gesorgt.

Der Markplatz in Greding mit dem Forsthaus (links) und dem Rathaus (Mitte).

Über die Öffnungszeiten und Eintrittspreise informiert diese Seite https://dinopark-bayern.de.

Über verschlungene Straßen geht die Fahrt zurück an die Altmühl. Über Kinding geht es kurvenreich nach **Greding**, dem letzten Ort dieser Tour. Wir kommen am Fürstentor an, fahren links und stellen das WOMO auf dem großen Parkplatz [**216:** N49°02'39.7" E11°21'13.7"] am Hallenbad ab. Wir ziehen diesen Platz dem Übernachtungsplatz in der Nähe der Autobahnanschlussstelle vor. Erstens ist er gebührenfrei, zweitens dröhnen die Geräusche der Autobahn nicht mehr so stark herüber und drittens liegt er direkt neben der von einer Stadtmauer eingefassten Altstadt. Die Sehenswürdigkeiten, die sich alle innerhalb der Stadtmauern befinden, sind also bequem zu Fuß zu erreichen. Neben dem Marktplatz, an dem das Rathaus aus dem 17. Jahrhundert steht, sind das die romanische Basilika St. Martin, das ehemalige fürstbischöfliche Schloss, das ehemalige fürstbischöfliche Forsthaus sowie die Stadtmauer mit ihren drei noch vorhandenen Stadttoren.

Zum Abschluss stellen wir Ihnen noch kurz den Stellplatz an der Autobahn vor.

(217) Offizieller WOMO-Gasthof-Stellplatz: Greding – Hotel, Restaurant Bauer-Keller

GPS: N49°2'26.76" E11°20'59.01"; Kraftsbucher Str. 1, 91171 Greding.
Max. WOMOs: 80, maximale Länge 12 m.
Ausstattung: Frischwasserversorgung, Abwasserentsorgung, Kassettenentleerung, Stromanschlüsse, Behälter für die Müllentsorgung, WLAN. Im Servicegebäude gibt es Dusche und WC. Der Platz ist ganzjährig geöffnet. Brötchen- und Frühstücksservice im Gasthof, Restaurant.
Beschreibung: Eng beieinanderliegende Stellflächen auf Schotter für Wohnmobile und Wohnwagengespanne. Reservierung nicht möglich.
Preise: 13,50 € für ein Fahrzeug mit 2 Personen. Strom 3,00 € für 24 h.
Zufahrt: Fast direkt an der AB-Abfahrt Greding, von dort nicht zu verfehlen.

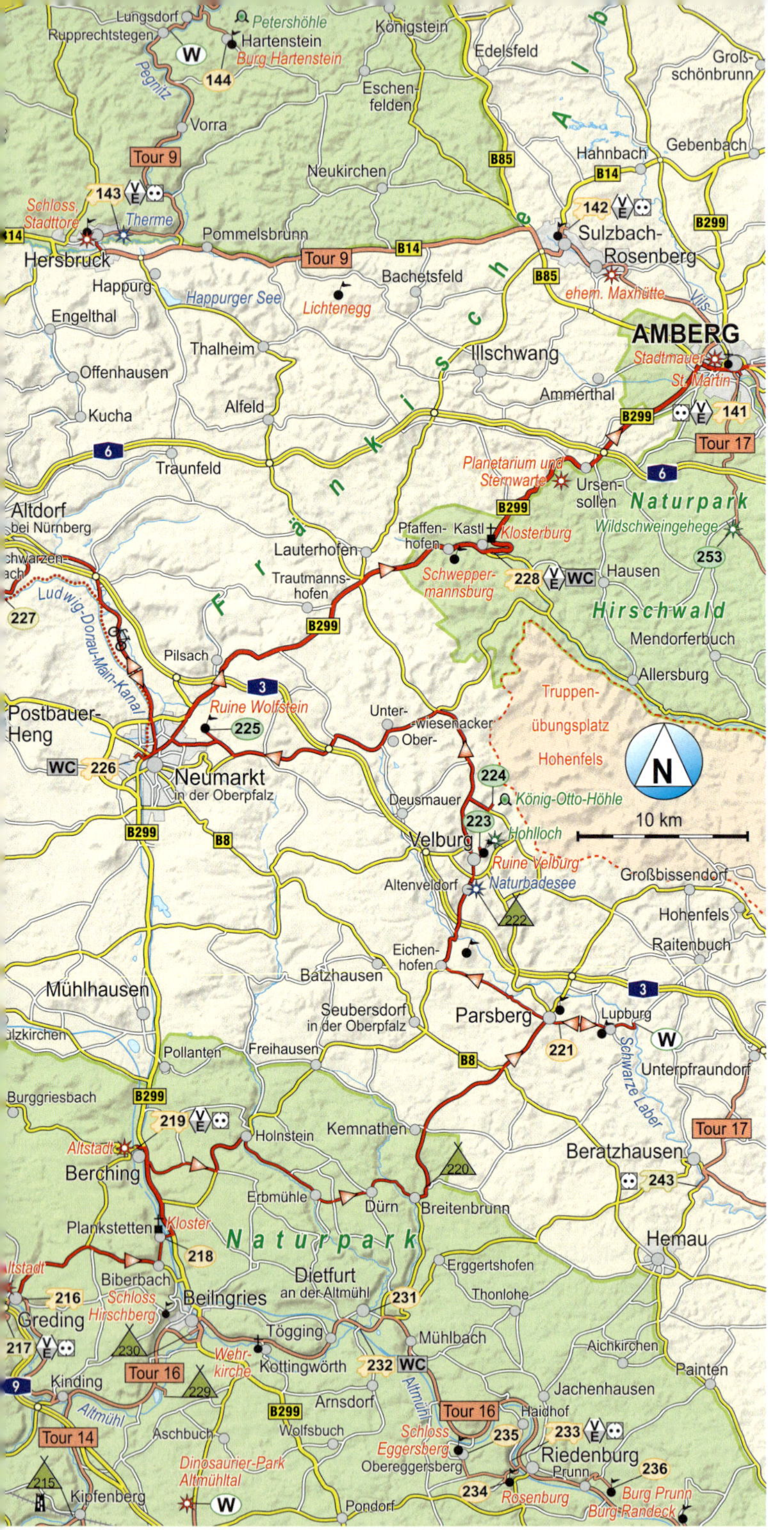
Lungsdorf
Rupprechtstegen
Petershöhle
Hartenstein
Burg Hartenstein
Königstein
Edelsfeld
Groß-schönbrunn
Pegnitz
144
Vorra
Eschen-felden
Tour 9
Neukirchen
B85
Hahnbach
Gebenbach
B14
143
142
Schloss, Stadttore
Therme
Pommelsbrunn
Sulzbach-Rosenberg
B299
B14
Hersbruck
Tour 9
Bachetsfeld
B85
Happurg
Happurger See
Lichtenegg
ehem. Maxhütte
Vils
Engelthal
AMBERG
Thalheim
Stadtmauer
Illschwang
St. Martin
Offenhausen
Ammerthal
Alfeld
B299
141
Kucha
Tour 17
Fränkische Alb
6
Traunfeld
Planetarium und Sternwarte
Ursen-sollen
6
Naturpark
Altdorf bei Nürnberg
B299
Pfaffen-hofen
Kastl
Klosterburg
Wildschweingehege
Lauterhofen
253
Trautmanns-hofen
Schweppermannsburg
228
WC
Hausen
Ludwig-Donau-Main-Kanal
227
Hirschwald
B299
Mendorferbuch
Pilsach
Allersburg
3
Truppen-übungsplatz Hohenfels
Ruine Wolfstein
Postbauer-Heng
225
Unter-wiesenacker
Ober-
WC
226
Neumarkt in der Oberpfalz
224
N
Deusmauer
König-Otto-Höhle
223
10 km
B299
B8
Velburg
Hohlloch
Ruine Velburg
Altenveldorf
Naturbadesee
Großbissendorf
222
Hohenfels
Raitenbuch
Eichen-hofen
Mühlhausen
Batzhausen
3
Seubersdorf in der Oberpfalz
Parsberg
Lupburg
W
Pollanten
Freihausen
221
B8
Schwarze Laber
Unterpfraundorf
Burggriesbach
B299
219
Tour 17
Holnstein
Kemnathen
Altstadt
Beratzhausen
Berching
220
243
Erbmühle
Dürn
Breitenbrunn
Plankstetten
Kloster
Naturpark
Hemau
218
Altstadt
Biberbach
Dietfurt an der Altmühl
Eggertshofen
216
Schloss Hirschberg
Beilngries
231
Thonlohe
Greding
Mühlbach
217
230
Tögging
Aichkirchen
Wehr-kirche
Kottingwörth
232
WC
Painten
Tour 16
Altmühl
9
Kinding
229
Jachenhausen
B299
Arnsdorf
Tour 16
Haidhof
Altmühl
Tour 14
Aschbuch
Wolfsbuch
Schloss Eggersberg
235
233
Riedenburg
Obereggersberg
Prunn
236
Dinosaurier-Park Altmühltal
215
Kipfenberg
W
Pondorf
234
Rosenburg
Burg Prunn
Burg Randeck

TOUR 15 (ca. 180 km)

Greding – Plankstetten – Berching – Erbmühle – Breitenbrunn – Parsberg – Lupburg – Velburg – Neumarkt/Opf. – Kastl – Amberg

Stellplätze:	Plankstetten, Berching, Erbmühle, Parsberg, Velburg, Neumarkt/Opf., Kastl, Amberg.
Campingplätze:	Breitenbrunn, Velburg.
Besichtigungen:	Plankstetten (Kloster), Berching (Altstadt), Breitenbrunn (Wallfahrtskirche), Parsberg (Burg), Lupburg (Burg), Velburg (Altstadt und König-Otto-Höhle), Neumarkt/Opf. (Altstadt), Kastl (Klosterburg).
Wandern/Radwandern:	Berching (entlang des Main-Donau-Kanals), Neumarkt/Opf. (Rad- und Wandertour entlang des Ludwig-Donau-Main-Kanals), Kastl (zur Ruine Schweppermannsburg).
Baden/Wellness:	Greding (Hallenbad) Breitenbrunn (Freibad), Velburg (Naturbad).

Wir fahren in dieser Tour durch die mittlere Fränkische Alb von Greding nach Amberg. Uns erwarten ruhige, wenig durchfahrene malerische, hügelige bis bergige Landschaften mit zahlreichen Flüssen, Burgen, Burgruinen, Klöstern, einem historisch sehr bedeutsamen Kanal und eine außergewöhnliche Höhle.

Plankstetten, Barockkloster mit romanischer Kirche.

Von Greding aus dem Tal der Schwarzach geht es über schmale Straßen die Fränkische Alb hinauf nach Litterzhofen und von dort hinunter über Biberbach nach **Plankstetten** in das Sulztal mit dem Main-Donau-Kanal und seinem Vorläufer, dem Ludwig-Donau-Main-Kanal. Unser erstes Ziel ist das **Benediktinerkloster**, das sich gleich am Ortsrand befindet. Wir parken auf dem großen Parkplatz unterhalb der Anlage am Rande einer Viehweide [**218:** N49°04'07.3" E11°27'21.0"]. Das Kloster ist nicht nur aufgrund seiner Barockgebäude und der romanischen Kirche interessant. Es betreibt einen ökologischen Landbau, an den unter anderem eine Metzgerei, eine Brennerei und eine Bäckerei angeschlossen sind. Es gibt eine Schenke, einen Hofladen, sogar einen Onlineshop. Eine Ausstellung in der Klosteranlage erklärt die Philosophie dieser Form der nachhaltigen Landwirtschaft.

Wir schauen uns dies alles an, füllen im Hofladen unsere Vorräte auf und fahren weiter nach **Berching**. Der Stellplatz an der Bootsanlegestelle ist nicht schwer zu finden.

(219) Offizieller WOMO-Stellplatz: Berching – Schiffsanlegestelle

GPS: N49°06'35.5" E11°26'19.1"; Uferpromenade, 92334 Berching.
Max. WOMOs: 15, maximale Länge 12 m, max. Aufenthalt 3 Tage.

Ausstattung: Frischwasserversorgung, Abwasserentsorgung mit Bodeneinlass, Kassettenentleerung, Stromanschlüsse, WC, Behälter für die Müllentsorgung, Kiosk mit Brötchen und Getränken, Biergarten. Der Platz ist ganzjährig geöffnet.
Beschreibung: Halbschattige ebene Stellflächen auf Rasengittersteinen in fußläufiger Entfernung zur Altstadt.
Preise: 7,00 € für ein Fahrzeug bei einer Übernachtung, 18,00 € bei 3 Tagen. Frischwasser 1,00 € und Strom 1,00 € für 8 h. Abwasserentsorgung und Entleerung der Bordtoilette ist kostenfrei.
Zufahrt: Von der B299 am Ende des Ortes in Richtung Burggrießbach fahren, dann vor der Brücke links abbiegen.

Berching

Dieses mittelalterliche Städtchen ist von einer vollständig erhaltenen Stadtmauer mit 13 Türmen und 4 Stadttoren eingefasst. Innerhalb der Stadtmauern finden sich rund um den Marktplatz einige preiswerte Restaurants, in denen man sehr gut essen kann. Neben einer Stadtbesichtigung und einem Gang entlang der Mauern dieses malerischen Örtchens, bietet sich eine kleine Wanderung oder Radtour entlang des Main-Donau-Kanals nach Beilngries an (ca. 10 km). Bis vor einigen Jahren konnte man noch mit dem Schiff von Beilngries nach Berching fahren und damit eine kombinierte Wander- und Schiffstour machen. Das geht heute leider nicht mehr, die Schiffsverbindung wurde ersatzlos gestrichen.

Berching, Mittleres Tor.

Der größere Teil dieses sogenannten Sulztalwanderweges führt durch Hochwald. Im Kloster Plankstetten kann eine Rast eingelegt werden. Am Waldrand führt danach der Weg weiter nach Beilngries. Nach einer weiteren Rast geht es auf der anderen Seite des Kanals

Stadtmauer und Türme in Berching.

zurück nach Berching. Hier muss zu Beginn nur darauf geachtet werden, dass nach der Überquerung der Brücke über den Main-Donau-Kanal bei der ersten Möglichkeit (Schleusenweg) der Weg hinunter zum Kanal nicht verpasst wird. Dann geht es schattenlos immer der Wasserstraße entlang, bis der Stellplatz wieder erreicht ist. Noch zwei Tipps zu Berching: Einmal jährlich findet im Sommer die **Berchinale** statt. Lichtkünstler und Leuchtenhersteller verwandeln dann am Abend die Gebäude der Stadt mit Lichtobjekten und Projektionen in ein buntes Meer aus Licht und Farben. Ergänzend gibt es einen Künstlermarkt und Kunstausstellungen, die **Nacht der Offenen Türme** und kleine Musikstationen. Und weil das Spektakel so schön ist, wird mit dem **Kanal in Feuerzauber** eine weitere Veranstaltung in den Sommermonaten mit Fischerstechen, Paddelbootrennen, Fackelschwimmen, Barock- und Hochfeuerwerk angeboten. Die genauen Termine dieser Happenings finden Sie hier: www.berching.de/berchinale und hier: www.kanal-im-feuerzauber.de.

Wir verlassen Berching und fahren über Holnstein in das Tal der **Weißen Laber**. Es ist immer wieder beeindruckend, wie schnell man doch in dieser Region außerhalb der breitgetretenen Touristenpfade nur noch von bäuerlicher Kulturlandschaft umgeben ist. Der Weg von Holnstein ins Tal der Weißen Laaber Richtung **Erbmühle** führt über schmale Straßen. Das Gasthaus Erbmühle, das als Spezialität Fleischgerichte vom Wasserbüffel aus eigener Zucht anbot, gibt es leider nicht mehr. Die **Weiße Laber** ist entlang des gesamten Tales naturbelassen und schlängelt sich durch den Wiesengrund. Die vielen Wanderwege verlaufen zumeist im Wald, am Waldrand oder auf den Höhen des Jura. Es gibt schon fast verwirrend viele, hier ist eine Wanderkarte oder ein Outdoor GPS-Gerät hilfreich. Dies trifft auch für die Region um **Breitenbrunn** zu. Das Wander- und Radwegenetz in der wunderbaren Naturlandschaft ist äußerst vielfältig. Wer das längere Zeit auskosten will, dem empfehlen wir den Campingplatz an der Wissinger Laber direkt neben dem Naturbad am Ortsausgang von Breitenbrunn **[220:** N49°04'45.2" E11°37'24.6"] anzufahren. Die Ausstattungsmerkmale und Öffnungszeiten dieses Platzes können Sie hier nachlesen www.juracamping-breitenbrunn.de.

Wir fahren weiter nach **Parsberg**. Schon von Weitem ist die Burganlage über der Stadt deutlich sichtbar. Wir wählen den Parkplatz [**221:** N49°09'30.2" E11°43'32.8"] in der Lupburger Straße und überqueren nach dem Verlassen des Womos bei der ersten Gelegenheit die Straße, um in den Stadtpark zu kommen und die Burganlage von der Parkseite her zu betreten. Nach 500 Metern haben wir es schon geschafft, wir stehen vor dem Burgtor.

Eingangsbereich der Burg Parsberg.

Die auf einer Jurakuppe stehende Burg geht auf eine mittelalterliche Gründung zurück. Nach dem Aussterben der Parsberger Ritter, wechselte die Burg mehrfach den Besitzer. Heute gehört sie dem Land Bayern und wird als Museum und als Freilichtbühne für die **Parsberger Burgspiele** genutzt, die in dem großen Innenhof der Anlage stattfinden. Über das Programm der Bühne und die Spielzeiten informiert diese Seite www.burgspiele-parsberg.de.

Das zu Beginn des 20. Jahrhunderts neu errichtete Schiff der Andreaskirche unterhalb der Burg zeigt einen neubarocken Stil. Mit dem Barockturm aus dem 18. Jahrhundert und mit der Burganlage im Hintergrund prägt sie die Silhouette der Stadt ganz entscheidend.

Die **Burgruine** von **Lupburg**, der Nachbargemeinde, fällt schon deutlich weniger auf. Dafür bietet sie einen besseren

Rundumblick, wenn man die Ruine hinaufgeklettert ist. Der Ort ist in seinem Kern schön hergerichtet. Nur die Parkmöglichkeiten sind sehr begrenzt. Geeignet ist der Wanderparkplatz am **Wieselbrucker Felsen** [GPS: N49°09'24.6" E11°46'24.1"], doch der liegt außerhalb des Ortes. Er bietet sich für einen Spaziergang entlang der wildromantischen Schwarzen Laber an. Zur Burgruine sind es von dieser Stelle rund zwei Kilometer bergauf, die sich mit dem Fahrrad schnell bewältigen lassen.

Fernsicht von der Burgruine Lupburg.

Über Parsberg fahren wir mit dem WOMO weiter nach **Velburg**.

Naturbadesee in Altenveldorf.

Im Ortsteil **Altenveldorf** den wir auf der Fahrt dorthin durchfahren, wartet ein Naturbad auf Badegäste. Die rund 10.000 Quadratmeter umfassende Wasserfläche ist von einer großen Liegewiese umgeben. Gespeist wird der See durch Quellwasser. Ein ganzjährig geöffneter Campingplatz an der Seestraße [**222:** N49°13'02.5" E11°39'59.7"] liegt direkt daneben. Auch das Restaurant des Betriebes ist normalerweise ganzjährig geöffnet. Weitere Informationen dazu gibt es hier www.campingamhauenstein.de.

Weiter geht es in den Hauptort. Der Wanderparkplatz an der Verlängerung der Burgstraße ist sowohl für die Besichtigung der Burgruine, wie für den Besuch der Innenstadt geeignet [**223:** N49°14'08.2" E11°40'32.2"].

Sehenswert ist der von farbenfrohen Häusern umgebene historische Stadtplatz in Velburg, an dessen Ende das im neugotischen Stil errichtete Rathaus steht, dessen Giebel 22 Meter in die Höhe ragt. Von der ehemaligen Stadtbefestigung des 5350 Einwohner zählenden Städtchens ist nicht mehr viel zu sehen. Die Burgruine rund 100 Höhenmeter oberhalb der Stadt, besteht hauptsächlich aus den Resten eines rekonstruierten Bergfrieds. Die Kuppe, auf der diese Ruine steht, ist eine der höchsten im Umland und gewährt eine weite Aussicht.

Giebel des neugotischen Rathauses in Velburg.

In der Adventhalle der König-Otto-Höhle.

Die größte Attraktion Velburgs ist die **König-Otto-Höhle** nördlich der Stadt [**224:** N49°15'05.8" E11°41'23.1"].

Man schrieb das Jahr 1895, als die Höhle entdeckt wurde. Es war der 30. September, der Namenstag des Bayernkönigs Otto, nach dem die Höhle benannt wurde. Einige Jahrzehnte später, erst 1972, wurden weitere Höhlenräume entdeckt. Da dies im Dezember geschah, gab man dem neu entdeckten großen Raum den Namen "Adventhalle".

Den Unterschied bemerken Sie schnell, wenn Sie an einer Höhlenführung teilnehmen (ohne Führung geht es sowieso nicht), denn die zuerst erschlossenen Räume sind durch Fackel- und Kerzenlicht rußgeschwärzt. Der Höhlenkomplex hat eine Länge von 450 Metern, der Schaubereich, der wie auf dem Bild zu sehen gut ausgeleuchtet ist, ist 270 Meter lang. Es gibt unzählige Formen von Stalaktiten (die hängenden Tropfsteine), Stalagmiten (die von unten emporwachsenden Tropfsteine) und Stalagnaten, die aus den beiden vorangegangenen Formen zusammengewachsen sind. Vielfach bekamen diese Formationen Namen aus der Märchen-, Comic- oder Tierwelt. So erkennt man Schneewittchen und die Sieben Zwerge ohne Mühe. Den Besuch dieser Höhle sollten Sie nicht versäumen. Dass sie zu den schönsten Tropfsteinhöhlen Deutschlands zählt, wie es in den Tourismusprospekten geschrieben steht, wollen wir ausdrücklich bestätigen.

Aus der Tiefe in die Höhe. Vorbei am **Deusmauer Moor** geht es in Richtung Neumarkt in der Oberpfalz weiter.

Bevor es kurvenreich nach Neumarkt hinuntergeht, folgen wir den Richtungshinweisen zur **Ruine Wolfstein**. Die letzten Meter verlaufen über eine schmale Straße, bis wir an dem Parkplatz [**225:** N49°17'34.0" E11°29'30.7"] vor der Ruine ankommen. Sie ist frei zugänglich, wenn nicht gerade eine Veranstaltung auf dem Burggelände stattfindet. Über die Geschichte der Burg ist nur wenig bekannt. Bereits zu Beginn des 17. Jahrhunderts wurde sie dem Verfall preisgegeben. Ein sehr auffallendes Bauwerk ist der Bergfried, der als Wachturm diente sowie der letzte Rückzugsort bei feindlichen Angriffen war. Erst in jüngerer Zeit führten Sicherungs- und Restaurierungsmaßnahmen dazu, die Ruine zu erhalten, die übrigens einen phantastischen Blick ins Umland gewährt, schließlich steht sie auf dem höchsten Punkt der näheren Umgebung.

Ruine Wolfstein bei Neumarkt in der Oberpfalz.

Von oben (von der Ruine Wolfstein) haben wir uns ja schon einen Blick auf **Neumarkt** gegönnt. Nun werden wir die Stadt etwas näher betrachten.

Der Wohnmobilstellplatz liegt neben dem Volksfestplatz an der Woffenbacher Straße. Er ist gebührenfrei und hat sehr große Stellflächen aufzuweisen, die auch bequem mit "Dickschiffen" angefahren werden können. Sie erreichen den Platz mit diesen Koordinaten [**226:** N49°16'53.5" E11°26'42.4"]. Bei Veranstaltungen auf dem Festplatz kann es zu Einschränkungen kommen und ist unter Umständen nicht nutzbar. Überqueren Sie von hier aus zu Fuß den nahen Ludwig-

Das gotische Rathaus an der Marktstraße in Neumarkt/Opf.

Donau-Main-Kanal, so sind Sie nach etwa fünf Minuten im Zentrum. Der Stellplatz ist auch ein guter Standort, um eine Radtour entlang des Ludwigskanals zu starten.

Aus der Vogelperspektive ist die mittelalterliche Anlage der Stadt gut erkennbar. Klassisch, wie bei so vielen bayerischen Städten, ist der lang gezogene Straßenmarkt die bestimmende Verkehrsachse der Altstadt. In der Mitte dieser Achse steht das gotische Rathaus, gleich daneben die gotische Hallenkirche St. Johannes.

An der breiten, nicht autofreien Marktstraße finden sich das für Innenstädte übliche Repertoire an Cafés, Restaurants, Eisdielen sowie kleinen und größeren Ladengeschäften.

Schön anzuschauen ist der Residenzplatz mit dem Pfalzgrafenschloss, der Hofkirche und dem Reitstadel. Jedoch ist alles nur von außen zu besichtigen, denn die ehemalige Residenz dient heute als Amtsgericht und der Reitstadel für Kulturveranstaltungen. Edel wirkt das **Museum für historische Maybach-Fahrzeuge**, das einzige dieser Art weltweit. Es befindet sich in der Holzgartenstraße. Parkplätze gibt es unweit des Museums in der Ingolstädter Straße [GPS: N49°16'24.9" E11°27'40.0"]. Die ausgestellten Fahrzeuge sind Raritäten der Automobilgeschichte. Das Museum ist untergebracht in den ehemaligen Fabrikhallen der Express-Werke, die in diesen Gebäuden bis 1959 Fahr- und Motorräder herstellten. Öffnungszeiten und Eintrittspreise des Museums finden Sie hier www.automuseum-maybach.de.

Wer gern mit dem Fahrrad unterwegs ist oder wandert, für den bieten die Wege entlang des Ludwig-Donau-Main-Kanals erlebnisreiche Strecken. Schauen wir uns zunächst die Geschichte des Kanals an.

Ludwig-Donau-Main-Kanal (Ludwigskanal)

König Ludwig setzte mit dem Bau des nach ihm benannten Kanals, den über 1000 Jahre alten Plan, eine schiffbare Verbindung zwischen Rhein und Donau zu schaffen, in die Realität um. Beim Karlsgraben bei Treuchtlingen haben wir die ersten Versuche gesehen (siehe Seite 257).

1846, nach nur 10-jähriger Bauzeit, wurde der Ludwigskanal mit einer Länge von 173 Kilometern eröffnet. Von Kelheim an der Donau bis Bamberg am Main konnten Schiffe bis zu einer Ladekapazität von 120 Tonnen und einem Tiefgang von etwas mehr als einem Meter verkehren. Die Überquerung der Europäischen Hauptwasserscheide war durch dieses ehrgeizige Bauvorhaben gelungen. Transportiert wurden Holz, Kohle, Steine und Agrarerzeugnisse. 100 Schleusen mussten auf dieser Strecke durchfahren werden. Die Schiffe wurden von Pferden auf den Treidelpfaden gezogen, die fünf Tage für einen Weg entlang des gesamten Kanals benötigten.

Eine der vielen Schleusen am Ludwigskanal.

Bis 1863 wurde die Wasserstraße genutzt, dann verlor sie an Bedeutung. Gegenüber der schnelleren Eisenbahn war der Transport auf dem Kanal nicht mehr konkurrenzfähig.
Nach einer Phase des Verfalls wird er seit 1954 als Fischgewässer genutzt. Aus den Treidelpfaden wurden Rad- und Wanderwege. Die Strecke zwischen Nürnberg und Berching ist in ihrem ursprünglichen Verlauf erhalten, die anderen sind durch den Bau des Main-Donau-Kanals verändert, aufgehoben oder überbaut worden.

Eine Radtour lässt sich von Neumarkt bis an die Stadtgrenze Nürnbergs durchführen (hin- und zurück ca. 82 km). Als Startpunkt für Wanderungen bietet sich die Gaststätte Ludwigskanal am Dammweg in **Schwarzenbach** an, die ihren Parkplatz [**227:** N49°21'01.6" E11°20'33.7"] auch für eine Übernachtung zur Verfügung stellen, wenn eingekehrt wird. Wer diesen Ort mit dem WOMO anfahren will und nur dem Navi vertraut, sei jedoch gewarnt. Schwarzenbach lässt sich für uns nur von Norden erreichen, so, wie es auf der Karte auf Seite 278 verzeichnet ist. Wer von Süden kommt, scheitert an einer Brücke, die den Kanal über die Straße leitet, es sei denn, das Fahrzeug ist nicht höher als 2,5 Meter.

In der Nähe des Gasthauses liegt das Treidelschiff Elfriede, das in den Sommermonaten an mehreren Sonntagen mit Zugpferden für einen kleinen Teil des Kanals aktiviert wird, Nostalgiefahrten durchführt und dabei Besucher mitnimmt. Termine und Fahrpreise erfahren Sie hier www.ludwigskanal.de.

Radtour entlang des Ludwigkanals

Wir starten mit den Rädern vom Stellplatz in Neumarkt. Wir überqueren den Festplatz, halten uns links und sind auch sogleich am Kanal. Wir folgen seinem Verlauf, kommen, nachdem wir eine Straße überquert haben, am alten Hafengelände vorbei, erreichen danach schnell den LSG-Park und radeln durch ein Waldstück Richtung Nürnberg. Begleitet uns zu Beginn noch ein wenig Straßenlärm, so ist das nach zwei bis drei Kilometern vorbei. Nun sind wir nur noch von Vogelgezwitscher umgeben. Wenn es nicht durch Waldstücke geht, so haben wir links und rechts an den Hängen der Dämme oder entlang der Wiesen und Felder zahlreiche Apfelbäume, die gerade leuchtend rot ihre Früchte tragen. Hier muss es im Frühjahr während der Blüte besonders schön sein.

Schleuse 49 zwischen Burgthann und Brückkanal.

Wir fahren vorbei an zahlreichen Brücken und Sicherungstoren, die nur hier auf der "Scheitelhaltung" zwischen Neumarkt und Burgthann anzutreffen sind. Immer wieder weisen Tafeln am Rand des Weges auf die Funktion und Bedeutung der einzelnen Bauwerke hin. Einschnitte und Dämme wechseln einander ab, einige Kunstwerke am Rande des Kanals machen diesen ohnehin sehr reizvollen Weg noch attraktiver.

Der Brückkanal über die Schwarzach.

Ab Burgthann geht es abwärts, nicht dramatisch, aber kontinuierlich. Jetzt geht es nur noch durch ein Waldgebiet und in kurzen Abständen folgt nun Schleuse um Schleuse. Keine ist mehr in Funktion, die Auslass Tore sind demontiert, die Einlass Tore durch einen kleinen Damm ersetzt. Überschüssiges Wasser rauscht in kleinen Wasserfällen in die tiefer gelegenen Schleusenbecken. So geht es laufend weiter, bis nach 23 Schleusen zunehmender Verkehrslärm unmissverständlich auf die nahe Autobahn hinweist. Wir nähern uns aber nicht nur der Autobahn, sondern auch einem Meisterwerk der Ingenieurskunst. Der Schwarzach-Brückkanal überspannt mit einem hohen, aus Sandstein gemauerten Bogen den tiefen Taleinschnitt der Schwarzach. Ein sehr schönes, bewundernswertes Bauwerk aus der Mitte des 19. Jahrhunderts. Im direkt danebenliegenden Biergarten legen wir eine Rast ein, bevor wir uns auf den Rückweg machen.

Wer gewandert ist, dem empfehlen wir, auf dem Rückweg den kleinen Umweg durch die Schwarzachklamm zu nehmen.
Die Entfernungen:
Neumarkt - Schwarzenbach 16 km,
Schwarzenbach - Brückkanal 11 km.

Oberes Stadttor (Nürnberger Tor) in Altdorf.

Wer die lange Radtour von Neumarkt bis zum Brückkanal unternommen hat und noch über ein wenig Kondition verfügt, der kann auch noch in **Altdorf** vorbeiradeln. Die ehemalige Universitätsstadt bei Nürnberg liegt nur sieben Kilometer von Schwarzenbach entfernt und hat einen sehr schönen Altstadtkern.

Wir kehren zum WOMO zurück und fahren nunmehr nach **Kastl** weiter. Hier gibt es einen kleinen offiziellen und kostenlosen Stellplatz **[228:** N49°22'00.1" E11°41'01.3"] mit einer eigenwillig gestalteten Ver- und Entsorgungsmöglichkeit. Kastl ist mit seinen engen Gassen ein kleines malerisches Örtchen. Die Hauptsehenswürdigkeit des Ortes liegt direkt gegenüber des Stellplatzes. Auf dem Berg über dem Tal der Lauterach wurde im Mittelalter eine Burg errichtet, die dann zu einem Kloster umfunktioniert wurde. Bis 1556 war es eine Benediktinerabtei. Im 20. Jahrhundert war es lange ein Internat, nun werden die Räume zu einer Polizeihochschule ausgebaut.

Die Kirchenburg in Kastl.

Schräg gegenüber im Ortsteil Pfaffenhofen befindet sich die Ruine der **Schweppermannsburg**. Es ist ein schöner Spaziergang dorthin, für den Sie vom Stellplatz nicht mehr als eine halbe Stunde benötigen. Sie gehen dabei hauptsächlich durch ein Waldgelände abseits der Straße einen Hang entlang. Im Dreißigjährigen Krieg wurde sie zerstört, danach nur noch notdürftig wieder aufgebaut und verfiel.

Von Kastl fahren wir nach Amberg weiter und passieren dabei das **Planetarium Ursensollen** das nur begrenzte Öffnungszeiten hat www.planetarium-ursensollen.de. Amberg haben wir ab Seite 174 bereits beschrieben.

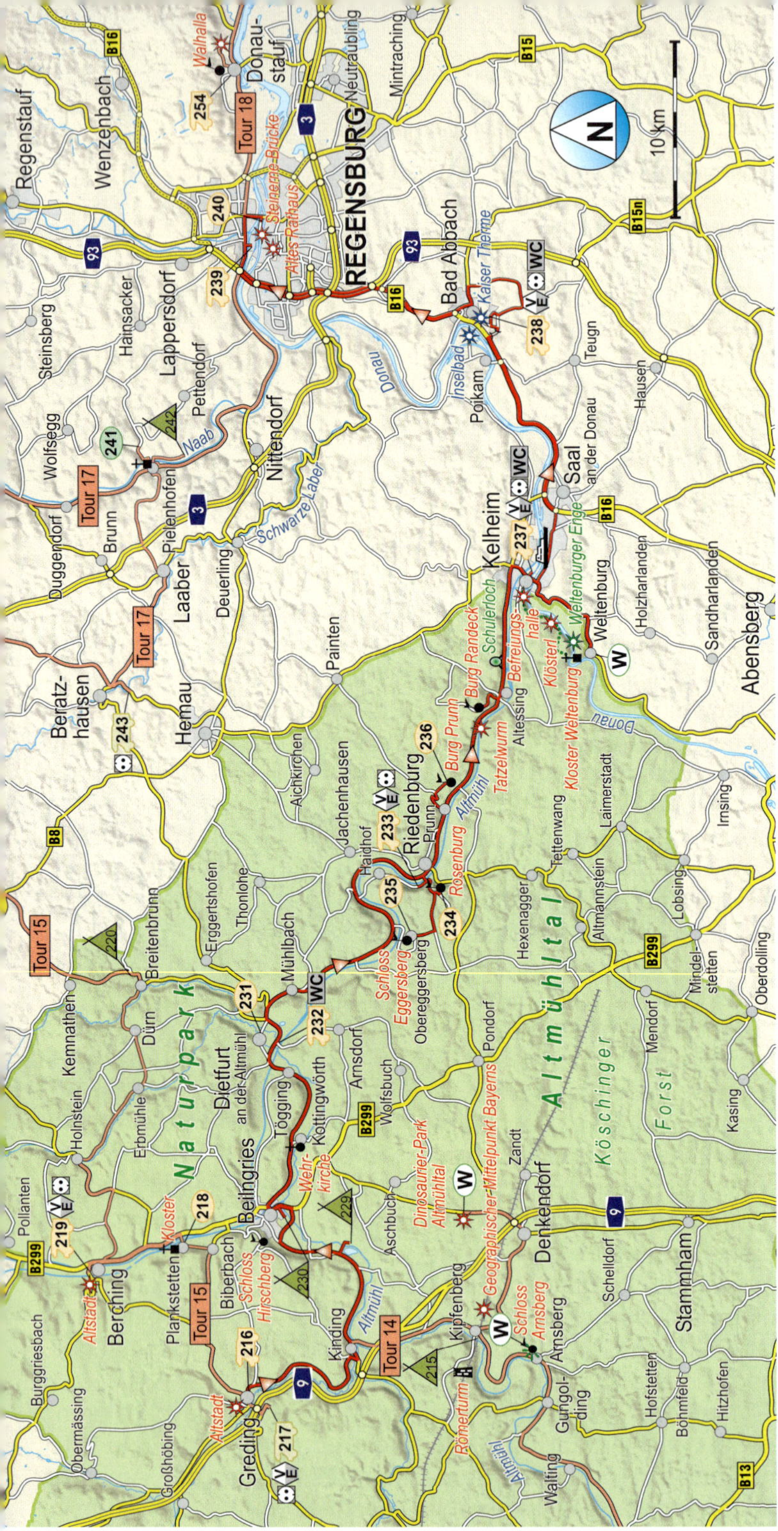

Regensburg
Donaustauf
Walhalla
Neutraubling
Mintraching
Regenstauf
Wenzenbach
Steinerne Brücke
Altes Rathaus
Tour 18
Bad Abbach
Kaiser Therme
Inselbad
Poikam
Donau
Teugn
Hausen
Saal an der Donau
Kelheim
Weltenburger Enge
Weltenburg
Kloster Weltenburg
Klösterl
Befreiungshalle
Schulerloch
Burg Randeck
Burg Prunn
Tatzelwurm
Altessing
Riedenburg
Prunn
Rosenburg
Altmühl
Abensberg
Sandharlanden
Holzharlanden
Lappersdorf
Hainsacker
Steinsberg
Pettendorf
Wolfsegg
Naab
Nittendorf
Schwarze Laber
Pielenhofen
Duggendorf
Brunn
Tour 17
Laaber
Deuerling
Painten
Beratzhausen
Hemau
Aichkirchen
Jachenhausen
Haidhof
Schloss Eggersberg
Obereggersberg
Mühlbach
Thonlohe
Erggertshofen
Breitenbrunn
Tour 15
Kemnathen
Dürn
Dietfurt an der Altmühl
Tögging
Kottingwörth
Arnsdorf
Wolfsbuch
Pondorf
Hexenagger
Tettenwang
Laimerstadt
Altmannstein
Lobsing
Irnsing
Mindelstetten
Oberdolling
Mendorf
Kasing
Köschinger Forst
Altmühltal
Naturpark
Holnstein
Erbmühle
Beilngries
Wehrkirche
Dinosaurier-Park Altmühltal
Geographischer Mittelpunkt Bayerns
Zandt
Denkendorf
Aschbuch
Pollanten
Berching
Altstadt
Kloster
Plankstetten
Biberbach
Schloss Hirschberg
Kinding
Tour 14
Kipfenberg
Schloss Arnsberg
Arnsberg
Schelldorf
Stammham
Römerturm
Gungolding
Walting
Hofstetten
Böhmfeld
Hitzhofen
Greding
Burggriesbach
Obermässing
Großhöbing
10 km
N

TOUR 16 (ca. 120 km)

Greding – Beilngries – Kottingwörth – Dietfurt an der Altmühl – Riedenburg – Prünn – Essing – Kelheim – Weltenburg – Bad Abbach – Regensburg

Stellplätze:	Dietfurt an der Altmühl, Riedenburg, Prünn, Kelheim, Bad Abbach, Regensburg.
Campingplätze:	Kinding, Beilngries.
Besichtigungen:	Kottingwörth (Wehrkirche), Dietfurt (Altstadt), Riedenburg (Burg und Falknerei), Schloss Eggersberg, Prunn (Schloss), Essing (Ruine Randeck, Höhle Schulerloch), Kelheim (Stadt und Befreiungshalle), Weltenburg (Kloster), Regensburg (Brücke, Altstadt, Dom, Schloss Emmeram).
Wandern/Radwandern:	Von Kelheim zum Kloster Weltenburg.
Baden/Wellness:	Bad Abbach (Kaiser Therme).

Auf dieser Route begleiten wir die Altmühl auf ihren weiteren Weg bis zur Mündung in die Donau. Von dort geht es weiter in die Welterbestadt Regensburg, wo wir diese Tour enden lassen. Einmal mehr dürfen wir uns auf malerische Flusslandschaften freuen und entlang der steilen Flanken der Altmühl mehrere Schlösser, Burgen und Burgruinen besuchen, mit dem WOMO, zu Fuß oder mit dem Rad.

Von Greding fahren wir entlang der Schwarzach nahezu parallel zur Autobahn hinunter nach **Kinding** an die Altmühl. Dort angekommen orientieren wir uns Richtung Beilngries. Auf der Fahrt dorthin kommen wir am **Kratzmühlsee** vorbei. Rund um diesen See, der von der Altmühl touchiert wird, sind Bade-, Picknick- und Angelplätze sowie Wanderwege eingerichtet. Des Weiteren gibt es ein Restaurant. Parkplätze mit Höhenbegrenzungen verhindern, dass sich an dieser Stelle Wohnmobile versammeln. Wer bleiben möchte, der sollte den nah gelegenen Campingplatz anfahren und dabei darauf achten, die ausgeschilderte Ausweichroute für Fahrzeuge über drei Tonnen zulässigem Gesamtgewicht zu nutzen, wenn das WOMO dieses Gewicht überschreitet.

(229) WOMO-Campingplatz: Kratzmühle

GPS: N49°00'13.1" E11°27'06.1"; Mühlweg 2, 85125 Kinding.
Max. WOMOs: >20, maximale Länge 10 m.
Ausstattung: Frischwasserversorgung, Abwasserentsorgung mit Bodeneinlass, Kassettenentleerung mit CamperClean-Automat, Stromanschlüsse, Behälter für die Müllentsorgung, WLAN, Restaurant. In den Sanitärgebäuden gibt es Duschen, WCs, Waschmaschinen und Trockner.

Beschreibung: Große sonnige, teilweise auch schattige Rasenplätze mit Hecken und Sträuchern voneinander getrennt. Sehr ruhige und angenehme Lage direkt neben der Altmühl in unmittelbarer Nähe des Kratzmühlsees.
Preise: Personen ab 14 Jahren je nach Saison 7,00 € oder 8,50 €, Kinder 1-13 Jahre 3,50 € oder 4,50 €, Hund 3,50 €, Wohnmobil je nach Saison, Lage und Komfortausstattung des Stellplatzes zwischen 9,50 € und 16,50 €, Strom pauschal 3,50 € pro Tag.
Zufahrt: Hinter dem Kratzmühlsee rechts abbiegen. Schwere Fahrzeuge können die Brücke über die Altmühl nicht passieren. Sie müssen der ausgeschilderten Ausweichstrecke folgen.
Reservierung/Kontakt: Tel.: 08461/64170
E-Mail: info@ kratzmuehle.de, Web: https://kratzmuehle.de.

St. Walburga in Beilngries.

Der große Parkplatz an der Schiffsanlegestelle des Main-Donau-Kanals in **Beilngries** wäre ein schöner Stellplatz. Ein Hinweisschild der Stadt verweist uns Wohnmobilfahrer jedoch zum örtlichen Campingplatz. Übernachten ist am Schiffsanleger nämlich nicht gestattet, parken jedoch schon. Wir gehen zu Fuß in die Innenstadt, die außer der neubarocken Stadtpfarrkirche St. Walburga nicht so viele Sehenswürdigkeiten aufzuweisen hat. Beilngries ist aber ein guter Standort, um die Umgebung mit Paddelboot, Fahrrad oder Wanderschuhen zu erkunden. Wer es gern etwas bequemer haben möchte, für den bieten sich die Fahrten mit dem Ausflugsschiff bis nach Kelheim oder bis zum Kloster Weltenburg an (siehe Seite 292). Ein komfortabler Stützpunkt ist dieser Campingplatz, auf dem wir am Schiffsanleger schon hingewiesen wurden.

(230) WOMO-Campingplatz: Beilngries – Naturama

GPS: N49°01'35.6" E11°28'16.0"; An der Altmühl 24, 92339 Beilngries.
Max. WOMOs: 160, maximale Länge 12 m.
Ausstattung: Frischwasserversorgung, Abwasserentsorgung mit Bodeneinlass, Kassettenentleerung, Stromanschlüsse, Behälter für die Müllentsorgung, WLAN, Brötchenservice, Duschen, WCs, Waschmaschinen und Trockner. Der Platz ist ganzjährig geöffnet.
Beschreibung: Sehr komfortabler Wiesenplatz am Stadtrand direkt am Ufer der Altmühl mit Bootsverleih, sehr ruhig.
Preise: Je nach Saison, Lage und Komfortausstattung zwischen 24,50 € und 50,00 € für ein Fahrzeug mit 2 Personen, Strom pauschal 3,50 € pro Tag.
Zufahrt: Die Stadt durchfahren und der guten Beschilderung zum Campingplatz folgen.
Reservierung/Kontakt: Tel.: 08461/606730
E-Mail: service@naturama-beilngries.de, Web: http://naturama-beilngries.de.

Auf dem weiteren Weg Richtung Regensburg fallen in **Kottingwörth** die beiden mächtigen Türme einer Wehrkirche auf. Diese Kirche, im Volksmund auch "Kleiner Dom im Altmühltal" genannt, ist im Inneren spätbarock ausgestaltet. Das ist nicht ungewöhnlich. Ungewöhnlich sind die romanisch-gotischen Fresken in der Vituskapelle, die sich im Ostturm der Kirche befinden. Entstanden sind sie im späten 13. Jahrhundert. Wer dieses Kreuzrippengewölbe ausgemalt hat, ist nicht bekannt.

Frühgotische Fresken im Kreuzrippengewölbe der Vituskapelle.

Nach diesem Leckerbissen für alle kunst- und kirchenhistorisch Interessierte fahren wir weiter nach **Dietfurt**.

Wir stellen das WOMO in der Maxstraße nahe der Ortsmitte ab **[231:** N49°02'02.9" E11°35'10.1"] und gehen von hier aus zu dem mit farbenfrohen Häusern umrandeten Marktplatz, in dessen Mitte das Rathaus steht. Ähnlich wie in Beilngries ist die Umgebung der Stadt die eigentliche Attraktion. Radeln, Paddeln, Wandern. Die Möglichkeiten der Betätigung sind nahezu unbegrenzt, zumal man sich das Tal, in dem man Wandern oder Radeln möchte, aussuchen kann. Sieben Täler stehen zur Verfügung, jedenfalls zählen die Stadtväter die Täler rund um Dietfurt werbestrategisch so zusammen. Auch wenn wir an die Zählweise ein Fragezeichen setzen wollen,

Beliebter Rastplatz für Radler, der Marktplatz in Dietfurt.

reizvoll ist die Landschaft rund um Dietfurt ganz unbestritten. Einen offiziellen Wohnmobilstellplatz gibt es am Schiffsanleger, der sich für eine Übernachtung anbietet.

(232) Offizieller WOMO-Stellplatz: Dietfurt – Schiffsanlegestelle

GPS: N49°01'39.0" E11°34'57.9"; 92345 Dietfurt an der Altmühl.

Max. WOMOs: 10, max. Länge 10 m, max. Aufenthalt 24h.
Ausstattung: WC, Kiosk, ganzjährig geöffnet.
Beschreibung: An der Brücke über den Main-Donau-Kanal in Richtung Arnsdorf neben dem Schiffsanleger, nicht ruhig. Ca. 1 Kilometer bis zur Stadtmitte. Ver- und Entsorgung beim Klärwerk in der Industriestraße 16, in etwa 1,5 Kilometern Entfernung.
Preise: Kostenlos.
Zufahrt: In Dietfurt im ersten Kreisverkehr die Ausfahrt in Richtung Arnsdorf nehmen, danach gleich links abbiegen.

Die nächste Station auf unserer Reise ist **Riedenburg**. Der Stellplatz ist leicht und bequem anzufahren, sollte er belegt sein, bietet der Campingplatz hinter dem Festplatz eine Ausweichmöglichkeit.

(233) Offizieller WOMO-Stellplatz: Riedenburg – Volksfestplatz

GPS: N48°57'53.2" E11°40'54.1"; Austraße, 93339 Riedenburg.

Max. WOMOs: 60, maximale Länge 12 m.
Ausstattung: Frischwasserversorgung, Abwasserentsorgung mit Bodeneinlass, Kassettenentleerung, Stromanschlüsse, Behälter für die Müllentsorgung, WC, WLAN, ganzjährig geöffnet.
Beschreibung: Sandige, schattige Plätze mit festen Zufahrten am Rande des Volksfestplatzes am Main-Donau-Kanal, ruhig. Die Stellflächen können bei Nässe matschig werden.
Preise: 8,00 € für ein Fahrzeug, Frischwasser (100 Liter) 1,00 €, Strom 1,00 € für 8h. Abwasserentsorgung und Entleerung der Bordtoilette ist kostenfrei.
Zufahrt: Von der St2230 die Bogenbrücke über die Altmühl nehmen, dann rechts über die Austraße zum Festplatz fahren.

Die Hauptattraktion Riedenburgs ist der **Falkenhof** auf **Schloss Rosenburg**. Um dorthin zu gelangen, gibt es zwei Wege, der kürzeste ist der Wanderweg. Vom Stellplatz sind es nur 1000 Meter, der Pfad ist steil, rund 100 Meter Höhenunterschied sind auf kurzer Distanz zu überwinden. Das geht allerdings nicht mit den "Sonntagsschuhen"; Wanderschuhe sind schon Voraussetzung, auch wenn die Strecke kurz ist.

Der zweite Weg geht mit dem WOMO über Asphaltstraßen. Es gibt eine, die direkt zum Schloss hochführt, sie ist allerdings nur mit Fahrzeugen bis zu einer Breite von zwei Metern befahrbar. Weil wir etwas breiter sind, müssen wir einen kleinen Umweg machen, der uns über den Ortsteil Gleislhof führt. Schloss Rosenburg ist gut ausgeschildert und somit nicht zu verfehlen. Parkmöglichkeiten sind ausreichend vorhanden [**234:** N48°57'34.2" E11°40'37.2"].

Schloss Rosenburg.

Die Falknerei auf Schloss Rosenburg

Das Schloss ließ ein Minnesänger aus dem Geschlecht der Grafen von Riedenburg im 12. Jahrhundert erbauen. Neben seiner Leidenschaft für die holde Weiblichkeit widmete er sich der Falknerei. Der seit 1978 bestehende Falkenhof hat also historische Vorläufer. Heute dient er allerdings nicht nur dem Freizeitvergnügen, sondern vor allem dem Artenschutz und als Forschungsstation.

Für den Besucher sind natürlich die täglich (außer montags) von März bis Oktober um 11.00 und 15.00 Uhr stattfindenden Flugvorführungen interessant. Mehrere Falkner präsentieren die Vögel, erklären ihre Bedeutung, ihre Herkunft und ihr Jagdverhalten. Anschaulich werden die Flugkünste demonstriert. Im Tiefflug und mit leichtem Flügelschlag ziehen die Vögel über die Köpfe der Besucher hinweg

Mäusebussard im Tiefflug, Flügelspannweite ca. 120 cm.

und haben dabei immer die zu erwartende "Beute" auf der Faust des Falkners fest im Blick.

Ein Falke wird zu Beginn der Flugvorführung freigelassen und steigt in die Höhe. So hoch, dass er am Himmel mit bloßem Auge nicht mehr auszumachen ist. Aber pünktlich zum Ende der Vorführung ist er wieder da und saust mit hoher Geschwindigkeit hinunter. Raunen und Staunen im Publikum. Phantastisch trainiert sind die Vögel, ein "Chapeau!" an die Falkner, die mit diesen Tieren so gut umzugehen wissen.

Wir waren begeistert von der Vorführung und da der Eintrittspreis auch noch moderat ist, empfehlen wir diesen Falkenhof gerne weiter.

Einen Biergarten und ein Restaurant gibt es darüber hinaus auf Schloss Rosenburg ebenfalls, das wollen wir nicht unerwähnt lassen. Sie werden nach einer Vorführung gern aufgesucht. Wer seinen Kaffee jedoch in einer ruhigen Schlossatmosphäre trinken möchte, dem empfehlen wir Schloss Eggersberg, nur drei Kilometer entfernt.

Auf dieser Seite https://falkenhof-rosenburg.de erfahren Sie mehr über die Falknerei und über das Schloss.

Nun also zu **Schloss Eggersberg**. Um dorthin zu gelangen, fahren wir zunächst Richtung Thann und folgen dann den Hinweisen zum Schloss. Der geschotterte Parkplatz ist nicht sonderlich groß, absolut ruhig und liegt etwas abseits des Schlosses, das als Hotel und Restaurant genutzt wird. Dieser Parkplatz [**235:** N48°58'19.0" E11°38'48.1"] ist allerdings nur für Kastenwagen geeignet. Er dient auch den Besuchern des im Hof eingerichteten und ganzjährig geöffneten **Hofmark-Museums**, das eine vielfältige Sammlung unterschiedlicher Kunst- und Kulturgegenstände aus der Region präsentiert.

Schloss Eggersberg mit Gartencafé.

Wer durch den kleinen Park spaziert und den Weg zur Ruine Untereggersberg geht, wird mit einem schönen Blick in das Altmühltal belohnt. Den Ausblick sollten Sie nicht versäumen.

Um in das Altmühltal hinunterzuschauen, gibt es noch viele weitere Möglichkeiten. Eine ergibt sich gleich beim Besuch der **Burg Prunn**, dem nächsten Ziel in unserer Tourplanung. Dazu fahren wir wieder hinunter ins Tal, folgen der St2230 Richtung Kelheim, haben dabei auch den Radweg entlang der Altmühl im Blick und achten auf die Hinweisschilder zur Burg.

Am Parkplatz [**236:** N48°56'59.5" E11°44'33.6"] angekommen, haben wir das Verteidigungsbollwerk und das Altmühltal vor Augen. Das Innere der Burg hat einige schlicht gehaltene, sorgfältig restaurierte Besucherräume aufzuweisen. Es ist eine sehr alte Anlage, die erste Erwähnung verweist auf das Jahr 1037.

Burg Prunn im Altmühltal.

Suchen Sie noch eine weitere Möglichkeit, einen Blick von oben in das Altmühltal zu werfen? Dann begeben Sie sich zur Ruine Randeck. Fahren Sie weiter Richtung Kelheim, unterqueren Sie die Holzbrücke **"Tatzelwurm"**; die kunstvoll geschwungen, Fußgängern und Radfahrern die Überquerung des Main-Donau-Kanals ermöglicht und steuern in den mit Anschlussohren ausgestatteten Kreuzungsbereich bei Essing in Richtung der **Burgruine Randeck**. Es geht rasch aufwärts, 130 Höhenmeter sind auf der Strecke von rund einem Kilometer zu erklimmen, die Straße ist schmal, die Parkmöglichkeiten am Zielort sehr begrenzt. Mit unserem Womo mit einer Länge von 7,30 Metern ging es gerade noch, aber auch nur deshalb, weil der kleine Parkplatz [GPS: N48°56'14.4" E11°47'33.2"]

Blick von der Burgruine Randeck in das Altmühltal.

unterhalb eines Restaurants nahezu unbesetzt war, als wir dort ankamen. Sonst wäre es eine echte Herausforderung an unsere Rangier- und Fahrkünste geworden.

Die Ruine ist tagsüber frei zugänglich. Wir öffnen das Tor, gehen hinein, erklettern den Bergfried und haben diesen wunderbaren Blick in das Altmühltal mit dem Main-Donau-Kanal, einem Altarm der Altmühl und dem Tatzelwurm, so wie Sie es auf dem Foto auf der vorangegangenen Seite sehen.

Für eine Radtour im Altmühltal oder für den Besuch der Burgruine können Sie auch diesen Parkplatz an der Straßenkreuzung [GPS: N48°55'50.0" E11°47'48.1"] am Rande von **Altenessing** nutzen. Zu Fuß sind es bis zur Burgruine nur rund 1000 Meter, allerdings mit 150 Metern Höhenunterschied.

Nun sind wir an verschiedenen Orten immer hoch auf den Berg gefahren oder gegangen. Bei unserem nächsten Ziel begeben wir uns in einen hinein. Nur etwa drei Kilometer weiter Richtung Kelheim erreichen wir den Parkplatz der **Höhle Schulerloch** [GPS: N48°55'39.7" E11°49'03.4"].

Ein Schild weist uns darauf hin, dass wir mit dem Wohnmobil nicht über Nacht stehen bleiben dürfen. Wir nehmen es zur Kenntnis und geben diese Information natürlich an Sie weiter. Dem Besuch der Höhle steht aber nichts entgegen.

Becherstalagmit in der Höhle Schulerloch.

Um zum Eingang zu gelangen, müssen wir noch einmal kräftig schnaufen, denn vom Parkplatz ist es noch ein ordentlicher Fußmarsch den Hang hinauf.

Oben angekommen, bietet sich von einer Aussichtsplattform erneut ein schöner Blick ins Altmühltal. Von hier aus lassen sich Reste des Ludwig-Donau-Main-Kanals mit einer alten Schleuse erkennen, die beim Neubau der Wasserstraße erhalten geblieben sind.

Das Schulerloch ist eine Tropfsteinhöhle, die nur mit einer Führung besichtigt werden kann. Um die Namensgebung ranken sich allerlei Vermutungen, mit denen wir uns aber nicht weiter beschäftigen wollen. Bei konstant 9°C Innentemperatur betrachten wir lieber, was durch eine Laune der Natur in dieser Tropfsteinhöhle im Jurakalk entstanden ist. Neben den üblichen Formen, die normalerweise in Tropfsteinhöhlen vorkommen, ist im Schulerloch der **Becherstalagmit** besonders hervorzuheben. Ein gleichartiges natürliches Wasserbecken dieser Art konnte bislang noch in keiner anderen Höhle dieser Erde gefunden werden.

Nicht so einzigartig sind die Musikaufführungen mit einer Lichtchoreographie, die in der großen Vorhalle der Höhle (die mit einer wunderbaren Akustik besticht) zum Abschluss dargeboten werden. Ähnliches gibt es auch in der Sophienhöhle bei "Sophie at night" (siehe Seite 100).

Vom Schulerloch bis zum Stellplatz in **Kelheim**, einem Standort, an dem wir etwas länger verweilen wollen, sind es nur noch fünf Kilometer.

(237) Offizieller WOMO-Stellplatz: Kelheim – Am Pflegerspitz

GPS: N48°54'53.6" E11°52'35.0"; Am Pflegerspitz 1, 93309 Kelheim.
Max. WOMOs: 45, maximale Länge 12 m, max. Aufenthalt 5 Tage.
Ausstattung: Frischwasserversorgung, Abwasserentsorgung mit Bodeneinlass, Kassettenentleerung, Stromanschlüsse, Behälter für die Müllentsorgung, WC, ganzjährig geöffnet.

Beschreibung: Große, schattenlose, mit Hecken voneinander getrennte Stellflächen in einer Sackgasse am Ortsrand zwischen Donau und Main-Donau-Kanal. Sehr ruhig. Ausgezeichnete Pizzeria neben dem Platz. Innenstadt und Schiffsanleger fußläufig erreichbar.
Preise: 8,50 € für ein Fahrzeug, Frischwasser 1,00 € (80 Liter), Strom 1,00 € für 2 kWh. Abwasserentsorgung und Entleerung der Bordtoilette ist kostenfrei.
Zufahrt: Von der Osttangente, die mit Brücken über den Main-Donau-Kanal und die Donau führt, ist die Zufahrt gut ausgeschildert.

In und um Kelheim gibt es eine Reihe von Sehenswürdigkeiten, die man an einem Tag sinnvoller Weise kaum alle betrachten kann. Dazu gehören in der Innenstadt die Stadttore, die Stadtapotheke, das Archäologische Museum, die Stadtpfarrkirche Mariä Himmelfahrt, das Rathaus, die Ottokapelle und die Ziehbrücke an der alten Schleuse des Ludwig-Donau-Main-Kanals. Für den kulinarischen Genuss sollten Sie sich den Besuch des **Weißen Brauhauses**, der ältesten Weißbierbrauerei Bayerns, nicht entgehen lassen. Hier erfahren Sie mehr www.weisses-brauhaus-kelheim.de.

Die Befreiungshalle auf dem Michelsberg in Kelheim.

Überragt wird alles und das im wahrsten Sinne des Wortes, von der **Befreiungshalle**, die König Ludwig I. auf exponierter Lage zwischen dem Zusammenfluss von Altmühl und Donau auf dem Michelsberg errichten ließ. Befreiungshalle deshalb, weil sie an die Befreiungskriege, die zwischen 1813 und 1815 gegen Napoleon geführt wurden, erinnern soll. Im großen Kuppelsaal im Inneren der Halle geben sich Siegesgöttinnen, die die Mitglieder des Deutschen Bundes symbolisieren, einträchtig die Hand. In der Mitte steht:

„Moechten die Teutschen nie vergessen, was den Befreiungskampf nothwendig machte und wodurch sie gesiegt“.

Bevor wir aber nun das Geschichtsbuch herauskramen und uns die Napoleonischen Kriege mit Waterloo und allem was dazugehört nochmal vergegenwärtigen unternehmen wir lieber eine kleine Wanderung. Dazu geht es wieder hinunter, denn wir starten vom Stellplatz am Pflegerspitz.

Wanderung zum Kloster Weltenburg

Vom Stellplatz gehen wir donauaufwärts. Am Schiffsanleger bahnen wir uns einen Weg durch eine große Gruppe von Menschen. Eine bunte Mischung aus Familien-, Betriebs- und Seniorenausflüglern drängen auf die Schiffe, die fortlaufend zwischen Kelheim und dem Kloster Weltenburg pendeln. Den schmalen, zumeist schattigen Rad- und Wanderweg entlang der Donau nehmen die wenigsten. So wird es hinter dem Schiffsanleger schnell ruhig. Die Donau plätschert uns in schnellem Fluss und mit leichtem Wellenschlag entgegen, sie hat es eilig hier in dem engen Tal. Boote sehen wir keine, aber gelegentlich ziehen die nahezu voll besetzten Ausflugsschiffe an uns vorüber. Schifferklavier und klassische deutsche Volkslieder dringen an unser Ohr und übertönen das sonore Brummen der Schiffsmotoren. Schnell wird es aber auch wieder ruhig und wir setzen unseren Weg ungestört fort.

Nach etwa 2,5 Kilometern kommen wir zur **Einsiedelei Klösterl**. Sie geht auf die Gründung eines Eremiten im 15. Jahrhundert zurück, der zu Ehren von St. Nikolaus, dem Patron der Schiffer, eine kleine Kapelle errichtete. Naturhöhlen wurden genutzt und weitere Räume in den Fels geschlagen. Die Kapelle besteht im Prinzip nur aus einer Mauer, die nach außen eine Felsgrotte begrenzt.

Die schmalste Stelle der Weltenburger Enge.

Die wechselvolle Geschichte wird vom Eigentümer, der diese Anlage als offenes Denkmal betreibt, gern erläutert. Im Biergarten werden allerlei Gerichte der regionalen Küche frisch zubereitet. Hier können wir leckere Schweinsbratwürstel mit Kraut in aller Ruhe genießen.

Vom Wanderweg haben Sie diesen Blick auf das Kloster Weltenburg.

Frisch gestärkt geht es weiter bis zur engsten Stelle der Weltenburger Enge, an der die Ausflugsschiffe den Felsen sehr nahekommen. Hier führt der Weg entlang der Donau nicht weiter. Wir gehen den Weg zurück, bis wir nach ca. einem Kilometer die Wegmarkierung zum Kloster Weltenburg sehen. Nun geht es im Wald den Berg hinauf. Wir folgen den Wanderwegmarkierungen und gelangen schließlich zu dem Aussichtspunkt, der einen phantastischen Blick auf das Kloster ermöglicht. Der Duft von gebratenen Schweinshaxen, der bis hierher hochzieht und die Aussicht auf ein kühles Bier der Klosterbrauerei, lässt so manchen Wanderer die Schritte für die letzte Etappe an die Donau und hinüber zum Kloster beschleunigen. Auf steilen und zum Teil glitschigen Stufen geht es hinunter. An einem kleinen Bootsanleger am felsigen Ufer bieten Fährmänner mit Zillen (das sind lange, schmale Boote) eine Überfahrt zum Kloster an. Wir nutzen diesen Service für ein kleines Entgelt und schnell haben wir das gegenüberliegende Ufer erreicht.

Ja, das Kloster ist als Ausflugsziel beliebt. Mehrere "Schiffsladungen" sitzen im Innenhof der Klosterschenke und lassen es sich bei Schweinshaxen und Bier aus der ältesten Klosterbrauerei der Welt (schon wieder so ein Superlativ) gut gehen. Das Personal flitzt gestresst zwischen Küche und Innenhof hin und her. Den Innenraum der äußerst sehenswerten Klosterkirche sollten Sie trotz all des Trubels draußen in Ruhe auf sich wirken lassen. Bei unserer ersten Erkundungsreise kamen wir in den Genuss eines abendlichen Konzerts, das wir in angenehmer Erinnerung haben. In diesem Zusammenhang haben wir in **Weltenburg** diesen Parkplatz [GPS: N48°53'36.3" E11°49'22.4"] genutzt, auf dem eine Übernachtung nicht gestattet ist.

Innenhof des Klosters Weltenburg. *Der Chor der Klosterkirche.*

Auf dem Weg nach Regensburg legen wir in **Bad Abbach** an der **Kaiser-Therme** einen Zwischenstopp ein. Hier ist man auf den wohnmobilen Kurgast sehr gut eingerichtet.

(238) Offizieller WOMO-Stellplatz: Bad Abbach – Kaiser-Therme

GPS: N48°55'39.1" E12°02'26.5"; Kurallee 4, 93077 Bad Abbach.
Max. WOMOs: 34, maximale Länge 8 m, max. Aufenthalt 4 Tage.

Ausstattung: Frischwasserversorgung, Abwasserentsorgung mit Bodeneinlass, Kassettenentleerung, Stromanschlüsse, Behälter für die Müllentsorgung, WLAN, Brötchenservice, ganzjährig geöffnet.
Beschreibung: Schattenlose und halbschattige Stellflächen auf Rasengittersteinen direkt neben der Therme, ein Kilometer von der Innenstadt entfernt.
Preise: Für ein Fahrzeug mit 2 Personen 15,60 € incl. Kurtaxe. Anmeldung und Bezahlung erfolgt an der Kasse der Therme. Entsorgung kostenlos, über Münzautomaten gibt es Frischwasser für 1,00 €, Strom ist kostenlos.
Zufahrt: Nach der Tunneldurchfahrt die erste Straße links fahren, in dem dann folgenden Kreisverkehr die erste Ausfahrt nehmen. Die Kaiser-Therme ist gut ausgeschildert.
Reservierung/Kontakt: Tel.: 09405/95170
E-Mail: info@kaiser-therme.de, Web: www.kaiser-therme.de.

Die Kelten und später die Römer nutzten bereits die heilsame Kraft des Schwefelwassers, das in Bad Abbach in hoher Qualität aus der Erde hervortritt. Kaiser Karl V. weilte hier gern und ließ sich kurieren, wenn er es im Reiten, Fechten,

Schießen und Jagen mal wieder übertrieben hatte. Das war im 16. Jahrhundert. Heute reichen einfache Kuranwendungen natürlich nicht mehr, die Vielfalt ist größer geworden und auch die Architektur der Bäder eine andere. Mit zwei Thermal-Innenbecken und zwei Thermal-Außenbecken, Whirlpool, Massagedüsen und Strömungskanal, einer umfangreichen Saunawelt mit Panorama-Außensauna mit Keloholz, Vital-Sauna zur Entschlackung, Bio-Sauna mit Lichttherapie, Kräuteraroma-Sauna mit Farblicht, Finnischer Sauna, Dampfgrotte und Solarien haben Sie eine sehr große Auswahl, um dem müden Bewegungsapparat neue Kraft und neuen Schwung zu geben. Sehen Sie hier www.kaiser-therme.de. Kraft und Schwung benötigen Sie, wenn Sie nun so wie wir, einen längeren Spaziergang durch eine der schönsten Städte unseres Reisegebietes unternehmen wollen. Die Rede ist von Regensburg. Bevor wir losfahren, erledigen wir noch alle notwendigen Ver- und Entsorgungsmaßnahmen, denn bei den nächsten beiden Stellplätzen gibt es dazu keinerlei Einrichtungen.

Der **Dultplatz** **[239:** N49°01'35.7" E12°05'29.2"**]** ist der offizielle Stellplatz der Stadt Regensburg. Sollte er durch eine Veranstaltung belegt sein, können Sie auf den Parkplatz **Unterer Wöhrd** **[240:** N49°01'14.4" E12°06'41.9"**]** ausweichen. Beide Plätze sind nicht sonderlich charmant, für eine Übernachtung gibt es schönere Plätze. Aber für den Besuch der Stadt sind sie sehr gut geeignet. Mit dem Stadtplan auf den folgenden beiden Seiten können Sie unseren Rundgang anhand der grün gepunkteten Linie nachvollziehen.

Nach dem ausgiebigen Besuch der Stadt geht es dann entweder mit der Tour 17 nach Norden weiter, die entlang der Naab in das Oberpfälzer Seenland und dann nach Amberg führt, oder Sie nehmen die Tour 18 und fahren in den nördlichen Bayerischen Wald.

Regensburg

Die Stadt gilt als die am besten erhaltene mittelalterliche Großstadt Deutschlands. Etwa 1500 denkmalgeschützte Gebäude zählt die Stadt, die fast alle während ihrer Blütezeit als europäisches Handelszentrum und als politisches Zentrum des Heiligen Römischen Reiches Deutscher Nation im Mittelalter entstanden sind. Das Ensemble von Patrizierhäusern und Sakralbauwerken in Kombination mit engen Gassen und Plätzen ist sehr außergewöhnlich. Seit 2006 zählt dieses wertvolle städtebauliche Gesamtkunstwerk mit 984 Einzeldenkmalen zum Welterbe der UNESCO. Es gibt also einiges zu entdecken. Wir haben uns allerdings nicht vorgenommen, alle Denkmäler aufzusuchen, aber einige der herausragendsten wollen wir uns schon ansehen.

Wir beginnen unseren Stadtrundgang vom Parkplatz am Dultplatz im Stadtteil **Stadtamhof**, der mit seinen Patrizierhäusern auch zum Welterbe gehört. Die in der ersten Hälfte des 12. Jahrhunderts ge-

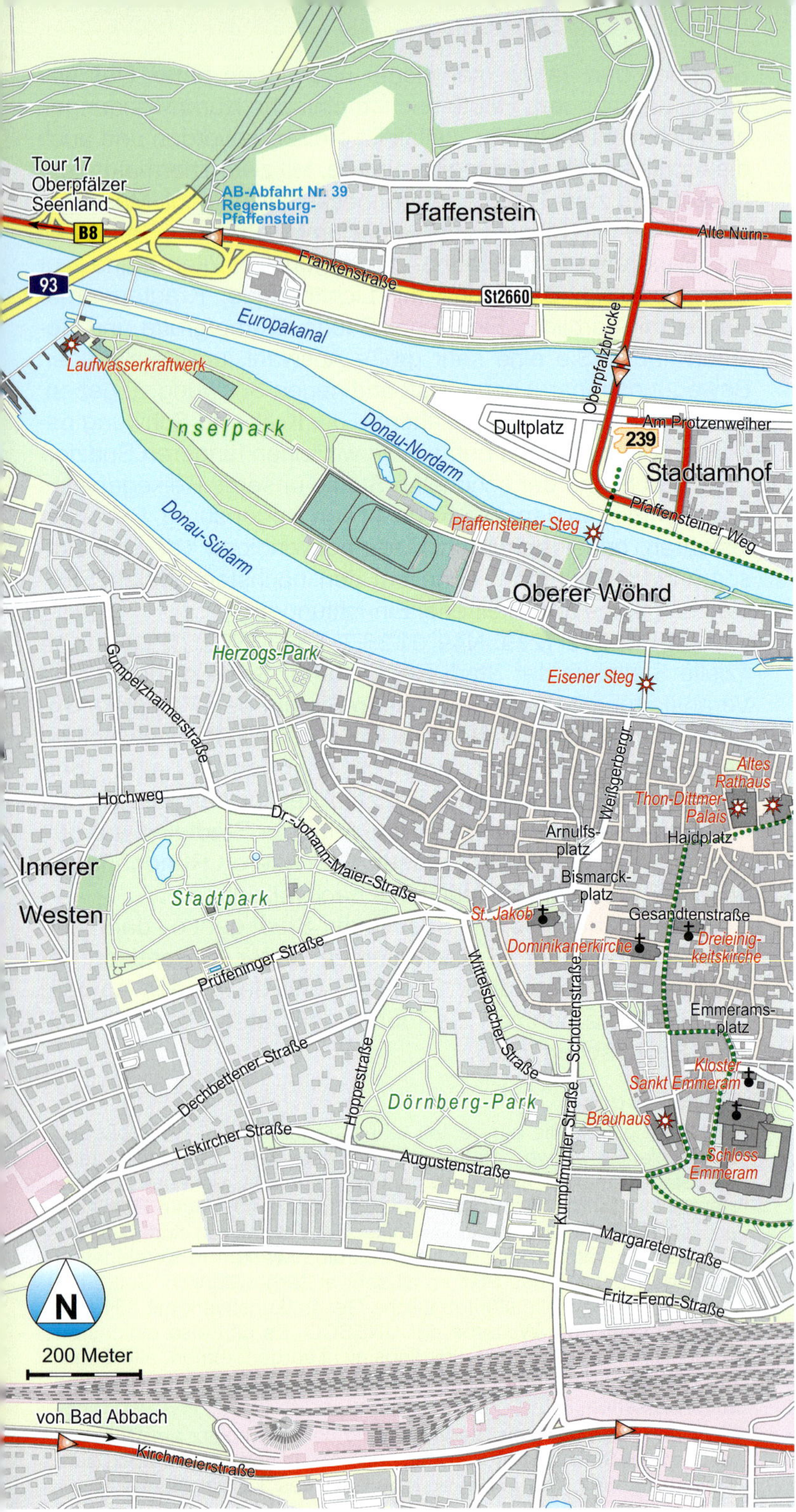

Tour 17
Oberpfälzer
Seenland
B8
93
AB-Abfahrt Nr. 39
Regensburg-
Pfaffenstein
Pfaffenstein
Frankenstraße
St2660
Alte Nürn-
Europakanal
Laufwasserkraftwerk
Inselpark
Donau-Nordarm
Dultplatz
Oberpfalzbrücke
Am Protzenweiher
239
Stadtamhof
Donau-Südarm
Pfaffensteiner Steg
Pfaffensteiner Weg
Oberer Wöhrd
Herzogs-Park
Eisener Steg
Gumpelzhaimerstraße
Weißgerbergr.
Altes
Rathaus
Thon-Dittmer-
Palais
Hochweg
Dr.-Johann-Maier-Straße
Arnulfs-
platz
Haidplatz
Innerer
Westen
Bismarck-
platz
Stadtpark
St. Jakob
Gesandtenstraße
Dominikanerkirche
Dreieinig-
keitskirche
Prüfeninger Straße
Wittelsbacher Straße
Schottenstraße
Emmerams-
platz
Dechbettener Straße
Hoppestraße
Kloster
Sankt Emmeram
Dörnberg-Park
Brauhaus
Liskircher Straße
Augustenstraße
Kumpfmühler Straße
Schloss
Emmeram
Margaretenstraße
Fritz-Fend-Straße
N
200 Meter
von Bad Abbach
Kirchmeierstraße

Regensburg

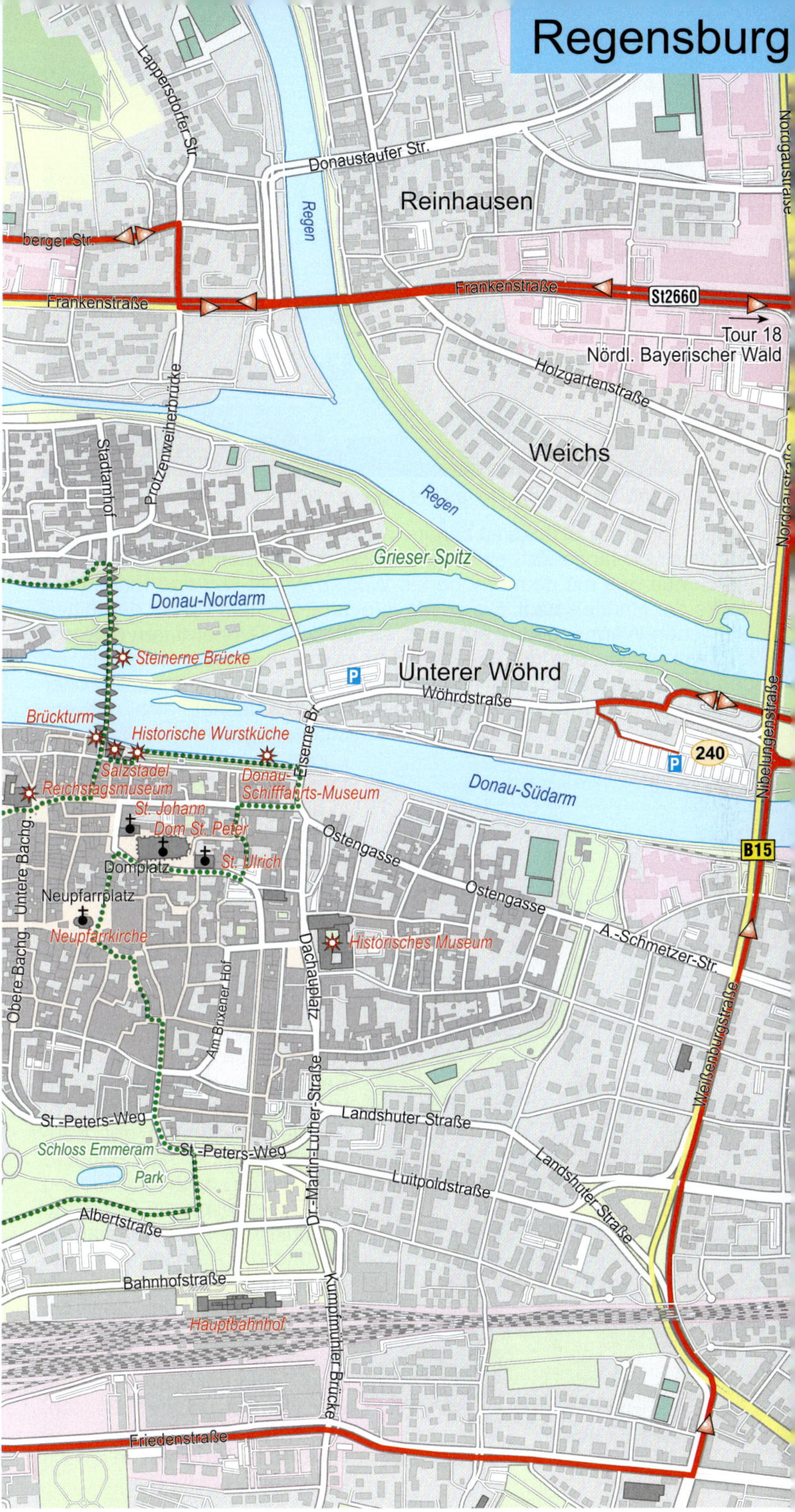
Lappersdorfer Str.
Donaustaufer Str.
Reinhausen
Regen
berger Str.
Frankenstraße
Frankenstraße
St2660
Tour 18
Nördl. Bayerischer Wald
Holzgartenstraße
Weichs
Protzenweiherbrücke
Stadtamhof
Regen
Grieser Spitz
Donau-Nordarm
Steinerne Brücke
Unterer Wöhrd
Wöhrdstraße
Brückturm
Historische Wurstküche
Eiserne Br.
240
Salzstadel
Reichstagsmuseum
Donau-Schifffahrts-Museum
Donau-Südarm
Nibelungenstraße
St. Johann
Dom St. Peter
Ostengasse
B15
Domplatz
St. Ulrich
Ostengasse
Neupfarrplatz
Untere Bachg.
Neupfarrkirche
Dachauplatz
Historisches Museum
A.-Schmetzer-Str.
Obere Bachg.
Am Brixener Hof
Weißenburgstraße
Dr.-Martin-Luther-Straße
St.-Peters-Weg
Landshuter Straße
Schloss Emmeram
St.-Peters-Weg
Park
Luitpoldstraße
Landshuter-Straße
Albertstraße
Bahnhofstraße
Kumpfmühler Brücke
Hauptbahnhof
Friedenstraße

Steinerne Brücke über die Donau mit Dom und Brückturm im Hintergrund.

baute **Steinerne Brücke** ist bereits in Sichtweite. Diese Steinbogenkonstruktion war lange Zeit eine der wenigen befestigten Übergänge über die Donau und mit dem erhobenen Wegezoll eine wichtige Einnahmequelle der Handelsstadt. Sie wurde in einer trockenen Phase der mittelalterlichen Wärmeperiode errichtet, als ähnliche Temperaturen herrschten, wie wir sie aus den warmen Sommern der letzten Jahre kennen und mit ausgeprägten Dürreperioden einhergingen. Dammbauten oder Flussumleitungen waren zum Bau dieser Brücke deshalb nicht notwendig und die Handwerker konnten ihr Meisterwerk gefahrlos vollbringen. Lange Zeit diente sie dem motorisierten Verkehr als Zugang in die Altstadt. Das wurde aber schon vor etlichen Jahren geändert. Heute können nur Fußgänger und Radfahrer dieses Bauwerk nutzen.

Historische Wurstküche.

Am Ende der Brücke empfängt uns der **Brückturm**. Daneben steht der **Salzstadel** mit seinen rot gestreiften Fensterläden. Donauabwärts befindet sich direkt neben dem Salzstadel die **Historische Wurstküche**. Dieses Gebäude diente während der Bauzeit der Brücke als Baubüro und wurde nach Vollendung der Bauarbeiten als Garküche umfunktioniert. Hafenarbeiter und die Arbeiter vom Bau des nahen Domes versorgten sich hier mit Mahlzeiten. Ob die Schlange an der Ausgabe dieses Vorläufers eines Fastfood-Restaurants auch so lang war wie bei unseren Besuch, wissen wir nicht. Beliebt ist die Historische Wurstküche jedoch auch heute noch.

Die engen Gassen der Altstadt sind kaum mit einem PKW zu befahren. Viele sind so schmal, dass man mit ausgestreckten Armen fast von einer Häuserwand zur nächsten reichen kann. Sehr viel natürliches Licht fällt nicht in diese Schluchten und die Fassaden sind kaum richtig zu betrachten. Ohne einen Stadtplan finden Sie sich in den verwinkelten Gassen nur schwer zurecht, denn Sie sehen keine oder nur selten Punkte, an denen Sie sich orientieren können. Belebt sind die Gassen auch nicht, was auf den freien Plätzen und in den breiten Gassen gänzlich anders ist. Hier finden sich Cafés, Eisdielen und Restaurants.

An schönen Tagen ist die Stadt sehr gut besucht, die Cafés am Domplatz waren bei unseren Besuchen immer bis auf den letzten Platz besetzt.

Nur für Fußgänger und Radler, eine der engen Gassen in der Innenstadt.

Aber wir gehen erst einmal weiter zum **Alten Rathaus**, einem frühgotischen Gebäude, das heute auf der linken Seite die Tourist-Information beherbergt und auf der rechten Seite den Zugang zum **Reichstagsmuseum** gewährt. Der **Reichssaal**, in dem im Spätmittelalter zahlreiche Reichsversammlungen stattfanden, wird von dem Standerker aus der Mitte des 14. Jahrhunderts dominiert. Im Reichssaal findet sich auch ein grüner Tisch. Hier wurden Reichstagsbeschlüsse gefasst, die ihren Praxistest aber noch bestehen mussten. Wir sehen: Entscheidungen am "grünen Tisch" gab es schon im Mittelalter, oft waren sie so realitätsfern wie heute. Eine "lange Bank" auf der Akten gelagert und geschoben wurden, gibt es auch noch, was das im Sprachgebrauch heute bedeutet, müssen wir nicht erklären. Geblieben sind die Redewendungen aus dem Reichssaal zu Regensburg. Das diese Redewendungen hier ihren Ursprung haben, wussten wir vor unserem Besuch nicht. Wir wollen uns nun aber nicht mit der Lernfähigkeit von Entscheidungsträgern aufhalten, wir gehen lieber weiter und kommen zum Haidplatz.

Das Alte Rathaus aus der Mitte des 14. Jahrhunderts mit dem Standerker.

Er ist einer der traditionsreichsten Plätze der Stadt Regensburg. Die kaiser- und königliche Prominenz gab sich in diesen Wirtshäusern, insbesondere im Gasthof "Zum Goldenen Kreuz" die Ehre. In

Brückturm und Salzstadel.

Haidplatz mit der Neuen Waag (rechts) und dem Thon-Dittmer-Palais (Bildmitte).

der "Herrentrinkstube"; die in dem rötlichen Gebäude der "Neuen Waag"; der Stadtwaage untergebracht war, schoben die Ratsherren ihren Bierkonsum nach ihren Sitzungen allerdings nicht auf die "lange Bank", das wurde schnell erledigt.

Auf unserem weiteren Stadtrundgang kommen wir am Kloster der Dominikanerinnen vorbei, dem ältesten in Bayern. Es besteht ununterbrochen seit seiner Gründung im Jahr 1233 an diesem Ort. Von hier aus ist es nicht mehr weit bis zum **Emmeramsplatz**, an dessen südlichem Rand sich die **Basilika Sankt Emmeram** und das **Schloss Emmeram** befinden, in der die fürstliche Familie von Thurn und Taxis residiert.

Turm der Kirche St. Emmeram.

Schloss Thurn und Taxis.

Kirchenschiff der Basilika St. Emmeram.

Die romanische Basilika geht auf einen karolingischen Kirchenbau aus dem 8. Jahrhundert zurück. Sie wurde im Laufe der Geschichte mehrfach umgebaut und erweitert, zuletzt in der ersten Hälfte des 18. Jahrhunderts mit Figuren und Malereien durch die Gebrüder Asam. Die Basilika war einst Teil eines Benediktinerklosters, das 1812 aufgelöst und an die Fürsten von Thurn und Taxis übergeben wurde. Es wurde zu einem Schloss umgebaut, in dem heute die Fürstin Gloria von Thurn und Taxis mit ihren Kindern lebt. Prunkräume, der ehemalige Kreuzgang des Klosters, die Schatzkammer sowie das Marstallmuseum können im Rahmen einer Führung besichtigt werden. Sie finden täglich zwischen 11.00 und 17.00 Uhr statt. Abschließen lässt sich der Besuch im **Fürstlichen Brauhaus**, das mit allerlei bayrischen Spezialitäten aufwartet. Hier können Sie einen Blick in die Speisekarte werfen www.brauhaus-am-schloss.com.

Weiter geht es! Wir gehen außerhalb der Schlossanlage durch den Park, dann über den Neupfarrplatz an der Neupfarrkirche vorbei und kommen zum **Dom St. Peter**, der einzigen gotischen Kathedrale Bayerns.

Fassade des Regensburger Domes.

Die Orgel im Regensburger Dom.

Der Chor des Domes.

Mit dem Bau wurde in der zweiten Hälfte des 13. Jahrhunderts begonnen. Fertiggestellt wurde er allerdings erst 1872. Der Innenraum ist relativ dunkel, dunkler, als es die mit moderner Digitaltechnik aufgenommenen Bilder vermuten lassen. Durch die außergewöhnlich kunstvollen Glasfenster aus dem 13. und 14. Jahrhundert dringt nicht sehr viel Licht in das Kirchenschiff. Neben den alten Fenstern ist der silberne Hochaltar besonders bemerkenswert und natürlich die 2009 installierte größte freihängende Orgel der Welt, die den berühmten Knabenchor der Regensburger Domspatzen musikalisch begleitet.

AMBERG
REGENSBURG
Schwandorf
Schwarzenfeld
Nabburg
Burglengenfeld
Teublitz
Kallmünz
Schmidmühlen
Beratzhausen
Hemau
Laaber
Nittendorf
Lappersdorf
Regenstauf
Wenzenbach
Donaustauf
Bad Abbach
Naturpark Hirschwald
Oberpfälzer Wald
Oberpfälzer Seenland
Naturpark Altmühltal
Truppenübungsplatz Hohenfels
Tour 9
Tour 15
Tour 16
Tour 18
10 km
N

TOUR 17 (ca. 195 km)

Regensburg – Pielenhofen – Beratzhausen – Kallmünz – Burglengenfeld – Teublitz – Steinberg – Wackersdorf – Schwandorf – Nabburg – Neusath – Theuern – Hirschwald – Amberg

Stellplätze:	Beratzhausen, Burglengenfeld, Teublitz, Steinberg, Wackersdorf, Schwandorf, Neusath, Theuern, Hirschwald, Amberg.
Campingplätze:	Pielenhofen, Wackersdorf.
Besichtigungen:	Pielenhofen (Klosterkirche), Kallmünz (Ort, Burgruine), Burglengenfeld (Altstadt), Teublitz (Wildpark Höllohe), Schwandorf (Altstadt, Felsenkeller, Wallfahrtskirche), Nabburg (Altstadt), Neusath (Oberpfälzer Freilandmuseum), Theuern (Bergbau- und Industriemuseum), Hirschwald (Wildschweingehege).
Wandern/Radwandern:	Entlang der Naab, der Laber, rund um Steinberger und Murner See.
Baden/Wellness:	Burglengenfeld, Oberpfälzer Seenland (Steinberger See, Murner See).

Auf dieser Reise fahren wir das Naabtal hinauf. Breit ist sie in ihrem Unterlauf geworden. Kein Vergleich zu dem schmalen Gewässer ihres längsten Quellflusses, der Waldnaab, die wir in der Tour 7 (siehe Seite 153) bereits besucht haben. Der Fluss wird für Ausflüge mit dem Paddelboot gern genutzt. Neben der Naab machen wir auch noch einen kleinen Abstecher an die Schwarze Laber. Am längsten werden wir uns aber im Oberpfälzer Seenland aufhalten. Eine Wasserlandschaft, die durch die Renaturierung des Oberpfälzer Braunkohlereviers entstanden ist. Zum Ende dieser Tour werden wir noch Freilichtmuseen besuchen und den Naturpark Hirschwald durchstreifen.

Wir verlassen Regensburg in Richtung Nittendorf über die B8, die als Autobahnzubringer zur A3 in Richtung Nürnberg fungiert, zunächst parallel zur Donau verläuft und ab Mariaort entlang der Naab weitergeht. Nach etwa drei Kilometern verlassen wir die Bundesstraße und und nehmen Kurs auf Pielenhofen und Kallmünz.

Unser erstes Ziel ist das **Kloster Pielenhofen**, das wir nach weiteren sechs Kilometern erreichen. Wenn in **Pielenhofen** etwas fehlt, dann sind es Parkplätze. Mit etwas Glück finden Sie einen im Ort, ansonsten lässt es sich außerhalb des Ortes an der Dettenhofener Straße am Waldrand sehr gut parken.

Dazu müssen Sie die Naab überqueren und etwa einen Kilometer in Richtung Dettenhofen fahren. Der Wanderparkplatz [**241:** N49°04'32.1" E11°58'08.6"] eignet sich durchaus für eine Übernachtung, er hat nur den Nachteil, dass Sie in den Ort zurückgehen müssen. Sonderlich laut ist es an der Straße nicht. Folgender Campingplatz ist natürlich auch eine Alternative, insbesondere dann, wenn Sie eine Paddeltour mit dem Kanu unternehmen wollen.

(242) WOMO-Campingplatz:
Internationaler Campingplatz – Naabtal-Pielenhofen

GPS: N49°3'34.22" E11°57'39.14"; Distelhausen 2, 93188 Pielenhofen.
Max. WOMOs: >20, maximale Länge 12 m.
Ausstattung: Frischwasserversorgung, Abwasserentsorgung mit Bodeneinlass, Kassettenentleerung, Stromanschlüsse, Behälter für die Müllentsorgung, Shop, Restaurant mit Biergarten, Kinderspielplatz, Sommerstockbahnen, Tennis, Sauna, Solarium, Sanitärgebäude mit Duschen, WCs, Waschmaschinen und Trockner. Der Platz ist ganzjährig geöffnet.
Beschreibung: Sonnige bis halbschattige Stellflächen auf Rasen, nur wenige mit Rasengittersteinen. Der Platz liegt direkt an der Naab. Es gibt eine Bademöglichkeit in dem Fluss. Verkehr von der Straße am gegenüberliegenden Ufer hörbar.
Preise: Personen ab 14 Jahren 8,00 €, Kinder 2-13 Jahre 5,00 €, Hund 3,00 €, Wohnmobil 9,00 €, Strom 0,65 € pro kWh.
Zufahrt: Von Pielenhofen der Naabstraße bis zum Ende folgen.
Reservierung/Kontakt: Tel.: 09409/373
Web: www.camping-pielenhofen.de.

Kloster Pielenhofen im Naabtal.

Paddeln auf der Naab bei Pielenhofen.

Im Kloster ist ein Internat für die Regensburger Domspatzen untergebracht. Die Klosterkirche ist sehenswert und die Klosterwirtschaft mit dem Biergarten ein von Radlern gern angefahrener Ort. Apropos Radfahren: Entlang der Naab ist das auf den gut ausgebauten Radwegen mit zumeist ebenem Verlauf ein Vergnügen. Das Tal ist malerisch, die Naab ein sehr ruhiger Fluss und deshalb auch ohne Probleme für Familienausflüge mit dem Paddelboot geeignet. Nun fährt nicht jeder Wohnmobilist mit einem Kanu auf dem Dach spazieren. Wer keins dabei hat, der kann sich eines leihen. Das geht in Pielenhofen www.bootsverleih-pielenhofen.de und auch in Kallmünz beim "Kanuschorsch" www.kanuschorsch.de.

Bevor wir aber den letztgenannten Ort aufsuchen, machen wir einen kleinen Umweg an die Schwarze Laber.

Paddeln in Kallmünz.

Wir fahren den Höhenrücken zwischen dem Naabtal und dem Tal der Schwarzen Laber hoch und nach **Laaber** wieder hinunter. Warum der Ort in seiner Schreibweise ein "a" mehr hat als der Fluss, haben wir nicht herausgefunden. Um den kleinen Ort zu besuchen und zur Burgruine hochzugehen, von der der Blick in das Labertal sehr schön ist, können Sie auf der Mühlwiese parken. Das in die Burgruine hinein zwei Häuser gebaut wurden, ist überraschend. Erwartet haben wir das nicht.

Burgruine Laaber.

Nach einem kurzen Besuch geht es weiter durch das schöne Labertal nach **Beratzhausen**. Auch hier gibt es eine Burgruine, allerdings ohne eine schöne Aussicht. Sie liegt versteckt im Wald außerhalb des Ortes, vier Kilometer von dem Landgasthof **Friesenmühle** entfernt. Wegen des Namens könnten Sie auf den Gedanken kommen, Norddeutsche hätten sich hier niedergelassen. Das ist nicht richtig, der Name geht auf die Müllerfamilie Fries zurück, die zwischen 1570 und 1635 die Mühle bewirtschafteten. Wurde sie früher als Säge- und Kornmühle betrieben, so ist sie heute ein Gasthof mit Fremdenzimmer, einem ausgezeichneten Restaurant und einem ruhigen Biergarten www.friesenmuehle.de.

Friesenmühle in Beratzhausen.

Das hat sich rumgesprochen, denn die Mühle ist ein beliebter Treffpunkt für Biker und Wohnmobilisten. Für zehn Euro die Nacht (inkl. Stromanschluss), können Sie auf dem geschotterten Parkplatz [**243:** N49°05'06.6" E11°48'42.8"] vor der Mühle verbleiben und davor oder danach den fünf Kilometer langen **Mühlenwanderweg** durch das malerische Labertal erkunden.

Malerisch geht es auch in Kallmünz weiter. Problematisch ist allerdings die Parkplatzsuche. An der Straße nach Schmidmühlen, 500 Meter von der Ortsmitte entfernt, findet sich an der Vils, einem Nebenfluss der Naab, dieser Parkplatz [GPS: N49°09'32.1" E11°57'07.1"].

Idyllisch, das Städtchen Kallmünz mit der Burgruine oberhalb der Naab.

In den Ortskern hineinzufahren empfiehlt sich nicht. Es ist eng in diesem Städtchen, das mit vielen Skulpturen in und um den Ort herum aufwartet. Alte wie der Heilige Nepomuk an der Brücke über die Naab, aber auch neuere wie eine Badenixe, die es sich an der Stromschnelle bequem gemacht hat, sind darunter. Es lohnt sich, diesen Ort in aller Ruhe zu durchstreifen, es gibt viel zu entdecken. Kunst und Künstler haben in dem Städtchen einen hohen Stellenwert. **Wassily Kandinsky** und **Gabriele Münter** fanden hier in der Sommerfrische zueinander und mit ihnen etablierte sich in dem verwinkelten Flecken zu Beginn des 20. Jahrhunderts eine kleine Künstlerkolonie. Eine künstlerische Aura umgibt also diesen Ort, der mit einigen Galerien die Schaffensfreude ortsansässiger und ortsfremder Maler und Bildhauer zeigt. Die Burgruine vervollständigt auf romantische Weise das malerische Ensemble dieser Siedlung an der Naab.

Während die Burgruine in Kallmünz das ganze Jahr über frei begehbar ist, ist die mächtige Burganlage unseres nächsten Etappenziels **Burglengenfeld** fest verschlossen. Mächtig ist sie und sie ist bereits aus großer Entfernung zu sehen. Es ist die zweitgrößte Burganlage Bayerns und die mächtigste der Oberpfalz. Doch den Weg dorthin können Sie sich sparen, eine heilpädagogische Einrichtung ist in dieser Anlage untergebracht, Touristen haben keinen Zutritt. Nur einmal im Monat findet sonntags eine Führung für Besucher statt.

Georgsbrunnen und St. Vitus in Burglengenfeld.

Die Stadt ist dennoch besuchenswert und bietet mit den Resten der Stadtmauer, dem Örtlturm, dem Rathaus und einigen anderen Gebäuden rund um den Georgsbrunnen und dem Marktplatz ein gepflegtes Ambiente. Ein Parkproblem haben wir hier nicht. Am Eislaufplatz an der Schwandorfer Straße [**244:** N49°12'39.5" E12°02'39.7"] findet sich im hinteren Teil immer ein ruhiges Plätzchen. Der Platz ist gebührenfrei und zentrumsnah. Von hier aus sind es zu Fuß nur zwei Minuten bis zur Altstadt. Für Wasserratten ist sicher noch das **Bulmare** (Naabtalpark 44), ein Badetempel mit Freibad, Riesenrutsche und Saunalandschaft von Interesse und wer sich für die Kulturgeschichte der Oberpfalz interessiert, der geht in das **Oberpfälzer Volkskundemuseum**, das nah an der Brücke über die Naab liegt.

Damwild im Wildpark Höllohe.

Ein schönes großes Naturbad gibt es neben dem **Wildpark Höllohe** in **Teublitz**, nur fünf Kilometer weiter Richtung Schwandorf. Dieser kostenlose Wanderparkplatz [**245:** N49°14'05.9" E12°05'11.1"] befindet sich zwischen dem Wildpark und der Naab und ist absolut ruhig. Von dem Parkplatz lassen sich sowohl das Naturbad wie das Wildgehege bequem zu Fuß erreichen. Das Naturbad haben wir nicht weiter erkundet, den Wildpark aber schon. Eintritt ist bei einem Besuch der Anlage nicht zu entrichten. Um eine Spende für die Pflege des Parks und die Versorgung der Tiere wird allerdings gebeten. Die geben wir gern, macht doch die Anlage einen sehr gepflegten Eindruck und die Tiere scheinen gut versorgt zu sein.

Erlebnisholzkugel am Ufer des Steinberger Sees.

Nach unserem Spaziergang durch den Park fahren wir weiter auf der B15 Richtung Schwandorf und nach dem Ort Zielheim rechts ab, unterqueren die Autobahn und gelangen zum **Steinberger See** im Süden des **Oberpfälzer Seenlandes**. Er ist der größte dieser Seenlandschaft, die nahezu alle künstlich durch Braunkohletagebau oder Kiesabbau entstanden sind. Bis in die 80er Jahre des letzten Jahrhunderts wurde in dieser Landschaft Braunkohle abgebaut. Einige Seen wurden in den letzten Jahren für den Bade- und Wassersportbetrieb erschlossen. Die meisten jedoch, vor allem die kleineren Seen und Weiher, dienen der Fischzucht oder dem Naturschutz. Die gesamte Wasserfläche beträgt über 800 Hektar. Als wir vor mehr als zehn Jahren zum ersten Mal diese Seenlandschaft aufgesucht haben, konnten wir uns noch ein freies Plätzchen am See suchen und unbehelligt mehrere Tage am Seeufer stehen bleiben. Das ist vorbei. Wer heute in dieser Landschaft einige Tage verbleiben will, muss einen der Stell- oder Campingplätze nutzen, die wir der Reihe nach vorstellen werden. Mit zahlreichen Einrichtungen wurde diese Seenlandschaft in ein großes Freizeitgelände umfunktioniert. An den Hotspots mit den Wassersportanlagen herrscht in den Sommermonaten ein großer Andrang und es geht recht turbulent zu. Wer dem entfliehen möchte, findet aber auch immer noch ausreichend Gelegenheit, auf den gut ausgeschilderten Wander- und Radwegen die Seenlandschaft in aller Ruhe zu durchstreifen.

Am Steinberger See gibt es zwei Übernachtungsplätze für Wohnmobile, eine am Westufer und eine am Ostufer. Auf allen anderen gebührenpflichtigen Parkplätzen am See dürfen Sie nicht über Nacht bleiben.

(246) Offizieller WOMO-Badeplatz: Steinberger See – Wild Wake Park

GPS: N49°17'23.9" E12°09'32.2"; In der Oder 1, 92449 Steinberg am See.
Max. WOMOs: 20, maximale Länge 10 m.

Ausstattung: WakeBoard-Anlage, Kinderspielplatz mit zahlreichen Spielgeräten, Wasserrutschen, Adventure Golf, Shop. Geöffnet von Mitte März bis Mitte Oktober.
Beschreibung: Rasenplätze neben dem Wakepark, nur für Wakeboarder. Buchung für mindestens 2 Tage, maximal 14 Tage. Die Erlebnisholzkugel ist nur wenige Meter entfernt.
Preise: 30,00 € für ein Fahrzeug mit 2 Personen für 2 Tage. Anmeldung und Bezahlung erfolgt im Shop oder online.
Zufahrt: Von der Industriestraße, der Zufahrt zum Steinberger See, in die zweite Straße rechts abbiegen.
Reservierung/Kontakt: Tel.: 09431/790380
E-Mail: info@wildwakeski.de, Web: www.wildwakepark.de.

(247) Offizieller WOMO-Badeplatz: Steinberger See – Movin'Ground

GPS: N49°16'57.1" E12°10'25.5"; Seestraße 4, 92449 Steinberg am See.
Max. WOMOs: >20, maximale Länge 12 m.
Ausstattung: Frischwasserversorgung, Abwasserentsorgung mit Bodeneinlass, Kassettenentleerung, Stromanschlüsse, WC, Dusche, Behälter für die Müllentsorgung, WLAN, Brötchenservice, ganzjährig geöffnet.

Beschreibung: Große schattenlose Rasenplätze, weitgehend unmarkiert nur wenige Meter vom Badestrand und vom Freizeitpark mit Drachenboot und allerlei anderen Spielgeräten entfernt.
Preise: 15,00 € für ein Fahrzeug mit 2 Personen. Anmeldung und Bezahlung erfolgt an der Kasse des Freizeitparks. Entsorgung kostenlos, über Münzautomaten gibt es Frischwasser für 1,00 €, Strom pauschal für 2,00 € pro Tag.
Zufahrt: Von der Industriestraße, der Zufahrt zum Steinberger See, in die dritte Straße rechts abbiegen und dem Weg bis zum Ende folgen.

Der letztgenannte Platz ist mit dem Fahrzeug nur über den beschriebenen Weg erreichbar. Wer versucht, über **Steinberg am See** dorthin zu gelangen, wird scheitern. Absperrungen verhindern eine Zufahrt aus dem Ort, wie wir bei unserer Wanderung rund um den See von sechs Kilometern Länge gesehen haben.

Fahren wir weiter zum **Murner See**. Auf dem Weg dahin kommen wir an **Wackersdorf** vorbei, das in den 80er-Jahren des letzten Jahrhunderts wegen des Widerstands gegen eine atomare Wiederaufarbeitungsanlage Berühmtheit erlangte.

Am Murner See geht es ruhiger zu. Neben dem großen Campingplatz hat der Betreiber räumlich getrennt einen Wohnmobilstellplatz eingerichtet, der wegen der hohen Nachfrage noch erweitert werden soll.

(248) WOMO-Campingplatz: CampingPark Murner See

GPS: N49°20'44.7" E12°12'31.0"; Sonnenrieder Str. 5, 92442 Wackersdorf.
Max. WOMOs: 250, maximale Länge 12 m.

Ausstattung: Frischwasserversorgung, Abwasserentsorgung mit Bodeneinlass, Kassettenentleerung, Stromanschlüsse, Behälter für die Müllentsorgung, WLAN, MiniMarkt, Seerestaurant, Brötchenservice. Sanitärgebäude mit Duschen, WCs, Waschmaschinen und Trockner. Der Platz ist ganzjährig geöffnet.
Beschreibung: Ruhiger Platz mit überwiegend schattenlosen Rasenstellflächen am Seeufer und asphaltierten Zufahrten.
Preise: Personen ab 15 Jahren je nach Saison zwischen 8,00 und 10,00 €, Kinder 4-14 Jahre zwischen 4,00 € und 6,00 €, Hund 4,00 €, Wohnmobil zwischen 9,00 € und 12,00 €, Strom pauschal 3,50 € pro Tag.
Zufahrt: In Wackersdorf am Industriegebiet Nord vorbeifahren und der guten Beschilderung zum Campingplatz folgen.
Reservierung/Kontakt: Tel.: 09431/9996822
E-Mail: info@see-camping.de, Web: www.campingpark-murnersee.de.

(249) Offizieller WOMO-Badeplatz: Oberpfälzer Seenland

GPS: N49°20'48.5" E12°12'40.6"; Sonnenrieder Str., 92442 Wackersdorf.
Max. WOMOs: 80, maximale Länge 12 m.
Ausstattung: Frischwasserversorgung, Abwasserentsorgung mit Bodeneinlass, Kassettenentleerung, Stromanschlüsse, Behälter für die Müllentsorgung, kleine Pizzeria (nur in den Sommermonaten),ganzjährig geöffnet.
Beschreibung: Große, überwiegend sonnige Rasenstellflächen auf der Landbrücke zwischen dem Murner See und dem Brückelsee. Der Platz ist zweigeteilt. 50 Stellflächen befinden sich am Brückelseeufer, 30 am Ufer des Murner Sees mit unmittelbaren Zugang zum "Palmenstrand". Für diese Plätze gibt es im Gegensatz zu denen am Brückelsee noch keine Stromversorgung.
Preise: 15,00 € für ein Fahrzeug mit 2 Personen für die Plätze ohne Stromversorgung, 18,00 € mit Stromversorgung. Anmeldung und Bezah-

lung erfolgt an der Rezeption des Campingplatzes, dessen Ver- und Entsorgungseinrichtung, die gut anfahrbar ist, genutzt werden kann.
Zufahrt: In Wackersdorf am Industriegebiet vorbeifahren, der guten Beschilderung zum Campingplatz folgen, dort anmelden und dann an den Pkw-Parkplätzen vorbei auf der rechten Seite weiter nach hinten fahren.

"Palmenstrand" am Murner See zu Füßen des Wohnmobilstellplatzes.

Wer nicht nur am Strand liegen mag, findet genug Möglichkeiten für Wanderungen und Radtouren rund um die Seen. Es gibt darüber hinaus einen Aussichtsturm auf der gegenüberliegenden Seeseite, einen Märchengarten und einen **Naturerlebnispark Wasser-Fisch-Natur**, der den angehenden Naturforschern unter den Kindern die Fisch- und Teichwirtschaft spielerisch näherbringt. Für die ganz Kleinen wurde in dieser Anlage ein Wasserspielplatz angelegt, indem sie nach Herzenslust im kühlen Nass und im Matsch toben können, während die Eltern oder Großeltern gemütlich am kleinen Kiosk mit Kaffee und Kuchen den Nachwuchs im Blick haben.

Wasserspielplatz im Naturerlebnispark.

Ruhig und Beschaulich. Das Nordufer des Murner Sees.

An einer Ecke bietet der Murner See auch noch ungeahnte Ruhe, Beschaulichkeit und einen kleinen Badestrand. Wenn Sie diese Position [GPS: N49°21'18.5" E12°12'27.0"] anfahren, stehen Sie abseits der großen Freizeiteinrichtungen am Nordufer des Sees.

Parkplatz am Nordufer des Murner Sees.

Wenn Sie von dieser Stelle die Schotterpiste weiterfahren und am Modellflugplatz rechts abbiegen, gelangen Sie wieder zu dem Wohnmobilstellplatz mit dem "Palmenstrand".

Es ist ein sehr vielfältiges Angebot, das dem Besucher dieser Seenlandschaft angeboten wird. Für Wassersportler und leidenschaftliche Schwimmer ganz sicher ein Eldorado. Die wesentlichen Dinge haben wir genannt. Es gäbe noch einiges zu vertiefen, aber wir ziehen weiter. **Schwandorf** steht als nächster Programmpunkt auf der Liste, es ist nur zehn Kilometer vom Murner See entfernt.

In der Innenstadt von Schwandorf.

Dort angekommen, fahren wir über die Naabbrücke Richtung Amberg, dann gleich links in den Angerring und gelangen auf den großen Volksfestplatz, der multifunktional auch als Park- und Wohnmobilstellplatz genutzt wird.

(250) Offizieller WOMO-Stellplatz: Schwandorf – Volksfestplatz

GPS: N49°19'54.6" E12°06'06.2"; Angerring, 92421 Schwandorf.
Max. WOMOs: >20, maximale Länge 12 m, max. Aufenthalt 7 Tage.
Ausstattung: Frischwasserversorgung, Abwasserentsorgung mit Bodeneinlass, Kassettenentleerung, 8 Stromanschlüsse, Behälter für die Müllentsorgung, ganzjährig geöffnet. Frischwasseraufnahme bis -5° C möglich.

Beschreibung: Halbschattige Stellflächen entlang der Naab, sehr großzügig bemessen und sehr ruhig. Nur wenige Meter bis in die Innenstadt.
Preise: Gebührenfrei, Ver- und Entsorgung kostenlos, Strom 0,50 € pro kWh.
Zufahrt: Wie im Text beschrieben.

Schwandorf

Der Fußweg über die Brücke ins Zentrum ist kurz. Die großen Wasserräder an der Naabuferstraße erregen unsere Aufmerksamkeit. Wir schlagen den Weg zum Marktplatz ein. Er ist weder besonders groß noch besonders auffällig. Farbenfrohe Häuser, in denen Cafés und Gasthäuser untergebracht sind, säumen den Markt und warten auf Kundschaft. Die Kirche steht am Ende des Platzes.

Die Innenstadt ist kein Touristenmagnet. Aber die Naturlandschaft, die Umgebung mit der Naab, dem Seenland übt einen großen Reiz aus, den Stellplatz in Schwandorf für Paddel- oder Radtouren als Standort zu nutzen. Der Naabtalradweg führt direkt am Platz vorbei und ein Kanuverleih ist in Sichtweite. Am Abend ist ein Restaurantbesuch in der Innenstadt angesagt.

Felsenkeller in Schwandorf.

Spannend ist eine Führung im **"Felsenkeller-Labyrinth"**, bestehend aus etwa 60 Räumen und Gängen. In der Kellergeschichte werden sämtliche Bau- und Nutzungsphasen erzählt, von der zweckgebundenen Gärung und Lagerung von Bier bis zum sekundären Gebrauch als "Kühlschränke", Luftschutzräume und "Müllhalden" ist alles dabei. Auskunft zu den Führungen gibt das Amt für Kultur und Tourismus, Kirchengasse 1, Tel. 09431 45-550 oder diese Seite www.schwandorf.de.

Nabburg steht als nächster Ort auf dem Tourplan. Dort angekommen fahren wir in die Altstadt hinein, die durch verbreiterte Nebentore in der alten Stadtmauer auch für größere Fahrzeuge bequem zugänglich ist und finden auf dem zentral gelegenen Marktplatz genügend Parkmöglichkeiten [GPS: N49°27'16.5" E12°10'50.0"].

Das Schmidt-Haus (rechts), Raum für Kultur und Kommunikation in Nabburg.

Fast ausgestorben wirkt das Städtchen. Auf die Frage beim Bäcker, ob es in dieser Stadt immer so ruhig zugehe, bekamen wir zur Antwort: Ja, viel sei hier nicht los. Eigentlich unverständlich, denn die von einer sehr gut erhaltenen Stadtmauer umgebene Altstadt hoch über der Naab wirkt mit ihren bunt bemalten Häusern doch sehr reizvoll. Die Liste der Baudenkmäler dieser Stadt ist lang. Andererseits ist es natürlich auch sehr angenehm, eine sehenswerte Stadt zu besuchen, ohne im Gedränge der Menschen unterzugehen.

Drangvolle Enge herrschte bei unserem Besuch im **Oberpfälzer Freilandmuseum** in **Neusath**, dem nächsten Ziel auf dieser Tour, auch nicht. Es ist leicht zu finden. Wenn Sie in Nabburg zunächst den Hinweisen zur A93 folgen, sie dann überqueren und danach der Beschilderung zum Museum folgen.

Das Museum ist zweigeteilt. Keimzelle des Museums war der **Edelmannshof** in **Perschen**, ein geschlossener Dreiseithof. Mit der daneben liegenden Basilika St. Peter und Paul ein sehenswertes Ensemble. Wir wollen die größere Anlage in Neusath etwas näher betrachten.

Das Stiftlanddorf im Freilandmuseum Neusath.

Der große Parkplatz bietet insbesondere im oberen Bereich genug Raum und erscheint uns für eine Übernachtung gut geeignet, auch wenn Sie sicher mit Auffahrkeilen die Horizontale ausgleichen müssen. Sie finden ihn mit diesen Angaben **[251:** N49°28'01.7" E12°13'04.0"].

In längst vergangene Zeiten werden wir bei dem Spaziergang durch das Dorf versetzt. Kleinbäuerliche Dörfer wurden hier zusammengetragen. Es gibt frei laufende Enten und Gänse, Koben mit lebenden Schweinen und den Misthaufen mit den scharrenden Hühnern drauf. Es wird Getreide und Hopfen angebaut, Obstbäume säumen die Wege. Die Bauerngärten wirken absolut echt. Es gibt alles, was kleinbäuerliche Wirtschaft der vergangenen Jahrhunderte einmal ausgemacht hat, nicht als Ausstellungsstücke, sondern durchaus lebendig, so, als wären die Bauersleut nur mal eben kurz weggegangen. Die Mühsal der Arbeit, die muss man allerdings noch mit einem Schuss Phantasie garnieren, um die Zeitreise komplett zu machen. Die Anlagen sind in den Wintermonaten von November bis Ende März geschlossen. Über die genauen Öffnungszeiten und die Eintrittspreise informiert diese Seite www.freilandmuseum-oberpfalz.de.

Das Bergbau- und Industriemuseum in Theuern bei Amberg.

Nun haben wir noch den Besuch eines weiteren Museums auf unserem Fahrplan. Es handelt sich dabei um das **Bergbau- und Industriemuseum Ostbayern**, das in einem alten Schloss untergebracht ist. Es ist ein Gebäude, um das regionaltypische Industriedenkmäler wie ein Eisenhammerwerk, ein Glasschleifer- und Polierwerk, eine Schachtanlage und andere Industrieanlagen gezeigt werden. Die Bedeutung der Stromversorgung wird in einem eigens dafür eingerichteten **Strommuseum** hervorgehoben. Ein interessantes Museum, dessen Parkplatz Sie mit diesen Koordinaten **[252:** N49°23'14.2" E11°54'34.0"] erreichen. Auf dieser Seite www.museumtheuern.de können Sie die Öffnungszeiten und Eintrittspreise nachlesen.

Zum Abschluss dieser Tour lohnt noch ein Umweg durch den **Naturpark Hirschwald**. Rund um das **Wildschweingehege** können Sie erholsame Spaziergänge unternehmen, das Borstenvieh beobachten und im Gasthof Waldhaus auch etwas leckeres essen **[253:** N49°22'32.5" E11°51'14.9"] .

Band 44:
Mit dem Wohnmobil nach Tschechien
TSCHECHIEN
Nýrsko
Furth im Wald
Drachensee
Eschlkam
Stachesried
Kunstwanderweg Grenzbegegnungen
Wallfahrtskirche
Neukirchen beim Heiligen Blut
Hoher Bogen 1079 m
Lamer Winkel
Märchenschloss
Osser Sattel
Gr. Osser 1293 m
Engelshütt
Lambach
Lam
Fürstenzeche
Bayerwald-Tierpark
Lohberghütte
Lohberg
1238 m
Scheibensattel (1050 m)
Bayerisch Eisenstein
Localbahnmuseum
Kl. Arbersee
Großer Arber 1456 m
Hochfall
Gr. Arbersee
Silberberg 993 m
Besucherbergwerk
Regenhütte
Ludwigsthal
Bodenmais
Joska Glasparadies
Drachselsried
Arnbruck
Weinfurtner Glasdorf
Burg Neunußberg
Gläserne Scheune
Viechtach
Großer Pfahl
Prakenbach
Schwarzer Regen
Steinbühl
Kaitersberg
1133 m
Bad Kötzting
Kurpark
Blaibach
Miltach
Kollnburg
Rodel- und Freizeitparadies
Pröller 1048 m
Sankt Englmar
Kurpark
Waldwipfelweg
Maibrunn
Patersdorf
Bayerischer Wald
Naturpark
Haselbach
Ascha
Mitterfels
Tour 19
Gleißenberg
Balbersdorf
Grafenkirchen
Kirschbaumriegel
Ränkam
Arnschwang
Weiding
Windischbergerdorf
Cham
Biertor
Pemfling
NSG Röteiseeweiher
Untertraubenbach
Burgruine Runding
Runding
Chamerau
Churpfalzpark
Wasserschloss
Loifling
Stamsried
Posing
Roding
Regen
Oberer Bayerischer Wald
Michelsneukirchen
Schlosspark Falkenstein
Falkenstein
Burg Falkenstein
NSG Hölle
Ruderszell
Postfelden
Rettenbach
Ruine Brennberg
Brennberg
Nepal-Himalaya-Pavillon
Wörth a.d. Donau
Wiesent
Donau
Walhalla
Donaustauf
Neutraubling
Mintraching
Regenstauf
Wenzenbach
Nittenau
Bruck in der Oberpfalz
Neubäu am See
Walderbach
10 km
N

TOUR 18 (ca. 258 km)

Donaustauf – Wiesent – Falkenstein – Loifling – Cham – Furth im Wald – Neukirchen beim Heiligen Blut – Lam – Lohberg – Bayerisch Eisenstein – Bodenmais – Arnbruck – Bad Kötzting – Viechtach – Sankt Englmar

Stellplätze:	Donaustauf, Cham, Furth im Wald, Neukirchen beim Heiligen Blut, Lohberg, Bayerisch Eisenstein, Bodenmais, Bad Kötzting, Viechtach, Sankt Englmar.
Campingplätze:	Furth im Wald, Lam, Bayerisch Eisenstein, Bodenmais, Viechtach.
Besichtigungen:	Donaustauf (Walhalla, Burgruine), Wiesent (Nepal-Himalaya-Pavillon), Falkenstein (Schlosspark), Loifling (Churpfalzpark), Eschlkam (Kunstwanderweg), Lam (Märchenschloss, Fürstenzeche), Lohberg (Bayerwald Tierpark), Bayerisch Eisenstein (Localbahnmuseum), Bodenmais (Joska Glasparadies), Arnbruck (Weinfurtner Glasdorf), Bad Kötzting (Kurpark), Viechtach (Gläserne Scheune), Sankt Englmar (Waldwipfelweg).
Wandern/Radwandern:	Lam (Osser Sattel, Kleiner Arbersee), Bayerisch Eisenstein (Großer Arber), Viechtach (Großer Pfahl).
Baden/Wellness:	Bad Kötzting (Aqacur Badewelt).

Wir verlassen Regensburg und fahren entlang der Donau nach **Donaustauf**. Erstes Ziel ist die Walhalla, die König Ludwig I. von Bayern in der ersten Hälfte des 19. Jahrhunderts nach dem Vorbild des Parthenon auf der Akropolis in Athen errichten ließ. Sie ist nicht schwer zu finden, die Beschilderung eindeutig. Am Parkplatz [GPS: N49°01'59.3" E12°13'33.4"] entrichten wir unsere Parkgebühr und gehen die letzten Meter durch alten Baumbestand und über Treppen zur Walhalla hinauf.

Walhalla

Zahlreiche Büsten warten im Inneren darauf betrachtet zu werden. Fast alle Namen und Gesichter, die damit verbunden sind, kennen wir und werden auch Ihnen bekannt vorkommen. Es ist eine Zusammenstellung der im 19. Jahrhundert als vorbildlich erachteten Herrscher, Feldherren, Wissenschaftler und Künstler. Einige Namen sagen uns allerdings nichts. Da muss der kleine Führer helfen, den es an der Kasse zu kaufen gibt. Die Halle beeindruckt nicht nur uns, zahlreiche Besucher stehen staunend mit gereckten Köpfen auf dem Marmorboden und betrachten die Büsten. Die Walhalla ist ein echter Touristen-

Die Walhalla, ein gern und viel besuchter Monumentalbau an der Donau.

magnet, da lockt die Burgruine, die es in Donaustauf auch noch gibt, weit weniger Besucher an.
Nach der Niederlage Preußens gegen Napoleon 1807 fasste König Ludwig I. den Beschluss für die „rühmlich ausgezeichneten Teutschen“ einen Ehrentempel zu errichten. Deutschsprachige Geistes- und Geschichtsgrößen sollten hier versammelt werden, um das nationale Zusammengehörigkeitsgefühl zu stärken. 64 Gedenktafeln und bislang 129 Marmorbüsten von Staatsmännern, Dichtern, Komponisten und Gelehrten deutscher Sprache sind in sechs Gruppen jeweils um eine Siegesgöttin angeordnet.
Die Friese an den Brüstungen des Umgangs stellen die Urgeschichte der Germanen dar.

Wer in Donaustauf übernachten will, der nutzt den kostenlosen Stellplatz am Festplatz, den Sie mit diesen Angaben **[254:** N49°01'42.0" E12°12'18.8"] bequem erreichen können. Er ist sonnig, nicht unbedingt leise, aber gut gelegen, um zu der Burgruine hochzugehen oder eines der wenigen Restaurants in dem Ort zu besuchen. Eine Ver- und Entsorgungsanlage gibt es nicht.

Burgruine Donaustauf.

Eine Burg wurde schon vor dem Jahre 1000 zur Abwehr der Ungarn auf der Höhe über Donaustauf errichtet. Immer wieder war sie umkämpft, wurde beschädigt und wieder repariert, erweitert und umgebaut. Den Dreißigjährigen Krieg (1618-1648) überstand die Anlage nicht. Ein Wiederaufbau fand danach nicht mehr statt und sie verfiel im Laufe der Jahrhunderte. Heute bietet sie eine schöne Aussicht über die Donau und die Stadt, kann aber in den Besucherzahlen mit der Walhalla nicht konkurrieren.

Wiesent ist unser nächstes Ziel, hier haben wir mit dem **Nepal-Himalaya-Pavillon** den nächsten Besuchermagneten. Der Parkplatz [GPS: N49°01'18.3" E12°22'23.2"] ist klein. Sie werden vom Personal der Anlage dirigiert oder auch wieder weggeschickt, denn für Wohnmobile sind die Plätze knapp. Es wird Ihnen aber mit asiatischer Höflichkeit gesagt werden, welche alternativen Parkmöglichkeiten Sie haben.

Buddhistische Stupa und hinduistischer Tempel in einem Bauwerk.

Der Pavillon war auf der expo 2000 in Hannover zu sehen. Dort wurde er nach dem Ende der Ausstellung demontiert und in mühevoller Kleinarbeit an dieser Stelle wieder aufgebaut und 2003 der Öffentlichkeit zugänglich gemacht. Neben der Kombination aus buddhistischer Stupa und hinduistischem Tempel wurde in den Folgejahren eine faszinierende Parklandschaft mit fernöstlichen Gartenensembles geschaffen. Es ist eine Anlage, die alle Sinne anspricht. Dieser Augen- und Ohrenschmaus sowie die duftende blütenreiche Landschaft, die Ihresgleichen sucht, wird auch Sie begeistern.

Shangri La im großen Park.

Die Öffnungszeiten und Eintrittspreise können Sie auf dieser Seite www.nepal-himalaya-pavillon.de nachlesen. Dort finden Sie auch umfangreiche Informationen zu den einzelnen Gärten und Bauwerken.

Burg Falkenstein.

Nach diesem Ausflug in den fernöstlichen Kulturkreis geht es auf unserer Reise nach **Falkenstein** weiter. Über dem Ort, der rund 20 Kilometer vom Himalaya Pavillon entfernt liegt, thront auf einem Granitkegel eine Burg. Die Zufahrt zum Fuße der Anlage ist eng, aber für geübte Fahrer kein Problem. Vom Parkplatz [**255:** N49°05'58.6" E12°28'59.3"] führen einige gut beschilderte Wanderwege in die nähere Umgebung. Zur Burg sind nur noch ca. 150 Meter bergauf zu gehen. Die Burg dient als Festspielort, Standesamt, Museum und hat ein gutes Restaurant sowie einen schönen Biergarten.

Nach einem Spaziergang durch die Parkanlagen und einer kurzen Erfrischung fahren wir weiter durch die hügelige Landschaft des Vorderen Bayerischen Waldes Richtung Cham.

Piratenschiffe im Churpfalzpark.

Wir passieren den kleinen Ort **Loifling**. Hier gibt es ein Wasserschloss, dessen Räumlichkeiten hauptsächlich für Veranstaltungen genutzt werden und es gibt den **Churpfalzpark**, ein großer Vergnügungspark mit Spinning Coaster, Flying Dragon, Wildwasserbahn und wie die Attraktionen auch alle heißen mögen. Die Kinder können Piraten spielen und die Erwachsenen sich die Gartenanlagen anschauen, die so ganz anders angelegt sind, wie wir es in Wiesent gesehen haben. Für die gemeinsame Stärkung bietet das Restaurant mit Außenterrasse seine Dienste an. Sie können auf diesem Parkplatz [**256:** N49°10'12.1" E12°38'13.0"] bequem Ihr Fahrzeug abstellen. Hier finden Sie ganz sicher ein schattiges Plätzchen und in der Nacht ist es sehr ruhig.

Das gesamte Angebot sowie die Öffnungszeiten und Eintrittspreise finden Sie auf dieser Seite www.churpfalzpark.de.

Weiter geht die Fahrt nach Cham. Der Parkplatz an der Florian-Geyer-Brücke (Adolph-Kolping-Straße) eignet sich für einen Besuch der Stadt **[257:** N49°13'04.5" E12°39'35.7"]. Er ist mit P5-Altstadt-West ausgeschildert. Um dort hinzukommen, müssen wir den Ort allerdings zunächst umfahren, denn die Hauptverbindung von der Innenstadt zu diesem Platz führt durch das **Biertor** und dort ist die Durchfahrtshöhe auf 2,3 Meter begrenzt, da kommen wir nicht durch. Wer einen längeren Aufenthalt plant, dem empfehlen wir den offiziellen Stellplatz am Regen.

(258) Offizieller WOMO-Stellplatz: Kanu Club "Graf Luckner" Cham

GPS: N49°13'20.3" E12°40'38.2"; Badstraße 31, 93413 Cham..
Max. WOMOs: 10, maximale Länge 9 m.

Ausstattung: Frischwasserversorgung, Abwasserentsorgung mit Bodeneinlass, Kassettenentleerung, Stromanschlüsse, Behälter für die Müllentsorgung. Im Sanitärgebäude gibt es Duschen und WCs. Der Platz ist ganzjährig geöffnet.
Beschreibung: Sandiger Platz in einer Sackgasse am Ortsrand direkt am Regen, ein Kilometer vom Zentrum entfernt. Akustische Beeinträchtigung durch die Umgehungsstraße.
Preise: 14,00 € für ein Fahrzeug mit 2 Personen, Frischwasser 1,00 € und Strom 2,00 € für 24h. Abwasserentsorgung und Entleerung der Bordtoilette ist kostenfrei. Anmeldung und Bezahlung erfolgt am Abend im Vereinsheim.
Zufahrt: Die Badstraße bis zum Ende durchfahren.

Stadtbummel Cham

Wir starten unsern Stadtbummel vom Parkplatz P5 und gehen über die 1995 erbaute Florian-Geyer-Brücke. Sie ersetzte eine baufällig gewordene Überquerung, die zusammen mit dem Biertor als Filmkulisse für den 1959 gedrehten Antikriegsfilm **"Die Brücke"** von Bernhard Wicki diente. Ein Metallband mit Szenen aus dem Film in unmittelbarer Nähe der Brücke erinnert daran. Hinter der Brücke befindet sich das Museum SPUR in dem ehemaligen Armenhaus der Stadt. Es zeigt verschiedene Werke avantgardistische bildender Künstler der Nachkriegszeit. Vor dem Museum wenden wir uns nach rechts, überschreiten eine weitere Brücke und gelangen zum **Biertor**. Wir gehen hindurch, kommen an der Franziskanerkirche vorbei und erreichen nach rund 350 Metern den prächtigen Markt-

Das Biertor in Cham.

platz. Hier sind die Hauptsehenswürdigkeiten der Stadt versammelt. Die Marien Apotheke, ein mächtiges Bürgerhaus mit Freskenbilder, das Café Krone, der Rathausbrunnen mit den Figuren des **Grafen Luckner**, der Waldhexe und dem Bilmesschneider, der der Sage nach den Bauern das Getreide abschnitt. Dann die Stadtpfarrkirche St. Jakob und das Rathaus.

Sollten Sie zufällig mittags um 12.05 Uhr auf dem Marktplatz sein, so werden Sie wahrscheinlich überrascht sein, durch ein Glockenspiel die **Marseillaise** zu hören. Wie ist das zu erklären? Nikolaus Graf von Luckner (*1722 in Cham; † 1794 in Paris), war ein Feldherr, der unterschiedlichsten Herrschaftshäusern diente. Während des Siebenjährigen Krieges (1756–1763) kämpfte er für das Kurfürstentum Hannover gegen die Franzosen und erwarb sich dabei große Anerkennung. Nachdem der Krieg beendet war, wurde er praktisch arbeitslos. Wie ein guter Fußballtrainer heute Angebote von vielen Vereinen bekommt, bekam er Angebote von verschiedenen Herrscherhäusern aus unterschiedlichen Ländern. Die Nationalität spielte keine Rolle. Das war in dieser Epoche nichts ungewöhnliches. 1789 brach die Französiche Revolution aus und er trat 1790 in die Dienste der Französischen Nationalversammlung. Er wurde zum Marschall von Frankreich und kurz darauf zum Chef der Rheinarmee ernannt. Ihm zu Ehren wurde das Kriegslied der Rheinarmee von Rouget de Lisle komponiert, aus dem später die französische Nationalhymne Marseillaise wurde. Glück hat ihm der Dienst in Frankreich allerdings nicht eingebracht. Aufgrund einer Intrige gelangte er vor das Revolutionstribunal, wurde verurteilt und 1794 mit einer Guillotine hingerichtet.

Im Gedenken an den berühmten Sohn der Stadt erklingt das Glockenspiel jeden Mittag um 12:05 Uhr auf dem Marktplatz.

Wir kehren zum Wohnmobil zurück und fahren nunmehr nach **Furth im Wald** der Stadt des Drachenstichs. Hier angekommen, schauen wir zunächst nach den zur Verfügung stehenden Stellplätzen und können zwei angeben. Einen am Friedhof **[259:** N49°18'47.7" E12°50'39.9"], an der Hochstraße, der als P5 ausgeschildert ist, und einen an der Festwiese an der Eschlkamer Straße **[260:** N49°18'18.0" E12°50'52.0"], den Sie als P9 finden. Ver- und Entsorgungseinrichtungen haben beide nicht, beide sind kostenlos. Das attraktive Städtchen ist für sein Festspiel **»Drachenstich«** bekannt. Nach Aussage der Stadtväter ist es das älteste Volksschauspiel in Deutschland und wird bereits seit 500 Jahren gespielt. Es wird alljährlich im August aufgeführt. Auf der website www.drachenstich.de gibt es Eindrücke von den Festspielen und natürlich die Aufführungstermine. Nur werden Sie dann auf der Festwiese nicht parken können, denn dort finden die Aufführungen statt. Für alle die zum

Furth im Wald, Amtsgericht und Stadtturm.

unpassenden Zeitpunkt kommen: Im **1. Deutschen Drachenmuseum** werden die Mythologien und die Geschichten rund um den Drachen ausführlich dargestellt und in der **Drachenhöhle** am Festplatz können Sie den weltweit größten vierbeinigen Schreitroboter bewundern, der bei den Festspielen feuerspeiend in Aktion tritt.

Kampf mit dem Drachen.

Wer einen angenehm ruhigen Platz mit Bewirtung sucht, dem empfehlen wir den Naturcampingplatz am **Landhotel Waldesruh** in **Ränkam** am Kühberg 14 den Sie mit diesen Koordinaten [**261:** N49°18'18.0" E12°50'52.0"] erreichen.

Stellplatz am Landhotel Waldesruh.

Weiter geht es nach **Eschlkam**. Auf dem Weg dorthin kommen wir am **Drachensee** vorbei, der sich auf einem fünf Kilometer langen Wanderweg gut umrunden lässt.

Die Windsäcke in Eschlkam.

Nachdem wir die Fahrt fortgesetzt haben, erregt am Horizont auf einer Anhöhe hinter Eschlkam eine Reihe von Windsäcken unsere Aufmerksamkeit. Diese entpuppen sich bei näherer Betrachtung als Teil des **Kunstwanderweges Grenzbegegnungen - Wege zwischen Ost und West** und symbolisieren Deutschlands geraden Weg (links) und Tschechiens weniger geradlinigen Weg (rechts) zu einem geeinten Europa. Um ihn zu gehen, können Sie hier [GPS: N49°17'31.4" E12°55'15.7"] Ihr Fahrzeug auf einem kleinen Parkplatz abstellen. Weitere Kunstwerke zum Thema

Grenze und Freiheit säumen den angelegten Weg der in Stachesried am Kunstpavillon nach vier Kilometern endet.

Weiter geht es nach **Neukirchen beim Heiligen Blut**, einem der bedeutendsten Marienwallfahrtsorte Bayerns. Der Ort am Fuße des **Hohen Bogens** bietet mit dem Sport- und Freizeitzentrum Hohenbogen „Aktivurlaubern einiges, was die Ferien zu einem unvergesslichen Erlebnis werden lässt“ wie es in der eigenen Werbesprache heißt. Wir sind hier in der vorletzten Woche der Sommerferien und das Ferienzentrum macht einen recht verwaisten Eindruck. Der große Parkplatz ist als Übernachtungsstandort [**262:** N49°14'38.6" E12°57'25.2"] ein äußerst ruhiges Plätzchen, bietet allerdings keinerlei Versorgungseinrichtungen. Als Start- und Zielpunkt für Wanderungen ist der Ort nicht schlecht. Ein dichtes Netz von Wanderwegen lädt dazu ein.

Wir halten uns allerdings nicht lange auf und fahren auf der Glasstraße weiter Richtung Lam. Nach kurzer Fahrt geht es bergab, vor uns öffnet sich das breite Tal des **Lamer Winkels** mit den Gebirgszügen des **Kaitersberges** und des **Arberkammes** im Hintergrund. **Lam** präsentiert sich mit einem blumenreichen und schön angelegten Ortskern. Freunde von Besucherbergwerken werden die **Fürstenzeche** im Ortsteil Buchet [GPS: N49°11'56.1" E13°04'36.2"] aufsuchen wollen. Dieses ehemalige Silber- und Flussspatbergwerk kann von März bis November mit einer Führung täglich besichtigt werden.

Blick von der Fürstenzeche auf Lam.

Im Ortsteil **Lambach** lädt das **Märchenschloss** zu einem Rundgang durch eine Märchen- und Gespensterwelt ein. Von einem der Parkplätze im Tal vor dem Schloss lässt sich eine leicht herausfordernde Wanderung zum **Osser Sattel** und zum **Großen Osser** auf 1293 Meter Höhe unternehmen, auf dem in einer Schutzhütte Wandergäste bewirtet werden www.osser-schutzhaus.de. Der Weg ist vier Kilometer lang und es sind dabei rund 550

Das Märchenschloss in Lambach.

Meter Höhenunterschied zu überwinden. Auf dem Wanderparkplatz [GPS: N49°12'55.2" E13°04'13.4"] können Sie nach der anstrengenden Tour nicht übernachten. Dazu fahren Sie besser nach **Lohberghütte**, einem Ortsteil von **Lohberg**, wo Sie dieser Stellplatz erwartet.

(263) Offizieller WOMO-Stellplatz: Lohberg

GPS: N49°10'10.2" E13°05'31.4"; Sommerauer Str. 1A, 93470 Lohberg.
Max. WOMOs: 21, maximale Länge 10 m.
Ausstattung: Frischwasserversorgung, Abwasserentsorgung mit Bodeneinlass, Kassettenentleerung, Stromanschlüsse, Behälter für die Müllentsorgung, WLAN, Sanitärgebäude mit Duschen und WCs. Der Platz ist ganzjährig geöffnet.

Beschreibung: Geschotterte unparzellierte Stellflächen, leicht geneigt. Ver- und Entsorgung nur für Nutzer des Stellplatzes zugänglich. Im Kurbeitrag ist die kostenlose Nutzung von Bus und Bahn enthalten.
Preise: 15,00 € für ein Fahrzeug, Frischwasser 0,10 € (10 Liter), Strom 0,50 € pro kWh, Dusche 1,00 €. Abwasserentsorgung und Entleerung der Bordtoilette ist kostenfrei. Den Parkschein gibt es am Kassenautomaten. Kurbeitrag pro Person 1,00 €.
Zufahrt: Folgen Sie den Hinweisen zum Kleinen Arbersee, dann kommen Sie am Stellplatz vorbei.

Auf diesem Stellplatz stehen Sie in unmittelbarer des **Tierparks Bayerwald**, der sich zum Ziel gesetzt hat, einheimisches Wild, das in freier Wildbahn kaum zu sehen ist, in einer natürlichen Umgebung zu zeigen. Über 400 Tiere sind zu beobachten, darunter Rehe, Hirsche, Wisente, Elche und auch Wölfe. Das Gelände liegt an einem Hang und ist recht weitläufig, doch die Gehege erscheinen uns relativ klein. Wölfe zu beobachten ist kein Problem. Wer im Nationalpark Bayerischer Wald diese Tiere sehen will, braucht dagegen sehr viel Geduld.

Wölfe im Tierpark Bayerwald.

Für Wanderfreunde bietet sich der **Kleine Arbersee** als Ziel an. Er ist, je nach gewählter Route, sechs bis sieben Kilometer vom Stellplatz entfernt. Rund 360 Höhenmeter sind dabei zu bewältigen, bis dieses Relikt der letzten Eiszeit erreicht ist. Er ist einer der drei Karseen des Bayerischen Waldes. Wenn

Ihnen der Weg dorthin zu anstrengend ist, so können Sie sich auch mit der Tschu-Tschu-Bahn dorthin kutschieren lassen. Sie fährt am Bahnhof in Lohberghütte ab. Proviant müssen Sie nicht mitnehmen, das Seehäusl am Ufer des Sees freut sich über Besucher http://seehaeusl-kleinerarbersee.de.

Dampflok J.A. Maffei "Sepperl" im Lokschuppen des Localbahnmuseums.

Wir fahren weiter nach **Bayerisch Eisenstein**, dort angekommen, suchen wir das **Localbahnmuseum** in der Bahnhofstraße unweit der Grenze zu Tschechien auf [GPS: N49°07'17.9" E13°12'29.6"].

In den 1877 fertiggestellten Lokschuppen stehen überwiegend Dampflokomotiven, aber auch einige andere Schienenfahrzeuge und Waggons der ehemaligen bayerischen Localbahnen. Schautafeln verschaffen einen Eindruck über das stillgelegte Streckennetz und geben Auskunft über technische Details. Die meisten der ausgestellten Lokomotiven sind betriebsbereit. Im Sommer wird die "gute alte Dampflokzeit" wieder lebendig, dann verkehren Sonderzüge dieser Museumsbahn mit "Donnerbüchsen" zwischen Bayerisch Eisenstein und Zwiesel.

Nur wenige Meter neben dem Museum befindet sich eine Schauglashütte mit einem Shop und einem Restaurant. Das Interessante ist, dass Sie dem Glasbläser bei der Arbeit zuschauen können, während Sie am Tisch eine Mahlzeit zu sich nehmen.

Über **Regenhütte** fahren wir weiter zum **Großen Arbersee**. Den Campingplatz [**264:** N49°04'44.2" E13°12'22.8"], an dem wir in dem kleinen Ort vorbeikommen haben wir nicht näher betrachtet. Sie finden alle notwendigen Informationen dazu auf dieser Seite www.camping-heiner.de.

Viele Parkflächen wurden in der Nähe des Sees angelegt. Parken dürfen Sie hier [GPS: N49°06'02.0" E13°09'37.7"], übernachten jedoch nicht. Dazu müssen Sie den Wanderparkplatz am Fuße der **Arber Bergbahn** anfahren, der rund vier Kilometer weiter bergauf liegt und den Sie mit diesen Koordinaten [**265:** N49°07'22.3" E13°08'28.9"] erreichen. Hier kostet das 24h-Ticket 10,00 €, das Tagesticket bis 17:00 Uhr 5,00 €. Damit Sie ihr Ticket bei vorzeitigem Verlassen des Platzes nicht an andere Fahrer weitergeben können, müssen Sie es am Automaten mit der Eingabe Ihres Kennzeichens kombinieren.

Blick auf den Großen Arbersee.

Diese Region ist ein beliebtes Wandergebiet. Die Wanderwege sind zu zahlreich, um auf einzelne besonders eingehen zu können. Am Arbersee gibt es ein großes Gasthaus mit Außenterrasse, an der Arber-Bergbahn auch und auf dem 1456 Meter hohen **Großen Arber**, dem "Höhepunkt" dieser Tour ebenfalls. Der Fußweg zum Gipfel ist so beschwerlich nicht, denn der Parkplatz liegt schon auf einem Niveau von 1041 Metern. Die meisten Besucher wählen dennoch die Seilbahn, die ohne Unterbrechung fährt. Vom Gipfel haben Sie bei gutem Wetter einen phantastischen Blick ins Umland.

Blick auf den Großen Arber.

Bodenmais ist unser nächstes Etappenziel. Neben dem Outletcenter der Firma Joska und dem restaurantreichen Ortskern, ist das **Freizeitzentrum Silberberg** mit Sommerrodelbahn und Besucherbergwerk ein besonderer Anziehungspunkt.

Gleich drei Möglichkeiten gibt es, das WOMO abzustellen. Dabei haben Sie die Wahl zwischen luxuriös, praktisch und kostenlos.

(266) WOMO-Camping Resort Bodenmais

GPS: N49°03'26.9" E13°06'18.0"; Regener Str. 45, 94249 Bodenmais.
Max. WOMOs: 139, maximale Länge 12 m, 70 - 165 Quadratmeter.
Ausstattung: Frischwasserversorgung, Abwasserentsorgung mit Bodeneinlass, Kassettenentleerung, Stromanschlüsse, Behälter für die Müllentsorgung, WLAN, Restaurant, Spa, Mietbäder, Brötchenservice. Sanitärgebäude mit Duschen, WCs, Waschmaschinen und Trockner. Der Platz ist ganzjährig geöffnet.

Beschreibung: Luxus pur. Große sonnige Stellplätze mit Grünstreifen für Tisch und Stühle. Ver- und Entsorgung in einer großen Halle.
Preise: Erwachsene Person je nach Saison zwischen 12,00 € und 17,00 € Kinder 3-17 Jahre zwischen 7,50 € und 11,00 €, Hund 6,50 €, Kurtaxe (nur Erwachsene) 2,50 €, Wohnmobil je nach Saison und Komfortausstattung der Stellfläche zwischen 12,00 € und 29,00 €, Strom 0,75 € pro kWh, Waschmaschine und Trockner jeweils 3,00 €, CamperClean WC-Entsorgung 2,00 €.
Zufahrt: Der Beschilderung zum Campingplatz folgen.
Reservierung/Kontakt: Tel.: 09924/943208-0
E-Mail: info@campingresort-bodenmais.de,
Web: www.campingresort-bodenmais.de.

(267) Offizieller WOMO-Stellplatz: Bodenmais – Concorde-Reisemobil-Stellplatz

GPS: N49°04'16.2" E13°05'33.1"; Kötztinger Straße, 94249 Bodenmais.

Max. WOMOs: 12, maximale Länge 8 m., max. Aufenthalt 5 Tage.
Ausstattung: Frischwasserversorgung, Abwasserentsorgung mit Bodeneinlass, Kassettenentleerung, Stromanschlüsse, Behälter für die Müllentsorgung, ganzjährig geöffnet.
Beschreibung: Halbschattige überwiegend leicht geneigte asphaltierte Stellflächen, teilweise sehr kurz.
Preise: 11,00 € für ein Fahrzeug mit 2 Personen incl. Kurtaxe und Preisermäßigungen für Hallenbad, Saunalandschaft und Freibad.
Zufahrt: Über die Kötztinger Straße, am Ortsausgang auf der linken Seite.

Die dritte Möglichkeit das WOMO abzustellen, ist der kostenlose Parkplatz im hinteren Bereich des **Joska-Outletcenters** [**268:** N49°03'58.6" E13°05'02.4"].

Den Platz und das Glasparadies haben wir im Sommer 2021 gut gefüllt vorgefunden. In dem Biergarten vor den Einkaufshallen, auf dem Kinderspielplatz und in den Gartenanlagen herrschte ein reges Treiben.

Stellplatz am Joska-Outletcenter.

Sie finden alles, was aus Glas hergestellt werden kann. Das ist weit mehr als die üblichen Gebrauchsgegenstände wie Marmeladen- oder Wasserglas. Sie können in dieser großen Anlage den Glasbläsern zuschauen, es auch selber einmal versuchen, die Fertigkeiten der Künstler bei den Glasgravuren beobachten und natürlich Glas und auch Porzellan einkaufen. Die Palette ist sehr vielfältig. Das gesamte Angebot können Sie hier einsehen www.joska.com. Schwierig da hinaus zu gehen, ohne etwas einzukaufen.

Glaskunst für den Garten im Joska-Outletcenter ...

Das ist auch im **Weinfurtner Glasdorf** in **Arnbruck** nicht anders, an dem wir auf der weiteren Reise nach Bad Kötzting vorbeikommen [GPS: N49°07'41.5" E12°59'33.0"].

Auf dieser Seite www.weinfurtner.de können Sie sich einen Überblick verschaffen. Auch hier sehen wir, wie das eine oder andere Päckchen in den Laderäumen der WOMOs seinen Platz findet.

In **Bad Kötzting** gibt es derlei Verführung nicht. Zunächst fahren wir den folgenden Stellplatz an.

... und im Weinfurtner Glasdorf.

(269) Offizieller WOMO-Stellplatz: Bad Kötzting – Badewelt AQACUR

GPS: N49°10'30.6" E12°51'38.3"; Lamer Straße 4, 93444 Bad Kötzting.
Max. WOMOs: 4, maximale Länge 8 m, max. Aufenthalt 5 Tage.
Ausstattung: Frischwasserversorgung, Abwasserentsorgung mit Bodeneinlass, Kassettenentleerung, Stromanschlüsse, Behälter für die Müllentsorgung, ganzjährig geöffnet.

Beschreibung: Asphaltierter Platz hinter der Therme am Rande eines PKW-Parkplatzes, relativ ruhig. Entfernung bis zur Stadtmitte 500 Meter, Kurpark 700 Meter.
Preise: 8,00 € für eine Fahrzeug mit 2 Personen incl. Kurtaxe. Bezahlung am Kassenautomaten. Entsorgung kostenlos, Frischwasser 2,00 €, Strom 2,00 € für 6 Stunden.
Zufahrt: Der Beschilderung zur Therme folgen.

Bad Kötzting

Die Hauptsehenswürdigkeit ist die Kirchenburg mit der Stadtpfarrkirche Mariä Himmelfahrt. Die Ursprünge dieser Anlage liegen in der Mitte des 12. Jahrhunderts. Sie wurde im Laufe der Jahrhunderte mehrfach umgebaut und erweitert. Neben diesem sehenswerten Bauwerk lohnt auch ein Besuch der Innenstadt und des Kurparkes, der sich in der Talaue des Weißen Regen befindet. Berühmt ist der **Pfingstritt** zu Kötzting. Er zählt zu den größten berittenen Bittprozessionen Europas und geht auf ein Gelöbnis aus dem Jahre 1412 zurück. Alljährlich ziehen am Pfingstmontag über 900 Reiter betend auf geschmückten Pferden und in Trachten gekleidet von Bad Kötzting durchs Zellertal in das sieben Kilometer entfernte Steinbühl.

Die Kirchenburg in Bad Kötzting.

Totenbretter am Kurpark in Bad Kötzting.

Eine Besonderheit, die in der Oberpfalz und im Bayerischen Wald immer wieder an Kirchen, Kapellen und Wegkreuzungen auffällt, sind die Totenbretter, die auch hier zu sehen sind. Früher wurde der Leichnam auf dem Brett aufgebahrt, das Brett nach dem Begräbnis beschriftet, verziert und am Wegrand aufgestellt. Zu sehen sind diese Bretter am Rande des schönen Kurparkes, eine weitläufige, zwölf Hektar große Anlage mit ausladendem See und einem vier Kilometer langen Planetenweg. Die "Chinesische Mauer", eine neuzeitliche Konstruktion aus Beton und Holz verbindet den Kurpark mit der Innenstadt.

Wir fahren nunmehr den Weißen Regen hinunter, durchfahren Miltach und steuern **Viechtach** an. Auf der Suche nach einem Übernachtungsplatz fahren wir zum ausgeschilderten Knaus Campingpark [**270:** N49°04'57.3" E12°51'11.0"], in der Straße Waldfrieden 22, bleiben dort aber nicht, weil uns die Lage unter einer Hochspannungsleitung nicht gefällt. Der Parkplatz [**271:** N49°04'52.1" E12°51'35.6"] am Freibad in unmittelbarer Nähe erscheint uns für eine Übernachtung geeigneter. Am besten ist aber der Campingplatz an der **Schnitzmühle** [**272:** N49°04'09.3" E12°54'48.4"], der direkt am Schwarzen Regen liegt, nicht besonders groß ist, eine himmlische Ruhe und gleichzeitig eine Reihe von Freizeitmöglichkeiten bietet, wie Sie auf dieser Seite sehen können www.schnitzmuehle.de.

Überquert man vom Parkplatz am Freibad die B85, lassen sich nach einem kurzen Spaziergang die Quarzfelsen des **Großen Pfahls** bewundern, ein Naturdenkmal ersten Ranges.

Großer Pfahl

Es ist eine markante Gesteinsmauer aus milchigweißem Quarz, die über eine Distanz von 150 Kilometern Länge den Bayerischen Wald von Nabburg bis Passau durchzieht. Am deutlichsten sichtbar ist dieses geologische Gebilde bei Viechtach, wo er eine bis 30 Meter hohe und bis zu 120 Meter breite Wand ausgebildet hat. Er lässt sich an dieser Stelle mit seinen Lücken bequem umwandern und ist mit Schautafeln am Ort gut erklärt. Entstanden ist diese "Teufelsmauer" vor etwa 275 Millionen Jahren, als der gesamte Vordere Bayerische Wald gegenüber dem Inneren Bayerischen Wald um mehrere hundert Meter gehoben wurde. Die steilstehenden Klüfte zwischen diesen beiden Zonen wurden mit flüssigem, quarzhaltigen Mineralien in einigen Kilometern Tiefe aufgefüllt. Diese kristallisierten aus, wurden weiter gehoben, widerstanden der Verwitterung im Gegensatz zu den umliegenden weicheren Gesteinen und wurden deshalb so markant herauspräpariert.

Was gibt es sonst zu sehen in und um Viechtach? Der Marktplatz mit dem schönen Brunnen in der verwinkelten Innenstadt präsentiert sich als ein einziger Biergarten. Das Kristallmuseum und das Nostalgiehaus warten ebenso auf Besucher wie das Handwerkermuseum. Die Burgruinen Alt- und Neunussberg sowie die Kollnburg, die alle in unmittelbarer Umgebung liegen, sind kleine, frei zugängliche Anlagen, die es sich lohnt anzuschauen. Besonders interessant ist aber die **Gläserne Scheune** [GPS: N49°04'40.4" E12°55'08.8"], im Weiler Rauhbühl (Adresse: Rauhbühl 3). Das Haus ist ein Gesamtkunstwerk, die Glasbilder in den Innenräumen spiegeln regionale Legenden wieder https://glaeserne-scheune.de.

Von Viechtach fahren wir weiter in die fast 2000 Einwohner zählende Gemeinde **Sankt Englmar**. Am Rande des Kurgeländes gibt es einen Platz [GPS: N48°59'57.6" E12°49'36.3"], der für den Besuch des kleinen Naturbades bestens geeignet ist. Von hier ist der Weg in eines der wenigen Restaurants des Ortes nicht weit. Leider herrscht an dieser Stelle seit Neuestem ein Nachtparkverbot. Das wurde für den großen Parkplatz [**273:** N49°00'52.6" E12°46'59.2"] am Waldwipfelweg noch nicht erlassen. Es ist ein kostenloser geschotterter Platz ohne irgendwelche Einrichtungen. Wenn die letzten Besucher gegangen sind herrscht absolute Ruhe.

Der **Waldwipfelweg** ist 370 Meter lang und verläuft in einer Höhe von bis zu 30 Meter über dem Erdboden. Der Weg ist das ganze Jahr gegen Eintritt begehbar. Neueste zusätzliche Attraktion ist der 52 Meter hohe Waldturm, der den begehbaren Weg des Waldwipfelweges auf 1100 Meter verlängert. Sie können auf dem 2,5 Meter breiten Bohlenweg bequem einen Kinderwagen hochschieben und auch Rollstuhlfahrer müssen auf den Ausblick von hoch oben nicht verzichten. Bei gutem

Wetter genießen Sie einen weiten Blick in das Umland. Auf dem Weg dorthin können Sie erleben, wie es aussieht wenn ein Haus tatsächlich einmal auf den Kopf steht. Abgerundet wird das Angebot mit einem Naturerlebnispfad in dem Alpakas, Lamas und Schafe grasen, einem Pfad der optischen Phänomene und einer Höhle der Illusionen. Wenn Sie mit Kindern unterwegs sind, müssen Sie aufpassen Sie nicht aus den Augen zu verlieren.

Das Café/Restaurant serviert leckeren Kuchen und einfache kleine Gerichte. Über die Eintrittspreise und Öffnungszeiten informiert diese Seite www.waldwipfelweg.de.

Auf dem Weg zu dieser Attraktion kommen Sie am **Rodel- und Freizeitparadies** vorbei. Hier erwartet Sie auf dem Egidi-Buckel der **voglwuide Sepp**, mit 755 Metern die längste Achterbahn Bayerns, der Bayerwald-Coaster, der Bayerwald-Bob als Wannenbahn, eine große Wasser-Rutschbahn, die Sie auch ohne Badehose hinuntersausen können, eine Zip-Line, die Bayerwald-Fox genannt wird, ein 20 Meter hoher Aussichtsturm mit Rutsche und ein 12-Loch-Abenteuergolfplatz. Wahrscheinlich haben wir in unserer Aufzählung noch etwas vergessen. Es reicht aber auch so für einen Tag Spaßurlaub, insbesondere für Kinder. Natürlich wird auch für das leibliche Wohl gesorgt. Der Eintritt in diese Anlage ist frei. Für die einzelnen Attraktionen muss ein Obolus entrichtet werden. Eine Übersicht dazu finden Sie auf dieser Seite www.sommerrodeln.de und die Einfahrt zum Parkplatz mit diesen Angaben [GPS: N49°00'38.6" E12°47'49.9"].

Weit ins Umland reicht der Blick vom Waldwipfelweg in Sankt Englmar.

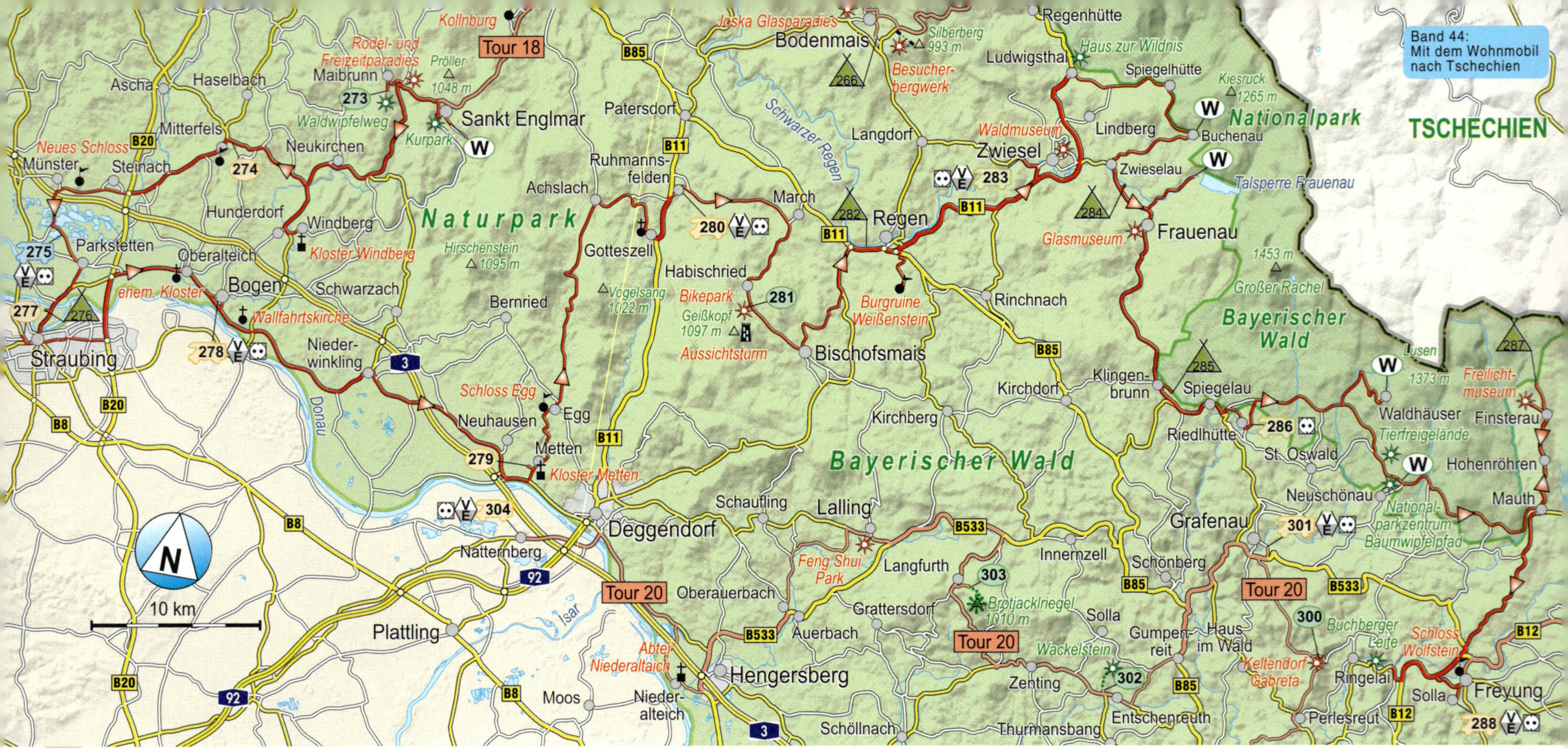
Band 44: Mit dem Wohnmobil nach Tschechien
TSCHECHIEN
Nationalpark
Bayerischer Wald
Naturpark
Bayerischer Wald
Tour 18
Tour 20
Straubing
Münster
Neues Schloss
Steinach
Mitterfels
Ascha
Haselbach
Neukirchen
Maibrunn
Rodel- und Freizeitparadies
Kollnburg
Pröller 1048 m
Waldwipfelweg
Kurpark
Sankt Englmar
Parkstetten
Oberalteich
ehem. Kloster
Bogen
Hunderdorf
Windberg
Kloster Windberg
Schwarzach
Wallfahrtskirche
Nieder-winkling
Donau
Hirschenstein 1095 m
Bernried
Schloss Egg
Egg
Neuhausen
Metten
Kloster Metten
Natternberg
Deggendorf
Plattling
Isar
Moos
Nieder-alteich
Abtei Niederaltaich
Hengersberg
Oberauerbach
Auerbach
Schöllnach
Achslach
Ruhmanns-felden
Gotteszell
Vogelsang 1022 m
Patersdorf
Habischried
Bikepark
Geißkopf 1097 m
Aussichtsturm
Bischofsmais
March
Regen
Burgruine Weißenstein
Rinchnach
Schwarzer Regen
Bodenmais
Joska Glasparadies
Silberberg 993 m
Besucher-bergwerk
Langdorf
Zwiesel
Waldmuseum
Regenhütte
Ludwigsthal
Haus zur Wildnis
Spiegelhütte
Lindberg
Buchenau
Kiesruck 1265 m
Zwieselau
Talsperre Frauenau
Frauenau
Glasmuseum
1453 m
Großer Rachel
Lusen 1373 m
Freilicht-museum
Waldhäuser
Finsterau
Tierfreigelände
Hohenröhren
Mauth
National-parkzentrum Baumwipfelpfad
Neuschönau
St. Oswald
Riedlhütte
Spiegelau
Klingen-brunn
Kirchdorf
Kirchberg
Schaufling
Lalling
Feng Shui Park
Langfurth
Innernzell
Brotjacklriegel 1010 m
Grattersdorf
Solla
Wackelstein
Zenting
Thurmansbang
Entschenreuth
Gumpen-reit
Haus im Wald
Schönberg
Grafenau
Buchberger Leite
Keltendorf Gabreta
Ringelai
Perlesreut
Schloss Wolfstein
Freyung
Solla
10 km
N
B20
B8
B11
B85
B533
B12
3
92
273
274
275
276
277
278
279
280
281
282
283
284
285
286
287
288
300
301
302
303
304

TOUR 19 (ca. 235 km)

Windberg – Mitterfels – Parkstetten – Straubing – Bogen – Metten – Egg – Ruhmannsfelden – Bischofsmais – Regen – Zwiesel – Spiegelhütte – Frauenau – Spiegelau – Finsterau – Freyung

Stellplätze:	Windberg, Mitterfels, Straubing, Bogen, Metten, Ruhmannsfelden, Bischofsmais, Regen, Zwiesel, Spiegelau, Riedlhütte, Freyung.
Campingplätze:	Parkstetten, Straubing, Regen, Zwieselau, Frauenau, Spiegelau, Finsterau.
Besichtigungen:	Windberg (Kloster), Mitterfels (Burg), Straubing (Altstadt), Bogen (Wallfahrtskirche), Metten (Klosterbibliothek), Egg (Schloss), Regen (Burgruine Weißenstein), Zwiesel (Waldmuseum), Finsterau (Freilichtmuseum).
Wandern/Radwandern:	Im Nationalpark Bayerischer Wald.
Baden/Wellness:	Parkstetten (Badesee), Bogen (Freibad), Freyung (Freibad).

Mit dieser Tour setzen wir die Reise durch den Bayerischen Wald fort. Von Sankt Englmar fahren wir zunächst hinunter an die Donau, begeben uns dort flussabwärts bis kurz vor Deggendorf und arbeiten uns dann wieder die Hänge bis in den Nationalpark hinauf. Im ersten Teil dieser Reise bilden außergewöhnliche sakrale Bauwerke einen Schwerpunkt unseres Interesses, im zweiten Teil stehen Natur und Landschaft im Vordergrund.

Erste Station ist **Windberg**. Wir parken in der Nähe des Klosters [GPS: N48°56'26.0" E12°44'53.2"] und schauen uns dieses mehrfach ausgezeichnete Klosterdorf an, das rund um die **Prämonstratenser Abtei** angelegt wurde. Neben der romanischen Basilika aus dem 12. Jahrhundert gibt es aber nicht so viel zu sehen, deshalb gondeln wir gleich weiter nach **Mitterfels**. Wir fahren am Freibad einen Parkplatz an, der für eine ruhige Übernachtung genutzt werden kann. Von dieser Stelle [**274:** N48°58'39.9" E12°41'13.0"] sind es bis zu der Burganlage des Ortes und dem **Teufelsfelsen** rund zwei Kilometer. Der Weg dorthin lässt sich mit einem Spaziergang auf einem Naturerlebnispfad verbinden. Es ist ein sehr ruhiger und beschaulicher Ort mit zwei oder drei Restaurants vor den Toren der kleinen mittelalterlichen Burganlage, von der die Ringmauern noch erhalten sind. Die wenigen Gebäude im Burghof werden von der Gemeindeverwaltung genutzt.

Wir fahren weiter hinunter an die Donau und kommen, nachdem wir die kleinen Orte Steinach und Münster passiert haben, in die große Seen- und Weiherlandschaft bei **Parkstetten** und steuern diese Anlage an.

(275) Offizieller WOMO-Badeplatz: Parkstetten – Wohnmobilhafen Friedenhain-See

GPS: N48°55'49.9" E12°34'41.8"; Friedenhain 52A, 94365 Parkstetten.
Max. WOMOs: >20, maximale Länge 12 m.
Ausstattung: Frischwasserversorgung, Abwasserentsorgung mit Bodeneinlass, Kassettenentleerung, Stromanschlüsse, Behälter für die Müllentsorgung, WLAN, Brötchenservice, Gaststätte, Liegewiese, Strandbad. Geöffnet von Anfang April bis Ende September.

Beschreibung: Große, sehr ruhig gelegene Rasenplätze am Seeufer mit Zugang zur Wakeboardanlage und den Campingplatzeinrichtungen. Mit Hunden können Sie diesen Platz nicht nutzen.
Preise: 22,00 € für ein Fahrzeug mit 2 Personen. Anmeldung und Bezahlung erfolgt an der Rezeption. Strom 2,00 € pro Tag, Frischwasser sowie die Ver- und Entsorgung ist bereits im Stellplatzpreis enthalten.
Zufahrt: Nach der Überquerung der Autobahn im ersten Kreisverkehr die 3. Ausfahrt wählen und nach 400 Metern rechts auf den Platz einfahren.
Reservierung/Kontakt: Tel.: 09421/82700 oder 0171/8214508
E-Mail: info@friedenhainsee.de, Web: www.friedenhainsee.de.

Für Wassersportler und Badegäste ist dies ein idealer Ort. Auch Nudisten finden an einem der Weiher ihr Plätzchen und wer Angeln möchte und darf, findet auch eine Möglichkeit.

Straubing können Sie von diesem Platz bequem anfahren. Mit dem Rad sind nur sieben Kilometer zurückzulegen, bis Sie die Metropole des **Gäubodens** erreicht haben. Wenn Sie mit dem WOMO hinfahren, bieten sich der Campingplatz am Ortseingang auf einer Insel der Donau **[276:** N48°53'35.9" E12°34'35.4"] und als kostenlose Alternative der riesige Festplatz in der Straße Am Hagen **[277:** N48°53'06.1" E12°33'48.8"] als Standorte für den Besuch der Stadt an.

Das Zentrum ist nur 700 Meter von diesem Platz entfernt. Neben dem 68 Meter hohen Stadtturm, dem Wahrzeichen Straubings, finden sich einige sehenswerte Baudenkmäler im Innenstadtbereich.

Im November 2016 wurde das Rathaus bei einem Brand stark beschädigt, der Historische Rathaussaal vollständig zerstört. Der Wiederaufbau wurde 2020 begonnen und wird noch einige Zeit in Anspruch nehmen.

Auf dem Theresien- und dem Ludwigsplatz vor und hinter dem Stadtturm, die verkehrsberuhigt, aber keine reinen Fußgängerzonen sind, gibt es zahlreiche Straßencafés, Marktstände und Restaurants. Das gesamte Ensemble macht einen sehr angenehmen Eindruck. Zünftiges bayerisches Essen können Sie u.a. im Wirtshaus zum Geiss und im Straubinger Weißbierhaus am Theresienplatz genießen http://straubinger-weissbierhaus.de. Alljährlich (wenn keine Pandemie dazwischenkommt!) findet auf dem Festplatz das **Gäubodenvolksfest** statt. Es ist nach dem Oktoberfest in München das zweitgrößte Volksfest in Bayern. Was geboten wird, können Sie hier nachlesen www.ausstellungs-gmbh.de/gaeubodenvolksfest.

Der Stadtturm in Straubing.

In **Oberalteich** werden Freunde sakraler Gebäude von der Deckenmalerei und dem imposanten Altar in der Barockkirche begeistert sein [GPS: N48°55'02.2" E12°40'13.0"] und werden auf dem **Bogenberg** die **Wallfahrtskirche vom Heiligen Kreuz** [GPS: N48°54'06.9" E12°41'52.0"] nicht weniger interessant finden. Am Fuße des Bogenbergs befindet sich in der Stadt **Bogen** dieser Stellplatz.

(278) Offizieller WOMO-Stellplatz: Bogen – Am Freibad

GPS: N48°54'28.4" E12°41'16.0"; Kotaustraße 12, 94327 Bogen.

Max. WOMOs: 5, maximale Länge 8 m, max. Aufenthalt 5 Tage.
Ausstattung: Frischwasserversorgung, Abwasserentsorgung mit Bodeneinlass, Kassettenentleerung, Stromanschlüsse, ganzjährig geöffnet.
Beschreibung: Einfacher Parkplatz neben dem Freibad.
Preise: Je nach Jahreszeit zwischen 10,00 € (Winter) und 15,00 € (Sommer). Zu zahlen ist der Betrag an der Kasse des Freibades oder im Sportheim. Strom 1,00 € für 4h, Frischwasser 1,00 € Abwasserentsorgung 2,00 €.
Zufahrt: Der Beschilderung zum Freibad folgen.

Die Kirche der Benediktinerabtei Metten.

Auf dem Bogenberg befindet sich nicht nur die Wallfahrtskirche sondern auch das **Kreismuseum Bogenberg**, das sich unter anderem der Geschichte der Bayerischen Rauten widmet. Aussichtsreich bayrisch Speisen können Sie in dem wenige Meter entfernt liegenden Berggasthof **"Zur schönen Aussicht"** www.bogenberg.com.

Nach einer zünftigen Mahlzeit geht es weiter nach **Metten**. Hier werden wir nicht nur den Ort, sondern auch die **Benediktinerabtei** und insbesondere die **Barockbibliothek** aufsuchen. Wie in der Stiftsbibliothek der Abtei in Waldsassen (siehe Seite 147) sind für den Besucher nicht die alten Bücher von Interesse sondern die Räumlichkeiten, in denen sie aufbewahrt werden. Die Skulpturen, die Fresken, alle Kunstwerke haben besondere Bedeutungen in diesen Räumen, die sich nicht auf den ersten Blick erkennen lassen. In einer Führung bekommen Sie einige erläutert. Ohne Führung können Sie die Bibliothek ohnehin nicht betreten.

Die Barockbibliothek der Benediktinerabtei Metten.

Führungen: Dienstags bis samstags um 10:00 und um 15:00 Uhr, sonntags nur um 15:00 Uhr. Eintritt 5,00 Euro.

Umfangreiche Informationen über das Kloster, die Bibliothek, die Kirche, die Aufgaben des Ordens und anderes mehr finden Sie auf dieser Seite www.kloster-metten.de. Um die Abtei zu besichtigen parken Sie am besten am Freibad in der Jahnstraße [**279:** N48°51'06.4" E12°54'31.6"].

Das nächste Highlight auf dieser Reise durch den Bayerischen Wald lässt nicht lange auf sich warten.

Das **Schloss Egg** steht nun auf dem Programm, das nur vier Kilometer vom Kloster entfernt liegt. Es kann nur außerhalb der Frostperiode im Rahmen einer Führung besichtigt werden. Sie sehen eine ehemalige Wasserburg, die Mitte des 19. Jahrhunderts behutsam zu einem Schloss umgebaut wurde. Die neogotischen Elemente erinnern an britische Schlösser und Herrscherhäuser. Mehrere prunkvolle Säle gilt es im Inneren zu besichtigen. Auch der 45 Meter hohe Burgturm gehört zum Besuchsprogramm dazu, den Sie, wenn Sie mögen, hochsteigen können. Dieser Turm, das Verlies, und die Folterkammer sind aber auch ohne Führung zu besichtigen. Zum Abschluss bietet es sich an einen Kaffee auf der Gartenterrasse zu trinken, bevor es weitergeht. Einziges Manko ist der Parkplatz [GPS: N48°52'52.6" E12°55'20.4"]. Er befindet sich direkt am Schlossgelände und ist sehr klein. Da könnte es bei hohem Besucherandrang schwierig werden einen freien Platz zu finden. Sollte er bei Ihrer Ankunft belegt sein, so versuchen Sie den Parkplatz am Sportgelände zu nutzen [GPS: N48°52'58.5" E12°55'33.6"]. Er ist nur 400 Meter vom Schloss entfernt.

Schloss Egg.

Für eine ruhige Übernachtung eignet sich der Stellplatz in **Ruhmannsfelden** [**280:** N48°58'52.9" E12°59'19.4"]. Er bietet 16 Mobilen Platz, kann zur Wasserver- und entsorgung genutzt werden, hat Stromanschlüsse und kostet acht Euro pro Nacht. In ein paar Metern Entfernung gibt es eine Pizzeria, über deren Service und Qualität wir allerdings nichts sagen können.

Kostenlos ist der große Parkplatz am **Bikepark Geißkopf** [**281:** N48°56'07.6" E13°02'34.9"]. Hier geben sich die jungen und jung gebliebenen "downhill" Mountainbiker ein Stelldichein. Mit dem Lift geht es hoch und mit Karacho und manchmal auch Hals über Kopf den Berg wieder hinunter. Sie müssen da nicht mitmachen. Zum Aussichtsturm mit der bewirtschafteten Hütte lässt es sich auch gemütlich Wandern. Der Weg vom Parkplatz dorthin ist etwas mehr als zwei Kilometer lang bei einem Höhenunterschied von 270 Metern. Sie müssen nur den richtigen Pfad wählen, damit Sie den Bikern nicht zu nahe kommen.

Geißkopfturm auf 1097 Metern Höhe.

Wir fahren weiter und passieren **Bischofsmais** mit seinen vielen Hotelanlagen. Der weitere Weg geht durch eine äußerst reizvolle Landschaft, die wie eine überdimensionale Modellbahnanlage aussieht. Die Straßen schlängeln sich bergauf und bergab. Es geht durch Wiesen, Weiden und Wälder, da ist die Fahrt recht kurzweilig, bis wir an dem kleinen Campingplatz in **Regen** [**282:** N48°57'59.7" E13°06'49.1"] ankommen. Der Platz liegt zwischen dem Freibad und dem Schwarzen Regen. Auf dieser Seite erfahren Sie die Ausstattungsmerkmale und die Preise www.regental-aktiv-camping.de.

Die Hauptattraktion der Stadt ist die **Burgruine Weißenstein** [GPS: N48°57'03.5" E13°08'36.2"] zwei Kilometer südlich des Ortszentrums. Sie steht auf einer der höchsten Erhebungen des "Pfahls"; des Quarzrückens, der sich von Nabburg bis nach Passau durch den Bayerischen Wald zieht und den wir auf der Seite 339 bereits beschrieben haben.

Neben der Burgruine steht das **"Fressende Haus"**; ein ehemaliger Getreidespeicher, der dem wenig bekannten Schriftsteller Siegfried von Vegesack als Wohnung diente und seit 1985 als Museum eingerichtet ist. Neben dem Museum wurde als Kunstinstallation ein Gläserner Wald angelegt, daneben befindet sich ein Biergarten. Unterhalb der Burg ist eine kleine Kapelle mit Totenbrettern an den Außenwänden zu besichtigen.

Burgruine Weißenstein.

Wir fahren weiter und nähern uns der Glasstadt **Zwiesel**. Einziger Stellplatz in der Nähe der Stadt, auf dem auch übernachtet werden kann ist der Tröpplkeller.

(283) Offizieller WOMO-Gasthof-Stellplatz: Zwiesel – Tröpplkeller

GPS: N49°00'48.1" E13°12'32.2"; Tröpplkeller 48, 94227 Zwiesel.
Max. WOMOs: 25, maximale Länge 8 m.
Ausstattung: Frischwasserversorgung, Abwasserentsorgung mit Bodeneinlass, Kassettenentleerung, Stromanschlüsse, Behälter für die Müllentsorgung. Im Servicegebäude gibt es Dusche und WC. Der Platz ist ganzjährig geöffnet. Brötchen- und Frühstücksservice im Gasthof, Restaurant mit traditionellen bayrischen Gerichten.

Beschreibung: Große sonnige, teilweise auch schattige Rasenplätze in unmittelbarer Nähe des Schwarzen Regen, sehr ruhig, 2 km von der Innenstadt entfernt.
Preise: 14,00 € bis 17,00 € für ein Womo mit 2 Personen, je nach Größe des Fahrzeugs. Ver- und Entsorgung kostenlos, Strom 0,50 € pro kWh. Kurtaxe 2,40 für den Erwachsenen.
Zufahrt: Von Zwiesel in Richtung Bodenmais fahren. Der Platz befindet sich 1 km hinter der Brücke über den Schwarzen Regen auf der linken Seite.
Reservierung/Kontakt: Tel.: 09922/60391
E-Mail: info@troepplkeller.de, Web: www.troepplkeller.de.

Das **Waldmuseum** vermittelt mit seinen Exponaten einen Eindruck über die Geschichte der Region. Es spannt mit seinen Ausstellungen einen Bogen von der Eiszeit über den Urwald, erläutert das Ökosystem Wald, zeigt, wie die Waldwirtschaft funktioniert, erläutert die Tierwelt des Bayerischen

In Zwiesel gibt es Glas in allen Variationen.

Zwiesel, Glaspyramide.

Waldes und leitet zu der Glasherstellung über, die in Zwiesel das zentrale Thema ist. In einem Diorama wird ein Glasmacherdorf gezeigt. Es macht auf eindrückliche Weise deutlich, welche Arbeitsschritte notwendig waren, um Glas zu produzieren und wie beschwerlich diese Arbeit im 18. Jahrhundert gewesen sein muss. Vitrinen, in denen kunstvoll gestaltete Gläser ausgestellt sind, zeigen die ganze Breite dieses Handwerks. Auf dieser Seite bekommen Sie alle weiteren Information über das Museum und können die Öffnungszeiten und Eintrittspreise nachlesen https://waldmuseum.zwiesel.de. Sie finden das Museum hinter der **Stadtpfarrkirche St. Nikolaus**, der mit seinem markanten 86 Meter hohen Turm aus Backstein auffällt und schon von Weitem sichtbar ist.

Mit Glas geht es auch nach dem Verlassen des Museums weiter. Zahlreiche Firmen werben in Zwiesel mit Direktverkäufen für Gebrauchsgegenstände aus Glas und bieten zwischen Kruscht und exzellentem Kunsthandwerk eine außerordentliche Vielfalt an.

Zwiesel ist nicht nur eine Stadt des Glases, sondern auch eines der Eingangstore zum **Nationalpark Bayerischer Wald**, dem wir uns jetzt widmen wollen.

Da Sie im Nationalpark auf den Wanderparkplätzen nicht übernachten dürfen, zeigen wir Ihnen zunächst die Plätze, wo

Sie komfortabel unterkommen können. Für die bessere Orientierung sind diese auf einer Karte vermerkt, auf der auch die Hauptpunkte der Beschreibung des Nationalparks verzeichnet sind. Es ist alles von Nord nach Süd sortiert.

Auf einigen Campingplätzen bekommen Sie mit der Zahlung der Gebühren eine Gästekarte mit dem **"Guti-Logo"** ausgehändigt. Diese Gästekarte berechtigt zur kostenlosen Nutzung der Bus- und Bahnlinien im Bayerischen Wald. Welche Orte bedient werden, finden Sie auf dieser Seite www.bayerwald-ticket.com. Fahrpläne zu studieren ist ja immer etwas mühsam, aber auch hier hilft die Karte, um sich zu orientieren. Wofür steht Guti? Es ist die Abkürzung für "Gästeservice-Umwelt-Ticket" und steht im bayerischen Sprachgebrauch gleichzeitig für Bonbon oder kleine Belohnung. Sie werden also belohnt, wenn Sie ihr WOMO an einem Fleck stehen lassen und das Guti-Ticket nutzen.

(284) WOMO-Campingplatz: Zwieselau – Green Village

GPS: N49°00'31.2" E13°16'33.9"; Zwieselau 13, 94258 Frauenau.
Max. WOMOs: 35, maximale Länge 12 m.
Ausstattung: Frischwasserversorgung, Abwasserentsorgung mit Bodeneinlass, Kassettenentleerung, Stromanschlüsse, Behälter für die Müllentsorgung, WLAN. Im Sanitärgebäude gibt es Duschen, WCs, Waschmaschinen und Trockner. Der Platz ist ganzjährig geöffnet.
Beschreibung: Große sonnige, teilweise auch schattige ebene Rasenplätze, naturbefestigt, parzelliert durch Büsche und Bauminseln
Preise: Personen ab 13 Jahren 8,50 €, Kinder 3-12 Jahre 5,50 €, Jugendliche 13 - 17 Jahre 6,00 €, Wohnmobil 7,00 €, Strom 3,00 € pro Tag. GUTI- Ticket und NationalparkCard ist im Preis enthalten.
Zufahrt: An der St 2132 zwischen Zwiesel und Frauenau.
Reservierung/Kontakt: Tel.: 09922/6475
E-Mail: info@camping-bayrischerwald.de,
Web: www.camping-bayrischerwald.de.

(285) WOMO-Campingplatz: Klingenbrunn – Camping am Nationalpark

GPS: N48°55'02.6" E13°19'53.4"; Bergstr. 44, 94518 Spiegelau.
Max. WOMOs: 100, maximale Länge 12 m.
Ausstattung: Frischwasserversorgung, Abwasserentsorgung mit Bodeneinlass, Kassettenentleerung, Stromanschlüsse, Behälter für die Müllentsorgung, WLAN, Frühstücksservice. Sanitäranlagen mit Dusche, WC, Waschmaschine und Trockner. Ein gemütliches Wirthaus mit Biergarten sorgt für das leibliche Wohl. Der Platz ist ganzjährig geöffnet.
Beschreibung: Idyllische, sehr ruhige Lage am Waldrand mit sonnigen und schattigen Plätzen auf festem Rasenuntergrund.
Preise: Personen ab 14 Jahren 8,00 €, Kinder 4-14 Jahre 5,00 €, Hund kostenlos, Kurtaxe (Erwachsene/Kind) 1,60 €/0,80 €, Wohnmobil 8,50 €, Frühstück (Erwachsene/Kind) 10,90 €/7,40 € Strom 0,60 € pro kWh. GUTI-Ticket und NationalparkCard ist im Preis enthalten.
Zufahrt: In Klingenbrunn von der Staatsstraße 2132 in die Bergstraße abbiegen, dann noch ca. 700 Meter weiterfahren.
Reservierung/Kontakt: Tel.: 08553/727
E-Mail: info@camping-nationalpark.de, Web: www.camping-nationalpark.de.

(286) Offizieller WOMO-Gasthof-Stellplatz: Riedlhütte – „Zum Friedl“

GPS: N48°54'29.0" E13°23'20.8"; Kirchstraße 28, 94566 Riedlhütte.
Max. WOMOs: 3, maximale Länge 8 m.
Ausstattung: Einfacher Parkplatz am Hotel, ganzjährig geöffnet. Brötchen- und Frühstücksservice im Gasthof, Restaurant mit traditioneller bayerischer Küche. Bord-WC-Entsorgung in einer Toilette hinter dem Hotel möglich.
Beschreibung: Ortsrand, sehr ruhig. Besondere kulinarischen Köstlichkeiten im Restaurant sind die Wildererpfanne, der Kaiserschmarren und die hausgemachten Ravioli.
Preise: 7,50 € ohne, 5,00 € mit Restaurantbesuch, Strom wird nach Verbrauch abgerechnet.
Zufahrt: Am östlichen Rand von Riedlhütte.
Reservierung/Kontakt: Tel.: 08553 /96680
E-Mail: info@zumfriedl.de, Web: www.zumfriedl.de.

(287) WOMO-Campingplatz: Finsterau – Anderswo-Camp

GPS: N48°56'27.8" E13°34'20.6"; Buchwaldstraße 52, 94151 Finsterau.
Max. WOMOs: 50, maximale Länge 12 m.
Ausstattung: Frischwasserversorgung, Abwasserentsorgung mit Bodeneinlass, Kassettenentleerung, Stromanschlüsse, Behälter für die Müllentsorgung, WLAN. Im Servicegebäude gibt es Dusche, WC, Waschmaschine und einen Trockner. Der Platz ist ganzjährig geöffnet.
Beschreibung: Direkt am Böhmerwald/Bayerischer Wald, am Fuße des Lusens, sehr ruhig. Im Winter stehen die Sanitäranlagen nicht zur Verfügung. Es ist neben den Stromanschlüssen nur eine Wasserver- und Entsorgung möglich. Für Off-Roader stehen naturbelassene Plätze auf einer Waldlichtung zur Verfügung.
Preise: Personen ab 14 Jahren 8,00 €, Kinder 6-14 Jahre 5,00 €, Hund kostenlos, Kurtaxe (Erwachsene/Kind) 1,60 €/0,80 €, Wohnmobil 8,00 €, Strom 3,00 € pro Tag.
Zufahrt: Hinter Finsterau an der St 2127.
Reservierung/Kontakt: Tel.: 08557/2780110
E-Mail: info@anderswo-camp.de, Web: https://anderswo-camp.de.

(288) Offizieller WOMO-Stellplatz: Freyung – Freizeitanlage Solla

GPS: N48°48'04.4" E13°32'26.8"; Solla 2A, 94078 Freyung.
Max. WOMOs: 12, maximale Länge 10 m, max. Aufenthalt 5 Tage.

Ausstattung: Frischwasserversorgung, Abwasserentsorgung mit Bodeneinlass, Kassettenentleerung, Stromanschlüsse, Behälter für die Müllentsorgung. Kneippbecken, Spielplatz, Eishalle und Skilift in der Nähe. Ganzjährig geöffnet.
Beschreibung: Überwiegend schattige Stellflächen auf Rasengittersteinen. Ortsrand, ruhig am Ende einer Sackgasse.
Preise: 8,00 € für ein Fahrzeug mit 2 Personen incl. Kurtaxe. Gebühr wird vor Ort kassiert. Entsorgung ist kostenlos, Frischwasser 1,00 € (50 Liter), Strom gibt es mit Münzeinwurf für 0,50 € pro kWh.
Zufahrt: Vom Ortszentrum Richtung Geyersberg fahren.

Nationalpark Bayerischer Wald

Nationalpark Bayerischer Wald

Die Igelbusse sind sehr hilfreich, um im Nationalpark größere Strecken zurückzulegen. Sie verbinden die Orte am Rande des Nationalparks miteinander und fahren in die Wandergebiete und zu den Sehenswürdigkeiten. Mit der Guti-Gästekarte können Sie diese Buslinien kostenlos nutzen.

Die Wanderwege im Nationalpark sind zahlreich und vorbildlich ausgeschildert. Wir umreißen die einzelnen Gebiete und gehen dabei von Nord nach Süd vor, werfen Sie dazu auch noch einmal einen Blick auf die Karte.

Aussichtsturm am Haus zur Wildnis.

Unweit von Bayerisch Eisenstein liegt der **Urwald-Erlebnisweg**, hier können die ältesten Urwaldreste Mitteleuropas durchwandert werden. Etwa fünf Kilometer entfernt liegt das Haus zur Wildnis, das von einem großen Tier-Freigelände mit Gehegen für Wildpferde, Urrinder, Luchse und Wölfe umgeben ist. Um Luchse und Wölfe zu sehen, braucht man allerdings sehr viel Geduld. Weiterhin ist die Nachbildung einer Steinzeithöhle im Rundweg integriert. Ein großer Aussichtsturm verschafft einen Blick über den Nationalpark und auf den Großen Arber.

Das **Haus zur Wildnis** selbst bietet allerlei Information über die Vorgänge in der Natur und ist für Kinder besonders gut eingerichtet. Im Restaurant kann man sich die Kraft für die nächste Wanderung holen. Zum Beispiel für den **Erlebnisweg Schachten und Filze**. Dazu müssen wir aber bis nach Buchenau oder bis zum Parkplatz an der Trinkwassertalsperre fahren und von dort aus in das Gebiet wandern. Was sind Schachten und was sind Filze? Nun, Schachten sind ehemalige Waldweiden, die nur einen geringen Baumbestand haben, und Filze sind Moore oder Moorkomplexe. Für die Wanderung in dieses Gebiet sollten Sie einen ganzen Tag einplanen.

Das Waldspielgelände bei Spiegelau ist ein zwei Kilometer langer Naturerlebnispfad, der dem Motto "Spielend die Natur begreifen" folgt und in erster Linie für Kinder gestaltet wurde. Aber auch Erwachsene können hier noch etwas lernen und erleben.

Der Baumturm am H.-Eisenmann-Haus.

Das Wandergebiet rund um das Dorf **Waldhäuser** zeigt unter anderem mit einem Bachlehrpfad und dem Hochwaldsteig, wie sich der Wald nach dem intensiven Borkenkäferbefall in den Neunzigerjahren erholt hat. Zwischen entwurzelten, kreuz und quer liegenden toten Baumstämmen sprießt frisches Grün und wächst zu einem neuen, wilden Wald heran. Es sieht zuweilen abenteuerlich aus, aber im Nationalpark lässt man der Natur ihren Lauf. Hier wird der Wald nicht "aufgeräumt"; umgestürzte Bäume bleiben liegen und verrotten nach einigen Jahren. Es ist nicht ratsam - und darauf wird immer wieder hingewiesen - bei starkem Wind diese Wanderwege zu gehen, denn abknickende Äste und umstürzende Bäume können schon eine Gefahr für den Wanderer darstellen.

Oberhalb des Dorfes Waldhäuser ist ein kleiner Skulpturenpark mit Plastiken von Heinz Theuerjahr zu sehen, darauf sei noch hingewiesen, bevor wir uns der schon nicht mehr wirklich neuen Attraktion des Nationalparks zuwenden.

Uhu imTierfreigelände.

Am **Hans-Eisenmann-Haus**, das als Informationszentrum alles Wissenswerte über den Nationalpark und allgemein über Naturgeschichte bereithält, wurde ein 1300 Meter langer Baumwipfelpfad errichtet. Der 44 Meter hohe Baumturm hat die Form eines überdimensionalen Eies und ist das neue Wahrzeichen des Nationalparks. In diesem Turm kann eine Baumgruppe bis zur Spitze umrundet werden. Sie können sogar mit dem Kinderwagen oder dem Rollstuhl hochfahren. Oben angekommen haben Sie einen schönen Blick über den Nationalpark.

An diesem architektonischen Kunstwerk ist ein Baumwipfelpfad angeschlossen, der in einer Höhe zwischen 8 und 25 Metern über den Waldboden führt.

Das **Tierfreigelände** am Hans-Eisenmann-Haus ist recht weitläufig und hügelig. Der gesamte Rundweg ist sieben Kilometer lang. Neben sehr großen Gehegen für Rotwild, Wildschweine, Wölfe, Luchse und Wisente gibt es auch einige Volieren für Waldvögel. Bei einem Besuch in der Abenddämmerung oder am frühen Morgen hat man die größte Chance, die Tiere in den Gehegen auch tatsächlich beobachten zu können. Ein Luchs ist am Abend ziemlich dicht an uns vorbeigestrichen, Wölfe haben wir jedoch nicht entdecken können. Wisente konnten wir dagegen in einiger Entfernung dabei beobachten, wie sie auf einer Lichtung ihr "Abendgras" zu sich nahmen.

Zwei Wandergebiete sind noch zu erwähnen, das **Felswandergebiet** im Süden des Nationalparks und das **Waldgeschichtliche Wandergebiet** an der Tschechischen Grenze. Im Felswandergebiet führt ein drei Kilometer langer Weg durch große Felsblöcke mit unterschiedlichsten Formen. Das Waldgeschichtliche Wandergebiet ist ein grenzüberschreitendes Projekt, das auf ausgewiesenen Rundwegen mit zahlreichen Hinweistafeln die Nutzungsgeschichte des Waldes, die Entwicklung der Kulturlandschaft und die Siedlungsgeschichte dieser Region zu erklären versucht. Hierzu passt auch ein Besuch des **Freilichtmuseums Finsterau**, das mit alten Gebäuden aus dem Bayerischen Wald Geschichte lebendig werden läßt, auch deshalb, weil u.a. Korbflechter, Schuhmacher, Bäcker und der Dorfschmied in den Sommermonaten ihr Handwerkskünste vorführen.

Petzi-Hof im Freilichtmuseum Finsterau.

Das war jetzt ein Parforceritt durch den Nationalpark. Um alles in Ruhe anschauen, durchwandern und erleben zu können, sollten Sie drei oder vier Tage für diesen Park einplanen, besser sogar eine ganze Woche. Wir wenden uns jetzt der letzten Tour in diesem Buch zu.

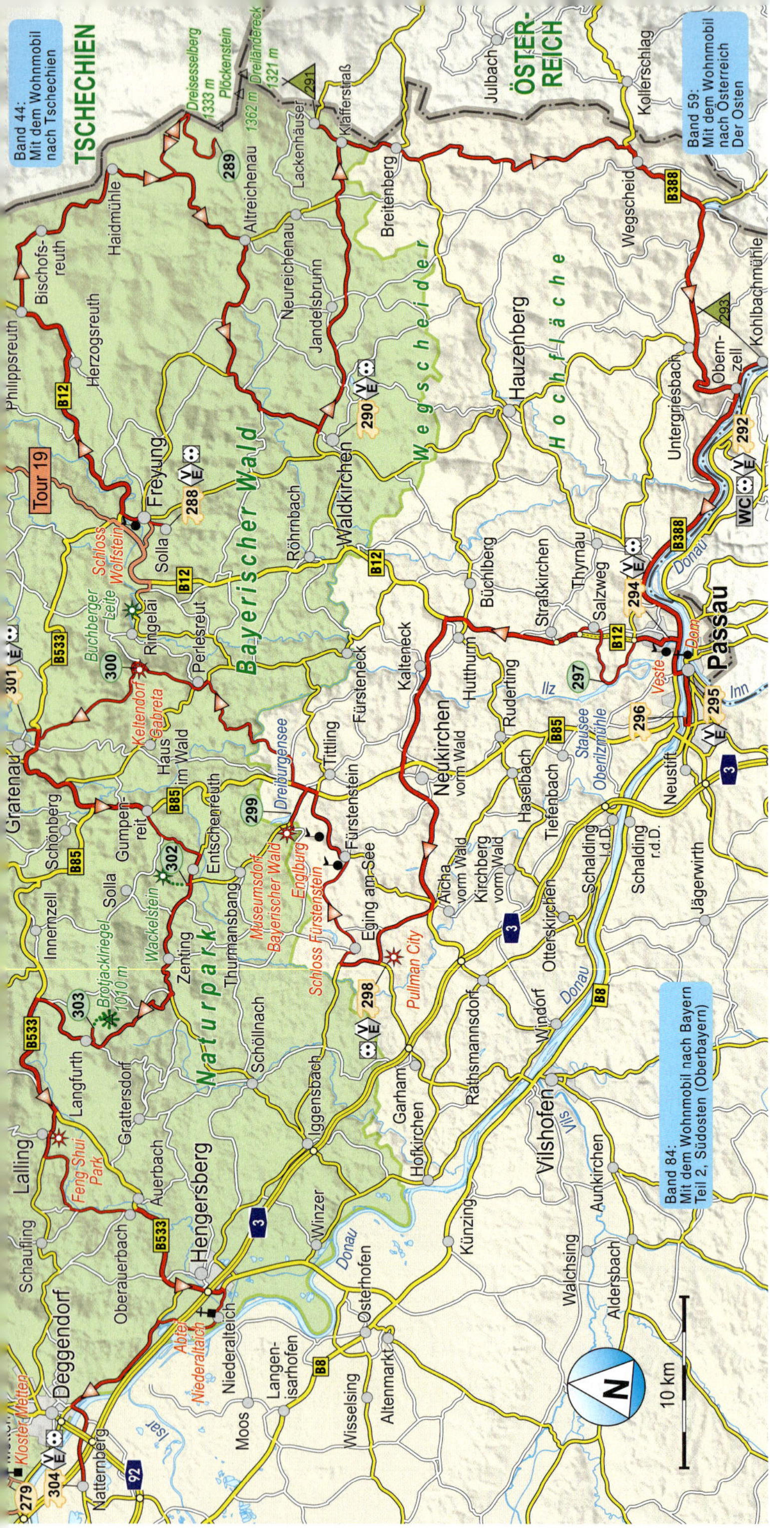

Band 44:
Mit dem Wohnmobil nach Tschechien
TSCHECHIEN
ÖSTER-REICH
Band 59:
Mit dem Wohnmobil nach Österreich
Der Osten
Band 84:
Mit dem Wohnmobil nach Bayern
Teil 2, Südosten (Oberbayern)
Tour 19
Bayerischer Wald
Naturpark
Wegscheider
Hochfläche
Dreisesselberg 1333 m
Plöckenstein 1362 m
Dreiländereck 1321 m
Brotjacklriegel 1010 m
Philippsreuth
Bischofsreuth
Haidmühle
Herzogsreuth
Freyung
Schloss Wolfstein
Buchberger Leite
Ringelai
Solla
Perlesreut
Keltendorf Gabreta
Grafenau
Schönberg
Innernzell
Gumpenreit
Haus im Wald
Entschenreuth
Wackelstein
Zenting
Thurmansbang
Museumsdorf Bayerischer Wald
Dreiburgensee
Englburg
Schloss Fürstenstein
Fürstenstein
Eging am See
Pullman City
Tittling
Fürsteneck
Kalteneck
Röhrnbach
Waldkirchen
Altreichenau
Neureichenau
Lackenhäuser
Klafferstraß
Jandelsbrunn
Breitenberg
Hauzenberg
Büchlberg
Straßkirchen
Thyrnau
Salzweg
Hutthurm
Ruderting
Neukirchen vorm Wald
Aicha vorm Wald
Kirchberg vorm Wald
Haselbach
Tiefenbach
Stausee Oberilzmühle
Ilz
Veste
Dom
Passau
Inn
Donau
Neustift
Schalding l.d.D.
Schalding r.d.D.
Jägerwirth
Otterskirchen
Windorf
Rathsmannsdorf
Garham
Hofkirchen
Vilshofen
Vils
Aunkirchen
Künzing
Walchsing
Aldersbach
Untergriesbach
Obernzell
Kohlbachmühle
Wegscheid
Kollerschlag
Julbach
Langfurth
Lalling
Feng Shui Park
Grattersdorf
Auerbach
Schaufling
Oberauerbach
Hengersberg
Schöllnach
Iggensbach
Winzer
Osterhofen
Niederalteich
Abtei Niederalteich
Deggendorf
Kloster Metten
Natternberg
Moos
Langenisarhofen
Wisselsing
Altenmarkt
Isar
N
10 km
B12
B85
B388
B533
B8
3
92
279
288
289
290
291
292
293
294
295
296
297
298
299
300
301
302
303
304

TOUR 20 (ca. 320 km)

Freyung – Plöckenstein – Waldkirchen – Lackenhäuser – Obernzell – Passau – Eging am See – Tittling – Ringelai – Grafenau – Zenting – Lalling – Niederalteich – Deggendorf

Stellplätze:	Waldkirchen, Obernzell, Passau, Eging am See, Tittling, Ringelai, Grafenau, Zenting, Lalling, Deggendorf.
Campingplätze:	Lackenhäuser, Obernzell.
Besichtigungen:	Waldkirchen (Innenstadt), Obernzell (Innenstadt), Passau (Altstadt, Dom), Eging am See (Pulman City), Tittling (Museumsdorf Bayerischer Wald), Ringelai (Keltendorf Gabreta), Grafenau (Innenstadt), Lalling (Feng Shui Park), Niederalteich (Abtei), Deggendorf (Altstadt).
Wandern/Radwandern:	Freyung (Buchberger Leite), Dreisesselberg-Plöckenstein-Dreiländereck, Zum Wackelstein bei Zenting und zum Brotjacklriegel bei Langfurth.
Baden/Wellness:	Dreiburgensee, Deggendorf (elypso Freizeit- und Erlebnisbad).

Die letzte Tour dieses Buches führt vom Bayerischen Wald über die Wegscheider Hochfläche hinunter an die Donau. Die Drei-Flüsse-Stadt Passau ist dabei ein Glanzpunkt dieser Reise, die nach dem Besuch der Stadt in den Vorderen Bayerischen Wald fortgeführt wird, wo interessante Freilichtmuseen und eine Westernstadt ihre Tore für die Besucher geöffnet haben.

Von Freyung gibt es einen leichten Zugang zu dem wildromantischen Tal der **Buchberger Leite**. Sie können den Weg direkt von dem auf Seite 352 beschriebenen Stellplatz der Freizeitanlage Solla gehen oder Sie nutzen den Parkplatz am Carbidwerk [GPS: N48°48'40.6" E13°29'59.5"].

Wilder Bach in der Buchberger Leite.

Die **Wolfsteiner Ohe** hat sich, nach dem sie den Pfahl (siehe Seite 339) durchbrochen hat, tief in das Gestein hineingegraben und damit ein wildromantisches Tal entstehen lassen. Es gibt ausgewiesene Wanderwege durch diese kühle Schlucht, die Sie ohne festes Schuhwerk nicht begehen können und die bei Nässe auch sehr schlüpfrig sind. Es geht im wahrsten Sinne des Wortes über Stock und Stein.

Das ist auch bei unserem nächsten Ziel nicht anders, nur wandern wir nicht in einem tiefen Tal, sondern auf der Höhe. Den Wanderparkplatz am **Dreisesselberg** erreichen Sie mit diesen Koordinaten **[289:** N48°46'51.5" E13°47'57.5"]. Er ist 38 Kilometer von Freyung entfernt, wenn Sie über die B12 fahren.

Wanderung zum Plöckenstein

Vom Parkplatz des Dreisesselberges gehen wir den Weg hoch und erreichen nach kurzer Zeit den Hochkamm, auf dem die Grenze zwischen Tschechien und Deutschland verläuft. Der Blick hinunter ins Tal ist phantastisch, der Blick auf die abgestorbenen Bäume erschreckend. Die Borkenkäfer hatten offensichtlich ein übergroßes Festmahl. Tote und umgestürzte Bäume säumen den Weg. Ein schwer zu beschreibender Geruch liegt in der Luft, es riecht süßlich herb, irgendwie eine Mischung aus frischer und abgestorbener Waldluft. Aber das Grün kommt deutlich erkennbar zurück. Wir gehen über Stock und Stein, mal rauf, mal runter, mal in Tschechien mal in Deutschland. Die Grenzmarkierungen stehen mitten auf dem Wanderweg. Tschechische und erkennbar österreichische Wortfetzen von entgegenkommenden Wanderern dringen ans Ohr. Der Weg ist von allen Anrainerländern gut erreichbar und offenbar auch beliebt. Nach einiger Zeit erreichen wir auf 1362 Metern Höhe ein mehrschichtiges Felsgebilde, den Bayerischen Plöckenstein, der uns eine gute Aussicht ins Umland bietet. Nach einer kurzen Rast geht es weiter in Richtung Dreiländereck, das durch einen Grenzstein aus Granit markiert wird. Den Rückweg treten wir über den unterhalb des Kammes verlaufenden Wanderweg durch das Steinerne Meer an. Wir durchqueren dabei drei gewaltige Felsenmeere, die gar nicht so einfach zu bezwingen sind. Nach vier Stunden sind wir am Ausgangspunkt zurück.

Wanderparkplatz am Dreisesselberg.

Plöckenstein, Steinplatten wie von Riesenhand aufeinandergelegt.

Unser nächstes Etappenziel ist das schmucke Städtchen **Waldkirchen**, das wir nach 28 Kilometern Fahrt vom Wanderparkplatz des Dreisesselbergs erreichen. Wir suchen diesen Stellplatz auf.

(290) Offizieller WOMO-Stellplatz: Waldkirchen – Karoli-Badepark

GPS: N48°43'19.68" E13°36'11.57"; VdK-Heim-Straße, 94065 Waldkirchen.
Max. WOMOs: 12, maximale Länge 12 m, max. Aufenthalt 5 Tage.
Ausstattung: Frischwasserversorgung, Abwasserentsorgung mit Bodeneinlass, Kassettenentleerung, Stromanschlüsse, Behälter für die Müllentsorgung, ganzjährig geöffnet.

Beschreibung: Befestigter, bei langer Trockenheit staubiger Platz direkt neben dem Badepark, sehr ruhig. Frühstück oder Brötchenservice im Hallenbadrestaurant. Entfernung bis zur Stadtmitte 1 Kilometer.
Preise: 10,00 € für ein Fahrzeug, Frischwasser 1,00 €, Strom 0,50 € pro kWh.
Zufahrt: Der Beschilderung zum Karoli-Badepark folgen.

Der Karoli-Badepark bietet einige Wellnesseinrichtungen, Wasserrutschen und in dem Mediterraneum auch ein Salzwasserbecken. Das alles vor der Wohnmobiltür zu haben ist natürlich ungemein praktisch. Und wenn die Bordküche kalt bleiben soll, ein Restaurant gibt es auch.

Marktplatz in Waldkirchen.

Rund um den Marktplatz fallen die aus Granit gehauenen und farbig gestalteten Figuren der Radabweiser auf. Sie heißen zum Beispiel **"Stoanerne Gretl"** oder **"Stoanerne Hans"**. Insgesamt sind es neun Figuren, die allerdings nie die Funktion eines Radabweisers hatten, wie sie noch zu Zeiten der Pferdefuhrwerke zum Schutz der Hausecken aufgestellt wurden. Acht dieser Kunstwerke wurden erst in den Siebzigerjahren des letzten Jahrhunderts errichtet, damit die Skulptur, die auf dem Foto abgebildet ist, Gesellschaft hat.

Der Stoanerne Hans.

Weiter geht die Fahrt nach **Obernzell** an die Donau. Wer den direkten Weg wählen möchte, fährt über Hauzenberg und hat den Ort in etwas mehr als einer halben Stunde erreicht. Wir machen einen Umweg, fahren über **Jandelsbrunn** zunächst nach **Lackenhäuser** und dann über die Wegscheider Hochfläche entlang der Grenze zu Österreich nach Obernzell.

Tipp: Wer einmal hinter die Kulissen schauen möchte und wissen will, wie ein Wohnmobil zusammengeschraubt wird, der kann in Jandelsbrunn im Knaus-Tabbert-Werk vorbeischauen und an einer Werksführung teilnehmen. Eine Anmeldung über diese Seite www.knaustabbert.de ist dabei zwingend erforderlich.

Es ist eine ruhige, hügelige, bäuerliche und malerische Kulturlandschaft mit beschaulichen Orten, die wir durchfahren. Der Knaus Campingpark **[291:** N48°44'56.8" E13°48'59.9"] befindet sich in dieser abgeschiedenen friedlichen Landschaft. Wer Ruhe und Entspannung sucht, ist hier an der Grenze zu Österreich bestens aufgehoben. Das gesamte Angebot des Campingparks können Sie auf dieser Seite nachlesen www.knauscamp.de/lackenhaeuser.html. Eine Wasserver- und Entsorgung ist auch für durchreisende Wohnmobile möglich.

In **Obernzell** angekommen, suchen wir den traumhaft gelegenen Stellplatz an der Donau auf.

(292) Offizieller WOMO-Stellplatz: Obernzell – Am Donauhafen

GPS: N48°33'28.2" E13°37'21.0"; Am Hafen, 94130 Obernzell.
Max. WOMOs: 16, maximale Länge 8 m, max. Aufenthalt 30 Tage.

Ausstattung: Frischwasserversorgung, Abwasserentsorgung mit Bodeneinlass, Kassettenentleerung, Stromanschlüsse, Behälter für die Müllentsorgung, WLAN, WC, Dusche, Brötchenservice, Imbiss, Gasflaschenservice. Der Platz ist von Anfang April bis Ende Oktober geöffnet.
Beschreibung: Geschotterter und gepflasterter Untergrund neben Freibad und Sportboothafen, Sand-Badestrand an der Donau in der Nähe.
Preise: 20,00 € für ein Fahrzeug mit 2 Personen, Strom 3,50 € pro Tag. Abwasserentsorgung und Entleerung der Bordtoilette sowie Frischwasserversorgung im Preis enthalten. Bezahlung beim Hafenmeister.
Zufahrt: An der B388 Richtung Passau am Ortsausgang links.

Das **Renaissance-Schloss Obernzell** ist eine umgebaute spätmittelalterliche Burg in der eine Zweigstelle des Bayerischen Nationalmuseums untergebracht ist. Gezeigt werden Keramiken von der Jungsteinzeit bis zur Gegenwart. Mehr Informationen dazu gibt es hier www.obernzell.de.

In diesem Ort gibt es eine Fährverbindung auf die andere Seite der Donau nach Österreich und er hat eine Anlegestelle für Ausflugsschiffe, die zwischen Passau und Linz in Österreich verkehren. Den **Donauradweg** mit dem Fahrrad ein Stück hinunterzufahren und abends mit dem Schiff zurückzukehren, ist eine gute Möglichkeit, einen Teil des Donautales von diesem Standort aus zu erkunden. Wer nicht das Glück hat, auf dem Stellplatz an der Donau sein Womo abstellen zu können, der findet mit dem Campingplatz am **Landgasthof Kohlbachmühle** eine gute Alternative [**293:** N48°32'18.5" E13°39'48.3"]. Die Preise dazu finden Sie hier www.kohlbachmuehle.de.

Schloss Obernzell.

Passau, die „Drei-Flüsse-Stadt"; ist unser nächstes Ziel. Hier klären wir zunächst die Park- und Stellplatzmöglichkeiten. Gleich drei offizielle Stellplätze werden angeboten. Für eine Besichtigung der Stadt und der Veste ist der Platz an der Ilzbrücke zu empfehlen.

(294) Offizieller WOMO-Stellplatz: Passau – Parkdeck Ilzbrücke

GPS: N48°34'42.2" E13°28'25.6"; Halser Str. 2, 94034 Passau.
Max. WOMOs: 13, maximale Länge 8 m, max. Aufenthalt 24 h.
Ausstattung: Frischwasserversorgung, Abwasserentsorgung mit Bodeneinlass, Kassettenentleerung, Stromanschlüsse, Behälter für die Müllentsorgung, ganzjährig geöffnet.
Beschreibung: Asphaltierter enger Platz neben einem Parkdeck an der Ilzbrücke, nicht leise. Nah an der Innenstadt.
Preise: Parkentgelt je angefangene Stunde 2,00 €, 15,00 € für 24 Stunden, 50 Liter Frischwasser 1,00 € und Strom 0,50 € pro kWh. Abwasserentsorgung und Entleerung der Bordtoilette ist kostenfrei.
Zufahrt: Über die B12 in Richtung Freyung.

Wenn dieser belegt ist, gibt es noch die Option, am Parkhaus in der Bahnhofstraße [**295:** N48°34'25.9" E13°26'42.7"] das Fahrzeug für 3,00 € je angefangene Stunde abzustellen. Eine Ver- und Entsorgungmöglichkeit ist im Preis enthalten, 10 Liter Frischwasser kosten 0,10 €. Dieser Platz ist für eine

Übernachtung unseres Erachtens denkbar schlecht geeignet. Sie stehen an dieser Stelle direkt neben einer Bahnlinie, auf der auch in der Nacht viele Züge verkehren.

Am ruhigsten übernachten Sie am **Winterhafen Racklau** [**296:** N48°34'27.3" E13°25'38.8"] an der Regensburger Straße vier Kilometer von der Innenstadt entfernt. Er liegt direkt an der Donau, bietet 30 Wohnmobilen Platz und ist kostenlos. Eine Ver- und Entsorgungsmöglichkeit gibt es an dieser Stelle nicht und Stromanschlüsse auch nicht. Bei Hochwassergefahr ist dieser Platz gesperrt.

Der Stellplatz am Winterhafen Racklau.

Passau

Die Stadt, in der Inn und Ilz in die Donau fließen, hat immer wieder mit Hochwasser zu kämpfen. Dies geht schon seit Jahrhunderten so und ist ein ganz natürlicher Vorgang, wenn ungünstige Witterungsverhältnisse alle drei Flüsse durch heftige Niederschläge gleichzeitig anschwellen lassen und die nur wenige Meter über dem Flussspiegel liegende Altstadt überfluten. Am **Alten Rathaus** sind die Wasserstände markiert. Am höchsten war der Wasserstand im Jahre 1501. Das ist auf die Veränderung der klimatischen Verhältnisse zurückzuführen. Der Übergang von der mittelalterlichen Wärmeperiode zu der deutlich kühleren Periode, die bis Mitte des 19. Jahrhunderts andauerte und "Kleine Eiszeit" genannt wird, brachte hohe Niederschläge mit sich. Nicht nur in Passau, auch andere Orte an Inn, Elbe und Oder waren betroffen.

Das Alte Rathaus in Passau.

Die Altstadt liegt auf einer Landzunge zwischen Donau und Inn, reicht vom Dom bis zum Dreiflüsseeck und ist etwa einen Kilometer lang und 200 Meter breit. In den malerischen Gassen dieser Stadt einen ganzen Tag zu verbringen fällt nicht schwer. Hier sind die wichtigsten Baudenkmäler der Stadt

Der Stephansdom in Passau.

konzentriert und es finden sich auf den Plätzen und in den schmalen verwinkelten Ecken zahlreiche Restaurants, Cafés und Eisdielen. Sehenswert sind die Alte Residenz, das Opernhaus, das Alte Rathaus mit seinem 38 Meter hohen Turm, die Jesuitenkirche St. Michael, die neue Bischöfliche Residenz mit dem Domschatz- und Diözesanmuseum.

Die Orgel im Passauer Dom.

An Bedeutung und Glanz wird alles überragt vom **Stephansdom**. Er ist der größte Barockdom nördlich der Alpen und hat mit 233 Registern und 17974 Pfeifen die größte Domorgel der Welt. Aber es ist nicht nur die Größe des Domes, die überwältigt, sondern auch die Ausgestaltung mit den Stuckarbeiten und den Gemälden, die dieses Kirchengebäude in besonderer Weise interessant machen.

Die Veste Oberhaus in Passau.

Von der Altstadt zur **Veste Oberhaus** gibt es einen Fußweg von rund einen Kilometer Länge. Der Höhenunterschied beträgt fasst 100 Meter. Wenn Sie die Prinzregent-Luitpold-Brücke überquert haben, geht es rasch bergan. Von der Veste haben Sie einen wunderbaren Blick auf die Altstadt und Sie können den Zusammenfluss der drei Flüsse in ihren unterschiedlichen Farben betrachten. In der Veste ist das zeitgeschichtliche **Oberhausmuseum** untergebracht und sie beherbergt ein Restaurant mit Biergarten und Panoramablick.

Wer sein Fahrzeug auf einen der beiden erstgenannten Stellplätze in Passau für den Besuch der Stadt abgestellt hatte, wird die Ruhe auf dem Wanderparkplatz an der **Oberilzmühle** besonders schätzen [**297:** N48°36'24.0" E13°26'51.2"]. Es ist ein einfacher, geschotterter kostenloser Platz, der zu einem Spaziergang um den kleinen Stausee einlädt. Baden dürfen Sie hier allerdings nicht.

Stausee an der Oberilzmühle.

Winnetou, Old Shatterhand, Karl May. Wer kennt sie nicht, die Klassiker der Westernfilme. Im Fernsehen sind sie kaum noch zu sehen. Die Liebhaber dieser rauhen Welt mit Colt und Winchestergewehr, die gegen das Böse kämpfen und am Ende obsiegen, finden unter anderem in den verschiedenen Westernstädten wie bei den Karl-May-Spielen in Bad Segeberg, in der Pullman City im Harz einen lebhaften Ersatz. Den gibt es auch in der **Pullman City** in **Eging am See**.

Rauchende Colts in Eging am See.

Mehr über das umfangreiche Programm dieser Westernstadt mit den täglichen Shows erfahren Sie auf dieser Seite www.pullmancity.de.

Ruhig, gelassen und ohne Pulverdampf können Sie den Stellplatz neben dem Spielgelände nutzen.

(298) Offizieller WOMO-Stellplatz:
Eging am See – Pullman Camping

GPS: N48°41'42.6" E13°15'53.8"; Ruberting 35, 94535 Eging am See.
Max. WOMOs: 130, maximale Länge 12 m, max. Aufenthalt 5 Tage.
Ausstattung: Frischwasserversorgung, Abwasserentsorgung mit Bodeneinlass, Kassettenentleerung, Stromanschlüsse, Behälter für die Müllentsorgung, Feuerstellen, Spielplatz, Gasflaschentausch, Sanitärgebäude mit Duschen, WCs, Waschmaschinen und Trockner. Der Platz ist ganzjährig geöffnet.
Beschreibung: Große sonnige, terrassierte ruhige Anlage neben der Westernstadt. Eine Reservierung über die Webseite wird empfohlen
Preise: 13,00 € für ein Fahrzeug, inkl. Umweltpauschale und Kurtaxe. Frischwasser, Strom, Abwasserentsorgung und Entleerung der Bordtoilette ist im Preis enthalten. Hund 3,00 €.
Zufahrt: In Eging am See den Hinweisen zur Westernstadt folgen.
Reservierung/Kontakt: Tel.: 08544/918167
Web: https://pullmancamping.de.

Tittling ist der nächste Ort, den wir besuchen. Hier befindet sich das **Museumsdorf Bayerischer Wald**, eines der bedeutendsten Freilichtmuseen in Europa. Es liegt in unmittelbarer Nähe des **Dreiburgensees**. Über 150 Gebäude, die an ihren Ursprungsorten zwischen dem 16. und 19. Jahrhundert erbaut wurden, stehen auf engem Raum beieinander, darunter auch die älteste Volksschule Deutschlands aus dem Jahre 1666. Neben den für Freilichtmuseen üblichen Ausstellungsgegenständen werden in den Sommermonaten allerlei zusätzliche Ausstellungen, Handwerkervorführungen, Konzerte und Theaterveranstaltungen angeboten.

Auf dieser Seite www.museumsdorf.com finden Sie eine Übersicht zu dem Museum mit den Öffnungszeiten und den Eintrittspreisen.

Die Rothaumühle im Museumsdorf Bayerischer Wald in Tittling.

Der Dreiburgensee lässt sich zu Fuß leicht umrunden, er ist nur ca. 700 Meter lang und maximal 200 Meter breit. Namengebend für den See ist das **Dreiburgenland**, bestehend aus den ehemaligen Ländereien der Saldenburg, der Englburg und dem Schloss Fürstenstein. Übernachten lässt es sich ruhig und bequem auf einem Wanderparkplatz am Ostufer des Sees [**299:** N48°44'35.4" E13°21'23.2"]. Ein Restaurant befindet sich in unmittelbarer Nähe.

Das Herrenhaus im Keltendorf Gabreta.

Wir fahren weiter gen Norden. Über kleine Sträßchen erreichen wir die Gemeinde **Ringelai** und schauen uns das **Keltendorf Gabreta** beim Dorf Lichtenau an. Es ist ein kleiner Archäologischer Erlebnispark mit acht Gebäuden, der überregionale Keltenfeste veranstaltet und ein reichhaltiges Veranstaltungsprogramm anbietet. Wir schauen einem Schmied eine Weile bei seinem Handwerk mit Hammer und Amboss zu und durchstreifen das Gelände auf dem Hügel. Würden keine Veranstaltungen angeboten, wäre das Besuchsprogramm in dieser Anlage schnell absolviert. Spannend wird es, wenn Töpfern, Bogenschießen, Lanzen werfen und etliches andere mehr für die Besucher auf dem Programm stehen. Diese Angebote gibt es aber nicht zu jeder Zeit. Auf der Seite www.keltendorf.com können Sie sich vorab informieren. Der Wanderparkplatz [**300:** N48°48'39.6" E13°26'51.2"] eignet sich übrigens auch sehr gut für eine Übernachtung.

Mit **Grafenau** nähern wir uns erneut dem Nationalpark Bayerischer Wald. Die **"Bärenstadt"**, wie sie sich selber nennt, ist interessant, und einen Gang durch die Stadt und vor allem durch den Kurpark sollten Sie nicht versäumen. Der Bär wird ihnen immer wieder begegnen, im Stadtwappen, als Skulptur oder in Wortkombinationen wie mit dem BÄREAL getauften Kurpark. Nur leibhaftig werden Sie ihn nicht sehen. Das er hier einmal heimisch war, ist an verschiedenen Stellen in dieser Stadt zu lesen. Das BÄREAL ist für einen Abendspaziergang geradezu ideal, da müssen Sie nur aus dem WOMO heraustreten und wenige Meter gehen und schon sind Sie mittendrin in diesem wunderschönen Landschaftspark. Ihre Kinder werden sich über die vielen Spiel- und Entdeckungsmöglichkeiten in diesem Areal freuen.

Abendstimmung im BÄREAL Grafenau.

(301) Offizieller WOMO-Stellplatz:
Grafenau – Am KurErlebnispark BÄREAL

GPS: N48°51'16.8" E13°24'11.6"; Freyunger Str. 31, 94481 Grafenau.
Max. WOMOs: 18, maximale Länge 12 m.
Ausstattung: Frischwasserversorgung, Abwasserentsorgung mit Bodeneinlass, Kassettenentleerung, Stromanschlüsse, Behälter für die Müllentsorgung, WLAN, ganzjährig geöffnet.
Beschreibung: Große überwiegend schattenlose ebene Stellflächen auf Pflastersteinen neben dem Kurpark.
Preise: 13,90 € für ein Fahrzeug mit 2 Personen incl. Kurtaxe. Frischwasser und Entsorgung ist kostenlos, Strom gibt es mit Münzeinwurf für 0,70 € pro kWh.
Zufahrt: Von der B533 in die Freyunger Straße abbiegen.

Nach dieser sehr gepflegten Parkanlage geht es in die urwüchsige Natur zurück. Einen kostenlosen, sehr simplen Parkplatz finden Sie kurz hinter dem Dorf **Entschenreuth** mit diesen Koordinaten **[302:** N48°47'06.8" E13°18'29.5"]. Von dieser Stelle aus können Sie eine Wanderung zu dem **Wackelstein** und dem **Steinernen Kirchlein** unternehmen. In der Summe sind das hin und zurück rund sechs Kilometer. Zunächst geht es über einen Forstweg, dann folgen durchnummerierte und ausgeschilderte Wanderwege, die über Stock und Stein zu verschiedenen Gesteinsformationen führen. Ähnlich wie am Großen Waldstein (siehe Seite 54) oder im Felsenlabyrinth der Luisenburg (siehe Seite 59) nur nicht so mächtig. Highlight dieser Felslandschaften ist der Wackelstein, von dem angenommen werden könnte, dass sich der 50 Tonnen schwere Koloss bewegen lässt. So steht es in der Beschreibung auf der Tafel vor dem Naturmonument. Wir haben es probiert, keinen Millimeter hat sich der Block bewegt.

Wackelstein bei Entschenreuth.

Wenn Sie es mögen, in Waldeinsamkeit zu übernachten, so können Sie wenige Kilometer zu diesem Platz weiterfahren [**303:** N48°49'31.6" E13°12'38.1"]. Hier stehen Sie auf dem schattigen Wanderparkplatz des **Brotjacklriegel**, der im Vorderen Bayerischen Wald mit seinen 1011 Metern Höhe zu den großen Bergen dieser Region zählt. Auf ihm steht ein 27 Meter hoher Aussichtsturm. Er ist von April bis November täglich zwischen 10:00 und 18:00 Uhr geöffnet. Der Weg dorthin ist nicht einmal zwei Kilometer lang. Nur 70 Meter Höhenunterschied sind auf dieser Strecke zu bewältigen. Wenn Sie diese Seite www.region-sonnenwald.de aufrufen, können Sie über eine webcam auf dem Aussichtsturm schon einmal hinunterblicken. Erlebnisreicher ist es aber den Weg hochzugehen, die 127 Stufen des Turmes hoch zu stapfen und sich dabei vom Jackl begleiten zu lassen. Wer das ist, erfahren Sie auf den Schautafeln vor Ort.

Wanderparkplatz Brotjacklriegel ...

... und ein Blick hinunter in das Tal.

Fernöstliche Elemente hatten wir auf unseren Reisen in diesem Buch bereits zweimal. Einmal im Schlosspark Dennenlohe (siehe Seite 250) und einmal im Nepal-Himalya-Pavillon (siehe Seite 327). Nun kommt der **Feng Shui Park** in **Lalling** dazu [GPS: N48°50'29.0" E13°08'22.1"].

Der große See im Feng Shui Park.

Schautafeln erklären die einzelnen Gestaltungselemente der Parkanlage. Der große See im zentralen Teil hat die Form einer liegenden Acht. Darin enthalten zwei voneinander getrennte Holzstege, die Yin und Yang symbolisieren. Spazierwege verbinden Themengärten, Organweg, Qi-Punkt, Chakraweg und anderes mehr miteinander. Eine interessante Anlage! In einem kleinen Themengarten wird ein keltisches Haus mit seinem Grundriss und einem Garten dargestellt, um zu zeigen, dass fernöstliche Weisheit und westliches Urwissen gar nicht so weit auseinanderliegen.

Wir nähern uns dem Ende dieser Tour. Auf der Fahrt nach Deggendorf kurven wir noch kurz bei der **Abtei Niederaltaich** vorbei [GPS: N48°45'56.7" E13°01'50.9"] und werfen einen Blick in die prachtvolle Barockbasilika und in die Byzantinische Kirche. Die Ausstattung reicht zwar nicht an den Dom in Passau heran, ist aber dennoch sehenswert. Wer Klosterleben erfahren will, kann das hier tun. Im "Kloster auf Zeit" können Männer mit Mönchen leben und arbeiten. Ein interessantes Angebot, das Sie hier www.abtei-niederaltaich.de nachlesen können.

In der Basilika der Abtei Niederaltaich.

Wer lecker essen möchte, sollte einen Blick auf die Speisekarte der Klosterschenke werfen www.klosterhof-niederaltaich.de.

Kulinarisch geht es weiter in der **"Knödelstadt" Deggendorf**, dem letzten Ort dieser Tour und die letzte Station auf unserer Reise durch den Nordosten Bayerns. Wie sich die Stadt den Ruf als Knödelstadt erworben hat, dem können Sie

Altes Rathaus zwischen Luitpoldplatz und Oberen Stadtplatz.

im Gasthaus "Zur Knödelwerferin" in der Schlachthausgasse nachspüren. Hier finden Sie die Speisekarte https://knoedelwerferin-deggendorf.de und wenn Sie sich ein wenig auf der Seite umschauen auch die Erzählung darüber, wie ein Knödel einst die Stadt von einer feindlichen Belagerung befreite. Das Lokal finden Sie in einer Gasse, die vom Oberen Stadtplatz abzweigt. Sie können sich auch von einer kostümierten Knödelwerferin die Stadt zeigen lassen. In der Touristinfo erfahren Sie dazu mehr.

Luitpoldplatz mit der Heilig-Grabkirche St. Peter und St. Paul.

Wie in vielen Bayerischen Städten ist der Marktplatz in zwei Hälften geteilt. In der Mitte steht das prächtige **Rathaus**. Am südlichen Ende steht die **Grabkirche St. Peter und St. Paul**, die einen der schönsten Barocktürme Deutschlands aufweist. In einem der Straßencafés oder einem der Restaurants, die an beiden Marktplätzen zu finden sind, werden Sie das für Sie passende Lokal finden.

Um überhaupt in die Stadt zu gelangen, können Sie Ihr Fahrzeug hier [GPS: N48°49'35.7" E12°57'48.8"] in der Konstantin-Bader-Straße parken. Für eine Übernachtung taugt dieser Platz aber kaum. Da fahren Sie besser zum Stellplatz am **elypso-Freizeitbad** am Sandnerhofweg in Deggendorf-Natternberg [**304:** N48°49'13.9" E12°54'39.2"], der praktischerweise mit Versorgungseinrichtungen ausgestattet ist.

Tipps und Infos – alphabetisch sortiert

Baden/Wellness

Die Hanglagen und Täler der Mittelgebirgslandschaften schufen günstige Voraussetzungen für das Auffangen hoher Niederschlagsmengen und den Bau von Talsperren und Speicherbecken. Die große Ausnahme bildet hier die **Fränkische Alb**, die aufgrund ihres wasserdurchlässigen Kalkgesteins den Bau von Wasserspeichern nicht zulässt. Anderenorts haben wir zahlreiche künstlich angelegte Seen und Teiche die zum Teil touristisch stark erschlossen sind wie das **Fränkische Seenland**, etwas weniger stark erschlossen sind wie das **Oberpfälzer Seenland** oder gar ein ganz verträumtes Dasein genießen wie der **Förmitzspeicher** bei Schwarzenbach an der Saale oder wie viele andere kleinere Seen die wir in diesem Buch beschrieben haben.

Es gibt darüber hinaus eine große Summe an Frei- und Hallenbädern auf die wir immer wieder hingewiesen haben ohne jedoch dabei den Anspruch auf Vollständigkeit erheben zu wollen.

Ein großes Thema sind in den letzten Jahren die Kurbäder geworden, die sich in der Regel nicht nur verordnete Kuren durchführen, sondern ihre Angebote auch auf das Thema **Wellness** ausgerichtet haben. Fast alle haben einen Wohnmobilstellplatz in unmittelbarer Nähe, manche so nah, dass man theoretisch im Bademantel vom Womo in das entsprechende Bad gehen kann. Sie finden diese Stellplätze im Buch beschrieben.

Gasversorgung

Graue Campinggasflaschen werden in fast allen Baumärkten zu den üblichen Ladenöffnungszeiten zum Tausch angeboten. Sie aufzuführen würde den Rahmen dieses Büchleins sprengen.

Gaststätten und Spezialitäten

Kulinarisch hat die Region einiges zu bieten. In der fränkischen Küche ist die **Rostbratwurst** beliebt. Kaum größer als ein kleiner Finger und aus reinem Schweinefleisch gemacht, wird sie gern ab einem halben Dutzend aufwärts mit Sauerkraut und Klößen verzehrt. An Bratwurstständen gibt es sie auch als „Zwaa in an Weckla"; als Mahlzeit für den kleinen Hunger zwischendurch. Dabei müssen es nicht zwangsläufig immer nur zwei in einem Brötchen sein.

Wer es gern besonders deftig mag, der wählt die **Fränkische Schlachtplatte**. Blut-, Leber- und Bratwurst kombiniert mit Sauerkraut und Kartoffeln sind allerdings nichts für Leute, die auf ihren Cholesterinspiegel achten müssen. Lecker ist das **Schäufala**, ein knusperig gebratenes Stück aus der Schweineschulter, das man in der Regel mit Sauerkraut und Klößen serviert bekommt. Schweinebraten gibt es in mehreren Variationen und auch die Krautwickla sind nicht zu verachten. Das ist aber noch nicht alles, es gibt noch einiges mehr.

Je weiter man sich der tschechischen Grenze und damit Böhmen nähert, desto bedeutender werden die **Knödel** in den verschiedensten Variationen, als Beilage zu Fleischgerichten oder auch als süße Nachspeise. Und wo wir nun schon bei den süßen Teigwaren sind, dürfen die **Lebkuchen** nicht fehlen, für die das fränkische Nürnberg berühmt ist, aber das Oberpfälzer Waldsassen die bessere Qualität liefern soll. Ob dies auch tatsächlich so ist, können und wollen wir nicht beurteilen.

Bier ist eine besondere Spezialität dieser Region, auf die wir in den Tourenbeschreibungen ausreichend hingewiesen haben.

Geologie/Höhlen und Bergwerke

Ein geologisch-geographisches Seminar wollen wir nicht veranstalten. Bewusst oder unbewusst, fallen aber jedem, der diese Region bei der Durchreise mit aufmerksamen Augen betrachtet, die doch sehr unterschiedlichen Oberflächenformen auf. Rückgrat dieser Region ist die **Fränkische Alb**, die sich als markante, steil aufragende Schichtstufe präsentiert, aus harten Kalken besteht und vom **Nördlinger Ries** in einem Bogen an Regensburg vorbei bis zum **Frankenwald** zieht. Die Steilhänge weisen oft bizarre Formen auf, einzelne Zeugenberge sind der Stufe vorgelagert. Die leicht gewellte Hochfläche ist äußerst trocken und durch Trockentäler gegliedert. Am Trauf der Schichtstufe finden sich oft Burgen. Die Besiedlung geht teilweise auf die Kelten zurück und manch einem Berg wird – wie dem Staffelberg – eine mystische Wirkung zugeschrieben. Östlich der Alb folgt das Naabbecken, das zu den kristallinen altbayerischen Grenzgebirgen des **Oberpfälzer** und **Bayerischen Waldes** übergeht. Die langgestreckten Rücken und Kämme dieser Regionen sind von schier endlos erscheinenden Nadelwäldern und Hochmooren bedeckt. Hier ist der **Große Arber** zu finden, der höchste Punkt unseres Reisegebietes.

Der Fränkischen Alb vorgelagert ist das **Fränkische Keuper-Lias-Land**, das aus einer Mischung aus Ton- und Sandstein besteht. Die Senken der **Regnitz** und der **Rednitz** sind hier besonderes markant. Hier liegen die großen Städte von Nürnberg bis Bamberg.

Grenzen

Wir befinden uns hier im Grenzgebiet zu Thüringen und Tschechien und damit an den Grenzen zur ehemaligen DDR und ČSSR. Heute kein Problem mehr, nach dem Schengener Abkommen, dem auch Tschechien beigetreten ist noch weniger. Kunst und Museen haben sich der Geschichte dieser alten Grenzen angenommen. Wir haben uns bemüht, dies zu berücksichtigen.

Toiletten/Toilettenentsorgung

Auf unseren Touren haben wir darauf geachtet eine Vielzahl von Plätzen zu finden, die sachgerechte Ver- und Entsorgungseinrichtungen haben. Die Entsorgung ist kein Kostenfaktor und es sind genügend Stationen in diesem Buch genannt. Es gibt also wirklich keinen Grund den Inhalt der Bordtoilette hinter irgendeinem Busch zu entleeren. Die Stationen sind in den Tourenkarten gut erkennbar. Vielleicht müssen Sie mal auf eine Station aus einer Nachbartour ausweichen, auch diese Möglichkeit ist in den Tourenkarten gut ablesbar.

Für den Notfall haben wir uns eine zweite Kassette zugelegt, die bei Bedarf gegen die volle getauscht wird. Ansonsten gilt: Vorausschauend Ver- und Entsorgen und nicht bis auf den letzten Drücker warten.

Trinkwasserversorgung/Grauwasserentsorgung

Hier gilt das gleiche wie für die Toilettenver- und entsorgung. Erfahrungsgemäß ist die Toilette schneller voll als der Abwassertank. Wir arbeiten die Frischwasseraufnahme, Grauwasser- und Toilettenentsorgung immer an einer Service-Station nacheinander ab, egal wie dringend notwendig das eine oder andere gerade auch ist.

Wandern und Radwandern

Die gesamte Region ist zum Wandern und Radeln ideal. Wir haben uns bemüht, einige der interessantesten Routen im Buch zu berücksichtigen. Es gibt jedoch noch wesentlich mehr Wege, die entdeckt, durchschritten bzw. durchfahren werden wollen. Um diese zu erkunden, empfehlen wir u.a. die Wanderführer aus dem Rother-Verlag.

Wassersport

Altmühl, Regen, Naab sowie die vielen Seen bieten Wassersportlern alle Möglichkeiten. Auch hier haben wir uns bemüht, auf die interessantesten und schönsten Strecken bzw. Seen zu verweisen.

Wintersport

Bei entsprechenden Schneelagen ist alpiner Wintersport im Bayerischen Wald, insbesondere am Großen Arber möglich. Langlaufloipen gibt es in den Höhenlagen sehr viele, wir haben allerdings nicht immer darauf hingewiesen.

Zum Schluss: Die große Wohnmobilfahrerfamilie

Urlaub mit dem Wohnmobil ist etwas ganz besonderes. Man kann die Freiheit genießen, ist ungebunden, dennoch immer zu Hause und lebt mitten in der Natur. Seit Jahrzehnten geben wir Ihnen mit unseren Reiseführern eine Anleitung für diese Art Urlaub mit auf den Weg. Außer den umfangreich recherchierten Touren haben wir viele Tipps allgemeiner Art zusammengetragen, unter ihnen auch solche, die für einen Womo-Urlauber eigentlich selbstverständlich sein sollten. Weil wir als Wohnmobiler die Natur in ihrer ganzen Schönheit und Vielfalt zu schätzen wissen, haben wir auch eine besondere Verantwortung ihr gegenüber, die wir nicht einfach auf andere abwälzen dürfen.

Jährliche erhalten wir viele Zuschriften, Grüße von Lesern, die mit unseren Reiseführern einen schönen Urlaub verbracht haben und sich herzlich bei uns bedanken. Wir erhalten Hinweise über Veränderungen an den beschriebenen Touren, die von uns bei der Aktualisierung der Reiseführer helfen.

Aber: Wir erhalten auch Zuschriften über das Verhalten von Wohnmobilfahrern, die sich egoistisch, rücksichts- und verantwortungslos der Natur und ihren Mitmenschen – Urlaubern und Einheimischen – gegenüber verhalten. In diesen Briefen geht es um die Themen Müllbeseitigung, Abwasser- und Toilettenentsorgung. Es soll immer noch Wohnmobilurlauber geben, die ihre Campingtoilette nicht benutzen, dafür lieber den nächsten Busch mit Häufchen und Toilettenpapier „dekorieren"; die den Abwassertank nicht als Tank nutzen, sondern das Abwasser einfach durchfließen lassen, die ihren Müll neben dem Wohnmobil „vergessen“ und sich davon machen. Bei steigender Wohnmobildichte passiert das leider immer öfter.

Liebe Leser!

Wir möchten Sie im Namen der gesamten Womo-Familie bitten: Helfen Sie aktiv mit, diese Schweinereien zu unterbinden! Jeder Wohnmobilurlauber trägt eine große Verantwortung und sein Verhalten muss dieser Verantwortung auch gerecht werden. Bestimmt hat mancher, dem Sie auf Ihrer Tour begegnen und sich unwürdig verhält, das gleiche Büchlein in der Hand wie Sie. Er weiß zumindest jetzt worum es geht. Sprechen Sie ihn an und weisen Sie ihn auf sein Fehlverhalten hin.

Der nächste freut sich, wenn er den Stellplatz sauber vorfindet, denn auch er hat sich seinen Urlaub verdient!

Vor allem aber: Wir erhöhen damit die Chance, dass uns unsere über alles geliebte Wohnmobil-Freiheit noch lange erhalten bleibt.

Helfen Sie mit, den guten Ruf unserer Womo-Familie zu wahren! Tragen Sie dazu bei, dass einzelne ihn nicht in den Schmutz ziehen!
Wir danken Ihnen im Namen aller Womo-Freunde –

Ihr WOMO-Verlag

Stichwortverzeichnis

C

D

E

F

G

H

I

J

K

L

M

N

O

P

Q

R

S

Bildnachweis:

Alle Fotos stammen von den Autoren mit Ausnahme folgender Aufnahmen: **Wacholderhänge und Felsformationen bei Kleinziegenfeld** Seite 86: © Ermell, wikimedia.org; **Volldampf durchs Wiesenttal** Seite 102 © Florian Fraaß; **Bierkrug** Seite 170: © Ludwig Berger, Oberviechtach; **Maximiliansgrotte** Seite 184: © Rudolf Weber, Auerbach i.d.OPf.; **Kornhaus in Spalt** Seite 239: © Otto Durst - Fotolia; **Felsenkeller Schwandorf** Seite 321: © Derzno, CC BY-SA 3.0, wikimedia.org; **Kampf mit dem Drachen** Seite 331: © Andreas Mühlbauer, wikimedia.org; **Barockbibliothek Benediktinerabtei Metten** Seite 346: © Abt Wolfgang, Metten.

Karten:

Alle Karten wurde erstellt von Heiner Newe. Die Stadtpläne unter Verwendung der Daten von © **OpenStreetMap contributors**.

Unser WOMO-Online-Service

Passend zu unseren Reiseführern bieten wir in unserem Shop unter **www.womo.de** an:

- Die **GPS-Koordinaten** zu allen Stell- und Campingplätzen unserer WOMO-Reiseführer.
- Die besten **Autokarten**, die garantiert die komplette Reiseroute abdecken.
- Von jedem Reiseland mindestens einen Rother-**Wanderführer** über die schönsten Wanderregionen.

WOMO-Verlag
An der Liethe 4
36452 Kaltennordheim
OT Mittelsdorf
verlag@womo.de
www.womo.de
036946/20691

Der WOMO-Knackerschreck

- ist die universelle und sofort sichtbare Einbruchssperre.
- Wird einfach in die beiden Türarmlehnen eingehängt, zusammengeschoben und abgeschlossen.
- Passend für Ducato, Peugeot, Renault Master, MB Sprinter bis 2018 und VW (alle Typen).
- Krallen aus 10 mm massivem, einbrennlackiertem Stahl, d. h. nahezu unverwüstlich.

Nur **59,90 €** – und nur bei **www.womo.de**

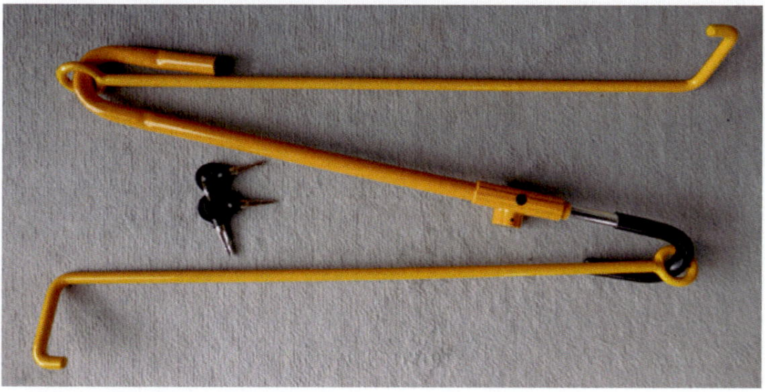

Alle WOMO-Reiseführer auf einen Blick

Wohnmobilhandbuch	Reinhard Schulz
Wohnmobilkochbuch	Waltraud Roth-Schulz
Albanien	Ulrike und Frank Staub
Allgäu	Heiner Newe und Heiderose Thomsen-Newe
Andalusien	Christian und Christina Winkler
Auvergne	Esther Vergenz
Baden-Württemberg	Heiner Newe und Heiderose Thomsen-Newe
Baltikum	Stefanie Holtkamp und Andrea Bergmann
Bayern Nordosten	Heiner Newe und Heiderose Thomsen-Newe
Bayern Nordwesten	Heiner Newe und Heiderose Thomsen-Newe
Bayern Südosten	Christian und Christina Winkler
Belgien/Luxemburg	Ulrike und Frank Staub
Bretagne	Anette Scharla-Dey und Franz Peter Tschauner
Burgund	Ralf Gréus
Dänemark	Anke Globi
Elsass	Ralf Gréus
England Norden	Christian und Christina Winkler
England Süden	Christian und Christina Winkler
Finnland	Uwe und Annegret Rohland
Französische Alpen	Heiner Newe und Heiderose Thomsen-Newe
Französische Atlantikküste Nord	Esther Vergenz
Französischer Jura	Heiner Newe und Heiderose Thomsen-Newe
Griechenland	Reinhard Schulz und Waltraud Roth-Schulz
Harz	Heiner Newe und Heiderose Thomsen-Newe
Heitere Wohnmobil Geschichten	Peter Simm und Silvia Sussmann
Hessen Teil 1	Anette Scharla-Dey und Franz Peter Tschauner
Hessen Teil 2	Anette Scharla-Dey und Franz Peter Tschauner
Hunsrück/Mosel/Eifel	Anette Scharla-Dey und Franz Peter Tschauner
Irland	Uwe und Annegret Rohland
Island	Alexander und Jutta Ramin
Korsika	Reinhard Schulz und Waltraud Roth-Schulz
Kroatien/Montenegro	Peter Simm und Silvia Sussmann
Languedoc/Roussillon	Ralf Gréus
Lothringen	Friedrich Riehl und Toshiko Riehl-Takada
Ligurien	Ralf Gréus
Lüneburger Heide	Heiner Newe und Heiderose Thomsen-Newe
Marokko	Ulrike und Frank Staub
Mecklenburg-Vorpommern Teil 1	Stefanie Holtkamp und Andrea Bergmann
Mecklenburg-Vorpommern Teil 2	Stefanie Holtkamp und Andrea Bergmann
Mittelitalien	F. Riehl und T. Riehl-Takada, Klaus Huber
Münsterland	Regina Stockmann
Namibia	Frank Linke und Ute Nast-Linke
Neuseeland Nordinsel	Dieter Giesen und Andrea Lossen
Neuseeland Südinsel	Dieter Giesen und Andrea Lossen
Niederlande	Friedrich Riehl

Weitere Informationen in unserem Buchshop unter www.womo.de

Nord-Frankreich	Esther Vergenz
Nord-Spanien	Reinhard Schulz und Waltraud Roth-Schulz
Normandie	Anette Scharla-Dey und Franz Peter Tschauner
Norwegen Norden	Reinhard Schulz und Waltraud Roth-Schulz
Norwegen Süden	Reinhard Schulz und Waltraud Roth-Schulz
Ostfriesland	Heiner Newe und Heiderose Thomsen-Newe
Ost-Spanien	Reinhard Schulz und Waltraud Roth-Schulz
Österreich Osten	Christian und Christina Winkler
Österreich Westen	Christian und Christina Winkler
Peloponnes	Reinhard Schulz und Waltraud Roth-Schulz
Pfalz	Ralf Gréus
Piemont/Aostatal	Ralf Gréus
Polen Norden	Nicola Kluftinger
Polen Süden	Helmut und Angelika Breidenbach
Portugal Norden	Stephanie Seufert
Portugal Süden	Stephanie Seufert
Provence Osten/ Côte d'Azur	Ralf Gréus
Provence Westen/ Côte d'Azur	Ralf Gréus
Pyrenäen	Andrea Bergmann und Stefanie Holtkamp
Rumänien	Christian und Christina Winkler,
Sachsen	Anette Scharla-Dey und Franz Peter Tschauner
Sardinien	Reinhard Schulz und Waltraud Roth-Schulz
Schleswig-Holstein	Heiner Newe und Heiderose Thomsen-Newe
Schottland	Uwe und Annegret Rohland
Schwarzwald/Bodensee	Ralf Gréus
Schweden Norden	Uwe und Annegret Rohland
Schweden Süden	Reinhard Schulz und Waltraud Roth-Schulz
Schweiz Osten	Andrea Bergmann und Stefanie Holtkamp
Schweiz Westen	Andrea Bergmann und Stefanie Holtkamp
Sizilien	Christian und Christina Winkler
Slowakei	Ulrike und Frank Staub
Slowenien	Peter Simm und Silvia Sussmann
Südafrika	Frank Linke und Ute Nast-Linke
Süditalien Osten	Reinhard Schulz und Waltraud Roth-Schulz
Süditalien Westen	Reinhard Schulz und Waltraud Roth-Schulz
Südtirol	Reinhard Schulz und Waltraud Roth-Schulz
Südwest-Frankreich	Stefanie Holtkamp und Andrea Bergmann
Thüringen	Katja Eisenschmidt
Toskana/Elba	Ralf Gréus
Trentino/Gardasee	Peter Simm und Silvia Sussmann
Tschechien	Steffen und Eva Peuker
Umbrien/Marken	Ralf Gréus
Ungarn	Peter Simm und Silvia Sussmann
Venetien/Friaul	Christian und Christina Winkler
Wales	Christian und Christina Winkler

Info-Blatt aus dem WOMO-Buch: Bayern NO '22

Lokalität Seite Datum
(Stellplatz, Campingplatz, Wandertour, Gaststätte, usw.)
unverändert gesperrt/geschlossen folgende Änderungen:

Lokalität Seite Datum
(Stellplatz, Campingplatz, Wandertour, Gaststätte, usw.)
unverändert gesperrt/geschlossen folgende Änderungen:

Lokalität Seite Datum
(Stellplatz, Campingplatz, Wandertour, Gaststätte, usw.)
unverändert gesperrt/geschlossen folgende Änderungen:

Lokalität Seite Datum
(Stellplatz, Campingplatz, Wandertour, Gaststätte, usw.)
unverändert gesperrt/geschlossen folgende Änderungen:

Lokalität Seite Datum
(Stellplatz, Campingplatz, Wandertour, Gaststätte, usw.)
unverändert gesperrt/geschlossen folgende Änderungen:

Lokalität Seite Datum
(Stellplatz, Campingplatz, Wandertour, Gaststätte, usw.)
unverändert gesperrt/geschlossen folgende Änderungen:

Meine E-Mail:

Rückmeldung bitte per Post oder an die Autoren-E-Mail:
Autoren-E-Mail: **newe@womo.de**